Bodin · De Magorum Daemonomania

Volkskundliche Quellen
Neudrucke europäischer Texte und Untersuchungen

Begründet von
Mathilde Hain, Will-Erich Peuckert,
Kurt Ranke und Bruno Schier

Herausgegeben von
Hermann Bausinger, Rolf Wilhelm Brednich,
Gerhard Heilfurth, Ulrich Marzolph
und Wolfgang Mieder

Reihe II

2003
Georg Olms Verlag
Hildesheim   Zürich   New York

Jean Bodin

De Magorum Daemonomania libri IV

2003
Georg Olms Verlag
Hildesheim · Zürich · New York

Dem Nachdruck liegt das Exemplar der
Universitätsbibliothek Erlangen-Nürnberg zugrunde.

Signatur: Hist. 124 za

Bibliografische Information Der Deutschen Bibliothek:
Die Deutsche Bibliothek verzeichnet diese Publikation in der
Deutschen Nationalbibliografie; detaillierte bibliografische
Daten sind im Internet über http://dnb.ddb.de abrufbar.

Bibliographic information published by Die Deutsche Bibliothek
Die Deutsche Bibliothek lists this publication in the
Deutsche Nationalbibliographie; detailed bibliographic
data ist available in the Internet at http:// dnb.ddb.de.

∞ ISO 9706
Nachdruck der Ausgabe Basel 1581
Georg Olms Verlag, Hildesheim 2003
Printed in Germany
www.olms.de
Gedruckt auf säurefreiem, alterungsbeständigem Papier
Herstellung: dp-Service, 56626 Andernach
ISBN 3-487-11794-0

IO. BODINI
ANDEGAVENSIS

DE
Magorum Dęmonomania
LIBRI IV.

BASILEAE
Per Thomam Guarinum
M D LXXXI.

CLARISSIMO VIRO ET DOMINO

CONSVLTISSIMO, D. CHRISTOPHORO THVLLENSI, EQVITI, Domino Cœliano, primo Præsidi Parisiensis Parlamenti, & Consiliario in priuato consilio Regis.

Vod tibi, clarissime vir, hoc munus exhibeo, non ideò facio, vt mea erga te obligatione solutus sim, sed potiùs vt hoc documento testatum faciam quantũ in summa illa Iustitiæ schola, cuius tu caput es, & in qua optimam meæ ætatis consumpsi partem, didicerim: vbi melius quàm vsquam alibi vera legum iurisq́ peritia & iustus decisionum quas omnes à seculo Doctores tradiderunt vsus videtur, auditur, atq́ cognoscitur ex principum qui in Europa sunt oratorum concertationibus, summorum Iurecoss. collationibus, sententijsq́ optimorum iudicum: quibus planè modis germana iustitiæ species velut meridiana luce aperitur, cum voluptate eorum & vtilitate incredibili qui ita discunt narrare doctè, sapienter expendere, & sublimes quæstiones iuris in singulis causis arguitè soluere cùm in hoc aut in illo foro, tum in toto consessu Iudicum & causidicorum illius Parlamenti, omnium quæ

):(ij

PRAEFATIO.

Sol in omnibus orbis terrarum imperijs & Rebuspubl. viderit illustrissimi. Nam in eo demum vera prudentia (quam optimè ducem lucémq́; humanæ vitæ appellaueris) perdiscitur, quum digito commonstrantur & oculis tanquam in excelso theatro spectandæ proponuntur actiones abstrusissimæ, πραξινοπικα, artesq́; hominum vel astutissimorum, quas nulla hominis vita (vt fuerit longissima omnésq́; terras peragrauerit) fuisset compertura. Et quamquam in elegante illo Iustitiæ templo spectatissimus est splendor atq́; amplitudo singularum ipsius partium, refulget tamen in capite ipsius maximè: vt quod alios ad tantum honoris fastigium prouectos superauerit literaturæ humanæ scientia, infinita memoria historiarum omnium, et diligentia ad iudicandas partium lites incredibili, quæ certissima singulorum Iurisprudētiæ capitum peritia coniunctæ sunt. Hæc autem non eo dico, vir clarissime, vt decantem laudes tuas, cùm iam in alio argumento verser: Etsi lex ait Præsidem prouinciæ non grauatè suas laudes audire oportere, & plurimum quoq́; interest Reipubl. vt veræ illustrium virorum laudes passim exarentur incidantúrq́; ad horum exemplum, illorum incitamentum, & imitationem omnium: cùm alioqui eorum honor qui virtutem colunt minimè flagitet vt ad illustrationem sui laudibus extollatur. Atq́; hoc quidem ipsum de te fuissem facturus, cùm quia me honoris leges religióq́; obstringūt propter singularia tua in me beneficia (officia enim cur dixerim? quæ apud te non sum promeritus) tum quia bonos omneis qui literas humaniores colunt singulari studio semper prosequutus es. Sed hoc in alium locum reijcio, & dignius argumentum. Mihi satis est in præsentia, si munusculum hoc tibi obtulero: quod
si gra-

PRAEFATIO.

si grato animo acceperis, confido si quis adhuc mihi restabit maleuolus, eum maiore saltem vsurum cautione atq́; prudentia quàm ille nuper vsus est (nomen reticeo vt honori ipsius consulam) qui libellum suum contra libros de Republica à me in lucem editos dicauit Regi. Nam simulatq́; animaduertit Rex hominis calumnias, in vincula rapi iussit, decretum subscripsit manu sua, & pœna capitali indicta cauit ne venumdaretur libri. Euasit tamen hac lege vt honorem quem sublaturum putabat redderet: qui homo si iudicio magis valuisset, par supplicium fuisset meritus ac olim de pari munere à Ptolemæo Philadelpho Ægypti Rege Zoilus reportauit. Equidem spero neminem contra hoc opus scripturum esse, nisi qui Magus sit patronus causæ suæ: quem ego si percepero, verbū illud DVBITO, quod in permultis huius regni partibus magna voce aduersus homines Magicarum artium suspectos sine alia contumeliæ formula procul exclamari solet ad amolienda ipsorum carmina & maleficia, illud inquam verbum in eum hominem adhibebo. Laoduno, xx. Decembris, M. D. LXXIX.

Tuus humillimus studiosissimus'q́;
seruus I. Bodinus.

TYPOGRAPHUS AEQUO
& erudito Lectori S. D.

Etsi hunc de Dæmonomania Commentarium cum Iudicij quadam acrimonia legentibus non sine causa iu mentem venire possit illud vetus, φάρμακα πολλὰ μὲν ἐσθλὰ μεμιγμένα πολλὰ ᾗ λυγρά: tamē cū in eodem multa preclarè dicta aduersus consceleratissimum illud & pijs omnibus detestandum Lamiarum & Magorum cum Satana commercium: multę etiam historiæ & cognitione dignæ aspersæ sint: Censores nostri editionem huius operis non inhibendam esse ὁμοθυμαδὸν decreuerunt. Ea tamen, quæ in allegorijs & Sacro sanctæ scripturæ testimoniorum allegationibus detortis, in lib. arbitrij hominis non renati, & astrologiæ diuinatricis defensione, & aliorum quorundam dogmatum assertione, seuerioris doctrinę Theologi & Philosophi iurè desiderare possunt, neutiquam probantes, censuræ eruditorum & piorum dextrè iudicantium, omnia subijciunt.

Nam & in hoc genere scripti, omnia esse probanda, & bona retinenda, rectè persuasum habent.

Bene vale.

IOANNIS BODINI
IN LIBROS DE
MAGORVM DAEMONO
MANIA

PRAEFATIO.

IVDICIVM contra Magam mulierem latum, ad quod vocatus fueram pridie Calend. Maias 1578. mihi occasionem scribendi præbuit, aut argumentum de Magis, quod omnibus summè admirabile, non paucis incredibile videt, illustrarē. Istius Magę nomē erat Ioanna Haruilleria Verberij ad Copendienses nata, necis multis hominibus pecoribusq; oblatę accusata: quod maleficium etsi primò negabat pertinacissimè, post sermones tamen subinde cōmutatos animi nutantis indices, sine quæstione & equuleo confessa est. Agnouit quoq; se diabolo (qui specie hominis atri apparebat staturam humanam excedentis atrisq; vestibus induti) inde à duodecimo suę ætatis anno fuisse oblatam à matre dicente se cumprimùm nata esset filia, eam illi quem nominabat diabolum spopondisse: illum promisisse optima fide curaturum esse se & beaturum filiam: ipsam ex illo tempore Deo renuntiasse, operamq; diabolo addixisse, rem cum illo iam tum habuisse, & exinde ad ætatē vsq; illam qua capta fuerat (erat autem fermè quinquagenaria) in eo consortio perrexisse. Addidit præterea diabolum se cùm ipsa annueret illicò sistere eodem amictu & specie qua primùm se exhibuerat, ocreatum, instructum calcaribus, accinctum gladio, equo præ foribus exspectante, quem equum nemo præter ipsam animaduerteret: eumq; interdum ita rem cum ipsa habuisse vt maritus ipsi ad latus cubans nihil perciperet. Quamuis

PRÆFATIO.

uis autem ex communi sermone omnium pro infami Saga haberetur, rusticiq; ægrè impediri possent ne ipsam tradendam igni manibus Iudicum adimerent (grauiter enim metuebant ne mulier ista effugeret) Antequàm tamen ad ferendam capitis sententiam veniretur, Consilio placuit in natalem illius pagum Verberium mitti & in vicos alios in quibus habitauerat, vt de illius vita ampliùs cognosceretur. Itaq; compertum est illam ex eodem crimine ante annos triginta virgis fuisse cæsam & matrem igni damnatam ex Aresto Curiæ Parlamenti sententiam Iudicis Sanlisiani confirmante: nomen suum sedemque tegendis facinoribus mutare solitam, vbiq; tamen magicarum sortium euictam esse. Quapropter videns illa se teneri maleficij, dari veniam sibi postulauit, & rerum gestarum se finxit pœnitere, licet maleficia quamplurima à se perpetrata quæ antè confessa fuerat, pernegaret. In postremi tamen homicidij quod commiserat confessione perstitit, se pulueres quosdam à diabolo præparatos in eum locum iniecisse quà transiturus fuerat is qui filiam ipsius pulsauerat: alterum verò quem non oderat illac transeuntem acerbo dolore per totum corpus illicò affectum esse: Cùm aũt vicini omnes qui in illum sortiũ coniectarũ locum ingressam viderãt, hoiem animaduerterent tam repente cum morbo conflictari, eos inclamasse fuisse magicas sortes ab ea immissas: ideoq; sanitatem eius spopondisse, & durante morbo languentem hominem curauisse. Adhæc confessa est se die Mercurij antequàm prehenderetur orauisse diabolum vt decumbenti homini restitueret valetudinem, quo renuéte & negáte posse fieri se cum diabolo expostulasse quòd semper ipsam falleret, atq; mandauisse ne se ampliùs inuiseret: respondisse diabolum se deinceps non esse venturum, & biduo pòst hominem exstinctum esse: itaq; se confestim in aream illam vbi comprehensa est abdidisse. Qui consilio aderant, dignam quidem morte esse iudicabant omnes: sed quidam natura mitior & procliuior ad misericordiam satis arbitrabatur fore si vitam finiret laqueo: alij verò cùm detestabilia maleficæ istius crimina, tum supplicia æquè diuinis ac humanis legibus instituta expendentes, vniuersamq; totius Christiani orbis consuetudinem iam olim in florentissimo hoc regno obseruatam, censuerunt damnari & viuam igne cremari oportere: quæ sententia lata & sine prouocatione pridie Calend. Maias effecta est, instante D. Claudio Doseo Regis apud
Ribemon-

PRÆFATIO.

Ribemontium procuratore. Pronuntiata condemnatióe, eadem confeſſa eſt ſe à diabolo in Magarum cœtus exportatam eſſe, poſtquàm certis pinguibus ab eo traditis delibuta eſſet, & tanta leuitate tam procul agitatam vt defeſſa planè & quaſi côfecta ex labore eſſet: in illis cœtibus permagnam hominum turbam vidiſſe, atrum hominem in excelſo poſitum, trigenarium fermè, quem vocabant Belzebub, adorantium, deinde verò inter ſe coeuntium: hoc facto Principem concionem apud ipſos habere vt fidem in ipſum habeant, ſe vlturum inimicos omneis ipſorum, & ipſos deniq; beaturum. Rogata annon daretur pecunia, reſpondit non dari: & opilionem quemdam im bricariumq́; tectorem Genliſianum magicæ artis incuſauit, confeſſaq́; reſipuit à peccatis ſuis & veniam à Deo poſtulauit. Nobis aut́ placuit librum hûc cóponere, que Dæmonomaniã Magorum inſcripſimus à furore manico quo diabolos miſeri proſequuntur, vt omneis qui ipſum viderint commonefaciat, & quaſi digito ſpectandum ante oculos monſtret nulla eſſe crimina quorum tam horrenda ſit conſtitutio, quæ tam graues pœnas mereantur, aut quę ad hęc proximè videatur accedere: præterea vt iis reſpondeam qui modis omnibus in illud incūbunt vt libris palàm tueantur magos, adeó vt Satanas eos inſpiraſſe promulgandis tam bellis libris & in ſuam naſſam videatur perduxiſſe. Talis fuit Petrus de Apono medicus, qui perſuadere volebat nullos eſſe ſpiritus, cùm tñ poſteà fuerit comprobatū eum fuiſſe Magorū omniū quos habebat Italia facilè principem. Sed ne cui mirum videatur quod dico, homines exiſtere à Satana ſubornatos qui ſcribant, propalent, doceantq́; id omne quod de Magis prædicatur fabuloſum eſſe, memorabile exemplum afferam, quod Petrus Mamorius in libello de Lamiis, de M. Guilhelmo Linenſi Doctore Theologiæ annotauit accuſato Magicarum artium condemnatoque duodecimo die Decembris 1453. Hic ergo cùm reſipiſcentia tandem afficeretur, confeſſus eſt ſe per noctem cum Magis aliis perſæpe deportatum eſſe vt diabolum adoraret modò humana ſpecie, modò hircina conſpicuum, & religioni toti renuntiaſſe. Quinetiam penes ipſum inſtrumentum obligationis contractę cum Satana fuit deprehenſum, quo ſponſiones reciprocę cótinebantur: inter alias autem hæc, Doctorem obligatum eſſe vt publicè concionetur quicquid de Magis prædicetur fabulam eſſe, non poſſe fieri, nullam fidem ſermonibus

*

PRÆFATIO.

iſtis haberi oportere: atque his concionibus augebatur mirū in modum Magorum numerus & ſe confirmabat, dum ab illis perſequendis ceſſarent Iudices. Hinc certè apparet Satanę ex omnibus ordinibus & conditione qualibet ſuos eſſe fideles adminiſtros: quemadmodum Cardinalis Beno, Platinaque ſcripſerunt complures eſſe Papas, Cæſares, & alios Principes viros, qui ſe à Magis ineſcari paſsi ſunt, tandemque miſerrimè à Satana deturbari: & Toleti quoque (vbi Magorum ſchola habebatur olim) nunquam exiſtimaſſet quiſquam eos homines eiuſdem criminis affines eſſe, qui effuſè ridebant ſi quádo quęſtio de Magis haberetur, totius coronæ riſum ſuis vrbanis dictis ſalibúsq; commouebant, conſtanter affirmabant fabulas eſſe, *ἀδώατα*, itaq; frangebát & mitigabant Iudicum animos vt Magi omnes euaderent: prout nuper Alciatus fecit, Inquiſitoris offenſus facto, quòd in Pedemotana regiōe Magos amplius centum comburi curauiſſet. Queritur Bartholomæus Fayus quęſtionum Curialium Pręſes in ſuis operibus, quod cóniuentes multi Iudices non fuerint auſi Magos igni addicere, vt Parlamentum omnibus ſeculis & aliæ gentes quælibet factitárūt, id cauſam maximis calamitatib. quas Deus immiſit attuliſſe. D. verò Auetonius Conſil. in Parlam. Pictonū præſes deinde factus (cui in Pictonicis honorib. ſucceſsit Saluertus) Magos 4. viuos Pictauij cremari iuſsit anno 1564. neglecta ipſorū prouocatione, affirmans indignè factum quòd aliquot Magi antè ad prouocationem ipſorum fuiſſent abſoluti, qui ex eo tempore totam regionem contaminauerint, populumq; ſeditionib. mouendis excitatum inflammauerint: Etſi multa homicidia carminibus ſuis ſortibusque commiſſa fatebantur, ideoque iudicatū in ipſis (vt lege dánatis) iubebat fieri nihil obſtante appellatione, quia plus eſt, ait lex, occidere veneno quàm gladio. Ac Magorum quidem impunitas quæ fuit illis temporibus, admirabile ipſis in regno hoc attulit incrementum, quò omni ex parte confluxerunt, Italiaque maximè: inter quos Neapolitanus quidam exſtitit Conſeruator dictus, Magorum princeps, & rebus geſtis plus ſatis celebratus. Ex eo verò tempore ita perrexerunt, vt Cenomannus ille Magus Triſcalanus, cùm iudicio capitali in ipſum lato veniam hac lege impetraſſet ſi indicaret conſcios, dixit in hoc regno ſupra centum millia Magorum eſſe, idque fortaſſe falsò, vt impietatem ſuam tanta comitatus frequentia eleuaret. Quocunque modo res habeat,

l. 5. maleſic. c.

PRÆFATIO.

beat, non mediocrem numerum indicauit: sed nūc rei tam bene prouisum est vt plerique omnes euaserint, licet confiterentur execrāda scelera quibus cœlum ipsum inficitur, & quibus exacerbatus Deus summisit terribiles persequutiones, prout Lege comminatus fuerat se eos populos exterminaturum qui Magis vitam permitterent. Quamobrem Augustinus in libris de ciuitate Dei testatur omnes sectas, quæcunque tandem fuerint, supplicia in Magos decreuisse. Epicureos solùm excipio, quos Plutarchus in libro de Oraculorum defectu, & Origenes contra Celsum Epicureum scribens refellerunt, eosque sequuti Academici, Iamblichus, Porphyrius, Proclus familiæ Epicureorum fundamenta euerterunt. Etsi iam satis Aristoteles Metaphysicis suis principijs ea conuellerat necessaria, concludens argumentatione totidem cœlos esse quot sunt intelligentiæ mouendis cœlis, aut intelligentes spiritus: has autem intelligentias à corporibus separatas esse: Angelosque ita moueri in cœlesti motu, vt anima hominis in humano motu. Ex quibus verbis demonstratur planè quæstionem de Angelis dæmonibusque Physicè tractari non posse, eosque non mediocriter falli qui negant posse id nunquam fieri quòd est natura ἀδώνατον. Nam tactus, motus, & locus (si Physicè egeris) corpori solùm conueniunt, idque in corpore: verumtamen ex rei veritate (quæ sibi semper & vbique constat) de tactu quoque, motu, & loco fatendum est eos spiritibus æquè ac corporibus conuenire: quod Aristoteles de Angelis aut intelligentijs cœlos mouentibus in Metaphysicis demonstrauit. Quamquā Plutarch. & Apuleius testes sunt Aristotelem scripsisse quod nusquam in libris qui ad manus nostras peruenerunt offenderis (amplius enim dimidia parte desyderatur de scriptis illius) mirari Pythagoricos siqui homo inter mortales exstet qui nunquam Dæmonem cognouerit. Idemque Aristoteles Thasium quemdam à se visum narrat, cui indesinenter spiritus specie humana adhærebat, quam nemo alius quàm ipse cerneret: hoc autem Magorum omnium commune est. Et nuper etiam Franciscus Picus Mirandulanus Princeps à se visos fuisse scribit Magos Sacerdotes duos, quib. duo Hyphialtæ muliebri specie comites aderat, eosq; amplius quadraginta annis ad muliebre consortiū succubis istis abusos esse: prout antè confessi sunt quàm traderentur igni, & nos suo loco ostē

Levit. 20.

Arist. lib. 4. & 6. φυσικῆς ἀκροάσεως. Metaphys. lib. 8. Plutarch. lib. de Dæmon. Socratis

Apul. lib. de Deo Socra.

libro περὶ Φιλοσοφουμένων ὑπομνημάτων.

RRÆFATIO.

demus. Ibidem quoq; scribit Aristoteles Aeolidum insularum vnam admirabilibus tympanorū cymbalorumq; sonis & cachinnationibus personare nemine comparente: quod etiam non rarò in locis compluribus ad Septentrionē fieri narrauit Olaus, & in Atlante monte Plinius Solinusq; testantur. Hi autem sunt Magorum cœtus & saltationes cum spiritibus impuris ordinariæ, vt quæstionibus innumeris fuit confirmatum. Eodem libro ait Aristoteles Tenæ in Thessalia fuisse Sagam quæ conceptis verbis circulisque ductis basiliscum incantabat: quæ efficacitas non à natura est, vt suo loco demonstrabimus, sed à vi & facultate spirituum: qui spiritus (Aquinas inquit) non possent facere actiones insolentes illas quæ cernuntur oculis, nisi in loco essent vbi suas actiones exhibent. Absurdum enim profectò fuerit, si Angelis mouentibus cœlos à quibus separati sunt tactum locum motumq; tribueris, quod Peripatetici omnes, Academici, & Stoicum Hebræis & Arabibus statuerunt: spiritibus verò per elementa fusis easdem proprietates ademeris. Hæc autem eò pertinent vt non ij solùm informentur qui credunt vnum esse Deum, & plures intelligentias (quæ duo ab Aristotele demonstrata vniuersa Scriptura sacra confirmauit) sed vt aliorum quoque barda & torpentia ingenia reuincantur. Etsi non est propterea singularum actionum quas Dæmonum intellectus parit reddenda ratio, quod nemo homo præstare potest: nam quisquis rationem omnium rerum explicare posset, is Deo qui nouit omnia, foret persimilis. Quemadmodum autem Deus ita vt est à nemine cognosci aut comprehendi potest, nisi idem qui sic cognoscit & comprehendit sit Deus: quia non potest is qui essentia, potestate, amplitudine, æternitate, sapientia, & bonitate infinitus est ab alio comprehendi quam qui fuerit infinitus, infinitum autem nihil est nisi vnus Deus: ita etiam confiteamur necesse est Deum solum posse rationes rerum omnium exponere. Infinitate enim scientiæ opus est, quæ neque in hominibus, neque in angelis, neque in re vlla creata potest subsistere. Ideoque Aristoteles Methaphysicorum primo de spiritibus agens intelligentibus fatetur eam esse humanæ mentis imbecillitatem vt cognoscere nequeat veritatem, eoque pacto καθόλε cernit ignorantiam omnium, nec videt ἐν μέρει suam, cùm eodem libro dicat vbi non est ratio ibi non esse inuestigandam rationem. Hæc illius verba, quæ Plinius

lib. 6. Physic. & 8.
Metaphysic.

PRÆFATIO.

nius libro 37. naturalis hiſtoriæ capite quarto imitatur dicens, Non vlla in parte ratio, ſed voluntas naturæ quærenda. *lib. 4. 6 & 7. Met*
Indignum verò ſermonem philoſopho, eorum quæ videntur *tʒρʒyſic.*
cauſas ſi ignorabuntur negari potius quàm ignorationem humanam profiteri. Atqui laus nunquam maior Dei tribuitur quàm ſi propriam ignorationem fateamur: contrà verò iniuriam Deo facimus niſi tenuitatem ingenij noſtri agnoſcimus. Quamobrem poſt omnes ſermones à Iobo & amicis vltro citroque habitos, factaque Dei in diſceptationem reuocata, cùm veritatem ſibi videretur attigiſſe, Deus viſione apparens effari cœpit in hanc ſententiam, Quis ille ignarus homo eſt qui ſermonibus ſuis inanibus obſcurat opera excelſi? tum de cœlorum altitudine agens, magnitudine, & motu admirabili, de vi aſtrorum, de cœli in terram legibus, de terra aquis innitente, de aquis in medio mundo pendentibus, aliisque miraculis quæ ante omnium oculos verſantur ſcientiam humanam docet ignorantia abundare. Multi ſcientiæ primas tribuunt Ariſtoteli, quem certè multa nouiſſe conſtat, ſed ne milleſimam quidem partem rerum naturalium tenuiſſe. Etenim Hebræi omnes philoſophi & Academici oſtenderunt eum nihil vidiſſe οὐ τοῖς νοητοῖς, & naturalium quoque pulcherrimas non paucas ignoraſſe. Verbi gratia, ne cœlorum quidem cognouit nume- *R. Maymoni lib. 2.*
rum in Scriptura decem aulæis tabernaculi (quo figurabatur *More nebocim.*
mundus) adumbratum, & his verbis expreſſum, cœli ſunt opera digitorũ tuorũ: vt tam deni cœli q̃ digiti intelligerent (alibi.n. Scriptura ſemper opera manuũ Dei nominauit) q̃ omnes Philoſ. & Mathematici neſciuerũt donec à Ioan. Realmotano fuit demonſtratũ. Imò ne Planetarũ quidem ordinem didicit Ariſtoteles, aut vnicum aſtrorum motum, qui Venerem Mercuriumque ſupra Solem collocauit, contra quàm à Ptolemæo pòſt fuit oſtenſum. Sed ne ad res altas ſemper contendamu, aut ex Ariſtotele veritatem Dæmonum earum'ue rerum quæ naturam ſuperant ſciſcitemur, bonam rerum naturalium partem videmus ipſi fuiſſe incognitam, vt maris ſalſuginem, quâ Mirandulanus Princeps (qui Phœnix ſui temporis dicebatur) ſoli Dei prouidentiæ tribuit. Origo tamen fontium quam ſtatuit Ariſtoteles magis eſt abſona, cùm dicit ex putrefacto in terræ ſpecubus meatibusque aere progigni fontes: maximę enim & inexhauſtæ ſcaturigines fontes, & peremnes riui ſunt, nec totus aer corruptus qui in mundo eſt centum annorum

* iij

PRÆFATIO.

spatio eam aquam generaret quæ vel vnico die profunditur. Hebræi verò Philosophi ac inprimis Solomo docuerunt vt venas humani corporis ab hepate, sic aquas orbis nostri à mari proficisci. Quinetiam sæpenumero in natura rerum effecta cernuntur præter omnem rationem naturæ consequentia: vt à niue (quæ aqua glaciata est) terram calefieri sementemque contra iniuriam gelu conseruari, à pruina (vt est frigidissima) torreri segetes, & aduri tàquam in furno pampinos: quamobrem Festus pruinam à perurendo arbitratur dictam, neque scriptura sancta inter admirabilia Dei opera hanc quoque reticet Psalmo 147. Qui dat niuem, inquit, sicut lanam, & pruinam sicut cinere spargit: quē locū Buchananus sic interpretaē.

Ioan. Picus in positione.

    Qui niuibus celsos operit ceu vellere montes,
    Densas pruinas cineris instar disticit.   Et Beza,
    Qui couure les monts & la plaine
    De nege blanche comme laine,
    Et qui vient la bruine espandre
    Tout aussi menu comme cendre.

Hi verò insigne illud miraculū nō attigerunt: bona autem pars lanarum nigra est, & pruinæ cum cineribus nulla interuenit similitudo. Quamobrem non incommodè hoc pacto verteris.

    Qui niuibus campos refouet ceu veste iacentes,
    Torret pruina, ardente vt foco, pampinos.

De iride quoque Albertus Aristotelis errorem demonstrauit negantis de nocte cōspici: hoc enim planè falsum est, ac proinde rationem Aristotelis vt alienam à ratione atque veritate concidere: cùm eodem argumento foret necessarium vt nubes omnes vnius coloris essent. Taceo mille naturæ miracula, quorum obscuræ sunt adhuc & ignotæ causæ: quæ Cardinalem Cusanum virum suis temporibus insignem, & ante hunc Cardinalem Bessarionem adduxerunt vt Aristotelis doctrinam velut variam, & ambiguam, & incertam perstringerent. Inter alios verò Cardinalis de Alliaco defendit rationibusque certis confirmauit nullam exstare in Aristotele demonstrationem necessariam præter eam quæ demonstrauit vnicum esse Deum & alias perpaucas quas idem annotat. Æternitatis verò mundi demonstratio, quam Philosophorum primus & solus Aristoteles tuebatur, plena est ignorātiæ: quod Plutarchus, Galenus, Stoici, & Academici docuerunt, & ipsi Epicurei ludificati sunt: Ex Hebræis quoque Rabbi Maymon, (qui ob

*1.h.1. sentent. q. 3.
ib.1. de cœlo.
Plut. lib. περὶ τ̃ ἐν τῳ τιμαίω ψυχογονίας.
Gale. lib. de placit. Hippoc.
Plut. in Placitis philos.
Plato in Timæo.
Pic. Mirapan lib. 14. contra Prochum.
Lucret. & Plat. in placit.*

præstan-

PRÆFATIO.

præstantiam doctrinæ aquila magna vocabatur)doctissimè o-
stendit Aristotelis demonstrationem ἐν τοῖς ἀδυνάτοις reponendã *li.2.more hanne-*
esse,itemque Philoponus libris quatuordecim quos Græcè de *bocum.*
eodem argumento scripsit contra Proclum Academicum pla-
nè dignos qui donentur sermone vernaculo: Aquinas deniq; *li.2.dist.1.q.2.*
demonstrationem illam accipi non posse argumentis aliis do- *lib.de methodo hi-*
cuit, quæ in præsentia vt annotata alibi præteribimus. Quid *storiarum.cap.6.*
verò,quòd ipse Aristoteles sicubi offendit locum vnde se ipse
nequiuit expedire, tam bellè agit Oedipodem vt nemo ipsius
mentem diuinare possit? Demonstrant illud caput primum
Physicæ & liber de anima, vbi Scotus inter argutos philoso-
phos locum non postremum obtinens rationes contrarias A-
ristotelis & pugnantes inter se annotauit: & quibus alij cor-
ruptionê animæ tentarût eruere,vt Aristotelis ipsius tempore
Dicæarchus, Atticus Epicureus, Aphrodiseus, Simon Portius
& Pomponatius:alij verò Theophrastus,Themistius,Philopo
nus, Simplicius,Thomas,& ipsi quoq; Arabes, & Mirandula-
nus princeps immortalitatê eius confirmarût. Auerroes enim
ex ijsdem locis vnitatê humani intellectus non dubitauit asse-
rere. Quibus ex rebus statuimus elegátia naturæ arcana ab A-
ristotele nó fuisse visa: quod veteres quoq; obseruaerût post
signû Aristotelis fingétes mulierê velatá facie cui nomê est Phy
sis,id est, natura: atq; hoc pacto innuerût dignitatê naturæ suit
se tectam Aristoteli, & vestê solùm externá quodámodo fuisse
ab eo visam. Atq; hanc ob causam præcipitê se in mare,vt Pro-
copius,dedisse dicit, cùm nó potuisset inuestigare causam cur *lib.4.*
reciproco fluxu Hellesponti fretû mearet per diê remearetque
septies. Quòd si præstátissimi naturę thesauri nobis sunt abdi-
ti,ecqui tandê eas res quę supra naturá sunt & in intellectu po
sitæ pertingemus? Ideoq; Heraclitus primus, Plutarcho teste,
& post eum Theophrastus dixit res mundi pulcherrimas ab ar
rogantia hominû ignorari dum nihil statuût credere nisi huma
na mens orationê illius perceperit: quo in genere admirabi-
lia Spirituum impurorum Magorumque facta, quæ humani
ingenij aciem & naturaleis causas transcendunt, meritò nu-
meranda sunt. Verùm quemadmodum stultus & excors, ne-
que iniuria dicêdus est is q Cadmiã Magnetêue negauerit im
pressione sui Boreá versus gnomonê obuertere, quia ignorat
causam:aut qui fateri noluerit à torpedine retib. inclusa man⁹
primû,dein brachia tû ipsum piscatorû corp⁹ totû obtorpere,
                                                          quia

PRÆFATIO.

quia nescit causam : ita etiam stulti dementesque habendi sunt qui vtut admirabilia Magorum facta spirituúmque videant, nihil omnino credendum putant, siue quia eorum causas mente non possunt comprehendere, siue quia sunt na-
in Ethic. Nicom. turæ lege ἀδύνατα. Nam ipse Aristot. raptus admiratione multarum rerum ignotis causis oborietium, ait quisquis id quod videt in dubium reuocauerit hunc nihil melius quàm cæteri faciant aliaturũ. Videmus autem Orpheum, qui antecessit Christum quasi mille ducentis annis, deinde Homerum autores è Gentibus antiquissimos artes magicas, necromanticas, & carmina quæ hodie in vsu sunt literarum monumétis tradidisse. Videmus in lege Dei quæ amplius ducentis annis antè promulgata est quàm Orpheus viueret, Pharaonis Magos opera
Exo. 6. & 7. Dei effinxisse: Euocatos spiritus à Saga illa Saulis & sermoné
1. Sam. 28. cum eis habitũ legimus: Exstant interdicta Legis à Deo data, ne qui diuinos, magos, pythonas consulat: vbi recésentur omnia magiæ diuinationúmq́; genera, propter quæ Amorrhæos & Chananæos à se fuisse exterminatos è terra declarat Deus, & propter quæ Iehu Reginam Iesabelam præcipitem ex arce datam canibus exposuit deuorandam. Supplicia quoque in Magos lege xij. tabularum instituta exstant, quas tabulas Le-
Leuit. 20. & 21.
Deut. 18. gati Romanorum de Græcis legibus deprompserant : quin a-
Ierem.17.19. et 50. cerbissima omnium quæ legantur in constitutionibus Cæsa-
Naham 3. rum aduersus Magos decerni legimus, vbi hostes naturæ, ini-
2. Reg. 9 & 2.
Paral. 33. mici humani generis, & malefici propter grauissima ipsorũ cri-
Esai 3 4. 8. & 47. mina appellantur: quibus adde horrendas imprecationes ex-
Num. 23. pressas legibus, quales imprecatiões nusquã in legibus, nisi có
2 Reg. 23.
toto tit. de malef. C. tra Magos inueneris, Quos feralis pestis, ait Lex, absumat. Ex-
l. 3. de malefic. C. stant Græcæ, Latinæ, priscæ, nouæ, omnium regionũ populo-
l. neminem. de male-
fic. C rúmq́; historię, in quib. describũtur res gestę à Magis, effectaque eadem varijs in locis, excessus animi, & Magorũ corpora cum animis in longinquas terras à spiritibus impuris deportata pauloq́ue momento eodem à spiritibus iisdem reportata: quod Magæ omnes fatentur vno ore, vt German. Italorum, Gallorum, aliorúmq́; populorũ testantur libri. Nouimus quid
Plutarch. in Ro- scriptũ reliquerint Plutarchus de Ariste̯o Procónesio & Cleo-
mulo. mede Astypalæo, Herodotus de atheo quodam philosopho,
Hugo Floriacésis. Plinius de Hermotimo Clazomenio, Philostratus de Apollonio Tyanæo, & Romanæ omnes historiæ de Romulo, qui ante oculos totius exercitus in aera sublatus est: quod item Matisconen-

PRÆFATIO.

tifconenfi cuidam Comiti in Chronicis noftris legimus accidiſſe. Præterea ex varijs quæſtionibus habitis & illud compertum eſt multos cùm imitati fuiſſent Magos momento ad centeſimum aut ducenteſimum milliare à domo ſua abfuiſſe, aſpectis Magorum conuetibus Dei opem & auxilium imploraſſe, conuentū nefariorum ſpirituum Magorumq; ſtatim euanuiſſe, illos qui ſoli relicti erant magnis itineribus domum reuertiſſe. Deniq; ad manum, ante oculos ſunt queſtiones de Magis in Germania, Gall. Italia, Hiſpaniaq; habitæ & ſcriptis conſignatæ: nec dies vllus pręterit quin teſtimonia innumera & repetitiones eorum, collationes, couictiones & confeſsiones exſcriptas videamus, in quibus ad mortem vſque perſtiterunt damnati, quorum pars maxima aut imperitiſsimorum hominum aut vetularum fuit, qui neque Plutarchum, Herodotum, Philoſtratum, aliorum'ue populorum leges nouerant, neque cum Germaniæ aut Italiæ Magis communicauerant, vt ipſis tá bellè inter ſe de rebus ſingulis conueniret. Neſciebant Auguſtinum libro 15. de ciuitate Dei dicere non eſſe dubitandũ, & impudentiæ videri ſiquis negauerit Dæmonas & impuros ſpiritus coire cum hominibus, quos ideo Græci Ephialtas & Hyphialtas Latini incubos, ſuccubos, & Syluanos, Galli Duſios (ait Auguſtinus) nuncupant hos virili ſpecie, illos muliebri. Ac de hoc quidem congreſſu conſtans eſt Sagarum omniũ cōfeſsio eum non dormiendo ſed vigilando fieri: quo argumento oſtenditur non eſſe illam Medicorum τιφλω aut nocturnam ſuppreſſionem, quam agnoſcunt illi dormientibus ſolùm accidere: tum etiam hoc altero quòd non poſſet res eadem Succubis atq; incubis accidere. Nec minus dignum admiratione eſt, quod omnium quoq; Magarum communis docet conſenſio, malignos ſpiritus cùm ſe forma humana exhibent, plurimùm atros eſſe aut proceriores alijs, aut exiliores, vt nanos: quod Georgius Agricola non mediocri eruditione vir ſcriptis demonſtrauit. Noſtri autem Magi non videranr illud quod Valerius Maximus libro 3. de Caſsio Parmenſi tradit, procerum hominem & atrum valde ei ſe obtuliſſe, qui rogatus ſe κακοδαίμονα eſſe reſponderit: neq; ſimiliter Magæ hiſtorias Plinij iunioris in epiſtolis, Plutarchi, Flori, Appiani, & Taciti legerant, de Curtio Ruffo Africæ Procōſule, de Dione & Bruto, quibus vigilantibus viſiones eædem oblatæ ſunt: aut hiſtoriam illam memorabilem Athenodori philoſophi, cui vigilanti conſimile

Sprägerus in Malleo.
Paulus Grilládus.

Lib. de Spirit bus ſubterraneis.

Plinius ſecund. in epiſt.

★ ★

PRÆFATIO.

visum obuenit maligni spiritus humana specie, procera, nigra, catenis vincta, qui in ædibus propter allatas à maligno spiritu molestias, iamdiu desertis indicauit locum vbi prostrata erant cæsorum quinque corpora: aut quod apud Suetonium post cædem Caligulæ, quod apud Plutarchum post cædē Damonis & Remi legimus accidisse, post quorum cædem horrentia & inhospita loca effecta sunt per eos spiritus quos Latini à Remo Remures, & mutatione vnius liquidæ Lemures appellabant. Initio autem diximus Ioannam Haruilleriam confessam esse humana semper specie, procera, & atra diabolum à se conspectum. Historiam hîc placet apponere, quæ anno 1578. quarto Nonas Februarias gesta est. Catharina Darea agricolæ cuiusdam vxor Coparis in Suessionensi agro habitantis, ab Hunautio Copararum Præfecto interrogata cur puellis duab. quarum altera ipsius, altera vicinæ filia erat, caput abscidisset, respondit à se diabolum humana specie visum altum atrumq; valde, qui oblata viri falcula ad hoc facinus ipsam incitauerit. Hæc iudicio Compendiis lato morte affecta est. Denique perpetuam historiarum quæ apud varios populos variis seculis acciderunt conuenientiam & similitudinem cum rebus Magarum gestis & confessionibus earum suo loco demonstrabimus. Non est igitur, non est pertinaciter cum veritate pugnandum, si tot effecta quorum obscura causa est videntur apertissimè. Nam vbi humana mens causam rei, id est, τὸ διότι nequit pertingere, tum certè iudicium oportet inhiberi, & in eo quod sit, id est, ἐν τῷ ὅτι ἐστί consistere. Itaque maximus ille Plato & agnomine diuinus appellatus, de Sagarum actionibus (quas studiosè perquisiuerat & diligenter expenderat) loquens vndecimo libro de legibus rem affirmat difficilem esse cognitu, & quam si noueris difficilius alteri persuaseris: Rident plerique, inquit, si quando cereis sigillis vti dicuntur Magi ad sepulchra & compita, sub ianuas apponendis, aut carminibus, incantamentis, atque ligaturis res admirabiles efficere. Ac Magæ quidem nostræ Græciam non viderunt, Platonem non legerunt, vt imagines cereas facerent, per quas adiectis suis coniurationibus ope Satanæ homines occidant, quod infinitis iudiciis (vt dicturi sumus) fuit confirmatum, inprimis verò Magarum Alenconiarum quæ inimicorum suorum quærebant necem. Itaque Enguerrandi Marignij iudicium maximè constitutum est de coniuratis imaginibus

In Caligula in vita Cimonis.

Lib. 12. de legib.

PRÆFATIO.

nibus cereis quibus accusabatur Regis exitium procuraffe: & nuper etiā Magus Sacerdos Anglus Curio vici Iftinctonij (qui vicus Londino abeft fermè quingētos paffus) deprehenfus eft cum tribus cereis imaginibus (vt vocant) coniuratis, quibus Reginam Angliæ & duos alios Reginæ proximos è medio tolleret: fed dum hæc quæftio ad nos ex Anglia perferretur, amplius erat de ea cognofcendum. Quamuis autem iftarum rerum caufam Plato ignorauerit, eas tamen pro certis & indubitatis habuit, & in legibus fuæ Reipublicæ pœnas capitales conftituit in Magos qui iftis artibus homines pecora'ue fuftuliffent, quod homicidium ab alijs quæ fine Magia committuntur optimè diftinxit: pariterque Hebræus Philo in libro περὶ τ ἀνκρφρομένωρον ἄλα νόμων. Imperiti homines fieri non poffe iudicant: Athei & quicunque fouent κωδοξίαν fcientiæ nolunt id quod vident confiteri, quia ignorant caufam, ne quid nefcire videantur: Magi ludificantur duabus caufis, tum vt feipfos eximant fufpicione iftius maleficij, tum vt hoc pacto regnum Satanæ ftabiliant: ftulti & curiofi facere volunt periculum (quemadmodum Comi in Italia nuper, tefte Sylueftri Priera, cùm officialis & Inquifitor fidei turbam Magarum in vinculis detinentes non poffent fidem habere admirabilitati rerum quas illæ narrabant, ipfis placuit experiri & fe vni Magæ ducendos permittere: itaque abducti cùm feorfim in locum aliquem ftarent, res quidem abominandas profpectarunt, fidem dari diabolo, faltari, coiri, fed tandem diabolus qui eos à fe non videri finxerat tam ftrenuè verberauit eos vt poft dies quindecim morerentur) alij renuntiarunt Deo, feque periculi faciundi gratia Satanæ deuouerunt, fed illis perinde éuenit ac illis beftijs quæ fpeluncam leonis ingreffæ non reuertebantur? Quicunque verò ducuntur reuerentia Dei, cognitis Magorum hiftorijs, miraculis Dei quæ in toto orbe funt exploratis, lectaque diligenter lege & facra fcriptura, eò adduci non poffunt vt res iftas in dubium vocent quæ humanæ menti videntur incredibiles: fed ita ftatuunt fi res naturales plurimæ funt incredibiles, nonnullæ ἀκατάληπτοι, multo magis potentiam actionesque fpirituum intelligentium captū animi noftri excedere. Videmus autem res multas quæ à natura funt admirabiles frequenter & de more fieri, puta terrā & mare à mercatorib. noftris circumdari, pedibus furfumuerfus de-

PRÆFATIO.

curri equis pegafeis (quod Lactantius & Auguſtinus riſerunt negantes eſſe Antipodas, rem tam certam & ita clarè demonſtratam vt eſt lux meridiana Solis) & ſimilia. Et ij quoque ipſi qui fieri non poſſe contendunt vt impius ille Spiritus exportet hominem ad centum aut ducenta milliaria, non animaduertunt cœlorum cœleſtiumque corporum (vt ſint maxima) cóuerſationem fieri horis viginti quatuor, id eſt, ſi milliari bis millenos paſſus tribueris, tam breui ſpatio 245791440. milliaria decurrere. Quòd ſi dixerint quotidie videri iſta, & ſenſibus ſtandum eſſe, fateantur ergo pariter credi actiones ſpirituum quæ præter ordinem naturę fiunt oportere, ſi ne ipſius quidem naturæ miracula quæ in oculis quotidie verſantur poſſumus comprehendere, maximè cùm inter Philoſophos non ſatis conueniat in quo κριτήριον τῆς ἀληθείας veritatis index ſit poſitum. Nam Dogmatici regulam diiudicandi verum à falſo in quinque ſenſibus conſtituunt ad rationem ſingula perferentibus: Plato & Democritus repudiant ſenſus, & ſolam iudicem veritatis ponunt intelligentiá: Theophraſtus ſenſibus & rationi intermedium fecit communem ſenſum, quem τὸ ἐνάργις nominabat: animaduertentes autem Sceptici nihil ad rationalem animam peruenire quin illud antè ſenſus perciperent, & nos à noſtris ſenſibus decipi, nihil ſciri poſſe contenderunt. Aiebant enim ſi Ariſtoteleum illud axioma ex Platone verum eſt, animam intelligentem ſimilem eſſe tabellæ albæ imponendis figuris accommodæ, & nihil ineſſe animæ quod non fuerit priùs in ſenſibus, fieri non poſſe vt ſciamus quicquam. Senſum enim omnium potentiſsimum & argutiſsimum eſſe viſum, oculos autem falſos teſtes eſſe, qui (vt bonus Heraclitus inquit) Solem centies ſexagies ſexies ampliorem terra ſic nobis exhibent vt ſi vnius duûmve pedum eſſet, qui in aqua res longè maiores quàm ſint, & baculos tortos qui recti ſunt videntur aſpicere: Cæteros verò ſenſus planè in iuuenibus ſenibusque, vt vegeti ſint, variare: huic enim calidũ videri quod illi frigidum, & (quod omnes vident) eumdem hominem vario tempore de ijſdem rebus cùm admouentur ſenſui variè iudicare. Primus hanc viam aperuit Socrates, ſe dicens hoc vnũ ſcire quòd nihil ſciret: cuius ſecta deinde aucta eſt per Arceſilã principem Academiæ, quem Ariſto, Pyrrhus, Herilus ſequuti ſunt, & Cardinalis Cuſanus memoria noſtra in libris quos fecit de docta ignorantia. Quemadmodum autem primi illi ſe

Ptolemæus in Almageſt. lib. 5.

honoris

PRÆFATIO.

honoris causa Dogmaticos, id est, Doctores, sic etiam postremi Scepticos siue Ephecti cos tanquam dubitatores sese nuncupabant. Etsi hos tamen pudebat côfiteri se nihil scire, quod fatebatur Socrates: fatendo enim se optimè scire quòd nihil scirent, nos posse aliquid scire pariter fatebantur. Itaque roganti scirent ne calidum esse ignem aut clarū Solem responde bant cogitari de hac re oportere, vt Socrates respondebat se vtrum homo bestiáne esset ignorare: & Polyænus Mathematicorum sua ætate princeps auditis super hoc argumento Epicuri sophismatis Geometriam totam falsam esse confessus est: cùm tamen hæc pro verissima omniū habeatur & minimè sensibus innitente, quos Aristot. fundamenta esse statuit scientiarum omnium, & quibus ita standum esse dicit vt ex collectis rebus singularibus catholica axiomata componantur ad consequendas scientias & eam quæ inuestigatur veritatem. Quòd si sensibus solùm stari oporteret, falsa esset regula Aristotelis (omnes enim homines etiā Lyncei agnoscent amplio rē esse Solem, & res in aqua mersas breuiores quàm videntur, neque baculum in aqua fractum, vt omnibus videtur, esse) falsa item Platonis & Democriti sententia indicium veritatis intelligentię soli vindicantium: neque enim cæcus de coloribus potest, neque surdus de concētibus iudicare. Amplectenda igitur nobis est opinio Theophrasti inter sensus & intelligentiam velut interpretem adhibentis communem sensum, & ad rationem tanquam ad Lydium lapidem quicquid videmus, audimus, gustamus, & odoramur perferendum. Quoniam verò plurimę res exstant quarum excelsa constitutio à nobis ægrè comprehendi potest & à paucissimis qui ad eas percipien das fuerint idonei, hic verò perito cuique in scientia ipsius o portet haberi fidem. Itaque etiamsi omnibus certissimum videretur Solem & Lunam æquales esse, prout in speciem vide tur cùm vnus in occasu, alter in ortu situs est, peritis tamen huius scientiæ fides habebitur, qui Solem demonstrant centies sexagies sexies terra maiorem esse & ampliùs octauis tribus, eundemq́; maiorē Luna sexies millies quingēties quadragies quinquies, prætereaq́; octauis septē: qua ratione Iurecoss. in rebus medicis accipiunt Medicorū placita, neq́; secus definiē dum putant. At non sunt profectò Magorū arcana tam tecta, quin à trib. annorum millib. per totum orbem terrarum inno tuerint. Primùm lex Dei ἀψευδὴς ea declarauit expressitq́; mi-

in Analytic. poster.
li. 4. 6. 7. Metaphy.

l. 7 de stat. hom. ff.
l. 2. de suis & leg.
ff. Auth. de rest. fi-
deicom. & ea quæ
parit xt. mense. l.
Aediles aiunt, de
ædil. edi. ff. l. 1. de
ventre insp. ff.
Leuit. 20.

PRÆFATIO.

nutatim, qua perditionem interminantur populis qui Magos non castigauerint. Hîc ergo sistendus gradus est, non de ijs quæ nescimus cum Deo contendendum. Deinde Græci, Romani, aliiq́ue populi antequàm de lege Dei audiuissent quicquam, Magos confimiliter & facta eorum abominati sunt, eosq́ue supplicio vltimo (vt suo loco dicemus) affecerunt. Denique, ait Augustinus, quotquot in mundo fuerunt sectæ, pœnas in Magos decreuerunt. Quòd si ad consequendam veritatem periti requiruntur, an peritiores ipsis Magis inueniri possunt? qui inde à ter mille annis actiones suas, sacrificia, saltationes, nocturnas exportationes, homicidia, carmina, ligaturas & artes magicas indicarunt, confessi sunt, ad mortem vsque confirmarunt. Præterea quotquot in Italia, Germania, & Gallia cremati sunt, eorum concors est vbique confessio omnium testimonijs. Si igitur legis Dei communis consensio, humanarum legum, populorum omnium, iudiciorum, conuictionum, confessionum, repetitionum, collationum, executionum, si communis sapientum conuenientia non est satis quæ amplior, obsecro, probatio desyderabitur? Demonstraturus Aristoteles ignem esse calidum, ita est, inquit: Nam sic Indi, Galli, Scythę, & Mauri agnoscunt. Argumentis quę in cōtrariam sententiam adducuntur speramus nos ita responsuros, posteà vt singuli acquiescant: intereà verò sapientes istos dubitandi autores omittemus quibus incertum est sit'ne Sol clarus, glacies frigida, calidus ignis, & qui rogantib. teneántne suum ipsorū nomen respondent cogitari de eo oportere. Certè impietatis ferè eiusdem est reuocare in dubium possint'ne Magi esse, & sitne Deus dubitare: nam qui vnum, idem etiam alterum confirmauit Lege. Omnium autem errorum cumulus ex eo processit, quòd multi qui facultates Spirituū & Magorum facta pernegabant, putauerunt Physicè de rebus metaphysicis quæ supra naturam sunt disputandum esse. Hoc verò plane absurdum est. Nam scientię cuilibet sua principia & velut fundamenta sunt, alia ab aliis diuersissima. Statuit Physicus atomos esse corpora quæ nequeas diuidere, hoc erroribus grauissimis deputat Mathematicus, docens & demonstrans quodcunque minimum corpus in orbe terrarum exstiterit id posse in infinita corpora diuidi: demonstrat Physicus nihil infinitum esse, Metaphysicus primam causam statuit infinitam: Physicus præteritum ac futurum tempus numero motuum diſterminat,

lib. 11. de ciui. Dei.

Lib. 2. Physic.

PRÆFATIO.

sterminat, Metaphysicus æternitatem spectat carentem numero tempore & motu: Physicus demostrat in nulla mundi parte exstare quicquam quod non sit corpus, non posse motum nisi corporib. accidere, sola se corpora inter se cotingere, Metaphysicus Spiritus & Angelos esse moueteis coelos & coelorū motu sentienteis motu κατὰ συμβεβηκὸς, vt confitet Aristot. proinde illos spiritus vbiq; eodē tēpore minimè subsistere, sed ibi necessariò esse vbi apparet ipsorū actio: Physicus demóstrat naturalē formā nō esse ante subiectū aut extra materiā, & corruptióe omnino intercidere: hæc.n. Aristoteles vniuersè de omibus naturalib. formis enūtiat, Metaphysicus verò formas suas disparatas permanere sine corruptióe & mutatione vlla: eoq; amplius idē autor & Metaphysicis ait formā hois, id est, intellectū extrinsecus aduenire (θύραθεν ἰέναι ait) & permanere post corruptióne corporis. Præterea Physici omnes principiū istud retinēt constantiss. nō inesse formas duas in vno subiecto, depelli semper alterā ab altera, neq; vnquā ab vno corpore in alterū cōmigrare: Dæmonas aūt cōtrà malignosq; spir. quos Peripatetici formas separatas nuncupāt, euidentissimū est se insinuare in hominū pecorumq; corpora, in corporib. effari, siue os hois clausum siue lingua ad laryngas vsq; proiecta habeat, idq; varijs linguis & ipsi dæmoniaco incognitis, & (quod amplius est) modò ventre modò pudedis eloqui, quamobrē eos veteres &ἐγγαστριμύθος, ἐγγαστριμαντεις & συμπυκλίας appellabat. Si cui aūt cū Academicis placebit statuere dæmonibus sua esse corpora, tum admirabilius sane futurum est & magis à principijs naturæ alienum, quæ corpus vnum in alterum penetrare negant: cum illud tamen fuerit ab omni antiquitate visum & in compluribus hominibus quos dæmones infestant sæpe videatur. Ideoque ait Aristoteles non placuisse priscis vt Physica disputatio commisceretur scientiæ Metaphysicę, sed Mathematicas disciplinas interposuisse, vt eo pacto indicarent non esse ex rationibus Physicis de Magis & de actionibus quibus eum Dæmonibus spiritibusque malignis communicant faciendum iudicium. Nostrum autem hoc argumentum (quod alioqui ex se difficile atque obscurum est) vt fiat euidentius, totum opus in quatuor partes diuisimus. Primo libro de natura spirituum agimus, de eorum cum hominibus consociatione, de modis tum diuinis tū etiam humanis ad res occultas cognoscendas. Secūdo Magorū artes & modos illicitos quàm

breuissi-

PRÆFATIO.

breuifsimè fieri potuit attigimus, idque tam fobriè vt nemo vllam ex eo occafionem abutendi inuenturus fit, atque in hūc finem vt fingulis pedicæ retiaque monftrarentur à quibus cauendum eit, & ijs Iudicibus leuamen afferretur quibus non vacat ifta excutere, quamuis ad iudicia bene ferenda defyderent informari. Tertio modos licitos & illicitos exponimus anteuertendis aut amoliendis fortibus occupatos. Quarto agimus de forma quæftionis habendæ & conftituendi iudicii aduerfus Magos, & de probationibus neceffarijs vt pœnæ legibus in eos fancitæ decernantur. Adieci denique Ioannis Vvieri confutationem, & folutionem argumentorum quæ in hanc caufam afferri poffent, fermones meos regulis conformans & axiomatis prifcorum Theologorum atque determinationi quam facultas Theologiæ fecit Parifiis xix. Septembris M.CCC.XCVIII. Quapropter nos illam difertis verbis hic apponi curauimus.

DETER-

DETERMINATIO PARISIIS FACTA PER ALMAM FACULtatem Theologicam. An. Domini M. CCCXCVIII. super quibusdam superstitionibus nouiter exortis.

PRÆFATIO.

VNIVERSIS ortodoxæ fidei zelatorib. Cancellarius ecclesiæ Parisiensis & facultas Theologiæ in alma Vniuersitate Parisien. matre nostra cum integro diuini cultus honore spem habere in domino: ac in vanitates & insanias falsas non respicere. Ex antiquis latebris emergens nouiter errorum fœda colluuio recogitare commonuit: quòd plerumque veritas catholicam apud studiosos in sacris literis apertissima est: quæ cæteros latet, nimirum cum hoc proprium habeat omnis ars manifestam esse exercitatis in ea, sic vt ex eis consurgat illa maxima, Cuilibet in sua arte perito credendum est. Hinc est orationū illud quod Hieronymus ad Paulinum scribens assumit, Quod medicorum est, promittunt medici: tractent fabrilia fabri. Accedit ad hæc in sacris literis aliud speciale quod nec experientia & sensu constant vt aliæ artes, nec possunt ab oculis circumuolutis nube vitiorum facilè deprehendi. Excæcauit enim eos malitia eorum. Ait siquidem Apostolus quòd propter auaritiam multi errauerunt à fide: propterea nō irrationabiliter idolorum seruitus ab eodem nominatur: alij propter ingratitudinem qui cum cognouissent Deum: non sicut Deū glorificauerunt in omnem idololatriæ impietatem (sicut idem cōmemorat) corruerunt. Porro Salomonem ad idola, Didonem ad magicas artes pertraxit dira cupido. Alios postremò misera timiditas tota ex crastino pendens in obseruationes superstitiosissimas impiasq́ depulit: quēadmodum apud Lucanum de filio Pompeij Magni, et apud historicos de plurimis notum est. Ita fit vt recedēs peccator à Deo declinet in vanitates & insanias falsas, & ad eum qui pater est mendacij tandem, impudēter palamq́, apostatādo se conuertat. Sic Saul à Domino derelictus Phytonissam cui prius aduersabatur consuluit, sic Ochozias Deo Israel spreto misit, ad consulendum Deum Acharon. Sic denique eos omnes qui fide vel opere absq́; Deo vero sunt, vt à Deo falso ludificetur necesse est. Hanc igitur nefariã pestiferam mortiferamq́; insaniarũ falsarum cũ suis hæresibus abominatione plus solito nostra ætate cernetes inualuisse, ne forsan Christianis. regnũ quod olim monstro caruit & Deo protegete carebit inficere valeat tã horrẽdæ impietatis & perniciosissimæ cõtagionis monstrũ: Cupietes totis conatib. obuiare, memores insuper nostræ professionis: proq́; legis zelo succesi paucos ad hac rẽ articulos dãnationis cauterio (ne deinceps fallãt incogniti) notare decreuimus: rememorãtes inter cætera innumera dictũ illud sapientissimi doctoris Augustini de superstitiosis obseruationibus, Quod qui talib. credũt aut ad eorũ domũ eũtes aut suis domib. introducũt aut interrogãt, sciãt se fide Christianã & baptismũ præuaricasse, & paganũ & apostatam, id est, retro abeũte & Dei inimicũ & irã Dei grauiter incurrisse, nisi Ecclesiastica pœnitẽtia emẽdatus Deo recõcilietur? Hæc ille. Neq́; tamẽ intensio nostra est in aliquo derogare quibuscunq́; licitis & veris traditionib. scietijs & artib. sed insanos errores atq́; sacrilegos insipientiũ & serales ritus pro quãto fide orthodoxã & religione Christ. lædũt & contaminãt: inficiũt, radicitus quantũ fas nobis est extirpare satagimus: & honore suũ sincerũ relinquere veritati.

EST autem primus articulus quòd per artes magicas & maleficia & inuocationes nefarias quærere familiaritates & amicitias & auxilia dæmonum non sit idololatria. Error. Quoniam dæmon aduersarius pertinax & implacabilis Dei & hominis iudicatur: nec est honoris vel domini cuiuscunq́; diuini verè seu participatiuè vel aptitudinaliter susceptiuus vt aliæ creaturæ rationales non damnatæ: nec in signo ad placitum instituto, vt sunt imagines & templa Deus in ipsis adoratur.

Secundus articulus, quòd dare, vel offerre, vel promittere dæmonibus qualemcunq́; rem vt adimpleant desiderium hominis, aut in honorem eorum aliquid osculari vel portare non sit idololatria. Error.

Tertius, quod inire pactum cum dæmonibus tacitum vel expressum nõ sit idololatria vel species idololatriæ vel apostasiæ. Error. Et intendimus esse pactum implicitum in omni obseruatione superstitiosa.

cuius

cuius effectus non debet à Deo vel natura rationabiliter expectari.

Quartus, quod conari per artes magicas dæmonas in lapidibus, annulis, speculis aut imaginibus nomine eorum consecratis, vel potius execratis includere, cogere & arctare vel eas velle vinificare, non sit idololatria. Error.

Quintus, quod licitum est uti magicis artibus, vel alijs quibuscunque superstitionibus à Deo & Ecclesia prohibitis pro quocunque bono fine. Error: quia secundum Apostolum non sunt facienda mala vt bona eueniant.

Sextus, quod licitum sit aut etiam permittendum maleficia maleficijs repellere. Error.

Septimus, quod aliquis cum aliquo possit dispensare in quocunq; casu, vt talibus licite vtatur. Error.

Octauus, quod artes magicæ & similes superstitiones & earum obseruationes sint ab Ecclesia irrationabiliter prohibitæ. Error.

Nonus, quod Deus per artes magicas & maleficia inducatur compellere dæmones suis inuocationibus obedire. Error.

Decimus, quod thurificationes & suffumigationes quæ fiunt in talium artium & maleficiorum exercitio sint ad honorem Dei & ei placeant. Error & blasphemia, quoniam Deus alias non puniret vel prohiberet.

Vndecimus, quod talibus & taliter vti non est sacrificare seu immolare dæmonibus, & ex consequenti damnabiliter idololatrare. Error.

Duodecimus, quod verba sancta & orationes quædam deuotæ & ieiunia & balneationes & continentia corporalis in pueris & alijs, & missarum celebratio, & alia opera de genere bonorum quæ fiunt pro exercendo huiusmodi artes excusent eas à malo & non potius accusent. Error: nam per talia sacra res immo ipse Deus in Eucharistia dæmonibus tentatur immolari, & hæc procurat dæmon, vel quia vult in hoc honorari similis altissimo, vel ad fraudes suas occultandas, vel vt simplices illaqueet facilius & damnabilius perdat.

Decimustertius, quod sancti prophetæ & alij sancti per tales artes habuerunt suas prophetias et miracula fecerunt aut dæmones expulerunt. Error et blasphemia.

*** ij

Decimusquartus, quod Deus per se immediate vel per bonos angelos talia maleficia sanctis hominib. reualuerit. Eerror et blasphemia.

Decimusquintus quod possibile est per tales artes cogere liberum homines arbitrium ad voluntatem seu desiderium alterius. Error & hoc conari facere est impium & nepharium.

Decimussextus, quod ideo artes præfatæ bonæ sunt & à Deo, & quod eas licet obseruare: quia per eas quandoq, vel sæpe euenit sicut vtentes eis quærunt vel prædicunt, quia bonum quandoque prouenit ex eis. Error.

Decimusseptimus, quod per tales artes dæmones veraciter coguntur & compelluntur, & non potius ita se cogi fingunt ad seducendos homines. Error.

Decimusoctauus, quod per tales artes & ritus impios, per sortilegia, per carmina & inuocationes dæmonum, per quasdam insultationes & alia maleficia nullus vnquam effectus ministerio dæmonum subsequatur. Error. Nam talia quandoq, permittit Deus contingere: patuit in magis Pharaonis & alibi pluries: vel quia vtentes, seu consulentes propter malam fidem & alia peccata nephanda dati sunt in reprobum sensum, & demerentur sic illudi.

Decimusnonus, quod boni Angeli includantur in lapidibus et consecrent imagines vel vestimenta aut alia faciant quæ in istis artib. continentur. Error & blasphemia.

Vicesimus, quod sanguis vpupæ vel hœdi vel alterius animalis, vel pergamenum virgineum vel corium leonis & similia habeant efficaciam ad cogendos vel repellendos dæmones ministerio huiusmodi artium. Error.

Vicesimusprimus, quod imagines de ære plumbo vel auro, de cera alba vel rubea vel alia materia baptizatæ exorcizatæ & consecratæ seu potius execratæ secundum prædictas artes et sub certis diebus habent virtutes mirabiles, quæ in libris talium artium recitantur. Error in fide & philosophia naturali, & astronomia vera.

Vicesimussecundus, quod vti talibus & fidem dare non sit idololatria & infidelitas. Error.

Vicesimustertius, quod aliqui dæmones boni sunt, alij omnia scientes, alij nec saluati nec damnati. Error.

Vicesi-

Vicesimusquartus,quod suffumigationes quæ fiunt in eiusmodi operationibus conuertuntur in spiritus,aut quod sint debitæ eis.Error.

Vicesimusquintus,quod vnus dæmon sit rex Orientis & præsertim suo merito,& alius Occidentis, alius Septentrionis, alius meridiei.Error.

Vicesimussextus,quod intelligentia motrix cœli influit in animam rationalem sicut corpus cœli influit in corpus humanum. Error.

Vicesimusseptimus,quod cogitationes nostræ intellectuales & volitiones nostræ interiores immediatæ causantur à cœlo,& quod per aliquam traditionem magicam tales possint sciri, & quod per illam de eis certitudinaliter iudicare sit licitum.Error.

Vicesimusoctauus articulus, quod per quascuq; artes magicas possimus deuenire ad visionem diuinæ essentiæ vel sanctorum spirituum. Error.

Acta sunt hæc & post maturam crebramq; inter nos & deputatos nostros examinationem,conclusa in nostra congregatione generali Parisijs apud S. Maturinum de mane super hoc specialiter celebrata. Anno domini M.CCC XCVIII.die 19.mensis Septembris.In cuius rei testimonium sigillum dictæ facultatis præsentibus literis duximus apponendum.

Originale huius determinationis est sigillatum magno sigillo facultatis Theologicæ Parisijs.

*** iij

INDEX CAPITVM.

Libro primo.

CAP. I. Agi definitio.
CAP. II. De spirituum cum hominib. consociatione.
CAP. III. De bonorum spirituum malorumcp differentia.
CAP. IV. De prophetia alijscp diuinis modis ad res occultas cognoscendas.
CAP. V. De naturalibus & humanis modis ad res occultas cognoscendas.
CAP. VI. De modis illicitis ad perueniendum eò quò intenditur.
CAP. VII. De teratoscopia, aruspicina, orneomātia, hieroscopia, alijscp similibus.

Libro secundo.

CAP. I. De Magia vniuersè, & generib. ipsius.
CAP. II. De tacitis malignorum spirituum inuocationibus.
CAP. III. De expressis malignorum spirituum inuocationibus.
CAP. IV. De ijs qui expressa conuentione Deo renuntiant, & vtrum corpore à dęmonibus exportentur.
CAP. V. De Magorũ ecstasi & raptu, & de ordinarijs ipsorum frequentationibus cum dæmonibus.
CAP. VI. De Lycanthropia, & possint re hoîes à spiritibus in bestias commutari.

CAP.

CAP. VII. An Magi cum dæmonib. copulent.
CAP. VIII. Pofsintne Magi morbos, sterilitatē, grandines, tempeftates immittere, & homines beftia's ve morte afficere.

Libro tertio.

CAP. I. De modis licitis ad carmina & magicas artes præuertendas.
CAP. II. An pofsint Magi valentiũ incolumitatem cōfirmare, & curare affectos.
CAP. III. An Magi fuis artibus conciliare pofsint gratiam procerum, formam, voluptates, honores, diuitias, fcientiam & fertilitatem afferre.
CAP. IV. An his plus quàm illis Magi nocere pofsint.
CAP. V. De modis illicitis ad carmina maleficiáq̃ p̃uertenda, & curãdos morbos.
CAP. VI. De iis q obfident, cogunt à malignis fpiritib. & quibus modis propulfent.

Libro quarto.

CAP. I. De Magorum inquifitione.
CAP. II. De probationibus ad euincendũ Magiæ crimen necefsarijs.
CAP. III. De voluntaria & coacta Magorum confefsione.
CAP. IV. De præfumptionib. aduerfus Magos.
CAP. V. De fupplicijs quæ merentur Magi. Confutatio opinionũ Ioan. Vvieri.

DAEMONOMA-
NIAE MAGORVM
Liber primus.

Magi definitio.   CAPUT I.

MAGVS est, qui sciens prudens diabolicis modis ad aliquid conat̃ per uenire. Hãc definitionem ponimus vt necessariam, nõ ad huius operis solùm intelligentiam, verumetiam ad iudicia quę contra Magos ferenda sunt. Est autem ab omnib. adhuc prætermissa, qui de Magis instituerunt scribere: quamuis huic fundamento tractationem totam oporteat incumbere. Nunc ergo definitionem nostram minutatim exponamus. Primùm vocibus illis, *Sciens prudens*, vsus sum: quia non videntur (ait lex [a]) vllo pacto consentire, qui errãt. Ægrotus itaque medicinam diabolicam à Mago, quem virum bonũ putabat, sibi ministratam bona fide sumēs, non est magus: iustam enim causam habet ignorantiæ. Sin autem indicauerit Magus, aut malignos spiritus corã inuocauerit, vt nonnunquã accidit: ratio diuersa est. Hoc autem exempli gratia solùm apponimus, suo

[a] *l. nihil cõ-sensui, de regu. iur. ff. l. si stuprũ, de adulte. ff. l. aut facta, de pœnis, ff.*

loco amplius explicaturi. Iam quinã modi sint diabolici, opus est cognoscere, Diabolus Grecè calũniatorem significat: quia semper explorat bonorũ facta, vt Scriptura *d* ostendit, & coram Deo appetit calũnijs. Modi verò diabolici sunt superstitiones & impietates quas excogitauit, & seruos suos docuit, ad perdendum humanum genus. Quamobrem illum Hebræi Satanam, id est, aduersarium nominarũt. quod Salomo *b* innuebat, dicens Deũ creasse hominem ad imaginem suam, qui immortalis esset: inuidia autem Satanæ mortem in mundum ingressam esse. & narratur compluribus Scripturę locis. Statuit enim his verbis Salomo, nõ solùm existere eum qui aduersetur humano generi, sed à principio creatum esse: vt in libro Iobi *c* dicitur. Cum hac autem Scriptura sacra omnibus etiã Academicis, Peripateticis, Stoicis, & Arabibus, optimè cõuenit, spiritus existere: adeò vt quisquis hoc in dubium vocauerit (quod athei Epicuri faciunt) is principia totius Metaphysicæ negauerit, & substãtiam Dei, ab ipso Aristotele *d* demonstratam, corporumq̃ cœlestium motus spiritib. & intelligentijs attributos. vox enim Spiritus, de Angelis Dæmonibusq̃ enunciatur. Et quamuis Platoni, Plutarcho, Porphyrio, Iamblicho, Plotinoq̃ placeat, dęmonas bonos & malos esse: Christianis *e* tamen appellatio Dęmonum, de spiritibus malis vbiq̃ accipitur, & Sorbonæ quoq̃ determinatio, confecta xix. Septembris, 1398. sentẽtiæ veterum Doctorum cõformata, eos pro hęreticis damnat, qui

a Sapien. 3.
Ecclef. 17.
Genef. 3.
Iob 1

b Iob 4.

c Libris Physic. & Metaphysic.

d Aug. tract. 42. in Ioan. & libr. 8. de ciuitat. Dei, c. 22. & lib. de vera reli. c 1. 13. & lib. contra Manich. ca. 33. & lib. 1. cõtra Pelagiũ.

LIB. I. CAP. I. 3

qui Dæmonas bonos esse docet: vt contrà Angelicorum spirituū nomine semper intelliguntur boni. quæ quidem resolutio est optima, & præcidendę eorum excusationi & impietati apprimè necessaria, qui specie bonorum Dæmonum non dubitant inuocare diabolos, atqȝ accersere. De origine Dæmonum, vix inuenias quod possis affirmare. itaqȝ sic de illis in Timęo Plato: πολὺ ὃ τῶν δαιμόνων ἐπεῖν, καὶ γνῶναι τὴν γένεσιν, μεῖζον ἢ καθ᾽ ἡμᾶς. πιστέον ὃ τοῖς εἰρηκόσιν ἔμπροσθεν. i. de Dæmonibus autem dicere, & eorum nosse originem maius est quàm vt à nobis præstari possit. Fides verò ijs est adhibenda, quæ à veteribus dicta sunt. Priscorum verò patrum sententiam amplecti licet, qui spiritus gratia præditos, exortésque peccati, à Deo creatos esse docuerunt: quorum alij, volentes in Deum insurgere, dati fuerint præcipites. Huic sententiæ accommodant Draconis casum, pertrahentis secum ingentem stellarum numerum in Apocalypsi [a]: Dæmonúmque principem cum subditis suis intelligunt. Ethnici verò ad Gigantomachiam olim retulerunt: atque in eam sententiam Pherecydes Draconem *Ophionæum*, caput rebellium Angelorum, Trismegistus in Poimādro, & Empedocles, Dæmonas cælo delapsos οὐρανοπετεῖς appellarunt. Hoc sentit August. lib. viij. ca. xxij. de Ciuit. Dei: idémqȝ propter antiquitatem, autoritatémqȝ eorum qui ita senserunt, à Christianis receptum est. Verumtamen illis videtur Deus ab initio mundi magnum illum Satanam, quem Scriptura Behe-

[a] Apoc. 12.

a ij

moth & Leuiathan vocat, creauisse. ait enim Scriptura [a]: Is prima rerū origine à Deo conditus est: atque vt eum confirment fuisse àgratia in creatione alienum, adducit Esaiæ [b] locus, in quo sic effatur Deus: Feci & formaui Satanam, vt perdat, vastet ac destruat. (Itaq; non raro appellatur Asmodæus, à verbo שמד quod significat profligare)& Deus populo Hebrǫorum narrans, se in toto Ægyptiorum regno de omnibus tam hominū quàm iumentotum primogenitis vltionem sumpturum esse: Non sinam, inquit[c], destructorem intrare domos vestras. Orpheus ipse dæmonem magnum appellat vltorem, atque (vt erat Magorum princeps) ei decantat hymnum. Similiter hæc Psaltæ verba[d] adducūtur, Magnum illum Leuiathanem, quem formasti vt triumphares de ipso: & illa in Exodo[e], Feci te, ô Pharao, vt demonstrem meam potentiam in te. quæ præter nudum historiæ sensum, de Satana accipiūtur: vt ista in Ezechiele[f]: Ecce me inimicum tuum, Pharao magne, Leuiathan, Draco iacens in medio fluuiorū, qui dixisti, Meus est fluuius, & ego feci me, &c. Efficiam te escam volucribus cœli. Quibus in locis interpretes consenserūt, Leuiathane, Pharaone, & Behemoth, significari magnum humani generis inimicum, regno Ægypti, carnem cupiditatemq́;: & fluuio, torrentem naturæ fluxæ, continenter in corruptionē delabentis: quę corruptio destructori propria, Creatori vero omniū Deo aduersa est. vt enim ad creationem & generationē Creatore patre & genitore opus

[a] Iob. 40. et 41.
[b] Esai. 54.
[c] Exo. 12.
[d] Psal. 74.
[e] Exod. 9.
[f] Ezech. 29.

re opus est, ita etiam corruptore ad succedentē ele
mentaris huius mundi corruptionem opus esse.
eadem quoq3 ratione Prouerbiorum Salomonis
xxx.capite dici allegoricè, coruos torrētis effode-
re oculos illius qui deridet patrē, & contemnit do
ctrinam matris, his enim verbis diabolos elementaris huius torrentis intelligi, qui nigri plurimùm
apparent vt corui, & rationis lumen in eis extin-
guunt,qui cōtemnunt naturæ legem, & ludificā-
tur Deum. Quinetiam Hebræi affirmant, periturum Satanam, adductis locis ex Ezechiele xxi. &
Esaia xxvij. vbi Deus dicit certo die Leuiathanē
magnum occisurus, magnū serpētem tortuosum
qui est in mari : intelligentes maris nomine, materiam hanc fluxam & elementarem, quam Plato &
Aristoteles, originem mali indagātes, subiectum
esse statuerunt malorum omnium, & quam Salomo in allegoriis parabolisc3 vocauit mulierē, dicens nullam malitiam accedere ad malitiā mulieris:& paulo pòst (quod amplius est) meretricem
quę viros omneis admittit, vt materia formas. Atque hæc R. Maymonis[a] interpretatio. Præterea
dicunt, eos homines qui se cultui Dei in hoc mundo penitùs addixerint, fore vt Angelos Dei:Erūt,
inquit Scriptura, [b]sicut Angeli Dei: ediuersò autē
qui Deo renuntiauerint, & se in cultum Satanæ
dederint,eos perpessuros, seruituros vt diabolos
& cornifices iusticiæ Dei, ac perituros tandem
(huc enim adducunt Zachariæ locum: Auferam,
ait Dns, spiritū immundum de terra) hæc deniq3

[a]Lib.1.Mo-
re nebocim.

[b]Marci 13.

6   MAG. DÆMONOMANIÆ

electorum Angelorum signa, reproborúmcp diabolorum esse, quòd illi vitam, hi mortem æternam consequentur, cùm tormenta suis sceleribus digna pertulerint, idcp eo tempore quod singulis fuerat destinatum arcano consilio Dei. Hæc ergo summatim Hebræorũ quorundam Theologorũ opinio, qua prisci quocp autores Græci imbuti sunt. Nã Plutarchus[d] causas exponens, cur oracula desiuerint (quod Cicero[b] iamdiu ante ætatem suam scribit contigisse) hac inter cæteras vtitur, quòd vita Dęmonum circumscripta sit, & illis deficientibus defecerint oracula. Porphyrius[c] quocp hos versus citat ex Apolline:

[a] *Libro περὶ ἐκλελοιπότων χρηστηρίων.*
[b] *Lib. de diuinatione.*
[c] *Libr. περὶ φιλοσοφίας.*

Οἴ οἵ μοι φοῖποδ όθ᾽ so: αχήϛιτε· οἴχετ᾽ ἀπόλλων,
οἴχετ᾽. ἐπεὶ φλογόον με βιάζε᾽᾽) ὀυράνιον φῶς.   id est:

Væ væ mihi, tripodes lugete, perijt Apollo,
Perijt, quoniam ardens mihi vim infert cœleste lumẽ.

Eusebius item Ecclesiasticus historiographus memorabilem narrat historiam[d], ad Tyberium Cæsarem fuisse perlatam, quę apud Plutarchũ etiam legitur: Multos cùm Echinadas insulas præternauigarent, audiuisse in aere vocem sępius inclamantem, Thamus (hoc autem fuit gubernatoris in naui nomen) & huic edicentem, vt cùm Palodes appulisset, magnum Pana mortuum esse indicaret. hoc facto, repetè magnos gemitus eiulatuscp per Palodes, nemine comparente, exauditos esse. Augustinus autẽ, Aquinas, Hebræorumcp Theologorum plurimi, Latinorumcp, crediderunt ex Dęmonum cum mulierib. consortio (quod in Scriptura

[d] *Lib. 5. c. 1. 8. & 9. πρὸ παρασκευῆς εὐαγγελικῆς.*

ptura ᵃaiunt exprimi, & Magi semper confessi ˢᵃGenes.6.
sunt)diabolicos homines generari,quos Hebræi
appellant Roschoth,id est capita, & diabolos esse
putant humana specie:similiterq̃ Magos & Magas,qui liberos suos ab ipso ortu addicũt Satanæ,
& detestãdam parentũ imitantur vitã, naturę diabolorum esse. Ac propterea Deus summam hanc
impietatem abominatus, execrandæ maledictio-
ni deuouit ᵇeos,qui Moleco semẽ offerebant, mi- ᵇLeuit.20.
natus se ipsos è terra eradicaturum,vt Chananęos
qui vsi fuerant illis, eradicauerat: quorũ semen ait
Salomoᶜ esse à Deo maledictum. Hi enim persępe ᶜSapien.3.
liberos suos diabolo sacrificauerant, viuos crema
uerant, mactauerantq̃:vt maga Medea fecit,ad vl
ciscendã filiã Creontis regis Corinthi, Iasoni suo
amatori nuptã. Siue ergo Dęmones de gratia illa
deciderint in qua creati fuerãt,& immortales sint
(prout nos quidẽ statuimus)siue ppagatione(vt
Hebręi volũt)multiplicati sint,& Deus Satanam
malignũ fecerit,vt destruente ac perdẽte illo gene
ratio in corruptionẽ succedẽs cõtinueť in hoc elementari mũdo:non est propterea ferendũ ęqs ani
mis, & accipiendũ istud, esse iniquitatẽ in Deo: neque illud q̃d Manes Persa, Manich. autor, affirma
bat, duo principia inter se potestate & origine æ-
qualia ponẽda esse,vnũ boni,& mali alterum : q̃d
tñ à se dicebat poni,vt absurdũ istud declinaret, si
fateamur satanã naturà malignũ àDeo creatũ esse,
malũ igitur à Deo prouenisse:sin aũt perfectũ, nõ
potuisse igitur peccare, & in sceleftam deprauá-
tàmq̃

tamque naturam degenerare. Hæc enim hærefis fupra omnes quæ vnquam extiterunt, abominanda eſt,eamque deſcruit D. Auguſtinus hoc argumento, quòd malum nihil ſit aliud quàm priuatio boni: cum tamen in ratione iſta non poſsint illi conquieſcere, quibus æquè vitia ac virtutes ſunt habitus, & æquè actionib. diſpoſitionibusǭ comparanṫ.Omnia verò Manichæorū argumēta, velut ſuccifa radice, corruūt,ſi obſeruabitur quod Dionyſius ait libro de diuinis nominibus, in mundo nihil non bonum eſſe, nihil fieri quod non ſit bonum aut per ſe aut relatione: vt optimè Magiſter ſententiarum tradit. Quemadmodum enim plantas fecit Deus his venenatas, illis ſalutareis:& ſerpentes quoque ipſi ac viperæ (quas Manichęi à diabolo creatas iudicabant) componendæ theriacæ, pharmaco omnium præſtantiſsimo, ſanandæǭ elephantiaſi, & immedicabilib. morbis ſunt vtiles: ita etiam de actionibus illis dicendum eſt, quæ per ſe malæ ſunt, per relationem bonæ. Verbi gratia: Prædo cùm viatorem occidit, prædæ cauſa indignum commiſit facinus atque capitale: fortaſſe verò neſciuerit parricidam à ſe interfectū fuiſſe, aut hominem Deo charum ex calamitatibus iſtius vitæ liberatum: vt in libro Sapientiæ oſtendit Salomo:itaǭ Deum quidem ipſo vſum eſſe adminiſtro, ſe verò propter idem factum, vt prædonem perueſtigari, præhendi, pœnas luere certiſsimo iudicio Dei, ac poſtremò gloriam Deo tribuere. Iubebat quidem Pharao, mares Hebræorum

orum vt nascebantur, occidi: veruntamẽ Deus in Scriptura dicitur induraſſe ipsum, rebellémque sibi effecisse, vt illustraretur potentia Dei, quæ alioqui tanquam sepulta latebat, & prædicaretur in vniuersa terra. Quamobrem docet Salomo, improbum non raró efferri atque educari, solùm vt seruiat gloriæ Dei, in die vindictæ. quicquid enim hic geritur, tandem oportet cedere in Dei gloriam. Atq hac quidem in re innotescit maximè iustitia Dei, & sapientia, ex turpiſsimis hominibus laudem suam, & ex crudelisſimis sceleratorum factis, dum exequit vltiones suas, gloriam eruentis. An ergo faciendum est malum, vt ex eo eueniat bonum ? Hoc argumento Paulus ad Romanos in eadem causa vtitur: deinde veró subijcit, damnationem eorum iustam esse qui sic loquuntur. & sermonem concludens, ab admirabili Dei sapientia exclamat ᵈ: O altitudo diuitiarum sapien- ᵃRom.11. tiæ & scientiæ Dei, quàm incomprehẽsibilia sunt iudicia eius ? Lutetiæ nuper vir quidam nobilis per falsos testes, nec infirmatos, euictus hominem quem nunquam viderat, occidisse, vbi animaduertit se Aresto Curiæ condemnatum, & mox ad necem rapiendum esse, patrem à se veneno sublatum confessus est. cuius rei testes sunt quàm plurimi. Infinita sunt exempla ad manum, & omnibus cognita:: sed mihi sufficit breuiter indicasse, non debere quẽquam Deo, velut iniusto, illud vitio vertere, quòd Satanam creauerit ad perdendum, aut Angelos siuerit cõcidere. perinde enim illud fore,

b

ac si quis emissaria, cloacas, latrinas, & alia sordium conceptacula, in elegantissimo quouis palatio necessaria criminetur. Quicunque autem laborat, vt calumnijs Deo imputet malum quod inest mundo, is proculdubio horribiliori maledictioni deuouebitur, quàm illa Chanaanis fuerit, cuius pater Cham ludificatus fuerat pudēda Noë parentis sui, quæ fratres ipsius auersa facie contexerunt. Atque hæc quidem causa est, cur post narrationem creati mundi, elegantia, amplitudine & perfectione admirabili, dicat Scriptura sancta. Deum vidisse quicquid fecerat pulchrum esse, bonúmque valde. Etenim cloaca mundi, est minutissima hæc' elementaris mundi particula vbi ver- samur, quam Proclus Academicus.ᵃ non dignatur particulam mundi, sed appendicem aut apotelesma appellare. & mare ipsum terráque (si cum cœlo comparaueris) nihil est nisi punctum quod sensu vix perceperis: vt à Ptolemæo optimè demonstratur. Verumtamen in hac cloaca, fœtorem & malum istius mundi continente, elegantia Dei opera & admirabilia extant. Sicut autem Deus, qui solus natura sua bonus est, neque errare potest, neque rem vllam à natura non bonam committere: sic etiam diaboli, si natura maligni sunt, nequeunt rem vllam facere quæ ex se bona sit: sin autem non sunt à natura mali, possunt benefacere, vt Angeli possunt errando & offendendo malefacere. Diciturᵇ enim Sol immundus in conspectu Dei, & iniquitatem in suis

ᵃ ἐν τοῖς λό- γοις περὶ πρό- νοιας.

ᵇ Iob 4.

suis Angelis Deus inuenire. & alibi ᵃAngelus ad Lotum: Si peccauerimus, non cõ donabit iniquitatem noſtram. Veteres porro vno cõ ſenſu docent, Angelos partim ad cœlorum motum cœleſtiúmque luminum, & agitationem naturæ fuiſſe inſtitutos, partim ad imperiorum & rerumpublicarum conſeruationem, (hos Pſellus & Porphyrius κοσμάγους vocant) & ad hominum moderationem, partim vt Deum ſingulariter colant & celebrent: etſi omnes ſimul in gloriam & laudationem Dei certum eſt conſpirare. De malignis vero ſpiritibus, hi quoque gloriæ Dei inſeruiunt, tanquam ſupremæ illius iuſticiæ adminiſtri & carnifices, nihil efficientes, niſi iuſta permiſsione illius. Quamuis enim maligni ſpiritus quicquam non faciant boni, niſi per accidens, & vt maius aliquod malum ex eo conſequatur, vt ſi ægrotum curent, ſuæ religioni obſtringendum: tamen certo certius eſt, nunquam paſſurum fuiſſe Deum, vt malum vllum committatur, niſi hoc cõſilio fieret, vt in maius aliquod bonum redundaret: vt Auguſtinus docuit ſanctiſsimè. Hic autem definitionem Dæmonum, quæ apud Apuleium extat, Magorum ſui temporis facilè principem, definitionem igitur iſtam ſequutus eſt: *Dæmones ſunt genere animalia, ingenio rationabilia, animo paſſiua, corpore aerea, tempore æterna.* vbi vox, *AEterna*, pro perpetua aut diuturna ſumitur: ſicut in Scripturis perſæpe. nam Deus vnus æternus eſt, principio carens, & nunquam ſortiturus finem:

ᵃGeneſ. 19.

siue(vt Esaias loquitur) fuit ante omnia, & post omnia futurus est. Quòd autem Dæmonas esse tradit corpore aereos, id verò spirituū (qui puræ intelligentiæ sunt) naturæ aduersatur. sed Dæmonas non esse puras intelligentias, placet Academicis. Hebræus Philo in locum Numerorum, Diuisit Deus de spiritu qui erat super Mosen, in electos septuagintaduos: ita esse scribit, vt est in lumine. Potius fuerim dicturus, è substantia quinta existere, vt de coelo dicitur: ad declinandum illud ἄτοπον, de corruptione spirituū, quod cōsequuturum est, si elemētares dicantur esse. hanc enim vnicam ob causam defendit Cicero, non esse illos ex elementis constitutos. Apuleius, sint ne Dæmones boni an mali, dissimulat. quanquam apud veteres illud obtinuit, alios ex eis bonos esse, alios malos, & indifferenteis alios. Inter Christianos Psellus, inter Academicos Plotinus, & Iablichus inter Ægyptios, ponunt tres differentias, omneisq; in vniuersum Dæmonas sex locis collocant, in coelo, in summa aeris regione, in regione media, in aquis, in terra, & sub terra. Nos autem definitioni Theologorum insistemus, omnes Dæmonas malignos esse. Enimuerò ferri non potest, vt constitutio illa indifferens in natura intelligente statuatur: cum ipsi quoque veteres, duo ista solùm epitheta Dæmonum vsurpauerint, εὐδαίμων, & κακοδαίμων. His ita constitutis de origine, natura, & qualitate Dæmonum vel diabolorum, via ad primū nostræ definitionis caput munita est: vt diabolorum

rum actiones cognoscamus, & diabolicos modos, quibus ad labefactandum homines abutuntur. Huic autem capiti necesse est societatem & foedus cum Dæmonib. anteire. Videamus ergo possitne vnquam fieri, vt hęc ineatur consociatio.

De spirituum cum hominibus consociatione. C A P. I I.

NVlla rerum potest esse societas atq̃ coniunctio, nisi similium, aut quibus aliqua inter ipsas est conuenientia. Apes societatem inter se ineunt, propter ipsarum inter se similitudinem, vt ex societate mutua vtilitatem capiant: formicæ quoque, & siqua sunt in animalibus ad societatem apta. Lupis autem cum ouibus (quibus impressit Deus ἀντιπάθειαν quandam, & ἀσπόνδους inimicitias ac capitales indidit) proiectis ad omne scelus cũ san ctis hominibus societas non potest consistere, neque Angelis cum Dæmonibus. Inter homines vero inueneris qui nec boni sunt, nec mali: sed ita se his & illis accommodant, vt de homine non inepte statueris, intelligentem ipsius animã inter Dæmonas & Angelos, tanquam in medio positam. Deum enim Opt. Max. videmus res omneis à natura constrinxisse medijs quæ suis extremitatibus respondeant, & in rebus intelligentibus, cœlestib. atque elemẽtaribus harmoniam mundi certis medijs & adamantinis vinculis compegisse. Quemadmodum autem si contrarias voces medijs non

b iij

MAG. DÆMONOMANIÆ

temperaueris, cōcidit harmonia: sic etiam fit mundo, & illius partibus. Contraria cœlorum signa, conueniente cum vtrisque signo colligantur. Inter lapidem & terram sunt argilla & tophus, terræ metallorúmque intermedium obtinent pyrites lapis, & fossilia multa: inter lapides & plantas genera sunt coralij, tanquam lapidescentes plantæ quæ radices, ramos & fructus afferunt: inter plantas & animalia habemus zoophyta prædita sensu, motu, & facultate ducēdi vitam radicibus quæ ad lapides adhærescunt: inter animalia terrestria & aquatica sunt amphibia, vt fibri, lutræ, testudines, cancri: inter aquatilia & volucria sunt volantes pisces: inter alias bestias & homines simijs & cercopithecis est locus: inter animantes brutas & naturam intelligentē, Angelos puta & Dæmonas, Deus hominem fecit mortalem corpore, immortalem intelligentia. Itaque homines sancti, qui spreta mortali & terrena parte in id incumbunt, vt suam intelligentem animam adiungant Angelis, hi mundum intelligentem cum inferiore colligant: quod quidem tum primùm factum est, quando in conditione gratiæ creatus est Adam, coniuncto pariter libero arbitrio [6], vt bonus aut malus existeret. Atque hanc ob causam Hebræi tradunt, hominem postremum omnium à Deo creatum esse, adhibitis (inquit Philo Hebræus) Angelis: cùm vt eum ostenderet intelligentis naturæ esse participem, tum vt superiorem mundum cum inferiore compingeret.

Genef. 4.
Deuter. 30.

De

LIB. I. CAP. II.   15

De cæteris enim animantibus, dicitur a quis præ-
cepiſſe Dominus, vt volucres & piſces produce-
rent:terrę, vt animantes alias:de homine verò minimè,vt qui mediumquodāmodo vinculum inter
mundum intelligentem & aſpectabilem erat præ-
ſtiturus: quod vinculum inter Angelos perſtat &
homines ſanctos,quorum precibus atcȝ interuentu genus humanum fuit conſeruatum. Idcirco in
Pſalmis ᵃ Deus hominem feciſſe dicitur paulo mi-   ᵃPſalm. 8.
norem Angelis(hîc enim voce Elohim non ſignificatur Deus, vt quibuſdā placuit:ſed lxxij. interpretes ἀγγέλους reddiderūt,& Chaldæus מלאכיא ducta voce ab Hebręa מלאכים angeli, ad ęquiuocū E-
lohim exponendū:& quod Marotus noſter dixit,

    Tu l'as faict tel que plus il ne luy reste:
    — *Fors estre Dieu.*

id commodius fuiſſet dicturus in hanc formam,

    Tu l'as ſi haut eleué de ſon estre
    Qu'il est peu moins que l'Ange de ta dextre:

& Hebręi,ᵇ Angelos pædagogos hominum nun-   ᵇlib. Pirke
cupant, ſicut homines paſtores dicuntur anima-   ᵃboth.
lium. Quamobrem Plato ᶜ vt ab Hebræis illud   ᶜinſympoſio
didicerat,caprarum cuſtodiam dixit. non permit-   Protagora,
ti capris, & beſtiarum beſtijs, ſed hominibus,   politico,Cri-
hominum verò Angelis: Nos,inquit, ſicut oues,   tia,legibus,
mira diuinorum paſtorum cuſtodia ſemper ege-   & Epinomi-
mus. Cùm itaque boni ſint Angeli,Diaboli verò   de.
mali,homines quocȝ liberū habere arbitriū: vt boni ſint autmali:quemadmodū inquit in lege Deus,
                    Poſui

Deut. 30.
Eccl. 15.

a Posui ante oculos tuos bonum & malum, vitam & mortem: elige ergo bonum, & viues. & alibi *b* dicitur euidentius: Deus postquam creauit hominem, permisit eum libero arbitrio ipsius, & dixit ei, Si voles, seruabis mandata mea, &seruabunt te: ignem & aquam dedi tibi, potes manum in vnum aut in alterum immittere: habes bonum & malum, vitam & mortem, & vtrum voles, habiturus es. Vt autem ostendatur, homini post peccatum Adæ liberum arbitrium non intercidisse, verba illa haberi in lege Dei, & Caino fuisse dictum*c*, penes ipsum potestatem esse faciendi bonum aut malum. Quo in loco Moses Maymonis inquit, idem sentire Hæbræos omneis, homini esse liberum arbitrium, de eo nihil dubitari: qua de re(inquit ille) *d* laudetur Deus. Hæc illius verba. Itaq; stat illa Theologorum sententia, omneis spiritus aut bonos esse, aut malos, & alios ab alijs disparatos. q̃ sententiam his verbis significari volũt Theologi: Deus diuisit aquas ab aquis. & ab hominibus interuallum mediũ occupari. eorum. n. alij consociantur Angelis, alij Dæmonib. sunt etiam qui neq; hos, neq; illos curet. Siue aũt cum Angelis, siue cũ Dæmonibus societas & amicitia ineatur, ea principiũ habet à tacitis aut expresſis cõuentionib. vt ijsdem verbis cum August. Thoma Aquinate, & alijs Theologis vtamur. Sunt quidẽ hõines, q sese nunquã τοῖς νοητοῖς contẽplãdis occupãt, necp animũ altiùs attollũt roſtro, tanquam sues aut bruta animantia transigentes vitã, de quibus Scriptura *e*:

Genef. 4.

d lib 3. More hãnebocin.

Pſal. 49.

Non

LIB. I. CAP. II.

Non generi nostro similes, in bruta videntur
Degeneres, animamq́; vomunt corpúsq́; sepulchro.

Ac mihi quidem videntur cū spiritibus bonis aut malis nullo pacto consociari posse propter discrimen illud amplissimum quod inter sues istas intercedit, & spiritus, quorū incorporea & spiritalis est substantia. Qui autem suas cogitationes ad malum conuertens vltrò se in eo occupat, huius anima, inquit Iamblichus [a], in diabolicā naturam degenerat, primùm quidem tacitis conuentionib. (vt postea dicemus) deinde expressis. Econtrario autem qui bonis rebus studens, animum suum ad Deum, bonum, virtutémq́; extulerit, si purgata per Dei gratiam anima ipsius in virtutes morales primùm, tum etiam νοητὰς & spirituales incumbat, is cum Angelo Dei fortasse poterit eam societatem contrahere, qua ab ipso conseruabitur, præsentem ipsum sentiet, easq́; res cognoscet quas ipse iussurus & vetiturus est. Hoc verò paucissimis accidit, idq́; singulari Dei gratia & beneficio. quod Auerroes adeptionem intellectus vocat, in eo statuens maximam felicitatem omnium: & Græcorum primus Socrates percepit, vt apud discipulū eius Platonem in Theage legimus: *Adest*, inquit, *mihi diuina quadam sorte dæmonium quoddam, à prima pueritia me sequutum.* deinde vocem à se audiri addit, qua illud quod instituebat, faciendum sibi nō esse cognosceret. Atq́; hoc quidem inter Hebræos frequenter accidisse, è sacra Scriptura didicimus.

[a] *lib. 3. c. 32.*

c

quæ mille exempla proponit gratiæ singularis, qua Deus per Angelos adstabat sanctis, eos non obscurè per Angelos compellabat voce, aut ἀφώνῳ signo. Eorum autem qui societate cum spiritibus bonis coniuncti sunt, gradus sunt varij. Alios enim Deus adeò excellente ornabat Angelo, vt prophetiæ & prædictiones eorum semper essent certæ, nec vllo pacto eludi possent: prout de Mose, Elia, Samuele, & Elisæo dicit. Aliorum verò prædictiones non vsquequaque valuerunt, siue hi spiritus illis imperfectiores essent, siue minus accommodatum subiectum. Nam quemadmodum Sol non tam clarè in terra quàm in aqua respledet, neque tam in aqua turbida quàm in clara, in agitata quàm in sedata: similiter etiam turbatæ animæ, ac minus quietæ perturbationes, non capiunt tam commodè claritatem quæ est intelligentiæ. Diximus autem, singulare Dei donum esse, quando spiritum bonum immittit ei quem diligit, vt ab ipso curetur, & in actionibus singulis dirigatur: quia fieri etiam potest, vt vir amans virtutis, & timens Dei, preces apud ipsum fundat assiduè, necꝗ tamē à Deo donetur spiritu, sed ea solùm sapientia & prudentia, quæ fuerit opus: aut si forte Angelum bonum ad custodiam ipsius addiderit (vt Theologis placet, & Scriptura de eo loquitur, qui sedet in latibulo Altissimi, ipsum præcepisse Angelis, vt custodiant eum ambulantem in vijs suis:) Angelū tamen Dei præsentem nec cernet, nec sentiet. Sic

Genes. 24. quod Abraham Eliezeri dixerat [a], Deum præmissurum

LIB. I. CAP. II.

surum esse Angelum suum ad ducēdum ipsum, id verè factum est: quanquam nihil amplius percipiebat Eliezer, quàm puer aut demens aliquis, quos Deus sæpenumerò conseruat Angelorum operâ, alioqui infinita mortis discrimina quotidie incursuros. Si cui autem Deus singulare hoc donum contulit, vt præsentem sibi Angelum sentiat, & distinctè disertéq3 cum ipso communicantem, hic de maiore potest felicitate sibi gratulari: de maxima verò, si Prophetiæ donum habuerit, summum honoris fastigium, quò homo possit conscendere. Horum itaque numerus semper fuit paucissimus. Deo per desertum populum suum deducente, erant quidem supra sexcenta hominum millia vigesimum annum superantia, hanc verò gratiam septuagintaduobus solùm est largitus. & alio tēpore solus Ieremias fuit gratia eadem p̄ditus, cui præcepit Deus, vt Barachiæ donū Prophetiç petenti à Domino, indicaret rem nimis magnā ab ipso expeti. Huius cōmunicationis Angelorum cum sanctis exempla, in Scripturis extant quàm plurima. Non sum nescius, Atheos & Epicureos his velut fabulis reclamaturos, neq3 verò efficere statui, vt isti sapiant: hoc tn̄ pro indubitato obtinuit apud omneis cuiuscunq3 generis philosophos. Plutarc. in libello de dæmonio Socratis, & certissimam asserit spirituum cum hominib. consociationem, & Socratem, virū optimum Græciæ iudicatum, narrat sæpe amicis dixisse, præsentem à se spiritum assiduè percipi, qui & à malefactis & à periculis

c ij

ipsum auerteret. Lōga est Plutarch. oratio, & quā/
tum quisq; voluerit, tantum de ea crediturus est.
Ego verò confirmare possum, me ex homine qui
adhuc viuit, audiuisse, spiritum quendam esse assi-
duum ipsius comitem, quem tum demum cœperit
agnoscere, cùm annum fermè trigesimumseptimū
ageret: putare quidẽ eundem spiritum sibi per totam vitam adfuisse, cùm ex antecedētibus somnijs,
tum ex visionibus, quibus fuerat præmonitus, vt
certa vitia periculaq; præcaueret: nunquam tamen
ita percepisse planè, vt ab ea ætate fecerit. Hoc autem sibi narrabat accidisse, cùm priùs non desiuis-
set anno integro Deum orare ex animo vesperi &
mane, vt bonum Angelum, futurum actionum su-
arum ducem, ad ipsum trāsmitteret: se antè & post
quàm orauisset, certum tempus in contemplandis
operibus Dei occupauisse, binis interdum aut ter-
nis horis considentem, vt meditaretur, volutaret
animo, legeretq; Biblia, & deprehenderet tandem,
quæ'nam ex omnibus religionibus tātopere con-
trouersis, cum veritate faceret: itaque hos versus à
Psal. 143. se non raro pronuntiatos esse[d]:

Me Deus informa quæ sit tua sancta voluntas,
Morigeráſq; manus præsta, greßúſq; sequaces:
Namq; eris ecce Deus semper mihi: tramite recto
Spiritus ille tuus diuináq; virgula ducat.

Se itaque improbātem eorum factum, qui Deum
orant vt in præcepta opinione confirmet ipsos,
pergentem in oratione hac, & legentem Scriptu-
ras

ras sacras, apud Hebræum Philonem reperisse in libro de sacrificijs, virum bonum & integrum, ac purificatū à Deo, non posse vllum maius aut Deo gratius sacrificium, quàm sui ipsius offerre Domino: obsequētem huic consilio, animam suam Deo obtulisse: ex eo tēpore (sic enim ille mihi) somnia ipsi & visiones monitorum plenas obuenisse, modò huic aut illi vitio corrigendo, modò anteuertēdo periculo, modò huic aut illi difficultati soluendæ tum in diuinis, tum etiam in humanis rebus: inter alia verò dormientē se visum esse audire Dei vocem, dicentis, Seruabo animam tuam: ego sum qui ante apparui tibi. Postmodùm quotidie sub horam tertiam aut quartam matutinam spiritum pulsasse fores, se verò cùm surgēs aperuisset fores, vidisse neminem: ita perstitisse spiritum vnoquoque mane, & nisi surgeret, amplius pulsando, vsq̃ dum surgeret, excitasse. Tunc sibi demum obuenisse metum, cogitanti (aiebat ille) spiritum aliquem malignum esse: propterea non destitisse, neque diem vllum intermisisse, quin oraret Deum, vt Angelum bonum ad se transmitteret, & sæpe Psalmos (tenebat enim memoriter plerosq̃) cecinisse. tum ergo vigilanti sese patefecisse spiritum, leniter pulsantem: quo die primùm sensu percepit illum, & sæpius tangentem vitreum baucalium: quo facto non parum fuit attonitus. Biduo pòst cùm amicum quendam Regis Secretarium adhuc superstitem prandio excepisset, erubuisse illum, vt audiuit spiritum ita cędentem scamnum quod ad

c iij

stabat sibi, & fuisse perculsum metu, se verò dixisse illi, Ne timeto, nihil est: vt tamen hominem confir-maret, facti veritatem ipsi explicasse. Ab illo igitur tempore mihi cōfirmauit, spiritum semper sibi ad-fuisse, & signo afficiente sensus monuisse: putà modo aurem dexteram feriendo, si quid mali faceret, modò sinistram, si secus: si quis ad circumueniendum ipsum accederet, aurem dexteram fuisse pulsatam: sinistram verò, si vir bonus, & ad rem bonā adueniret: si quid mali bibiturus aut esurus esset, si quid facere cunctaretur, aut aggredi, signum item fuisse datum: si quid mali cogitaret aut institueret, signo reuocatum esse: si quando Deum laudare Psalmis inciperet, aut facta eius admirabilia eloqui, spirituali quadam vi auctum fuisse atq; confirmatum. Atq; vt inspirata somnia à delirijs discerneret, quæ ex inualetudine aut animi perturbatione solent incidere, se sub secundam tertiámve horam excitari à spiritu, deinde redormiscere, tum sibi demum vera somnia de eo quod facturus aut crediturus esset, de ijs quæ dubitabat aut quæ ventura erant, obtingere: adeò vt ex illo tempore nihil ferè sibi acciderit, cuius non sit præmonitus: nihil credendum dubitauerit, quin fuerit factus de eo certior. Se quidē quotidie à Deo petijsse, vt ipsum doceret voluntatem, legem, & veritatem suam, & vnum ex hebdomade diem occupasse (non autem Dominicum, propter luxum vitámque perditam, quam die illo dicebat agitari) legendis Biblijs, meditandis & expēdendis rebus lectis, Deo cum voluptate

LIB. I. CAP. II.

luptate laudando Psalmorū laudib. quo die feriebat, domo nō exiuisse: verumtamē in suis actionibus reliqs satis esse hilarē, lætoqɜ animo: citabat eṁ ad hāc rem Scripturæ locū, *Vidi facies sanctorū lætas*. Quòd si versanti cū alijs contigisset non bonū sermonem habuisse, aut diebus aliquot precari intermisisset Deum, illicò dormientē fuisse monitū. Si librum malū legeret, fuisse librū percussum à spiritu vt eum deponeret. Ab eo q̓d valetudini ipsius fuisset nociturū reuocatum esse, & in morbo curatum studiosissimè. Deniqɜ tā multa mihi narrauit, vt infinitum esset percurrere. Monebatur verò in primis vt manè surgeret, idcɜ hora fermè quarta, si bi dormiēti narrabat edi vocē q̄ dicebat, Quis primus oraturus surget? Narrabat quocɜ, sæpe se commonefactū esse de erogāda eleemosyna: q̄ plus erogaret, eo secūdiores suarū rerū successus percepisse. Cùm inimici appetentes vitā ipsius, aqua vectū iri cognouissēt, patrē sibi per somniū fuisse visum, adducentē equos duos, ruffum & albū, ideocɜ curauisse, vt duo equi conducerent, & quāuis de colore nihil indixisset, famulū duos illos ruffum & albū adduxisse. Mihi aūt rogāti, Quid nō apertè spiritu cōpellaret? hoc qdē à se respōdit semel postulatū esse, repetē verò spiritū tancɜ malleo vehementer fores pepulisse, vt istud sibi ingratū esse ostēderet. Cæterùm se à Spiritu, ne diu legat aut scribat, impediri, vt quiescat animus, & meditetur solus, persæpe ad ipsius vigilantis aures subtilissimam quandam vocem & ἀναρθρον peruenire. Quærenti

etiam,

etiam, An formā spiritus vidisset vnquam? respon dit, se dum vigilaret, nihil vidisse vnquam, præter lumen quoddam valde clarum, in orbem ductum. Semel autem cùm in extremo agens vitę discrimine, Deum orasset ex animo, placeret saluti ipsius consulere, & sub diluculū dormitaret: super lecto cui incumbebat, animaduertisse puerulum veste alba in purpureum colorem inclinante, vultu formaq admirabili: hoc ille plurimùm confirmabat. Iterum versantem in graui periculo, & modò cubantem, à spiritu impeditum esse, qui non cessaret donec è lecto surrexisset, insomnem itaque totam noctem in precibus consumpsisse: postridie se mirabili ratione & incredibili, carnificum manus effugisse: hoc facto, se dormiētem audiuisse cùm inclamaret vox, Iam dicendum est, qui sedet in latibulo Altissimi. Ne plura, narrabat ille se in omnibus difficultatibus, itineribus, institutis quæ aggressurus erat, cōsilium à Deo petijsse. & quadam nocte cùm benedictionem à Deo sibi donari postulasset, visionem dormiēti fuisse oblatam, in qua ipsi benedicebat pater. Hæc de eo homine perspecta placuit enarrare: vt ostendam, non debere mirari quenquam malignorum spirituum consociationem, si Angeli boniq spiritus, societate huiusmodi & frequentatione cum hominibus communicent. Quod autem narrabat ille aurem sibi à bono Angelo pulsatam esse, idē optimè Iobi xxxiij. & Esaiæ l. ostenditur. hic enim, *Dominus*, inquit, *rellicauit mihi aurem diluculo*; ille verò longè apertius
secretum

secretum hominibus peritis retegit, quo se paulatim Deus percipiendum sensibus exhibet. Similiter quod dicebat se tanquam malleo pulsantem au
diuisse,hoc primum legimus fuisse Prophetarum
signum.De Manoha enim Iudicum libro legitur,
coepisse Angelũ Dei pulsare ante ipsum interprete
RabbiDauide,vbi vox לבעמיו pulsare & sonare,est
à nomine פעמיו tintinabulum aut tympanum deno
tante.An suus autem cuicῃ bonus sit Angelus,dif-
ficile est statuere. Nam etsi peruetus hæc sententia
est, quod hi versus Græci non obscurè docent,

    ἅπαντι δαίμων ἀνδρὶ ζῷ γενομένῳ
    ἅπαντός ἐστι μυσάγωγ῀ τ῀ βίν: id est,
    Omni dæmon viro nato
    Omnis est moderator vitæ,vel initiator.

contraria tamẽ magis videtur probabilis. Etenim
Saulem videmus ᵃ,postquã benedictione per Sa-   ᵃ 1.Sam. 10.
muelem consecratus,turbam Prophetarum instru
mentis musicis ludentium in via offendisset, Spiri
tu Dei indutum esse, & se totum (ait Scriptura)
sensisse commutari:proptereaῳ mandasse ei Samuelem,tum demum faceret quicquid sibi in men   ᵇ Num.11.
tem venturum esset.Item cùm dicitur Deus ᵇcepis-
se de spiritu Mosis, quem in septuagintaduos homines diuideret,è sexcentis millibus electos, & illi
quiescente super ipsos Spiritu Dei prophetasse: fa
cilè ex eo colligas,Spiritum Dei nondum ipsis ad-
fuisse:hunc autem Dei spiritum esse tanquam lumen, quod sine sui deminutione communicatur,
& in perpaucis hominibus, idῳ non semper esse.

                        d

Sic ediuersò Spiritus Dei Saulem reliquiffe, & malignus Spiritus eum nonnunquam agitaffe dicitur. legati quoque ab ipſo ter ad Samuelem, Dauidem, aliófque Prophetas miſsi, à Spiritu Dei, ſimulac propè aderant, occupati propheta-
[a] 1.Sam. 19. bant. quin Saul ipſe [a] eodem veniens vt illos comprehenderet, mortique traderet, à Spiritu Dei comprehenfus cœpit laudare Deum, & vaticinari: difcedentem verò à Prophetarum turba, Spiritus Dei reliquit, quem antea quoque Spiritus malus inuaſerat, adeò vt furioſus factus prophetaret.
[b] 1.Sam. 18. Sic in Scriptura [b] paſsim prophetandi verbum in bonam & malam partem ſumitur: quia malignus ſpiritus, diuinorum miraculorum ſimia, conatur ea imitari, & quòd res futuras nouerit perſuadere. quanquam fieri poteſt (quemadmodum dixi) vt ab Angelo Dei homo ducatur & cuſtodiatur, Quem Angelum neque percipiat, neque compellet νοητῶς ἢ αἰσθητῶς intellectiuè vel ſenſitiuè: ſiue ꝙ Angeli dignitate differant, vt de ſpiritu Moſis, Samuelis, Eliæ ꝗ diximus, Prophetas reliquos longo interuallo ſuperantium, ſiue quòd homo ineptus ſit percipiendæ ſpirituali intelligentiæ. De bonorum ſpirituum cum hominibus coniunctione ſatis: de hominum verò cum Diabolis conſociatione, in hoc opere dicturi ſumus: ſed tenenda eſt priùs bonorum ſpirituum à malis differentia.

De

De spirituum bonorum malorúmque differentia. CAP. III.

MAgum diximus eum esse, qui diabolicis modis ad aliquid conatur peruenire, tum de cõsociatione spirituum cum hominibus egimus: iam itaque cognoscenda est horum ab illis differentia, vt filij Dei à Magis discernantur. Hoc enim pernecessarium est ad pietatis ac religionis velum, lar uamq́ luminis adimendam, qua non raro diabolus hominibus fallendis abutitur. Veteres Græci & Latini annotarūt esse bonos spiritus & malos: quorū illos εὐδαίμονας, hos κακοδαίμονας, ἀλάστορας καὶ παλαμναίους, Latini Lemures appellabant: quod imperiti non possunt: Athei nolunt credere, Magi ad tollendam de se suspicionem rident quidem in speciem, sed reipsa plus satis intelligunt. Docemur autem exemplis non paucis, in hoc diabolum incumbere, vt Dei effingat opera, prout de Magis Pharaonis legimus. Hoc quoque legimus, malignos spiritus olim, vt hodie solent, fefellisse duobus modis: vno aperto expressis pactis (hoc autem rudes & imperiti solùm ac mulierculæ decipiebantur:) altero idololatria & religionis specie, viris bonis studiosísq́ circumueniendis accommodato. Ideóq́ Satanas vt ab adoratione veri Dei ad sui adorationem homines abduceret, nolebat [a] oracula responsáq́ edere, nisi per virgines, & eos qui in precib. orationibúsq́ ad ApollinéDeósq́ similes cum ieiunijs tēpus transigerēt.

[a] Plutarch. lib. de oraculorum defectu.

Atque hunc quidem ritum tam bellè fouit Diabolus, vt in Occidentalibus infulis, antequam Hifpani illis potirentur, fuerit compertum. Sacerdotes illarum gentium ieiunia maxima, preces, & fupplicationes celebraſſe, Labaris idola circumgeſtaſſe, eorumq́ honores decantaſſe, tum occupatos à ſpiritibus malignis res mirabiles pronūtiauiſſe quales in hiſtorijs Indiæ Occidentalis legimus: omnibus autem in vniuerſum vxores non eſſe præterquàm ijs qui peccata audiebant, pœnitentiam imperabant, & confeſsionem ſub graui pœna non audebant retegere: omnes perſæpe ieiunare, maximè ſi quando faciēda meſsis aut bellum, aut Deus ipſorum, id eſt, diabolus conſulendus: vt autē vehementius raperentur, oculos occluſiſſe aut eruiſſe ſibi cùm ſacrificandi eſſent homines & omne genus animalia idolis ſuis: multa puellarum eſſe monaſteria quas homines caſtrati naſo labijsq́ precisis aſſeruarent, indicta aduerſus inceſtam capitali pœna, vt Romæ Veſtalibus factum eſt: qui ambibant Sacerdotium, eos cum Sacerdotibus ſe in ſyluas albis veſtibus indutos vel candidatos abdidiſſe, vbi annos quatuor aut quinq́ tranſigerent, hoc facto cum literis teſtimonialibus (ſyllabas Imperatores vocant) abire ſolitos: Maximum Deum ab ipſis adorari Solem quem vocant Guaca, & Paniacana Solis & Lunę filium. Omnibus autem notum eſt Amorrhæos aliosq́ populos quos exterminauit Deus has artes magicas exercuiſſe, hominesq́ diabolis ſacrificauiſſe, quos compellabant adora-

adorabantq́:in primis verò Solem quem κ>τ' ϡ͂ο.
χlὼ Hebræa voce *Bahal*, id est, Dominum appellabant:vnde procefsit nomen *Bahalzebub*, muscarum dominus, eo quòd nulla in teplo illius musca degeret, quemadmodum in Venetiano palatio nulla esse dicitur, & in Toletano vnica. Hoc autem nec nouum nec inauditum est:Cyrenæos enim legimus cùm Acaroni Deo muscarum sacrificauissent, & Græci Ioui quem Myrioden q. d. muscarium nominabant, muscas omneis vna nebula euolasse, vt narrat Pausanias in Arcadicis, & Plinius libr. xxix. naturalis historiæ, cap. vi. à Magis quoque certis carminibus omnes angues è regione vna abigi animaduertimus:non est igitur mirum si omnes muscæ à Satana horū magistro abiguntur. Quòd si certa est de Toletano Veneticóq́ palatio fama, omnino statuimus idolum aliquod sub palatij limine fuisse conditum: vt nuper in quodam Ægypti oppido (vbi non erant crocodili vt in alijs oppidis secundum Nilum) inuentum est plumbeum crocodili signum sub ædis limine conditum, quam Mehemed ben Thaulon cremari iufsit: quo nomine expostularunt incolæ dicentes se ex eo tempore à crocodilis grauifsimè infestari. Eadem ratione rex Iudææ Ezechias serpentem æneum comburi iufsit, ne adorari posset. Extant libro tertio Mosis Maymonis Chaldæorum sacrificia & ceremoniæ excerptæ è libro zeuzit (qui ceremoniarum illius gentis liber est) vbi sacrificia, preces, ieiunia, saltationes, & supplica-

d iñ

tiones describuntur illis persimiles quas Occidentales Indię tenuerūt: apud q̃s etiā Bahalis sacerdotes erāt Prophetæ seorsim degētes à mūdo, colore fumido amicti (horret. n. iste color vt qui maximè) ex q̃ nominabant Camarin. Quinetiā (q̃d magis miramur) Indi Occidentales de Sole seu Apolline idē sentiebāt q̃d Amorrhæi, Græci, & Latini senserant, hūc Deū prophetiarū esse: quo argumento planè ostenditur Diabolū præclarā istam scientiā omnes docuisse. Itacq̃ Ochozias rex Israelis maximus sua ætate Magus cùm de fenestra cecidisset, legatos in ædem Bahalis misit victurúsne à casu esset consulturos, quibus Elias causa itineris perspecta obuiam venit & dixit, an Deus non est in cœlo quem consulatis? Dicite Regi moriturum ipsum. Itacq̃ nemini mirum videri debet si Occidentales populi à Satana precū, ieiuniorū, sacrificiorum, supplicationū, & prophetiarū specie fascinabant, cùm Palęstinę, Gręciæ, & Italię populi hac religiōe essent & nihil celsius cognoscerēt. Dixerit quispiam, non habuisse eis fidē sapiētissimos: ego verò summos philosophos video id pro re diuina certissima cq̃ habuisse. Quis inter Philosophos Platone diuinior? At cùm Apollinis oraculū non desituram pestē Atheniensib. respondisset donec altare ipsius (q̃d omneis in partes q̃d ratū erat) fuisset duplicatum, & Plato ea tēpestate Geometrarū maximus aperta Physica & crassa duplicandi altaris ratione dixisset Ateniensib Deo rē omnium quę in Geometria sint difficillimā & quę adhuc minimè

LIB. I. CAP. III.

nimè cōperta fuerit postulasse, vt eos ab auaritia, ambitione, inhonestisq̃ voluptatib. reuocaret, & ad contēplationē τ̃ νοη τ̃ mirabiliumq̃ dei operū p̃/traheret: diabolus maximę iftius peftis occafiōe ar/repta plurimū abufus eft, & amplificauit opinionē de diuinitate oraculi. Secūdus à Platone Iāblichus Ægyptius tēporib. Iuliani apoftatæ magnus ante omnes & fummè diuinus eft habitus, quē Porphy rius, licet Philofophus κατ' ἐξοχἠν dictus pro magi-ftro agnofcebat. Verūtamen in iftius libris de my fterijs (q̃ integra Romę tradu cta atq̃ impreffa fūt) non in Marfilij Ficini fragmēto, videmus illorū im pietatē[a] ab ipfo reprobari q imagines & characte-ras ad vaticinandū faciūt, affirmando [b] prophetiā non effe naturale bonū, fed donū Dei maximū: à Deo.n. folū ad eos p̃manare quib. purificatę funt animę: reprobari quoq̃ illorū factū q̃ Prophetiæ donū [c] per δαίμονας παρέδρους. i. Dæmonas affeffores vel comites & cōfiliarios (q̃s in annulis phiali' fve geftare folēt) aucupant: etfi Prophetiā cōparari ait [d] Hydromātia, Lithomātia, Actinomātia, Xylomā tia. Rabdomātia, Orneomātia, & Alphitomantia, miraturq̃ Deos fe ita demittere[e] vt in cibis diuini tatē fuā dignent collocare (q̃d Porphyrius in du/biū reuocabat) & Deorū naturā in iftis omnibus adorari iubet. Omnia aūt hęc facta impia Deū vi/demus deteftatū effe grauifsimè, atq̃ nominatim iftud[f] vetuiffe ne lapis imaginationis adoretur: quem lapidem Chaldæus interpres vocat ado/rationis, multi ftatuā ἀπροσδιανύσως interpretati funt.

Iambli/

[a] lib.3.c.30.
[b] lib.3.c.32. & 34.
cap.24.&37.
Synefius ω/ει cirvariwv.
[c] lib.3.c.13.
[d] lib.3.c.14.
[e] lib.3.c.17.
[f] Leuit. 26.

[lib.3.cd.2. et sequent.]

Iamblichus praetereà, de quo iam habetur sermo, scribit animam interdum extra hominem sic rapi diuinitus, vt corpus maneat ἀναισθητως, neque ictuū neque punctionum sentiens: interdum verò corpus animamque exportari, quod genus appellat ἔκστασιν: atque hoc Magorum commune est qui expressis pactis cum diabolo coniuncti sunt, vt modò spiritu deportentur dum sensus corpus fugiunt, modò corpore simul & spiritu, cū nocturnos coetus obeunt, vt quaestionibus infinitis (de quibus posteà dicturi sumus) fuit comprobatum. Hic tamen animaduertens malignos spiritus subire bonorum locum, θεουργίαν dixit & sacrificia indignè facta displicere dijs, tum demum malignos spiritus se hominib. loco deorum exhibere: qua occasiōe Porphyrius, quamuis Christianorum hostis infensissimus, eò adductus est vt Deos omneis veterum esse κακοδαίμονας & malignos spiritus affirmaret. Atque hic quidem Iamblichus, qui de istis rebus, quàm accuratissimè potuit, disserebat, ea tempestate sanctissimus vir omniumque maximus habebatur, adeò vt Iulianus apostata literis quas saepe ad ipsum mittebat inscriberet, Magno Iamblicho: sed postquam ipse cum alijs tentauit Alectryomantia cognoscere quis post Valentem imperio potiturus esset, Imperator Valēs de quatuor literis Θεοδ. à gallo gallinaceo exaratis factus tandem certior morti addixit Magos innumeros, & Iamblichus veneno sibi ademit vitam vt supplicium effugeret. Verùm vt demonstretur industrios quosque & sanctos viros nō rarò

LIB. I. CAP. III.

raro deceptos esse à specioso illo pietatis prætextu, qui plurimùm in rebus magicis potest: suo loco posteà exponemus vt ad dęmonum inuocationem à sceleratissimis magis nostra memoria vsurpatam orationes, ieiunia, cruces, hostiæq̃ soleant ab ipsis ad suum scelus occupari. Sic non ita pridẽ quædam Blesensis Maga fascinatam mulierem & decumbentem curatura mandauit vt media nocte Missa S. Spiritus in æde S. Mariæ virginis auxiliatricis caneretur, deinde postquam toto corpore incubuisset ægrotæ & occentasset voces aliquot, sanata est (quam ceremoniam à Satana mulieri tra ditam fuisse constat exemplo Eliæ Prophetæ, qui Sunamitidis potentia Dei è mortuis suscitauit.) Sed post duos menses eadem mulier, quæ curata fuerat, in morbum relapsa, obijt, & consulta de ea re Maga respondit se plus satis loquutam esse, vt Harduinus Blesensis hospes ad Leonis insigne mi hi exposuit: sortes enim à malefica quę hanc incan tauerat in alteram dixit coniectas esse, quod Magorum omnium medicam artem fingentium com mune est, vt posteà dicturi sumus. Et Magorum ὑπόρασις postquam orbes & nefarios characteras (quos hic de industria omissuri sumus) ad inue niendum thesauros posuit, fodiendo scribit Psalmos dicendos esse, *De profundis*, *Deus misereatur nostri*, &c, *Pater noster*, *Aue Maria*, &c. *à porta inferi*, *Credo videre bona Domini*, &c. *Requiem æternam*, &c. & legẽdam Missam: Item vt aliud quippiam quod reticebo consequantur, inscribi quatuor tabulis mẽ

œ

branæ puræ, *Omnis spiritus laudet Dominum*, & ad quatuor parietes domus suspendi:ad alia quoque scelera quæ nolo scribere Psalmum centesimumoctauum pronuntiari. Quinetiam Hispani & Itali regionem Belgarum adituri ann. M. D. LXVII. amuleta sortilegiorum plena & sibi tradita gestabant vt tuti ab omnib. malis essent: Germani quoque nonnulli indusium necessitatis portant forma exsecrabili quam nihil opus est describere, & crucibus vbicɜ figuratum:& Magorum princeps indignus cuius hic apponatur nomen, ad malignorum spirituum inuocationem prius ieiunari mandat,& S.Spiritus missam accurari. Quapropter difficilè est Magos retegere & à viris bonis discernere,sed olim difficilius quàm nostro tempore:etsi omnes populi omnesɋ Philosophorũ sectæ Magos condemnarunt, vt Augustinus inquit[a],sectus omneis Magiæ pœnas decreuisse,& Seruius apud Romanos narrat horrori semper fuisse Magos & incantatores, quod ex legibus xij. tabularum & Pandectis cõstat[b];cùm tamen omnia oracula quæ pro sanctissimis habuerunt planè essent magica, vt antè diximus & pòst amplius declarabimus. Si quis igitur affirmet bonorum spirituum & malignorum signum ex operibus bonis aut malis petendum esse, verum quidem dixerit: sed in circumscribendis bonis operibus res tota vertitur: nam vtcunque ieiunia, preces & orationes, castitas pudicitiáque, solitudo, contemplatio, ægrotorúmque curatio res per se bona sint, si tamen propter-

[a] *libr. 18. de ciuit. Dei.*

[b] *l. itẽ iubeo. §. si quis astrologus. de iniu. toto ti. de maleficis & math. l. si quis aliqd, de pœnis. ff.*

propterea fiunt vt honor Satanæ idolóue habeatur, vt de rebus præteritis aut futuris oracula cognoscantur, hæc verò opera non iam bona sed deteſtabilia, damnanda, & diabolica cenſeri neceſſe eſt. Veteres autem hiſtoriæ docent hæc ab ijſdem Ethnicis fuiſſe facta à quibus faſcinatores & qui elementa (vt lex ait[a]) turbabant fuerunt condemnati: eadem Amorrhæos feciſſe, Indosq̃ ſimiliter. Achorum quidem Magorum nonnulli fuerunt voluntarij: ſed verum certúmque indicium tangendis & cernendis Magis ſpiritibuſque bonis & malis inter ſe diſtinguendis Lex Dei exhibet, nam lege Dei[b] omnes ſortes ſeueriſsimè prohibentur, & varia illarum genera adducuntur, vt alia quoq̃ ſimilia ſtatuamus eodem iure prohiberi. Neque verò Ioſephi dictum libro Antiquitatum viij. oportet accipi, artem coniurandi malignos ſpiritus à Solomone repertam eſſe: cùm enim res longè minores de eo ſcriptæ ſint, & in omnibus eius ſcriptis ne minimum quidem iſtius artis veſtigium exſtet, non eſt credibile Scripturam fuiſſe illud diſsimulaturam: niſi fortè quiſpiam voluerit Solomonem illorum deteſtabilium librorum autorem facere, quos inſcriptos Magi circumferunt ipſius nomine. Potuit verò ſic Ioſephus decipi vt Iamblichus deceptus eſt. Narrat.n. Eleazarum quendam Iudæum coram Veſpaſiano Cæſare annulo nares cuiuſdã dęmoniaci attigiſſe, malignúmq̃ ſpiritum vi radicis annulo incluſæ, quam à Solomone monſtratam aiebat, abegiſſe.

[a] li.6. de ma leſic. C.

[b] Deut. 18.

e ij

Quod genus erroris perniciosissimum est ac sceleratissimum, licet multi squillam esse opinentur, & malignis spiritibus arcendis soleant præ foribus suis suspendere. Constat enim puluere quodam in ouile per Magum iniecto perituras oues, nisi auertat Deus: & quemadmodum fascinata pecora hominesq; interdum per Magos adminiſtros suos reſtituit Satanas (sed ea lege vt sortes in aliũ transferantur nequicquam sibi intercidat, vt postea demonſtrabimus) sic etiam è dæmoniacis malignos spiritus sæpe eijcere, artésque diabolicas ad istud facinus effingere. Sic iste de quo Iosephus narrat faciebat annulo, cui non radix inerat sed malignus spiritus, cuius facultate aut collusione potiùs alter spiritus exibat, vt fides Magiæ & idololatriæ, qua imperitos ludificatur Satanas, haberetur. Signis autem dixerit luporum morsus lupos non petere, nec malignos spiritus à malignis pelli, huic responsurus sum non tam hac arte diuidi regnum Satanę quàm confirmari, & his miraculis ſtabiliri foueriq́ue idololatriam: neq; absonum eſt illud Auguſtini, Diabolos à diabolis pelli etiámq; euerti, vt improbi ferè non euertuntur nisi improborum. opera per voluntatem Dei dicentis apud Ieremiam, *Vlciscar inimicos meos per inimicos meos.* Etenim si boni sæpe bello petunt bonos, multo magis improbos appetunt improbi, diaboloſq; diaboli. In Daniele autem legimus Angelos imperijs & regnis præesse, bellaq; inter se gerere: Angelus enim Dei Da-

ᵃDaniel.10. nieli dicit ᵃ Angelum Michaelem Hebræorũ principem

cipem cõtra Angelum Perſarum ad auxilium ſuũ adueniſſe: ſed de huius loci interpretatione ſapientes viderint. Sic Deus in cœlo diſpoſuit cõtrarios ſtellarum planetarum'cꝫ motus & effecta, ſic contraria elementa, ſic antipathiam hinc, illinc ſympathiam in vniuerſitate rerum, qua contrarietate & ſuaui concertatione harmoina mundi continetur. Iſta autem bonorum ſpirituum & malignorum confuſio ex illo nouorum Academicorum axiomate profecta eſt, Cœlum cũ terra copulari oportere, virtutesꝗ cœleſtes cum terreſtribus, & alia alijs coniungi, vt vis diuina elementaribus pariter ac cœleſtibus modis attrahatur. Hæc Procli, Iamblichi, Porphyrij, & aliorum Academicorum hypotheſis: qua magiſter ille artium diabolicarum fretus, cuius libri cum magnificis priuilegijs excuduntur, fundamento huic ſuperſtruxit omnes ſortes & diabolorum inuocationes quæ cum priuilegijs principum, peſtilentiſsimo Rerumpubl. exitio, vbiꝗ excuduntur. Componit enim characteras proprios dæmonum planetas ſingulos (vt ait) moderantium: hos characteras in metallum planetæ cuiuſꝗ proprium eodem momento incidi iubet, quo planeta in ſua domo & exaltatione verſatur cum aliqua ſignorum coniunctione grata: atꝗ tum præſto eſſe plantam, lapidem, & animal Planetæ deſtinatum: ita planetæ huic ſacrificari omnia: interdum verò planetæ imaginem & Orphei Magi hymnos adhiberi: quibus hymnis plus ſatis Mirandulanus hæſit ſpecie Philoſophiæ, cùm ait

e iij

hymnis Orphei non minorem vim inesse ad Magiam quàm hymnis Dauidis ad Cabalam (de qua dicemus suo loco) & à se primùm gloriatur arcanum hymnorum Orphei, qui Medeæ maleficæ magister erat, fuisse reuelatum. Quin hymnos istos ad honorem Satanæ factos fuisse cernimus. quò spectant illa Pici verba, Frustra naturam adit qui Pana non attraxerit. Hac eadem ratione iste magorum magister discipulos suos in omni idololatria, impietate, artibusq; magicis informauit. Etsi quod illi Academici ignoratione per errorem sine dolo malo & bona fide rem bonam arbitrati faciebant, eo per detestandam impietatem Agrippa abusus est: fuit enim quamdiu vixit Magorum sui temporis maximus, quo defuncto scribit Paulus Iouius[a] & complures alij canem atrum (quem ille vocabat dominum) è cubiculo illius exeuntem fuisse visum, qui se in Rhodanum immerserit, necq; ab eo tempore comparuisse. Verùm lex Dei prospiciens sapientissimè eorum impietatib. qui inferiorem mundi partem superiori volunt coniungere & connubio mundum sociare (vt Picus ait impietatem maximam specioso tegens velamine) & herbarum animantium, metallorum, hymnorum, characterum, sacrificiorúmque opera Angelos & Deos primùm minorum gentium, tum per hos Deum maximum creatorem omniū adducere: Deus igitur ipse impietati huic occursurus diserte videtur vetuisse[b] ne qui gradus fierent ad conscendendnm altare suum, sed vt ad ipsum

[a] lib. elegiorum.
[b] Exod. 20.

pfum rectà adiretur præcepiſſe:quod dictum Platonici non ſatis aſſequuti Dæmonum inferiorum & Semideorum opera ſuperiores Deos perducendos eſſe, horumq; opera conſimiliter ſupremum Deum. Ex his igitur Platonicos & alios Ethnicos ſtatuimus fuiſſe quidem idololatras, qui ſimplice animo per ignorationem Iouem adorauerint ſupplicauerintq;, Saturnum, Martem, Apollinem, Dianam, Venerem, Mercurium, & alios ſemideos, viuendo ſanctè, orando, ieiunando, quæuis iuſticiæ, charitatis, & pietatis facta exercendo: ſed Magos neq; hos eſſe credimus, neque eos qui errore pari detineantur, quamuis res futuras diabolicis modis conati ſint prænoſcere, quia rem Deo gratam à ſe fieri exiſtimauerunt. Quamobrem etiam has voces, *ſciens prudens*, in definitione Magi poſuimus. Sed quiſquis notitia legis diuinæ præditus intelligit omnibus iſtis diabolicis diuinationibus interdictum eſſe, & ijs tamen ad aſſequendum aliquid vtitur, hic Magus dicendus eſt. Certiſsimum igitur notam internoſcendæ bonorum ſpirituum à malis, & pietatis ab impietate differentiæ ſitam eſſe in eo animaduertimus, vt perſpiciatur ſi fortè res creatæ Creatoris loco ad conſilium adipiſcendum adeuntur. Sed quia pleriq; in prædictionum argumento falluntur, & bona pro malis non infrequenter accipiunt, nunc
de prædictionibus præſagiſque videamus.

D

De prophetia, aliisque diuinis modis ad res occultas cognoscendas. CAP. IV.

Diuinum Græci appellant μαίτις ἢ μαντλῶ πρὰ τὸ μαντεύεσθαι, id est, diuinare, vel vaticinari: q̄d genus hominum quia fraudibus mendacijsq́ʒ circumfluit, mendacem hominem Galli appellant *Menteur*, vt mihi quidem videtur, πρωνύμως. Latini diuinum vocant, ineptè Magis nomen præstantissimum æquè ac Prophetis dantes. Illud autem est à voce μαντεία, quasi μανεία quædam dicta, quia Diuini fascinati & à maligno spiritu possessi furebãt plurimùm: neq́ʒ enim Pythias sacerdos diuinabat nisi furore ageretur. Quapropter etiam Herculeus morbus appellatur sacer, quia abrepti Magi similes sunt hominibus ex eo morbo laborantibus. Hebræi diuinos primùm *Videntes* nominauerunt: vt cùm Saul amissis asinabus diuinum consulturus de ijs quæreret, [a] Samuel Videns esse dicebatur: idem drachmam argenti quam videnti traderet à suo comite postulauit: & Samuel roganti essétne *Videns* se esse respondit: nondum enim [b] ait Scriptura, *Videntes* נביאים id est, Prophetæ diceban tur. Est autem hoc nomen à verbo נבא, quod plurimum passiuæ coniugationis est, vt ostendatur ve ram diuinationem à Deo percipi. Græcum autem προφητία prædictionem significat, siue in bonam partem siue in malam acceperis. Quod verò eos qui pulueribus & pingui vtutur appellamus Magos, hoc scitè cum veteribus distinguens Aristoteles

Cicer. lib. 1. de diuinat.

[a] *Sam. 9.*

[b] *1. Sam. 10. Ierem. 26. Zach. 13.*

teles vernaculo sermone Magos dixit τοὺς περὶ τὰς φαρμακείας, & Magos φαρμακίδας, vt videre est libr. vi. cap. xviij. & lib. ix. cap. xvij. historiæ animaliū cum hippomanes scribit ἀπὸ τῆν φαρμακίδων vsurpari. Verùm vt cognoscatur quænam sit licita & quę illicita diuinatio, omnem diuinationẽ statuemus aut diuinam esse, aut naturalem, aut humanam, aut diabolicam, & de his quatuor generibus dicemus ordine. Prima ergo quia à Deo extra ordinẽ proficiscitur præter naturaleis causas, diuina dicitur. De hac extat testimonium Dei dicentis[a]. Si qui Propheta fuerit inter vos, ego visione appariturus sum ei, & cum eo loquuturus somnio: De Mose verò seruo meo fideli præ omnibus, non sic futurum est, non ego facie ad faciem ipsum alloquar. Quem in locum Hebræi[b] annotant Prophetiam esse munificentiam opera Angeli aut actiuæ intelligentiæ à Deo collatam rationali primùm animæ, deinde imaginationi, hinc Mosis solùm prophetiam excipi oportere, quam Mosi Deum immediatè alloquenti sine alio modo traditum affirmant, idq́ vigilanti: atq́ hoc ipsum significari cùm Mosi dicit Dominus[c], Apparui quidem Abrahamo Isaaco & Iacobo nomine meo Schadai, sed magnum nomen meum Iehouah non exposui eis, item sub finem Deuteronomij, cùm dicitur nunquam fuisse Propheta similis Mosi, qui Deum facie ad faciem cognouerit. Quoscunque igitur sermones in Scriptura Deus cum Prophetis habuit, per Angelos aut intelligentias somnijs & visioni-

[a] *Num.* 12.

[b] R. Moses Maymonis *lib. 3. more nebocim.*

[c] *Exod.* 9.

f

bus fuerunt traditi : ac propterea Hebræorum Theologi *a* à quibus Prophetarum doctrina quasi per manus accepta est, omnia somniorum visionumq; diuinarum genera diligenter expenderūt, quæ Augustinus breuiter formis quinq; complexus est, comprehensis putà humanis somnijs, quæ neque huius loci sunt, neque vllius pretij, vt in Ecclesiastico legimus. Nam eorum solùm ratio habenda est quæ diuinitus immittuntur: etsi omnia voce Hebrea חלם & Græca ἐνύπνια contenta sunt, vt visa Hebræi מראות, Synesius *b* τὰ ἀναρθρώματα, Latini visiones appellarunt. Inter hæc autem duo differentia insignis interuenit: primùm à perceptione vtriusque. Etenim diuinum somnium à dormiente percipitur, visio à dormitante, idq; impressione viua imaginationi adhærente, quæ instituendis hominibus res perinde exhibet ac si præsentes oculis cernerentur: itaque hęc ab humanis & brutis somnijs plurimum discrepant, quibus nihil aliud inest quàm naturalis impressio ita ad imaginationem accedens vt anteà res à vigilantibus fuerunt visæ. Modus autem diuina consequendi somnia & ad celsum illum prophetię gradum assurgendi est, si primùm omnis arrogantia & κενοδοξία deponatur, & ab inhonestis voluptatibus auaritiaq; abstineatur, deinde si vitę bene instituendæ incumbatur, operaq; in contemplandis & cognoscendis operibus ac Lege Dei consumatur. Præterea antiqui Hebręorum Theologi *c* à tristitia senioq; non mediocriter effectū prophetiæ tradunt impe-

a R. Moses Maymonis lib. 3. more nebocim.

b lib. περὶ ἐνυπνίων.

c Libris Pirke aboth.

impediri, & Prophetas bona ex parte fuisse iuuenes. Hoc autem est totius rei pertingēdæ caput, si læto alacri integroq; corde laudetur Deus, & Psalmi sæpe ad laudes ipsius maximè verò ad instrumenta musica concinantur: ideoq; prophetizandi verbū etiam significat laudare Deum, vt 1. Sam. x. & xiij. בהתנבאתו cùm prophetizaret, id est, laudaret. N eq; verò ad visionum diuinarumq; prophetiarū vim intelligendam dicta Philosophorum oportet accipi, qui, ex coniectatione pura iudicantes, putant, si cuius natura est tēperatior huic veriora somnia accidere: virum enim qui florente ætate nunquam prophetauerit interdū videas in ipso mortis articulo, dū mors præstò est, prophetare. Itaq; non habens Aristoteles quod super hac re statueret, ait in libro de somnijs, nō exstare verisimilem aliquam causam diuinādi, nisi quę diuina & occulta sit, captumq; nostri ingenij superet. Illud quoq; non est omittēdum, quod Num. xij. legimus Deū se cum hominib. (excepto Mose) non cōmunicare nisi dormientib. somnio & visione, idq; cum Prophetis solùm, vt visionis a somnio discrimen, diuiniq; somnij ab humanis ostenderet, aut quę à morbis importantur. Diuinorum autē somniorum atque visionū gradus sunt plurimi. Primus gradus prophetię est reuelatio facta per somniū de colendo bono & fugiēdo malo aut euitādis sceleratorū manibus: qua in specie (inquiunt Hebræi) homo sentit cum animo suo præceptorem quendam à q̄ instituitur, ideoq; de hoc Scriptura dicit S. Dei

f ij

super ipso conquieuisse, aut Deum ipsi adfuisse. Secundus gradus est, cum homo vigilans aliquid percipit, quod animæ adhęrescens impellit ipsum ad laudationem Dei operumq̀ eius: quemadmodum Dauid Psalmos cōposuisse dicitur, Solomo Parabolas, quibus amplissima & elegant. arcana continentur allegorijs inuoluta. Etenim Dauid & Solomo (vt Hebræi notant) ad eundem gradū quo Esaias, Ieremias, Nathan & alij consimiles minimè peruenerunt: sed quoties in scripturis Deus alloquutus Dauidem aut Solomonem dicitur, id Hebræi per Prophetas accipiunt dictum, puta Gadem aut Nathanem, quibus exhibebantur ad Dauidem informandum visiones Dei, aut Ahiam Silonitem qui ad Solomonem missus est, & illud etiam quod Solomoni dictum est eum fore omniū qui vnquam extiterint sapientissimum, illud, inquam, non pro visione accipiunt, sed pro diuino somnio, quam in sententiam Scriptura narrat expergefactum Solomonem percepisse id esse somnium: item quod Deus secundò apparuisse Solomoni dicitur, id visionem fuisse negant. Tertius gradus est, cùm purgatus animus cernit figuram aliquam somnio, hominē, bestiam, aut aliud quippiam, & significationem visi eodem momēto percipit: quod in Zacharia non raro legimus. Quartus est cùm nuda ab omnibus figuris & pura verba intelliguntur. Quintus, cùm homo loquens apparet, ac res diuinas retegens dormienti. Sextus, cùm Angelum loquentem videre sibi videtur dormiens.

miens. Septimus, cùm dormientem Deus videtur alloqui vt Esaias inquit[a], vidi Deum & dixit, &c. sic apud Ezechielem, Micheam, & alios. Octauus, cùm visio Prophetica Dei verbo coniuncta aduenit: quo in gradu Hebræi prisci visiones Abrahæ posuerunt, excepta ea quæ obuenit in conualle Mambræ: hanc enim visionem in nono gradu col locāt. Decimus gradus est cùm Angelus videtur facie ad faciem colloques, vt in sacrificio Abrahæ. Vltimus & supremus omnium est, cùm Deus in os alloquens sine alio modo videtur à vigile: qui gradus, vt ait Scriptura[b], Mosis fuit proprius. Quod itacp Esaias Deum à se visum fuisse dicit capite vi. hoc visionis est quæ non vigilanti offerebatur: quod Ezechiel in campum inter coelum ter ramcp situm delatus dicitur, id obuenit dormienti: nam etiam murū templi Ierosolymitani Ezechiel, cùm in Babylonia esset, dicitur perforasse, & consimiliter Ieremiæ indicitur vt cingulum abdat in Euphrate fluuio Babyloniæ, & post dies aliquot cingulum dicitur computruisse, cùm tamen Ieremias nunquam fuerit in Babylonia, Sic de Gedeonis vellere: nam loca persępe, tempora, personas, & alia singularia Prophetæ circumscripserūt, quæ ad visiones tamen referri necesse est. Quod cùm Ethnici & infideles multi non animaduerterent, prophetias à Deo vigilantibus reuelatas fuisse putauerunt, & occasionem criminandi scripturā sanctam aucupantur: multa enim visionis sunt quæ vigilantibus non potuerunt accidisse, & ex Scri-

[a] Esai. 6.

[b] Num. 12.

f iij

ptura quoq; difcimus Prophetas confultos die folùm poftero refpõdiffe, nifi anticipaffet vifio: qua
conditione Ahias Propheta reginę Samariæ vxo
ri Ieroboami refpondit. Holda verò Prophetiffa
legatos Regis Iofiæ in noctem iuffit exfpectare, &
Balaam legatos Balaci regis per noctem confifte-
re, quando per vifionem afinam loquentem videre fibi vifus eft, non autem (quod opinantur multi) audiuit vigilans. Diabolus quoque diuinorum
operum fimia facerdotes Apollinis in fpelunca fo
porabat, & quicunque oraculum Mopfi confule-
bant, in æde ipfius dormiebant:ita enim Plutarch.
narrat[a] præfectum quendam Afiæ cum Epicureo
rum aliquot comitatu omneis religiones ludificã
tium, puerum in ædem Mopfi mififfe cum occlufis
literis quæftionem hanc cõtinentibus, vtrum vellet Mopfus fibi à præfecto facrificari, albúmne vitulum, an nigrum: puerum autem, cum noctem
vnam in æde dormiuiffet, reuerfum dixiffe dormienti fibi vifum effe hominem qui nihil amplius
quàm nigrum refponderit, ex eo tempore Præfectum credentem Mopfo fæpe facrificauiffe. Duo
tamen in difcrimine prophetiarum Dei & incan-
tationum Satanæ oportet obferuari. Vnum eft
eos qui à dæmonibus infpirantur tum magis fu-
rere, qui autem à Deo fapere vt cùm maximè.
Quamobrem Scriptura Saulem narrat, cùm Spiritus Dei incefferet eum, ftudiofum fuiffe, integrũ,
fapientem, idq; per bienniũ, cùm verò Spiritus ma
lus, amplius furiofum fuiffe & prophetauiff. (fic
enim

[a] *lib. de ora-
culorum de-
fectu.*

enim scriptura*ᵃ*, cúmq3 in cœtu prophetarum esset ᵃ 1. Sam. 18.
spiritus Dei inuasit eum, cœpitq́ue prophetare &
laudare Deum)& veteres Hebræi dixerunt solos
sapientes prophetas esse: contrà verò Sibyllę et A-
pollinis Prophetissæ nihil nisi furentes & spuman
tes rabie prophetabant, similiterq3 dęmoniaci prophetæ antequàm diuinent aguntur furore summo. Alterum diuinæ prophetiæ incantationumq3
discrimen est, quod illa semper vera est, hæ à maligno spiritu profectæ aut semper falsę sunt, aut pro
vna veritate centũ mendacia nectũt. Proptereà in
lege Deus, Hac re, inquit, *ᵇ* Prophetas agnoscetis, ᵇ Deut. 13.
cùm quid dixerint ac non euenerit, ego non fuero
alloquutus ipsos. Necq3 tñ continuò Propheta falsus aut improbus putādus est qui prophetiæ donum habuerit: hoc. n. interdũ ac non semper obue
nit: q3 si posteà humano somnio nec diuinitus im-
misso permotus venturum aliquid dixerit q̃d non
eueniat, errat ille quidem, sed eo tamen nõ desinit
vir bonus esse & times Dei: verũ Deus hoc pacto
docet nõ esse standũ humanis somnijs, & Eccl. cauendũ p̃cipit vt credat̃ somnijs nisi q̃ Deus immiserit. Ex omnib. itaq3 Prophetis q̃ Sam. tẽpore vi-
xerũt, ᶜnullus pręter Sam. fidelis & certus appellat̃, ᶜ1. Sam. 3.
q̃ nihil q3 non sit gestũ ,pnunciauerit: & inter om- Eccl. pen.
nes q̃q3 theologos cõuenit nõ semp Prophetis san.
fuisse donũ Prophet. fuisse etiã cui vnica visio, aut
duo triáve sõnia obuenerint, interdũ verò gratiã
hãc diuinitus p tota Proph. vitã obtingere, vt Sa.
Elię, Elis. Ahię Silon. obtigit. quinetiã ,pphetia q̃
non

non euenit, aliquando Prophetis reuelatur, vt Micheas interminatus eft Hierofolymis, Ionas Babylonem mox euerfum iri poft xl. dies prædixerat: cũ tamen iftud non euenerit vbi pacatus eft Deus pœnitentia. Hoc idem Ieremiæ xxvi. Ionæ xi. & Ezechielis xvij. animaduertimus. Sed prophetia ferè defiftit fenio: vt Ieremiæ quinquagefimoprimo dicuntur Ieremiæ verba definere, cùm tamen deinde pertexat hiftoriam, vbi Hebræi annotant prophetiam tunc in ipfo defiuiffe: & de fene Heli dicitur ipfum oculis fuiffe captum, quod Hebræi accipiunt de vifione prophetica: nam etiam Samuel admodum iuuenis vifionem habuit, vt facer doti Heli iudicium Dei contra domum ipfius latum exponeret. Ideoq̧ apud Ioelem legimus diebus vltimis iuuenes vifuros effe vifiones, & fenes fomniaturos fomnia: hæc autem illis longè inferiora funt. Nonnunquam etiam gratia prophetica rationali parti infunditur, ac non phantafiæ, for tè ob phantafiæ vel imaginationis imbecillitatem: aut contrà infufa imaginationi ad rationem non permeat, tum quia imbecilla eft, tum quia homo in contemplando fefe non occupat. Aliquãdo ita infunditur vt ad exfequendum mandatum homo compellatur, quod Ieremiæ qui folus fuo tempore Propheta fuit videmus contigiffe. Huic enim iubente Domino fomnijs & vifionibus vt populo exponeret futurum vt Hierofolyma ab hoftibus obfeffa caperentur vi, Rex populusq̧ cæderentur gladio, templum conflagraret, oppidum euerteretur,

tur,rem imperatam à Deo non audebat explicare: sed ita sibi instituisse Spiritum Dei narrat, vt vi quadam prophetiam coactus fuerit pronuntiare: ac tum reclamante populo in foueam cœno refertam coniectus est & famem aliquantisper passus, donec clam à Rege euocatus veritatem rei declarasset. Etenim sæpenumero prophetia & somniũ immittuntur vni vt moneat, minetur, aut declaret damnationem alterius, vt Eliæ de Achabo Rege, Nathani de Dauide, & Ahiæ de Ieroboamo indictum est: quamuis Dauid Spiritu Dei fuisset præditus, sed aut visione prophetica quã alij prophætæ habebant oportuit caruisse, aut non fuisse tam excellenti præditum. Hoc ita esse eo demõstratur quòd si quando bellum aut magnum aliquid gerere cogitaret, visionem à Gade Propheta postulabat, aut Sacerdotem (qui comitabatur ipsum) iubebat Ephod induere vt voluntatem Dei ex Vrim & Thummim cognosceret. Hæ autem voces Vrim & Thummim Hebrææ sunt, quas LXXII. interpretantur declarationem & veritatem, Chaldæus (vt mos Hebræorum fuit mysteria condere) seruauit ἀνερμηνεύτως: Hebraicè vrim lumina, & Thummim perfectiones sonant. Hoc nomen fuit tabulæ in quam duodecim gemmæ erant insitæ, incisaq; duodecim filiorum Iacobi nomina, ex catenulis duabus impendentis maximi Sacerdotis pectori, vt in libr. Exodi legimus[a]. Eleazar itaque Pontifex successor Aaronis iubetur in Numeris[b] pro ratione Vrim consulere, vt res gerant ex ver-

[a] Exod. 28.
[b] Num. 27.

bo & responsione ipsius. Si res quæ gerenda erat bene casura esset, quæstione proposita gemmæ viuida micabāt luce, aut inspiratus à Deo sacerdos futura prædicebat: quemadmodum ex Scriptura discimus[a], & Iosephi antiquitatibus[b], vbi lumen istud ante ducētos annos quàm viueret scribit desiuisse, hic autem trigesimo anno à Christo natus est. Græci pectorale istud vocarunt λόγιον, id est, ōraculū, quod vulgus ineptè vertit Rationale: Reges enim in causis omnib. grauissimis per Pontificem consulebant deū, & si non edebatur responsum hæc fuit irę Dei significatio. Quāobrem Sauli cùm à Deo abiectus esset (ait Scriptura[c]) nihil responsum est, neq prophetia, neq somnio, neq vrim & Thummim: ille verò Sagam diabolico Spiritu instructam sibi precepit inueniri, vt exitū pręlij, quod postridie commisit & in quo cecidit, cognosceret. Dauidi contrà[d] aut Prophetæ visione semper, aut somnio, aut per Vrim & Thummim responsum dabatur, atq hic rem imperatam efficiebat sedulò: Saul verò cum non paruisset, à Deo populoq simul desertus, & ab hostib. occisus est: ad excusationem enim dicenti[e] Regem Amalechitarum pecudesq à se non fuisse cæsas vt de ijs sacrificia pararet Domino, respondit Samuel idololatria artibusq magicis peiorē esse ἀπειθείαν, & præstare obsequiū omnib. sacrificijs. Apud Iobum[f] q́uque legimus Deum miserentem hominum eos commonefacere somnio aurémque vellicare docere quid facto sit opus vt eos humiliores efficiat,

[a] Esdræ 2.
Nehem. 7.
[b] Antiq. Iudaic. lib. 3.
cap. 9.

[c] 1. Sam. 28.

[d] 2. Sam. 2.
& 5.

[e] 1. Sam. 15.

[f] Iob. 33.

ciat, idcp ter: si enim tertio moneti morem non gesserint, tum eos abijci. Quòd si is quem Deus bono Spiritu agendū instruxit, agenti non obsequatur, obiectionem comminatur Spiritus: si corrigitur, non abijcitur: si non resipiscit, abijcitur. Atq̃ hi tres modi sunt quibus olim Deus hominibus declarabat voluntatem suam, visio, somnium, & pectorale sacrū. Quare Propheta Balaam à Deo inspiratus cùm Israelitis benediceret, Beatū, inquit, populum qui incantationes non habet, cui futura cùm opus est reuelat Deus. Quamuis autem ex Lege Dei promulgata, tot prophetijs, visionibus, iudicijsq̃ Dei quæ in Scripturis historijsq̃ sacris consignantur, ita de veritate & voluntate Dei belle informemur, vt non sit opus prophetiis: certum est tamen non eo minus somnia, visiones, & bonos Angelos diuinitus immitti hominibus ad exponendam eis voluntatem Dei, ex qua seipsos regant & instituant alios. Hebrǣorum itaq̃ Doctores etsi oraculum Vrim & Thummim à tempore Babylonicæ reuersionis desiuerat, confitentur aliquam diuinam vocem semper fuisse exauditam, quam Iosue filius Leui [a] בק קול, id est, filiam vocis, Græci ἠχὼ appellarunt. De veris autem indicijs quibus homines his donis instructi agnoscuntur vt dicamus paucis, obseruanda sunt optimè recognoscendaq̃ ipsorum facta, inprimis verò quem colant Deū. Nam fieri potest vt visionem aliquis & somnium habeat, futura prædicat prout accidēt, edatq̃ miracula, qui tamē adoratio-

[a] *Lib. Pirke aboth.*

g ij

nem aliorum Deorum prædicabit quàm eius qui fecit cœlum & terram: neq; propterea fides huic habenda est, cùm hoc vnum sit è signis quæ Deus diserte præcauit Lege[a], dicens se hunc somniatorẽ prophetamq; mittere ad experiendum amemusne & reuereamur ipsum. Quibus ex verbis apparet non electis solùm & viris bonis à Deo immitti somnia, sed improbis quoq; & infidelibus, vt consternatos eo seuerius præcipitet. Huius rei plenæ sunt historiæ, vt de Pharaonis somnijs & & Nabuchodonosoris legimus: ante omnes verò principibus viris accidisse, cùm de Reipublicę statu ageretur. Plerumq;tamen vsuuenit quod ait Solomo in libro Sapientiæ, vt improbis terribiles horrendæque visiones adsint: bonis verò, etsi nonnũquam somnijs consternãtur, sua securitas & consolatio. Sic Vespasianus somnio monitus est se Imperatorem fore, cùm Nero dentem vnum (quod postridie accidit) amisisset. Sic Antoninus Caracalla somnio Seuerum patrem stricto gladio audiuit dicentem, vt fratrem occidisti, ita te hoc ictu oportet mori. Sic Atheniensis tyrannus Hippias pridie q̃ occideretur somniauit se dextera Iouis in terram dari præcipitem. Artemidorus huiusmodi abundat historijs. Notandum porrò illud est maxima naturalium somniorum parte naturalem humorẽ aut morbum hominis indicari, vt Galenus experientiam docuisse scribit somnium de stellæ casu, aut fractione currus cui ægrotus insideat, mortem homini portendere. Somnia diluculo accidentia homini

[a] Deut.13.

homini cuius animus vacet perturbatione, veteres pro veris annotarunt. Scriptura sacra præsti-
tuit regulam, ne credatur somnijs nisi quę Deus
iniecerit. Eorum signum est, si ab homine bono &
verace manant, aut si ab improbo cùm agitur per-
ditio eius. Magorum verò, Atheorum, & vita con
sceleratorum turpiumq̃ somnia à Spiritibus malignis infundi posteà demonstrabimus.

De naturalibus modis ad res occultas cogno-
scendas. CAP. V.

NAturalis diuinatio est rerum futurarum, præ-
teritarum vel præsentium anticipatio, quæ
nihilominus occultę sunt in cognitione causarum
quadam veluti catena inter ipsas dependentium,
prout has inde à creatione mũdi ordinauit Deus.
Hanc definitionem statui, vt iudicium fieri certò
possit quænam sit licita, & quæ illicita aut diabolica diuinatio: quod ex nostra Magi definitione
est consectarium. Inter omnes autem philosophos
& Theologos cõuenit Deum primam æternam-
que causam esse, & omnia ab eo dependere. Licet
enim Plato tria mũdi principia posuerit[a], Deum,
materiam & formam, in Timæo tamen, Theæte- [a] *Epist.7.ad*
to, alijsq̃ locis compluribus Deum supra omnes *Dionem.*
causas, & extra omnem consequutionem ordinẽ-
que causarum euehit. Demonstrauit quoq̃ Ari- [b] *Lib.Phy-*
stoteles[b] necessariò oportere vt deus vnus sit, pri- *sic. 6.& 8.*

Et τ̃ μετὰ τὰ φυσικὰ 12. ma causa de qua omnes reliquæ pendeant. Itacʒ impietas Manichæorum euertitur duo principia esse confirmantiũ, vnum bonum, & malum alterũ, vnũ elementaris mundi, alterum cœlestis & spirituum bonorum Creatorem. Quòd enim Marcionem tria Epiphanius, Basilidem quatuor principia statuisse narrat, opiniones fuerunt improbæ & detestabiles: nam πολυθεότης, inquit Proclus Academicus, pura ἀθεότης est, & qui plures Deos infinitásve statuit Deũ verũ conat̃ tollere, ἀπειρία γὸ θεὸν ἀναιρεῖ. Sed de aliarum causarũ consequutiõe philosophis cum theologis minimè cõuenit. Academici enim & Peripatetici docent Deum causam efficientem esse primæ intelligentiæ (Hebræi Metatron vocant) hanc secundæ causam esse, hanc tertiæ, sic deinceps ad causas usc̨ɜ ultimas. Quamobrẽ Iulianus apostata Plat. errorẽ & Iamblichi præceptoris sui *a apud Cyrillum contra Iulianum.* sequens in libr. quẽ aduersus Christianos scripsit[a] in eadem est sententia, & Christianos eo nomine criminat̃, cp̃ Deũ affirment principiũ & originem esse rerũ visibiliũ & inuisibiliũ sine alio modo: etsi hoc dogma nihil abludit ab ipso contextu historiæ sacræ, dicentis, In principio creauit Deus cœlum & terram, tum creaturas singulas, ita vt ex ordine agatur de creatione Angelorum ne rerum creatio Angelis tribuatur: & homines quoc̨ɜ arcanorum Legis peritissimi his verbis, Deus creauit cœlum & terram, materiam dicũt formámc̨ɜ innui: vt opinionem eorum euertunt qui nõ materiam sed formam solùm à Deo factam fuisse putant & materiam

riam confusam iam antè exstitisse, errore pernitiosisismo. Origeni quidem & nonnullis placet Deum ex ordine semper infinitos mundos creauisse & cùm visum fuit exscidisse, puta elementarem mundum septies milleno quoque anno, cœlestem verò quadragies nonies milleno: tunc omneis beatos spiritus sibi adunare, & per annos mille materiam confusam informémque sinere: deinde virtute sua omnia in statum priorem dignitatémque reformare. Huic opinioni requiem terræ septimo quoque anno, & annum Iubilæi quadragesimo nono accommodant: ac propterea in creatione mundi aiunt Angelorum creationem reticeri, vt ostendatur eos corruptis mundis antecedentibus immortaleis permansisse, ꝗ Mirãdulanus princeps in suis Cabalæ positionibus pro certo habuit. Hæc in arcana sua philosophia Hebræi[a] docent cum Origine: quæ opinio etsi omnib. Theologis non æquè accepta est, quia plus satis videtur in profundissima Dei secreta penetrare, eorum tamen impietatem resecat qui Spiridionem & alios Nicenæ synodi Episcopos ludificati sunt, dicendo mirum illud esse quòd Deus inde à tot centenis annorum millibus, ac potius ab æternitate infinita de mundo hoc tandem faciendo, & quidem breui perituro, ante tria aut quatuor demum annorũ millia cogitauerit: etiamꝗ hoc pacto speciem habitura esset Rabbi Eliezeri sententia, dicentis Deum de lumine vestis suæ tanquam ex materia fecisse cœlos,

[a] Rabbi Iuda, & Leo Hebræus, & alij.lib. περὶ ἀρχῶν.

quod

quod non absimile est à Solomonis dicto[a] qui ante creationem mūdi materiam confusam fuisse docet, & nihil noui sub sole factum. Verumtamen si infiniti mundi alij alijs succesissent (quod dogma repudiandum est) fateri tamen oporteret materiā primam à Deo creatam esse: hoc enim sine impietate negari non potest. Alioqui sequeretur materiam æternam esse, causam efficientem æquandam effecto, & alia absurda necessaria, quæ alibi annotauimus [b] sententiæ Aristotelis aduersari ostendētis non posse aliter fieri, nec posse à natura cohærere ista, & vnicam primam causam esse demonstrantis: quemadmodum etiam Hebræi, Academici, & Stoici vno ore improbarunt ista, & Plutarchus[c], Galenus[d], adeóq; ipsi Epicurei deriserunt. Nobis igitur sic constitutum est, Deum ex nihilo materiā creauisse, quod ברא Hebræum significat: sin minus, עשה facere, vsurpasset, vt cùm Deus hominem de limo terræ fecisse dicitur, materia quæ antè comparata fuerat, desumpta: quibus verbis mysterium celsius innuitur, teste Rabbi Paulo Riccio, nempe ex anima intellectum à Deo fuisse factum. Atque hoc præterea in verbis istis obseruandum, *dixit & facta sunt*,[e] verbum אמר ex propria significatione non, solùm esse dicere, sed etiam velle, & sic Hebræos accipere: cùm Deus sermonem ad res creatas, quæ nondum erant, non fuisset habiturus, sed inde à creatione rerum Angelos suos distribuerit, quorū opera res creatas instaurat & fouet. Deus autem si quando efficiens causa, forma, & materia mun-

[a] Lib. Sapiē.
[b] in method. cap. 6.
[c] lib. περὶ τῆς ἐν τῷ τιμαίῳ ψυχογονίας.
[d] lib. de placitis Hippocrat. & Platonis.
[e] Psalm. 33.

LIB. I. CAP. V.

mundi nominatur, non ppterea cœli aut alterius creaturæ forma effe intelligendus eft, fed is qui omnibus dat vt fint & fine quo nihil poteft fubfiftere. Angelum cùm dico, omnem potentiam virtutémcp in genere volo intelligi quam Deus rebus creatis donat, & fpiritus boni & mali, homines, venti, ignisép in Scriptura Angeli appellant[a]. Quod itacp moueri cœlos cernimus cœleftia'cp lumina, id Angelorum fit minifterio qui propriè dicuntur angeli, prout Theologi omnes & philofophi confitentur, adeo'cp ipfe Ariftoteles aiens vt cœli quinquaginta fint totidem ineffe Angelos feu intelligentias: non quòd Deus folo nutu nequeat fine alio modo regere omnia, fed quia magis decet ipfum rebus quas creauit vti. Ideoque in Scriptura legimus Deum effe in Angelorum cœtu, fe ibidem fpiritus malignos fiftere, vt Propheta Michæas narrauit Regibus Iudæ & Samariẹ, & Deum Satanam in Angelorum cœtu compellare[b]; quẹ Hebrẹi omnes de minifterio rerum creatarum accipiunt quibus Deus ad fingula vtitur. Diximus antea quemadmodum homines Deus nõ alloquitur nifi per Angelos, fic nihil in rebus corporeis efficere nifi per corpora cœleftia, fiue ordinaria poteftate vtatur, fiue extra ordinem immediatè faciat: quod Zachariæ vifo demonftratur lucerarum in candelabro feptem[c] (quod in Apocalypfin poftea fuit translatum, & ibidem interpretatur Angelus feptem oculos effe quibus videt Deus) & Angelorum fundentium oleun ex duabus oleis

[a] Pfalm.103 & 104.
[b] Iob.1.
[c] Zachar.4.

ad dexteram Dei, quos aiunt Hebræi septem planetas esse quib. diuina virtus infusa est per totū or bē manatura. Licet igitur sempérq̃ licuit cœlestiū luminum virtutē inquirere, modò in causis naturalibus consistatur: nam in eo versatur Dei gloria quòd per creaturas suas res facit tam admirabiles. Hæc sententia Damasceni [a], hæc Thomæ Aquinatis in libro de sortibus, & altero de iudiciis astronomicis, hęc Scoti: neq̃ amplectēdus Lactātij Firmiani error, qui Astrologiam, Necromātiam, Magiam, haruspicinā à malignis spiritibus inuentas asserit: nam hoc quidem de aliis verum est, sed Astrologia effectorumq̃ cœlestium notitia à Deo donata est. Et quamuis Caluinus [b] certo (opinor) consilio, quia Melanchthonem animaduertebat in Astrologiam plus æquo incumbere eamq̃ magni facere, pro eo ac potuit Astrologiam depresserit, mirabilia tamē astrorū effecta fateri cogitur, hoc vnum addens esse Deum superiorem istis omnib. & qui confidit Deo hunc nihil ab istis debere metuere. Atqui tantumdem Ptolemæus dicit [c], imperare cœlo sapientē, & Abraham Aben Esra maximus inter Iudæos Astrologus filios Israelis ait [k] non subiici astris, de iis qui confidunt Deo intelligens: qui verò nō timet Dominū, inquit Solomo, transibit sub rota, cœlum proculdubio his verbis, virtutésq̃ & influētias cœlestes denotans. Eadem ratione Hebræus Philo allegorias Bibliorum explicans, vbi dicitur Cherubinus ante Paradisum gladio flammante rotam efficere, dicit hoc cœlum flam-

[a] *in Theologicis sententijs.*
[b] *lib. contra Astrologos.*
[c] *in decalogum.*
[d] *Lib. pirke Aboth.*

flammans esse luminibusq́; abundant cœlestibus, quorum vi & influentia materialem hunc mundū tuetur Deus, hanc verò materiam homini bruto terrenisq́; voluptatibus seruienti esse impedimento ne in contemplationem admirabilium Dei operum assurgat, itaq́; efficere vt tanquã in sepulchris, sic in corporib. suis sepulti iaceant: de quibus agit Scriptura Psalm. lxxvij. versu vij. dicens, Sicut vulnerati dormientes in sepulchris, quorũ non es memor ampliùs, & ipsi de manu tua repulsi sunt: q̃ locus complures nõ attendentes ad Hebræorum allegorias torsit, à Chaldæo verò Paraphraste in hãc formam redditur, Sicut occisi gladio dormientes in sepulchris quorum non recordaberis ampliùs, & ipsi quidem à facie diuinitatis tuæ separati sunt, nempe gladio cœlum naturalemq́; eorum influentiam intelligens qui conditionem quæ à natura est & brutam bestiarum vitam prosequuntur. Quapropter etiam Deus aquas quæ sub firmamento sunt, id est, cœlestes influentias dicitur ab iis diuisisse quæ supra cœlos sunt, id est, ab Angelorum & intelligentiarum mundo. Euidentissimum verò potentiæ quam Deus cum astris communicatam voluit habemus testimonium, vbi dicit Iob^a, Poteris ne ligare Pleiades, aut stellas maioris vrsæ disiungere? An produces Hyadas & poteris gubernare stellas Arcturi? Hic Deus astra totius cœli annotauit quæ maximam vim exerũt in hoc elementari mundo, prout singulis anni tempestatibus cognoscitur in ortu & occasu heliaco & chronico i-

^a Iob.3?.

pſorum. Deinde verò vniuersè Iobo dicit Deus, Scisne leges cœli? tu'ne poteſtatem cœlo daturus es quam habet in terram? Hi omnes loci amplam demonſtrant potentiam quam Deus corporibus cœleſtibus indidit in hunc elemẽtarem mundum. Quinetiam Deus creatis cœlorum luminibus edixit vt ſint temporum annorũ dierũmque ſigna: ꝙ ad commoditatem numerandi dies referre fuerit ridiculum, quia tot centena ſtellarum millia futura eſſent inania. Atꝗ hæc quidem magna facultas & virtus admirabilis corporum cœleſtium tantũ abeſt vt minuat vllo pacto potentiam Dei, vt ea in contrà extollat euehatꝗ mirificè. Si enim virtute lapidis, herbę, animalis cognita laudamus Deum, quanto maius habituri ſumus laudationis illius arguimentum, ſi amplitudinem, vim, claritatem, celeritatem, ordinem, ſtupendumꝗ motum cœleſtiũ corporum animaduertamus? Ideoꝗ Pſaltes laudato deo iſtarum rerum inferiorum nomine, cùm ad vim aſtrorum annotandam venit, extra ſe raptus

[a] Pſalm. 8. exclamat in hanc formam[a]:

> Suſpiciens oculis tua celſa palatia cœlos,
> Artifices digiti quos peperere tui,
> Lucentemq́ globum Lunæ, Titaniáq́ aſtra,
> Quæ doctæ Domini conſtituere manus:
> Ecquid homo eſt, dico attonitus, quem mente reuiſas
> Sollicita, cuius te meminiſſe iuuet?

Enimuerò cœlum theatrum eſt laudis Dei elegantiſsimum, cuius luminum effecta quò magis agnoſcuntur

scuntur, eò magis ad Deum celebrandum homo abripitur. Cernentes imperiti plenilunio nouilunioq́ue abundare marinos fluxus, alio tempore breuioreis esse, fluxus quotidie spatio vnius horæ tardari, in eodem agro, regione, climate, sed varijs portubus reciprocari variè fluxus, obstupescunt. Vident piscatores omnia ostracina esse inania: similiter animalia, plantæ, elementáque omnia mirabilem sanguinis, humorum, medullarumq́ mutationem declinante Luna & augescente sentiunt. Arborem ad ædificandam putatores non cædunt plena, sed decedente Luna, alioqui lignum ædificijs foret inutile. Eodem tempore inseritur, plantarumq́ radicibus accumulatur: grana & legumina vanno excutiuntur declinante Luna, aliæq́ obseruationes innumeræ à veteribus fuerunt annotatę, quas videre est apud Plinium lib. xviij, cap. xxxij. Criticos febrium morborúmque dies fatentur Medici à Luna gubernari, etiamq́ Galenus libros complures scripsit de hoc argumento, miratus id quod in horoscopo ægroti ferè animaduertitur, oppositum Soli aspectum Lunæ aut quaternum morbis afferre mutationem manifestam, itemq́ si Luna stationem oppositam aut quaternã assequatur ab eo loco vnde inuadēte morbo profecta est. Cōsimiliter in lue pestilentiaq́ publica per singulos quadrantes Lunæ videmus innumeros subita morte concidere. Verūtamen Galenus ab experiē tia iudicabat quam ex veterum obseruationib. didicerat: nam ne verum quidem Lunæ motum co-

h iij

[a] De diebus decretorijs Hippoc. li. 1. αφορισμῶν.

gnoscebat, vt ex libris ipsius constat[c]. Quanto maiore igitur admiratione fuisset traductus, si aliorũ Planetarum coniunctionũ, reciprocantium aspectuum, fixarúmq̃ stellarum effecta etiam in corpus & constitutionem hominum percepisset? Veteres enim hæc axiomata ex multorum seculorũ experientia amotarunt, Saturno & Mercurio inter se in bruto aliquo signo oppositis hominem qui tũ nascitur balbum fere aut mutum esse: Luna ad ortum posita esse incolumem, defectum patiente non posse infantẽ viuere: nec eum diu viuere qui tum nascitur cùm Luna in coniunctione est. Arabes deniq̃ cognita cœlestiũ influentiarum in corpora facultate, inaugurari nolebãt medicũ nisi peritum Astrologiæ, & Græci peritos vtriusq̃ scientiæ Iatromathematicos appellabant. Ne plura, ex cœlestiũ rerum profluentia & humores cognoscuntur, & naturalis corporũ humorumq̃ cõstitutio: sed malẽ audiuit hæc sciẽtia, inquiebat Melanchthon, apud multos propter eorũ qui inepte de ea scripserunt ignorantiam. Astrologos uero iudicium facere de animis, spiritibus, vitijs, virtutibus, meritis, & supplicijs indignum est: de religione arrogare omniũ est indignissimũ: q̃ multi faciũt, eos monete adulteratores imitati q̃ e plantis quidẽ & metallis quin tam essentiã extrahunt, mirifica olei & aquæ genera faciunt valde salutaria, de virtute metallorũ & transmutatione acutissimè differunt, sed nihilominus adulterinã monetã conflant: sic istorũ Astrologorũ multi cùm ex horoscopo humorẽ & naturalem

lem corporis affectionẽ explicarũt, ad ea impuden
ter transcendunt quæ corpus non attinent, vt con
nubia, dignitates, expeditiones, opes, & alia huius
modi quibus nihil cũ astris cõmune est, & si ꝙ ius
in eas res haberẽt astra, impiũ tñ foret stultissimũ-
que omniũ de eo peruestigando laborare. Etenim
si Diuinus falsò prædixerit igne aut laqueo peritu
rũ quemquã, tum mille mortes obit ante mortẽ sine occasione miser: sin vera est prædictio, semp in-
quietus est geminato malo. Si cui diuinus falso affirmauerit ipsum magnũ fore & diuitẽ, hũc eo spe
inani perducet, vt bona sua otiosus & iners dilapi-
det: Sin verè, spes dilata (ait Sap.) facit vt homo
langueat, adeò vt cùm res adest, iamdiu absit volu
ptas. Etsi in more habet Dñs vt eos qui scrutantur
ista frustrari bono exspectato sinat, & malo à quo
sibi metuunt opprimi. Inexcusabilis verò illorũ est
impietas ꝗ profluentijs cœlestib, assignãt religiõis
dominatũ: vt Iulij Materni scribentis eũ cui Satur.
in Leone est victurũ pdiu & post mortẽ in cœlos
ascensurũ: itemꝗ Albumazaris affirmantis eũ qui
orabit Deũ quando Luna cum altero planeta (cuius nomen de industria placet reticere) in capite
Draconis cõiuncta est, impetraturũ petitionẽ suã:
ꝙd Petrus de Apono Magorũ omniũ qui fuerunt
vnquam Coryphæus se expertum narrat, vt homi
nes ad eandem improbitatem pertrahat. Qua in
re gemina est impietas & ignorantia: cùm caput
& cauda Draconis nihil sint aliud quàm duo puncta intercurrẽtis sectionis imaginariæ duorumꝗ
orbium,

orbium, quibus nec stella nec planeta inest, singulis momentis variantium. Quamquam maioris ad huc impietatis tenetur Albumazar, quòd ex profluentiis cœlestibus religionum fines ausus sit circumscribere, Christianam religionem dicens anno M.CCCC.LX. desituram, quod tempus ante annos plus centum videmus effluxisse. Ineptè similiter Arnoldus Hispanus Antichristum anno. M. CCC. XLV. venturum prædixerat: & Cardinalis de Alliaco, qui librum suum infarciuit mendaciis huiusmodi, de fine trium religionum agens septies mille septingentos quinquaginta octo annos statuit à creatione mundi, aberrãs à probato Christianorum Hebræorumq̃ calculo mille quingentis annis: idémq̃ Horoscopum faciens creati mundi Solem ponit in Ariete, quem in Libra fuisse docet disertus Bibliorum textus[a]. Primum enim mundi creati diem fuisse eum quem dicimus, septimi mensis decimum (in quo Libræ signum est) ex Bibliis sacris didicimus. Amplius insaniuit Cyprianus Leonicus memoria nostra: qui religionem Iesu Christi mundúmq̃ finem habituros dixit anno M. D. LXXXIII. & tam grauiter confirmat vt dicat, *Proculdubio alterum aduentum filij hominis in sede maiestatis suæ prænuntiat*, idq̃ propter coniunctionẽ summã quę est in triplicitate aquatica Iesu Christi. Hoc verò in Astrologia insigniter absurdum est, in causa religionis impium: nullus enim Planeta vnquam signum suum stationémq̃ euertit: Iupiter autem piscibus coniungitur in ea coniunctione

abs

[a] Exod. 23. Iosepho lib. 5. antiq. c. 3. R. Abrahã Abẽ esra in cap. 7. Danielis. initiũ mũdi in Tisri constituũt qui mẽsis est September.

LIB. I. CAP. V.

abs qua iste metuit tantopere, Iouis cum Saturno, q̃ duo signa inter se amica sunt. Cùm autẽ istud tã seriò confirmauerit vt dubitari de eo nefas videret, quàm stultum illius est hominis factum qui Ephemeridas in triginta annos post consummationem mundi(quod iste fecit) conscripserit? Neque verò prudentiùs Cardanus iudicauit, rationes iniens horoscopi Iesu Christi & in Italia Galliáque excudi iubens, quibus Saturnum in statione nona significare putat desertam fore religionem, & Martem in domo septima coniunctum Lunæ genus mortis ostendere: ridicula omnia, cùm Mars in signo proprio, id est, igneo versaretur. Verùm summę impietatis est siquis religionẽ astris tentet subijcere: quemadmodum Abenesra fecit, qui magnũ ducem (quẽ vocat Mesiã) Iudæis liberandis præ dixit nasciturum anno M.CCCC.IXIII l. nec tamen illud accidit. vt igitur opiniones istas diuinationésq̃ impietatis & ignorantiæ plenas omittamus, eas solùm naturaleis prædictiões accepturi sumus quæ profluẽtijs cœlestibus in corpora atq̃ humores tribuuntur. Certum quidem illud est, ingenia & mores hominum ad humores sæpe accedere, vt Gallenus ait in libro, Quòd mores humoribus obsequantur: sed non semper est necessariũ, cùm inclinatio sit à natura solùm, ac nõ necessitas. Quum itaque lingua sancta (qua Adam, vt est in Genesi, omnib. rebus ex proprietate ipsarũ, naturali indebat nomina) Saturnũ שבתי legimus appellari, id est quietum & tranquillum propter natura-

i

lem eorum inclinationem quorum Horoscopum Saturnus obtinet (vt ferè sunt melancholici, tranquilli, & contēplationū studiosi) aut Iouem זדק. i. iustū, quia iustitię ciuili studere videntur ij quibus Iupiter dominus est horoscopi, aut Martem מאדים id est, robustū, propter naturalem inclinationem quà eos afficit quorum præest horoscopo, vt eos quodammodo Martiales reddat apto'sq́; laboribus, & sic de cęteris: nō tamen continuò necessitatem poni opus est, sed inclinationem à necessitate liberam. Idem quoq; iudicium facimus de magnis superiorum planetarum coniunctionibus cū differentibus triplicitatibus, post quas cōiunctiones veteres permagnas mutatiōes in rebuspub. atque imperiis annotant accidisse: nullā. n. hic necessitatem adesse alibi demōstrauimus[a]. Nam etiam fieri non potest vt à ter mille annis solùm ex quo obseruationes Astronomicæ fuerunt traditæ (antiquissima enim est Sennacheribi Assyriæ Regis) tanta capta fuerit experientia quanta ad iudicium certò faciendum est necessaria. Itaque Ptolemæum videmus & Firmicum Borealibus populis triplicitatem ignis tribuere: Albumazarem verò Orientalibus, [b]& triplicitatem aquarum meridianis, & cum hoc Paulum Alexādrinum [c] & Henricum Mechliniensem facere Alcabicium verò Capharem, Abenacram, Messahalam, & Zaelem Israelitam triplicitatem terrę Meridianis assignare. Omnino certi nihil potest in futurū de mutatione rerumpub. constitui nisi fundamentum hoc fuerit confirmatum, prout

[a] lib. de rep. & lib. de method. histor.

[b] 6. magni Introductorij.
[c] In Instit. ad iis Apotelesmaticō.

prout amplius in libris de Repub. declaraui, ac proinde breuior hoc loco futurus sum. Nulla igitur fortuita prædictio statui, nulla vsurpari potest nisi quæ nitatur experientia: quæcunque autem rerum experientia teneatur, tamen dominatus omnium semper est Deo cómittendus, qui Solis & Lunæ cursum potens est sistere, vt fecit postulante Iosua, & solem ad retrogrediendum impellere, vt fecit cùm vitam regis Ezechiæ annis xv. prorogaret: nec dubium est quin is qui fidem in Deo collocat superior sit quauis cœlesti profluentia. Quamobrem Platonicus quidam dicebat olim q̃ naturam sequitur eum se fato submittere & cursui naturæ singulis rebus elementaribus destinato: eũ verò qui à bono spiritu agitur, omnib. fatis potiorem esse. Vt autem maiestas Dei per illam scientiã naturę astrorum cœlestiúmq; luminũ reuelatur, sic etiam contra damnandæ sunt electionum Arabicarum fraudes, & illicitæ iudicandæ: & de iis oportet accipi decretum Concilij Toletani primi cap. 8. & Concilij quarti Carthaginensis cap. 89. Naturales diuinationes aliæ plus habent euidentiæ, quæ fiũt extemporis cóstitutione, prout ordinaria est illarũ experiẽtia. Ex his tota μετεώρως scientia cóstat, id est impressionum ignis in suprema regione, aut generationis imperfectorũ corporũ in media aeris regione: vt Luna rubẽs significat vẽtos, imbres pallida, serenitatẽ clara. Fumida enim exhalatio quæ gignit vẽtos similis est fumo quo rubescit flamma, & pruna ex atro carbone rubet, ait Theophrastus qa

i ij

nigrū & clarum inter se confusa sunt: humidus vapor efficiens pluuiā serenæ Lunæ claritatē adimit; claritas verò nitente aere sine impedimento cernit. Hæ autē naturales diuinationes eò certiores sunt quòd experientia conueniat causæ, quę non perinde abstrusa est atque huius inuestigatio cur pluuia hoc potiùs tēpore q̄ illo decidat. Hic dicet Astrologus mōstrari obseruatione veterū vapores primùm, deinde pluuiam à Luna Hyadibus, Pleiadibus, aut stellis Cancri coniuncta excitari. Sed aliæ aliis sunt certiores in hoc argumento: cuiusmodi illa est ab antiquis omnib. ꝓbata & oculis omniū exposita, quarta & sexta Luna si serena fuerit, constitutionem Lunæ totius certissimè præmonstrare, nisi qua coniunctio insignis intercidat: sed tamen nūquam huius rei causa fuit explorata, quod Virgilius optimè annotauit ᵃ dicens,

ᵃ 1. Georg.

Sin ortu in quarto (namque is certissimus autor)
Pura non obscuris in cœlum cornibus ibit,
Totus & ille dies & qui nascetur ab illa
Exactum ad mensem pluuiis ventisque carebunt.

His rebus plenus est Arati liber, quas nihil opus est minutatim pertexere. Taceo naturaleis medicorum prædictiones quæ in omnium oculis versantur, & ab Hippocrate Galenoq́ libris singulis, maximè verò in libro de arte parua exponuntur: vt cùm ait siquis debilitatem neruorum palpitationémque senserit, eo de podagra ventura confirmari; dysenteriam si à melancholia inceperit letha-

lethalem esse, & caetera. Est quoque Phytoscopia, id est, occultarum rerum ex plantis praedictio, vt virga è corylo per medium dissecta si tenetur manu, eò inclinat vbi metalla sunt, quod omnes metallici plurimùm experti sunt: itaque ad augendam corylũ metallica terra ipsi apponitur. Hae praedictiones omnes experientia cognitae etsi causas occultas habent & incognitas, naturales sunt tamen: quarum inuestigatione amplitudo operũ Dei & admirabilis forma retegitur. Quemadmodum autem naturales modi quos Deus cognoscendis occultis rebus & futuris dedit boni sunt & laudabiles: ijdem quoque sunt modi quos Deus nobis praemonstrauit vt tueamur nos ipsos, nutriamus, induamus, incolumitatem vim & alacritatem conseruemus, & curemus morbos, modò ex animo illud agnoscamus virtutem alimentorum medicamētorúmcp & alias occultas vires quae elementis, plantis, lapidibus, metallis, animalibus insunt à Deo proficisci, qui vires eis cũ videtur adimit frangitcp facultatem panis (vt in Lege Dei est) inimittens famem. Qui enim rerum naturalium viribus sic vtitur vt si manarent ab eis, Deo iniuriam facit ad quem laus tota pertinet. Ac propterea Galenus xx. libros quos de vsu partium corporis humani scripsit, postquam admirabilia secreta quae in eis sunt retexerat, hoc dicto terminat, videmur nobis elegantem honoris cantum in Dei laudem cecinisse: meliúscp Seneca reprehendens eos qui aiunt, hoc aut illud natura fecit, Tu naturæ (inquit) Deo nomen mutas: quanto pulchrius si dixeris, Deus hoc aut illud fecit? In tota Scriptura sacra nõ exstat istud Naturæ vocabulũ sed vbicp dicit, hoc effecit Deus, fecit Deus vt illud fieret, & transitiuũ verbum Hebræũ adhibet העביר, quod est (vt ita dicamus) fecit facere: sed hoc verbũ Græci & Latini actiuo verbo reddiderunt, cuius verbi abusus errores nõ paucos attulit eorũ q Deo res attribuerunt maiestate ipsius indignissimas. vt cùm dicit Deus rotas é Pharaonis curribus sustulisse, primogenitos Aegypti occidisse, eũ nihil fecisse nisi per Angelos constat: nam populo suo præceperat vt superliminare ianuarum sanguine Paschalis agni obsignaret, vt videns (inquit) sanguinem vobis intactis prætereã, neque destructorem patiar venire in domos vestras. Ita solet Scriptura Deo rerum creatarum opera tribuere tã mala quàm bona, vt cùm Esaias inquit, Nullum est malum in ciuitate quod non fieri fecerit Dominus, & Ieremiæ xxxij. Omne malũ hoc venire feci super locum istum etsi: spiritus hominésq pessimi plerumque sunt illius administri, vt est apud Malachiam, Increpabo deuoratorẽ ne perdat fructus vestros & vites vestras efficiat steriles: idque adeò quàm ad Deum confugiatur, ne alius quàm ipse timeatur, néue alteri præter ipsum agantur gratiæ, aut alterius laudes quàm solius Dei prædicentur. Etenim nõ fugit Hebræos operum Dei & naturæ differentia à Salomone non raró annotata, vt cùm in Prouerbiis allegoricis ait, Filius sapiẽs obsequit

man-

LIB. I. CAP. V.

mādatis patris, necq̄ obliuiscit̄ legem matris, nēpe mandata Dei & legem naturæ intelligens. Nam horrendæ omnes idololatriæ inde omnino profluxerunt quòd relictus fuit Deus, bonorum acceptorum honos exhibitus actę́q̄ gratię Soli luminibusq̄ cœlorum, tum spiritibus postremò inferioribus creaturis. Atque hoc pacto Aegyptij boues adorauerunt, quia maximum ex bobus emolumētū percipitur, Palæstini & Amorrhæi arietes quos vocabant *Estheroht*, & quibus vescebantur: qua in re falsus est Cicero[a] cùm ait, Nulla gens est tam stupida quæ id quo vescatur Deum esse putet. Hæc igitur satis futura sunt ad demonstrandum naturaleis modos quibus aliquid consequitur esse licitos & à Deo institutos, si ad ipsum non ad res creatas honor & laus eorum nomine referatur: siue futuris rebus abditisq̄ cognoscendis siue efficiendis aliis, vt si certorum lapidum plantarumq̄ indiciis ac non diabolicis artibus metallicæ venę peruestigabuntur. Præterire tamen silentio nō possum quod Ioannes Picus Mirandulanus Princeps scribit in magicis positionibus, naturalem Magiam nihil aliud esse quàm πρᾶξιν Physicæ quo reti Satanas nobilia multorum ingenia in nassam suam pertrahit, sic fore congitantium vt naturalium rerum facultate virtutes cœlestes non attrahantur solùm, sed etiam vi quadam compellantur. Idem verò positione xxiiij. confirmat nihil figuris & characterib. in Magia esse valentius, & positione xxi. barbaris & ἀσήμοις vocibus plus inesse virium quàm ijs quæ

aliquam

[a] *Lib. de natura Deorū.*

aliquam habent significationem: quarum rerum vanitatem ac impietatem potius antè ostēdimus. Verùm vt fraudis istius arcanum retegatur quod idem autor aut quisquis fuerit abusus nomine illius conatur tegere, positione xxviij. in hymnos Orphei hæc verba legimus, Frustra naturam adit qui Pana non attraxerit, id est, Satanam non inuocauerit. Panos enim appellatione veteres omnes eum intellexerunt qui Hebræis est Satan, terrorésque Panicos dixerunt eos qui à diabolis afferuntur, & quibus dæmoniaci agitâtur cùm malignos spiritus ad vexandum se irruentes fugiunt: & Plutarch. libro de Oraculorum defectu principem dę monum magnum Pana vocat, ad cuius mortē alij dęmones clamoribus magnis flebiliter eiulantes auditi sunt Tyberio Cæsare imperium obtinente: quam historiam Eusebius quoq̃ confirmat in libris de præparatione Euangelica. Similiterq̃ positione xi. per Leucotheam Lunam intelligit, quā Hebræi לבנה id est, albam vocant, & positione xix. dicens nihil esse quod in Magia effectum sine vesta consequatur, sacrificia igne confecta intelligit. Idem ex Cabala pestilentem Magiam efficit & fundamenta Legis Dei prorsus euertentem, vt facilè agnoscet quisquis ad rem propiùs attēderit: Cùm enim Cabala nihil sit quàm recta diuinæ Legis interpretatio quam litera adumbrat, hic cōtra eo solùm spectat vt literarum & characterum vi faciat miracula. Hanc fraudem placuit retegere, vt quicunq̃ Agrippam magorum magistrum legerint

& qui

LIB. I. CAP. V.

& qui idem sentiunt se porrò non sinant decipi, lapidibus, plantis, alijsq́ rebus naturalibus abutentes ad virtutes & profluentias cœlestes attrahendas. Quamobrem Hippocrates libro de Morbo sacro Magos detestatur qui se eo tempore iactabant Lunam attracturos: hoc enim (inquit) foret Deos planis subijcere, & cœlum terramq́ hominibus mancipare: quod & principijs naturæ & ipsi contextui sacræ Scripturæ in Iobo aduersatur, vbi Deus legum quas cœlo terræq́ tulit mentionē facit. Quinetiam technam hanc demonstrant characteres ipsi & figurę diabolicæ, barbara vocabula, & quæ nusquam intelliguntur, quę nihil cum elementis commune materia formísue naturalibus aut qualitatibus habent, quæcunque tandem illæ sint. Non sunt igitur artes, vanitates, & superstitiones Ethnicæ idololatrarum Magorumq́ velandæ naturæ nomine: vt pleriq́ Magi olim persuadebant artes suas in sola plantarum, animalium, lapidum, metallorum, cœlestiumq́ corporum facultate positas esse: quod Arabes quoq́ docent vt scientiæ suæ dignitatem, Magis impunitatem comparent, Auicēna, Algazel, Alpharabius, & Agrippa memoria nostra: ac propterea opinio hęc quōdam inualuerat, vt est apud Plinium lib. xxvi. cap. iiij. Æthiopide herba amnes ac stagna siccari coniecta, tactu clausa omnia reserari: Achimenide coniecta in aciem hostium trepidare agmina, ac terga vertere: Latacen dari solitam à Persarum rege legatis vt omnium rerum copia abundarent, id est, re-

k

gia diplomata quę terrorem omnibus populis incuterent. In eodem numero ponimus quod Plinius de Verbenaca scribit (Græci ἱεραν Βοτάνlω dicunt) febres abigere, amicitias conciliare, nulli nō mederi morbo: quod Plinius ipse ridet omnesq́ medici, quibus diuturna experientia constat nihil horum Verbenacam posse, neq̨ valentissimā omniū Cynocephaliam, necq̨ Homeri nepenthes, neque herbam Moly, quam Plinius nō iniuria ridet: nō quòd multi velut thesauri non sint in rerum natura conditi, qui in dies reteguntur, in primis verò igne quintam essentiam abstrahente: sed hæ vanitates, quas recordatur Plinius, non comparent vsquam. Simile quoq̨ iudicium de eo facimus quod Plinius ex Democrito narrat[a], aues quosdam esse quarum confuso sanguine serpēs gignatur, quem quisquis ederit intellecturus sit alitum colloquia: quid si etiam dixisset vitulorum? item de adamante aduersus incantationes, curalio rubro aduersus carmina, iaspide contra dæmonum vmbras, Lycurio contra præstigias, & de eo quod Dioscorides lib. v. ca. xv. narrat puluer atū lapidem Memphiticum & cum vino & aqua potum stupidū planè homine reddere. Diuinas prędictiones siue prophetias neq̨ à natura neq̨ ab humana voluntate diximus procedere, sed à pura Dei inspiratiōe sine modo vel Angeloru̅ opera: Naturales verò prædictiones fieri per cognitionē causarum effecta sua antecedentium, & naturales rei alicuius assequendæ modos cōmuni ratione nosci, si à causis ad effecta venias.

[a] lib. 10. nat. hist. ca. 49. Gellius libr. 10. cap. 12. Philostratus Lemnius.

venias. Humanæ autem prædictiones etsi quodāmodo à rerum natura pendent, humanę tamen eò dici possunt quòd neque semper certæ sunt, vt natura est, neque semper incertas, siue propter causarum ignorantiam, siue propter ingenij humani imbecillitatem: & eas quisque in sua conditione facit ab experientia. Exempli gratia, Politicus videns in Republica impunè abire scelera & sine præmio merita, prædicit illius casum: cùm autem prædictio hæc neque ex causis naturalibus pendeat, neq̧ speciatim sit ei à Deo exposita, humana potest appellari, & ea quidem licita, sed nō pro certa & indubitata affirmanda: hoc enim pacto inuolaretur in consilium Dei, qui sæpe contra vim omnium sartam tectam ciuitatem bonorum votis precibusque præstat: Itaque Deus Abrahæ promittebat si decem homines à sceleribus Sodomæ integros offenderet, non esse regionē ab ipso peritura. Verùm si quando bonos & virtutis studiosos viros à Deo subinde recipi in cœlū videris, tu ne dubites imperiū illud propediē grauissimis procellis ruiturum. Quemadmodū aūt homini politico suæ prædictiones sunt, sic etiā procellas, ventos, imbres, tēpestatesq̧ nauclerí pręuidēt ab ordinaria experiētia, vt cœlestiū motuū sint imperitissimi: pastores quoq̧ si putre iecur leporinū viderint, luę ouiū pręnūtiāt: similiterq̧ agricolę cū sinapi viderint, aut densitatem baccarū quas *Ribes* vocant, aut quid simile animaduerterint quod experientia sine cognitione causarum naturaliū & reuelatione

k ij

diuina didicerunt, fertilitatem anni præsagiunt. Hæ autem prędictiones, nisi quis eas pro indubitatis affirmare & teneri velit non sunt illicitæ, vt neq̨ in pari causa Metoposcopia, quæ ex sola vultus inspectione interiores hominis perturbationes diiudicat:è quibus aliæ sunt naturales, vt subitus rubor pudorem, pallor metum denotat, quibus sunt naturales causæ: aliæ humanæ potiùs quàm naturales, vt micantes bubonũ oculi crudelitatem plerunq̨ designant (quales Sylla & Cato Censorius habuit) & sanguine guttati: eademq̨ ratione simi dicuntur impatientes atque cholerici, nasones cõtrà plus valere prudentia & patientia. Atque hoc quidem epitheton inter cætera sibi Deus arrogat, qui Mosen alloquēs,[a] proprietatibus decem hanc adijcit ארך אפים, id est, magno naso, vt Hispanica editio Complutensis & Antuerpiana ad verbum exprimunt, & alijs quoq̨ Bibliorum locis Deus magno naso vocatur, q̃d omnes interpretes exponũt patientē, vt contrà קצר אפים breui naso, Hebræi promptum ad iram vel iracundum interpretãtur. Quæ res pariter ostendunt licere vti naturali Metoposcopia, cuius Orientales populi admodum periti sunt. Sed non continuò perpetua lex inde conficienda est: homines enim ita personatos inuenias tantoq̨ artificio & fuco ingenium suũ obuelantes vt eos non ineptè dominos suorum vultuum nominaueris, à quibus delusi multi locũ dederunt prouerbio, Fronti nulla fides: qua ratione Alcibiades in cachinnum effusus est cùm Zopyrũ physio-

[a] Exod. 34.

physiognomonem de Socrate dicentem audiret eum mulierosum, adulterum, & iracundum esse, quod Socrates quidem fatebatur, sed mutatum se amore sapientiæ. Itaque hominem videmus facie virginea, animo leonem esse, vt erat Alexāder magnus, & contra qui leo videtur fronte, animo esse leporem. Humana igitur est Metoposcopia cum suis prædictionibus ob incertitudinem ipsius, licet Aristoteli liber Physiognomiæ Metoposcopiā continēs (qui nihil Aristoteleum sapit) tribuatur. Chiromātiam verò vel Chiroscopiam in numero Physignomicarum artium poni insulsum est, cùm inter principia magistrorum qui de ea scripserunt non magis conueniat quàm inter ignem & aquam præstereaq̃ lineamenta mutentur plurimùm, necq̃ exstent vnquam in puerili, virili, & senili eiusdem hominis ætate similia. Qmitto populareis prædictiones cæteras, quia numero isto indignæ sunt vt si ranæ plurimùm coaxauerint, si mergus in aquam inuolet, si grues ab aquis auolent, portendi pluuiam, & similia innumera quæ humana sunt & bona ex parte appendent causis naturalibus. Alię quoq̃ prædictiones humanę in vsu sunt quamuis reipsa illicitæ, quia superstitiosam fidem, metum à rebus vanis, & diffidentiam à Deo velut comites adiunctas habent. Hoc enim certo est certius, quisquis prædictiones superstitiosas aut timet aut credit, eum semper potentiæ Dei diffidere: vt qui olim domo exiens ad limen offendebat pede, præcipiebat animo infortunium (quod Bruto euenis-

k iij

se aiunt quo die occidit Cæsarem) aut cui annulus excidebat cùm sponsus in sponsę digitum esset inserturus. Similiter apud antiquos fuit coniectatio (palmirum augurium dixerunt) ex palpitante membro, quod certè naturale est & naturaleis causas coniunctas habet. Sed hæc iustissima est à Deo vltio, quòd ij ferè qui credunt ista, ac non ij qui ludificantur ea opprimuntur malis. Quamobrem Cæsar nunquam rationem istarum vanitatū habuit, & ipsi contrà successerunt omnia quàm diuini prædixerant. Nam cùm è naui descendens in Africam repentè cecidisset, quamuis hoc argumento malè ominarentur augures, dixit, teneo te Africa, & tribus victorijs insignibus reportatis inimicos omneis post dies paucos profligauit. Similiterq prælij Pharsalici (vbi Pompeium superauit, qui longè maiores habebat copias diuinosq omneis ante prælium adhibuerat) exitum noluit vnquam à Magis percontari. Multorum principum historias annotauimus, qui consultis diuinis perierūt miserè. Ariouistus Germanorum Rex quadringentis hominum millibus instructus cùm de die conflictus mulieribus Sagis haberet fidem, & inire prælium ante nouam Lunam ab illis vetaretur, Cæsar re (vt scribit) cognita statim commisit prælium atq superauit. Sed ne longè exempla petantur, fuit qui per Magum exitum Patauini prælij voluit cognoscere, &, visis hostium copijs, responsum par priscis oraculis reportauit: exitus verò toti Galliæ fuit luctuosus. Sed de his rebus seor
sim

sim postea dicturi sumus. Alterum nostra memoria exemplū fuit in Rege Sueciæ: nā literis ad Principes Germaniæ scriptis anno M.D.LXIII. exponitur Henrico Sueciæ Regi Sagas fuisse quatuor, quæ se gloriabantur effecturas ne rex Danię victoriam consequeretur: sed vna istarum maleficarum capta non impediuit carnificem quin viua igne consumeret, & Rex Sueciæ post annos quatuor à subditis interceptus, dignitate spoliatus, & in vincula, quibus adhuc tenet, coniectus est. Hactenus de humanis prædictionibus: nunc de illicitis modis videndum est.

De modis illicitis ad perueniendum eò quò intenditur. CAP. VI.

Diximus eum Magum esse qui diabolicis modis atq; illicitis sciens prudens ad aliquid conatur peruenire: iam igit modos illicitos cognosci necesse est. Ac modos quidē eò quò intendit animus perueniendi (si licitū est) ope Dei, aut medijs quæ in rebus creatis exhibet tum naturalium causarū cōsequutione tum effectorū inter se cohærētium, aut deniq; libera hominis voluntate, iam declarauimus. Sed si qui rem licitam conātes assequi ad quam neq; natura, neq; facultate humana adiuuentur, Deum qui omnia potest minimè accesserint, aut accedentes nō ritè sed tentandi gratia fecerint, aut si bono quidem animo sed rebus secūdis
à Deo

à Deo discesserint adeò vt in aduersis ab ipso deserantur, illiciti sunt modi: vt cùm Deus inquit apud Ieremiam, Si Moses & Samuel me nunc orarent vestra causa, non exaudirem eos (hi autem an te secula multa obierant, & dum in viuis essent, solebant iram Dei precibus suis mitigare) & alibi Prophetæ imperat [a], Ne ores pro isto populo in bonum, nam neque ieiuniis neque precibus & sacrificiis illorum exaudiam ipsos, sed fame & peste consumam. Eos enim oportuerat coelos precibus perrumpere, & in Dei fide persistere, qui minatur quidem vehementer sed repentè sedatus est, vt ait Ionas. Huic Deus prænuntiauerat se Niniuen intra quadragesimum diem euersurum esse: cùm autem populus, qui res creatas vt Solem & Lunam adorabat & omni idololatria magicisque artibus circũfluebat, præ se ferret magnam resipiscentiam, Deũ quoque pœnituit: quod Ionas indignatus factum cùm Deo expostulauit dicens [b], Nónne sciebam te Deum esse mitem, misericordem & clementem præ omnibus, & vltionis, quam institueris, momẽto vno pœnitere? Vir autem impatiens desperat & diabolum ad opem aduocat, vt Saulem regem videmus cùm de euentu instantis prælij Deum, Prophetas, & Sacerdotes consuluisset, ad cognoscendum suæ rei exitum ad Sagam abiuisse. Alij thesauris inueniendis, alij depellendo morbo, alij voluptatibus perfruendis, alij consequendis honoribus & dignitatibus, alij futuris rebus aut absentibus percipiendis, alij omnium pessimi hostibus

[a] Iere. 14.

[b] Ionæ 4.

bus vlciscendis accersunt diabolum: qui vocatus non semper respondet quamuis sit præsens & pro pinquus non solùm quærentibus ipsum, verum etiam fastidientibus(vt alibi ostendemus)sed importuna frequentia rogari expetit. Qui autem ex Magis Deo renuntiant & ad Satanã conuersi dant expressa conuētione fidem de obsequio, seruitute, submissione, & adoratione huic exhibenda, hi Magi, vt qui maximè, sunt detestabiles. Sūt etiam qui vt illud sciant quod expetunt Satanam horrēt consulere, sed Magos adeunt intrepidè, modò nõ intersint sacrificiis: quo facto penè tam grauiter Deus offenditur [a] quàm si Diabolus ipse adiretur: item qui Satanam non essent accessuri vt leuentur morbo, sed non dubitant tamen Magos consulere qui Diabolũ precantur coràm vt sanet ipsos: quem admodum nuper in Valle(hoc suburbij Laodunensis nomen)quædam malefica mulierem miserã grauissimè decumbentem sortibus liberauit, cùm procidens in genua demisso in terrã vultu Diabo lum magna voce sæpius inuocasset vt curaret mu lierem, & verbis aliquot enunciatis bucceam panis dedisset ei comedendam: atque hoc modo curata est. Quod quidē planè tantidem est ac si ægrotans ipsa Diabolum de valetudine orauisset: itaq præ staret vel crudelissima omnium quæ vnquam co gitari possint perire morte quàm eo pacto curari. Sunt item alij qui neq cum diabolo neq cum Ma gis consociari volunt, sed diabolicis modis abu tuntur quos Magi ope diaboli soliti sunt exsequi:

[a] Leuit. 19. & 20. Deuter. 18.

I

hic enim modos istos vsurpantibus presto est cõsiliaq́ eorum dirigit. Atque hęc tacita cum Satana conuentio est, vt Augustinus ad distinguendam conuentionem expressam definiuit. Hic enim & item Aquinas, Durandus, Ægidius Romanus, alijq́ theologi vno ore duas esse cum Satana pactiones docent, vnam expressam quam faciunt Necromantici & Magi illi qui adorãt ipsum, alteram tacitam siue implicitã qua tenent omnes idololatræ & quicunq́ scientes hærẽt superstitiosis obseruationib. naturali causa vacantib. Hæc illorũ definitio. Certũ quidem est eum qui ex volatu auium successum instituti sui itineris cupit cognoscere, vt religiosè veteres factitarunt, Magum dici non posse, neq́ expressam tacitamve cum Satana conuentionem iniuisse quãuis sit idololatra, neq́ tam grauiter offendere q̃ si quis nesciens à Deo interdici fecerit curiosè: vt etiã qui curiosè aut per errorẽ facit nõ ita offendit vt qui sciuit vetitũ esse diuina lege, ac ṗptereà voces, *Sciens prudens*, ad definitionẽ Magi adiecimus. Sed ille omnino tenetur culpæ q interdicto legis diuinæ cognito & contẽpto se addicit istis, ac ṗinde cõmuni cum Magis supplicio plectẽdus, etsi leniore quàm esse illorũ debeat qui expressa conuentione cum Satana deuincti sunt. Verùm vt Sortilegi vocabulum exponatur (hoc enim frequens Magorum genus est) is est propriè qui sorte vtitur & in actionib. illicitis conijcit sortes. Quædam enim sors lege Dei, quædã politicis legibus probata est. Iosuam videmus cogniturum

κληρομαντεια

quisnam

quisnam anathema cepisset Ierichunte sortē de toto Israelitarū exercitu cōiecisse, similiterq̃ Samuelem cùm Rex habendus esset cōiecta sorte dixisse Domine da sortē (quem more amoliendæ potestati & sorti diabolicę veteres vsurpabant) tum Beniaminis tribui sortē accidisse, deinde sortitione de principib. familiarum facta familiam Cis obuenisse, è cuius domesticis coniectam sortē Sauli accidisse, quem Deus regem in populum suū declarauerat: ne quis sceptra regalésque coronas putaret fortuito' obtingere: Saulem posteà de toto exercitu ad cognoscendum quis ieiunij legem fecisset irritam sortitione facta deprehendisse Ionathanem, qui solus contra interdictum Regis mel comederat. In Leuitico [a] quoque legimus sortem in duos hircos fuisse coniectam, vnum sacrificandum Domino, alterum Zazeli committendum: quod mysterium LXXII. interpretes nolentes Ethnicis reuelare, Zazel ἀποπομπαῖον reddiderunt, id est, emissarium, quia emittebatur in desertum neque inueniebatur amplius. In Actis quoq̃ Apostolorū legimus sortitionē Matthiæ & Barnabæ fuisse factam. Idem inter Ethnicos pariter fuit obseruatū. Etenim si qua tēpestas grauis incubebat mari, sortem conijciebāt nautæ, & qui sorte obuenerat mittebat in mare, vt Ionę factū est[b]. Ordinariè itē frequentat̄ sors in successionib. diuidundis[c] & bonis cōmunibus, populorū legib. permissa, & valde necessaria rixis & contentionib. quæ infinitæ forent euitandis. Sic Romani in causis publicis sortie-

[a] *Leuit.* 16.

[b] *Ionæ* 1.
[c] *l. sed cū ambo. de iudic. ff. l. si duob. commu. de leg. C. & c. sors. & c. hi qui. & cap. illud. 26. q. 2. & ca. vlt. de sortileg.*

Asconius in Verrian as bantur Iudices ᵃ, & magistratus prouincias onerabantur, nisi inter ipsos aliter conueniret, quod Latini dicebant sortiri aut comparare inter se prouincias. Hinc sæuissimi illius belli inter Marium & Syllam occasio, quòd bellum in Mithridatem sortitione obtigisset Syllę, & Marius libello ad populum sortitionem voluit eripere. Ex his igitur constat ex se licere sortem si res merebitur, & verba illa, Domine Deus cedo sortem, quæ in Scriptura sacra sunt tenebuntur, non autem Mercurius (quod faciebant Græci) κληρωτής inuocabitur. Grȩci enim principio Hermem siue Mercurium (id folio nomen oleagino) immittebant in κληρωτίδα κάδον, tum iniectis sortibus Hermem ante omnes è cado educebant: quæ ratio Ethnica vt corrigeretur Christiani cùm sortiuntur Regem, primam Dei educunt sortem. Verumtamen ne hoc quidem satis est, ad sortitionem inuocari Deum, sed religionem oportet adhiberi ne alijs in rebus quàm necessarijs vsurpetur, vt sunt eæ quas modò diximus: alioqui si quis res leues sortiri, aut curiosa mēte experiri, aut in consilijs publicis bellúmne suscipiendum aut aliquid magni sit instituendum volet cognoscere, sortes conijci indignum est: sic enim Deus tentatur, quòd disertè prohibetur lege. Itaq́ in causis huiusmodi Dauid sanctiqué homines consulebant Deum, qui voluntatem suam aut per Prophetas, aut per Sacerdotem Ephod & Pectorale (de quibus antè diximus) gestantem exponebat, aut per somnia & visa consulentibus reuelabat: cumq́ in rebus

rebus omnibus grauissimis homines sancti consilium à Deo postulassent, si quando nõ respondebat, lętum tamen rei euentum dabat, si quidem res
bona esset, rectusq; animus consulentis. Cumq; pa
cem Iosue Deo inconsulto cum Gabaonitis pepi-
gisset, ab ijs deceptus est, quia Deum (ait Scriptura) non consuluerant. Quamobrem iustius adhuc
fuerit diabolicas sortes reprobari in quibus Deorum exterorum inuocantur nomina, vt olim fuerunt Eliensium, Lyciorum, Praenestinorum, & An
tiatium sortes, quas hic exponi non est opus, sed
magis sepeliri obliuione sempiterna. Illicita quoq; Ἀστραγαλο-
est Astragalomatia, ex tesserarum & ossiculorum μαντία.
iactu inquirens quid fieri, quid mitti oporteat: etsi
veteres non raro, & nostri hodie plurimùm abutũ
tur: vt ter à Germanis sortem fuisse iactam testatur
Cæsar ad cognoscendum Marcúmne Valerium
legatum ipsius necaturi essent, eumq; sorte euasis-
se. Eodémque iure par esset omnes sortitionis lu-
dos omnemq; aleam exterminari, prout Martia lege & alijs antiquis legibus interdicũtur. Similiter
nefariũ est & diabolicum omne sortis genus quo
res aliter quàm quibus modis diximus perquirun
tur: vt olim fuerunt Homericæ & Virgilianæ sortes, & cùm primus versus ex aperto Homeri aut
Virgilij volumine applicabatur sorte: item cùm
obseruatur apertura Euangelij, vt iam olim abiectis Homeri & Virgilij sortib. fuit factitatum (q̃d
genus vocabant sortes Apostolorum & Augustinus ad Ianuarium scribens improbauit) & rece-

I iij

ptum memoria nostra Dodecaedron, & ad præcipiendos casus Pastorũ ludus: quę omnes formę improbę sunt & diabolicę. His sortib. illicitis Geomantiam annumerabimus aliam artem diabolicã quę libris editis & excussis inualuit maximè, sitam in alea & fortuito illius iactu qui puncta signauerit è quibus figurę quindecim conflantur. Idem iudicium de Tephramantia, quæ fiebat è cinerib. (vt è terra primùm Geomantia à qua hæc diuersa est) iam inusitata arte & quam nolim explicare vt sepulta maneat: item de Botanomantia & Sycomantia ineptioribus artibus & planè ridiculis, in quibus prout folia vento per noctem agitata inter se coocurrebant fiebat coniectatio. Etsi hæc ab illa discrepat cuius Virgilius[a] & Liuius[b] meminerunt, cùm sacerdotes folijs super puluinaria positis inscribebãt eorum nomina qui postquàm idola adorauissent sciscitabãtur veritatem: huic enim coniuncta semper est plana idololatria, illi verò minimè. In eodem genere sunt Onomantia & Arithmomantia, quæ fiebat ex eo numero quem literæ proprij alicuius nominis designabant in numerorum ordinem relatæ, prout accõmodari poterat aliqua significatio. Hæc autem Latinis solùm recepta est, quamuis numerorum qui extant tabulæ non conueniat planè cum facultate literarum numeros significantium: nam litera M quæ designat mille, non amplius LXXVIII. in tabula efficit, & C designans centum, non amplius VI. Quibus tamen in pretio est ista diuinatio, ij

[a] *lib. 6. Aen.*
[b] *lib. 22.*

tio, ij numeros bestiæ in Apocalypsi [d] ex his literis, & quidem ita numeratis soltē interpretari. Nominum verò & cognominum anagrammatismi omnino sunt ridiculi, cùm significatiões ex diametro aduersantes transpositio literarum afferat. Primus horū autor exstitit Lycophron Chalcidensis, quibus si habetur fides, etsi à sorte non pendeant, ad sortem tamen pertinent illicitam. Veteres autem aliud sortis genus vsurpauerunt quod dixerunt Alectryomantiam, à gallo gallinaceo quem Solis, Dei diuinationum, alitem esse prædicabant. Hac vsus est Iamblichus vt cognosceret quis post Valentem imperio potiturus esset, & quatuor has literas θεοδ, à gallo comperit exaratas: quod vbi resciuit Imperator Magos amplius centum occidit cùm Iamblichus sibi vitam veneno ademisset, nobilescȝ viros omneis quibus Theodori, Theodoti, Theoduli, & similia fuerunt nomina, è medio sustulit. Sic diabolus seruis suis mercedem pendit. Formam diuinationis istius reticebo: vtinam verò authores eam omisissent: hoc enim planè impium est & diuina lege disertè cautum, Non inueniatur (ait lex) [b] in te sortilegus, quia est abominatio Deo tuo. Quo in loco ponitur vox *Menahes* [c] ducta à verbo Manah significante numerare aut characteras inducere, quia sortilegia, omnésque sortes magicæ (sunt autem infinitæ) ex characteribus numeriscȝ pendēt: sic speciei frequentioris nomē generi scientiarū istarū συνεκδοχικῶς tribuitur. Alioqui propria sortis apud Hebr. appellatio est *goral, pur, soles,*

[a] *numeri sūt 666. et ιδ Ἀναγραμματισμός.*

[b] ἀλεκτρυομαντεια.

[b] *Deut.* 18. מנה, *supputatio : vnde Arabicū Almenach, id est supputatio, vt Arabica lingua ex Hebræa nata est,*

quæ

quæ non continentur interdicto legis, ob eas causas quas suprà explicauimus. Notandus verò diligenter Scripturæ locus interdicta diuinationum genera complectens [a]. Primum eorum est qui liberos per ignem transmittebant, quod Rabbi Maymonides sine eorum concrematione dicis causa scribit observari: cùm tamen horrendis sacrificijs consumptos fuisse legamus Regis Manassis & Hyrcani tempore, & obsessum quoq Idumæorum Regem in muro coram hostibus filium suum immolasse, quo spectaculo perculsos hostes obsidionem soluisse, vt apud Iosephum ostenditur. Secundum lege Dei vetitum est diuinus, קסם, à verbo qd lata significatione docere est, prout accipit Michæas cap. iij. dicens Iudices pecunia iudicant, & Sacerdotes diuinant argento: interdum verò bonam diuinationem denotat, vt Prouerb. xvi. sed in malam partem plerumque sumitur pro omnibus illicitis diuinationibus, vt Deut. xviij. Num. xxiij. Ezech. xiij. & 1. Sam. xv. quibus locis omnia genera comprehendit quę speciatim posteà enarrãtur: nempe מעונן *megonem*, id est eum qui dubitantibus de eo quod suscepturi sunt responsa dat, à verbo ענה respondere, hunc interpretes verterunt augurem, nostrates à Iudæis hanc vocem assequuti, incantatores pro *Megonim* appellant *Maistre gonim*. Tertium qui in lege dicitur מנחש *Menahes*, id est (vt propriè reddamus) calculatorem, quem Rabbini vocant sortilegum, in sortes & numeros incumbentem. Quartum מכשף *mecaseph*, præstigiatorem,
à ver-

[a] *Deut. 18.*

à verbo בשף quod est oculos hominum fascinare (vt fit malignorum spirituum opera) quibus incantatores iungēdi sunt, Hebraicè *malehesim* à verbo *Lahas* murmurare & susurrare, quos lxxij. interpretes ἐπαοιδ'ὲς, Hispani *Hechiẓeros* vocant, Antonius de Turca meda lib. iij. horti sui definit eos q̃ tacitè inuocāt dæmonas & Magiā naturalē confundunt cum diabolica. Quintū חבר *chober* associatum, ea consociatione puta quæ in saltationib. magorum & conuentib. obseruatur, à verbo חבר associare: hūc nos propriè sortiariū appellamus, Hispani *Bruxo*, Germani *zauberer*: sextum שאל אוב *Schoelob*, rogantem spiritus, à dictione אוב lagenam aut vas cauum significante: malignorum enim spirituum oracula è specubus dehiscentis terræ petebantur, vnde vox *oraculi* sumpta pro foramine ab ore paruo terræ hiantis, quod Latini dixerunt oraculum: septimum ידעני *Iedehoni*, à verbo ידע scire, vt vocem δαίμονα sciētem, Eustathius in Homerū quasi δαίμονα ostendit fuisse dictam: hunc Interpretes exponunt Magum, quo sapiens & doctus Persarum lingua denotatur, Hebræi verò in libro sexcentorum tredecim mandatorū diuinæ legis, voce *Iedehoni* eos significari tradunt qui diabolum consulunt latentem in ossibus bestiç quam vocant *Iadoha*, aspectu enecantis & quam eminus sagittis oportet transfigere. Athenæus eam κατωβλιπάδα nominat, quam instar vituli esse narrat, semper pascere, oculos vix posse attollere, & tum eos quos inspexerit enecare: Marium Consulem bellum in Numidia gerenm tem, post iacturam aliquot militum de capienda vna laborantium, è longinquo telis occidi curauisse, & pellem misisse Romam, quæ in æde Herculis fuit reposita: quod in nostris commentarijs ad Oppiani de venatione librum annotauimus: octauum מהתים אל שודר consulentem mortuos, id est, Necromanticum. Hæc omnia subijcitur esse abominationi Domino. Pharaonis Magi in Exodo appellantur *Quosemim* Hebraica voce, & *Chartumim* Ægyptia, quos interpretantur multi Genethliacos: sed nihil effectis Magorum Ægyptiorū cum Astrologia, nihil cum Astrologis, qui neque virgas serpentibus commutare, neque ranas formare possunt. Hactenus de sortilegijs quæ sorte fiunt, de alijs postmodùm dicturi sumus. Sed hoc intereà obseruandum, nostratibus propriè eos non dici Sortiarios qui cōiecta sorte bonum aut malum euentum præcipiunt animo (quamuis hoc quoque sit genus sortilegij) sed eos potissimùm qui per vias ferunt, aut ad stabulorum limina feraleis infodiunt pulueres, ad eos qui supergressi fuerint exstinguendos. Quamobrem non rarò sortes amicos sortilegorum inuadunt, aut eos quibus non malè cupiunt, vt suo loco demonstrabimus.

Iam verò percurramus alias artes & modos illicitos eò perueniendi quò intenditur, quos modos in Lege sua prohibuit Deus.

De

De Teratoscopia, Aruspicina, Orneomantia, Hieroscopia, alijsq́ǳ similibus. CAP. VII.

Teratoscopia est ars quæ obseruat miracula, eorúmcǫ peruestigat causas, effecta, & significationes: Orneomantia, quæ auium intuetur motus ad res futuras prænoscendas: Hieroscopia, hostiarum & sacrificiorum contemplatio est ad explorandam rei futuræ veritatẽ. Latius patet Aruspicina, vt quę aeris, fulminum, tonitruum, fulgurum, mõstrorúmcǫ obseruationes cõtinet, auguralémcǫ scientiam totam vniuersè, in qua nõ omnia criminanda sunt, sed res bonæ à malis distinguendę. Etenim quæcunque monstra signácǫ præter naturæ ordinem offeruntur, iis aliquam iræ Dei significationẽ exhiberi nemo negauerit, & homines admoneri vt resipiscentes se ad ipsum conuertant: nõ autem per niciosa Aristotelis opinio amplectenda confirmantis nihil in rerũ natura mutari atque variari, monstrácǫ solum ob materiæ defectum accidere: quo dicto euertuntur opera & miracula Dei quæ adhuc acciderunt & præter naturam quotidie accidunt. Quamquam idem Aristoteles sui dissimilis conscripsit librũ περὶ θαυμασίων ἀκυσμάτων. i. de miraculis, & terram quocǫ agnoscit fuisse, velut grauiorẽ, aquis omni ex parte obruendam, sed partem eius ad terrestriũ volucriúmcǫ commoditatẽ retectam esse: qua cõfessione se ipse iugulat seruiens gloriæ Dei & Scripturæ sacræ consentiens pro miraculo sexcentis locis illud adducenti quòd Deus super

aquas fundauit terram ita vt supernatet eis, prout ostendit Lossensis insulæ, aliarumcg multarum documentũ. Quãuis enim terra inueniatur in fundo maris, in alto tñ naucleri bolide immissa terrã nequnt pertingere, & mare ipsum tanquã mõtem celsum assurgere videmus in littore, Deumcg virtute admirabili adstrinxisse & terminos aquis posuisse quos non transiliant. Cometas autem, quæ teste communi totius antiquitatis experientia sunt fueruntcg semper iræ diuinæ signa, Aristoteles ipse non negauerit nasci præter ordinarias naturæ leges: & quæcunque rationes de Cometarum ortu, lancearum, igneorumcg draconum ab ipso afferuntur, ab omnibus Philosophorum nationibus, vt inanes ridiculæcg fuerunt explosæ. Cometæ enim ordinariè durant nõ minus diebus xv. vix amplius duobus mensibus, hi magni, illi parui, hi aduersus cursum mobilis primi nitentes, vt postremus ille Nouembri mense 1577. illi à meridie Septemtrionem versus contendentes, vt ille qui anno 1556 visus est, alii permanentes fixi, vt is qui in Nouembri 1573. apparuit. Quo autem alimento magnus ille & horrẽdus ignis foueatur, cur pestes fames, bella sint horum consectaria, nihil in hoc argumento vidit Aristoteles. Sunt enim signa Dei, in quibus oportet suam quemque fateri ignorantiã laudécg Deo tribuere, ac nõ pestilente arrogantia tantum honorem ipsi eripere: quod proculdubio facimus, si tanti ignis & tam diuturni alimoniã ex sumis & vaporibus in purissima ætheris regione dicamus
exsistere

existere. Adde quòd singulis annis mensibus, diebus nō desunt vapores & fumi, impressiones verò igneæ vix semel in regione ætheris spectantur decennio, quod veteres optimè obseruauerunt. Sed vt res miraculosas & præter naturæ ordinem contingentes omittamus, etiam deprehenditur ignorātia in rebus ordinarijs, quæ etsi quotidie spectātur sunt tamen nobis incognitæ: vt in stellarum magnitudine, quarum minima (si Lunam & Mercurium exceperis) decies est terra maior; & in homine quoque (vt ad res ppinquiores veniamus) pars operum Dei nobilissima ab hominibus ignoratur. Quo igitur modo posset de extraordinariis Dei operib. & miraculis iudicari? Antequàm Xerxis copiæ octodecies centies mille hominum in Europam traiecissēt, insignis Cometes apparuit[a], [a] Herodotus. paulo ante bellum Peloponnesiacū vnus, ante cladem ab Atheniensibus in Sicilia acceptam vnus, ante cæsos à Thebanis Lacedæmonios vnus: sic ante ciuile bellum inter Cæsarem & Pompeium flammæ igneæ in cælo visæ sunt: item Cæsare interfecto, & ante cædem eorum quos Augustus & M. Antonius proscripserant ingens Cometes fulsit, cuius signum ad honorē Cæsaris posteà pecuniæ impressū est. Ante captā Hierosolymā toto anno supra templum igneam flammam fuisse visam Iosephus testis est. Ex quibus certe fatendum est naturalia nō esse aut ordinaria miracula quæ præter leges naturæ accidunt, sed iram Dei nobis portendere, quā nos precibus anticipare conuenit & resi-

m iij

piscentia. De insolentibus monstris quæ cõtra ordinem naturæ accidunt, iudiciũ idem. Etenim si vitio materiæ dicas accidere, continuò sequitur principia & fundamenta ex quibus Aristoteles constituit mundũ, caduca esse atque vitiosa, in eis enim materia numeratur: & hoc quoque ex eo conficietur mundum minari ruinam, quod ab Aristotelea æternitate mundi abest longissimè. Fateamur itaq; hæc nobis occlusa & abstrusa esse, & Deum solùm, prout libuerit, ea disponere. Nam propterea mutari tempestates animaduertimus, pecudes emori, famem peruadere, sanguinem, lapides pluere, & inusitatas res quàm plurimas, dum Astrorum in suo ordine perstat conuersatio, & Deum benedictionem suam modò terræ, modò aquis, modò pecori adimere, famémque, pestem & bellum hominibus importare. Harum autem rerum prædictio ex miraculorum conspectu non est illicita, si Deo feratur accepta, ac non idolis, quod olim faciebant & adhuc faciunt Ethnici. Athenienses ait Plutarchus[a], eos olim tanquam hæreticos viuos tradebant igni qui interiecta vmbra corporis terræ aut Lunæ fieri Eclipsim affirmabant, eósque vocabant μετεωρολιχεῖς, velut celsarum rerum diuinorúmque arcanorum plus satis curiosos. Romani videntes [b] eclipsim ea nocte quæ Persei Regis antecessit cladem, ad ciendum Lunæ splendorem galeas suas armáque quatiebant. Indi flebant putantes Lunam à Sole Deo suo lethale vulnus

[a] *in Pericle.*

[b] *Plutarch. in Æmylio. Tacitus in Druso.*

nus accepisse. Hæ superstitiones vbicɋ ferè exoleuerunt itémcɋ auguria ex volatu auium, quib. veterum libri pleni sunt. Populorum. n. conuentus nullus, nulla pax, nullúmcɋ bellum inibatur, quin aduocarentur augures ad constitutionem aeris auiúmque obseruandam, & vanitates alias huiusmodi plenas superstitionis & impietatis, & lege diuina vetitas. Quò pertinet illud quod Iosephus [a] narrat, ducem quemdam Iudæum occidisse auem ex qua Augures prædixerant, & affirmasse stolidum hoc planè videri quòd exitus belli à bruto animante sui exitus ignaro peteretur. Verùm altera quoque ratio afferri potest ad euincendam rerum istarum vanitatem: nempe quòd Latini sinistrum volatum auium pro infausto, dexterum alij populi habuerint, vt in libris de diuinatione Tullius annotauit: ex quo omnino confirmatur puram putam fraudem & mendacium esse, siquidem principia horum illis aduersantur cùm in aeris constitutione, tum in volatu auium exponendo. Auguralis enim scientiæ fundamentum in eo fuit positum, vt templum constitueretur, id est, definiretur regio aeris vnde contemplarentur Augures & dexteram mundi à sinistra distinguerent: qua in re omnes autores Græci, Latini, & Barbari inter se discrepant & ab Hebreis quocɋ dissidēt, vt alibi ostēdimus [b]. Ieremias verò propheta hirundines quidem, turtures, & ciconias tempus reuersionis nouisse prædicat, bellorum verò exitus & similia multa ab eis teneri nusquam

[a] *in bello Iudaico.*

[b] *in methodo hist. c. 5.*

Extispicina. nusquam sit mentio. Ante omnia verò admirabilis est hostiarum, hepatis, cordis, fellis, intestinorum obseruatio, ad præuidendum an instituta consilia benè cessura sint: qua in re duplex est impietas, veritatem in mendacibus istis rebus peruestigari, & sacrificia idolis exhiberi. Etsi qui his vtebantur non proptereà Magi dicendi sunt, cùm illis hærerent quàm optima fide poterant, & rem Deo gratam se opinarentur facere. Magum autem eum esse diximus qui sciens prudens diabolicis modis vtitur vt ad aliquid perueniat, cuiusmodi futurus esset qui cognito diuinæ legis interdicto istis rationibus vteretur.

Nunc itaque de alijs technis diabolicis, quæ inter Ethnicos maiorem impietatis speciem habuerunt, porrò dicendum est.

IOANNIS

IOANNIS BODINI
DAEMONOMA-
NIAE MAGORVM
Liber secundus.

De Magia vniuersè, & generibus ip-
sius   CAP. I.

AGIA vox Persica est scientiam rerum diuinarū & naturalium notans, & Magus nihil est aliud quàm philosophus: Sed quemadmodum philosophiæ attulerunt vitiū Sophistæ, & sapientiam, quæ donum est Dei, corrupit Ethnicorum impietas & idololatria, sic etiam Magia diabolicis sortibus commutata est. Primus Satanæ administer promulgandæ huic impietati in Perside fuit Zoroastes: sed obducebatur ei pietatis velum, quod sibi Diabolus solet arrogare: Semper enim viri boni à sceleribus istis abhorruerunt. Plinius libro xxx. capite 1. sic de ea loquitur, Magica fraudulentissima artiū plurimum in toto terrarum orbe, plurimisq́ seculis valuit: autoritatem ei maximam fuisse nemo miretur, quandoquidem sola artiū tres alias imperiosissimas humanæ menti com-

n

plexa, in vnam se redegit. Natam primùm è medicina nemo dubitat, ita blandissimis promissis addidisse vires religionis ad quas maximè caligat humanum genus, deinde miscuisse artes Mathematicas. Ac ꝓptereà Iāblichus, Proclus, Plotin. Porphyrius & Iulianus apostata Magiā dixerūt esse bonorum Dæmonum inuocationem, Goetiam verò malignorum, reprobatam ab illis artem, qua vtuntur ij qui nocte sepulchra adeunt, effossisq̃ cadaueribus spiritus inuocant. In eamdem sententiam cæcus ille Magus, qui accusatis amplius centum quinquaginta sociis Lutetiæ fuit suspēsus anno M. D. LXXIIII. viro cuidam nobili (ex quo rem cognoui) semel dixit se albam Magiam ipsi, non autē nigram demōstrare velle, & Leo Africanus scribit albos dæmōas ab Africanis magis inuocari. Quin etiam maximum illum doctorem artis diabolicæ, cuius nomē præ desyderio sepeliendæ in æternùm impietatis ipsius reticebo, in prima librorum suorum fronte non videmus alias res quàm Physicam, philosophiam, virtutem abditam aquarum, plantarum, animantium, metallorum, tum numerorū & astrorum prædicare: sed libro demum quarto (cuius tāquam clauis spem lectori fecerat, & quem Magi discipuli ipsius ediderunt) venenum tartareum permiscere characterum, diabolicorum nominum, spirituum, & inuocationis illorum. Eodem errore implexi Auicenna & Algazel quicquid à Magis efficitur id naturalibus causis contendunt effici: qui certissimus est modus ad inescanda ingenia

Γοητεια ἀπὸ τ γοῶν καὶ θρηνῶν περὶ τὸς τάφυς.

nia quæuis illustria & omni magicarum sortium genere implicanda. Huc quoque pertinent commentitiæ illæ appellationes, familiaris spiritus, alborum dæmonum in Africa, in Græcia Sibyllarū, in Germania albarum Sibyllarum, & Fearum seu fatiferarum in Gallia: cuius rei lectores volui admonitos, ne circumueniātur ista nominum elegantium specie. Nam quomodo posset dictum boni illius doctoris consistere, singulis planetis etiamq; stellis æquè malum dæmonem adesse ac bonum? nam diaboli in cœlo non sunt, omne malum elemētari mundo inclusum est, qui minima est vniuersitatis istius particula, & milliaribus amplius quinquagies mille à cœlo Lunæ est dissitus. Omnes autem Theologi & Philosophi consentiunt suā esse cuique intelligentiam siue Angelum ad motum & conuersationem. Sed vt demus vnicuique stellæ suam esse intelligentiam, nunquam tamen exstitit philosophus qui malignos spiritus in cœlo versari crederet: multo minus igitur inter duos aduersos dæmonas in reb. agendis cōueniret, maximè verò in motu cœlestium corporum stato & immutabili. Neque enim perinde vt homo liberè ad bene aut malè faciendum conuertitur, qui modò à maligno Spiritu agit̄ cùm in scelerib. seipsum occupat, modò à bono spiritu quādo ad Deū conuertitur. Pręterea qm̄o bonus Angelus aut albus Planetarū dę mon sine dānanda idololatria potest inuocari? nā aut planeta, aut dęmō adorat̄, aut vterq; simul. Inprimis verò si ritum sacrificiorū animaduertamus

n ij

quæ insignis ille magister præcipit, lapidem, plantam, animal, numerũ, characterem, metallum, aspectum, & proprium Planetæ tempus aptans carminibus, hymnis & inuocationibus, quomodo sine damnanda idololatria constabit hæc inuocatio? vndenam, obsecro, omnes Bahalis, id est, Apollinis vel Solis, omnesq́ Lunæ (quã Reginam cœlorum vocat Ieremias*) manarunt idololatriç, nisi ex isto fœtido commentorũ fonte? Atqui iurat apud Ieremiam Deus se igne, gladio, peste, fame eos omneis absumpturum esse qui reginam cœli adorauerint: quapropter Septemtrionales populi eã masculina voce nominabãt adorabantq́, vt memoria nostra Germani faciunt priscam maiorũ suorum superstitionem imitati, qui (vt Caracallam Imperatorem dixisse apud Spartianum legimus) eos solùm vxoribus suis putabant dominari qui Lunam masculino genere nominarẽt. Sic Iamblicho respõdetur, sic Proclo, Porphyrioq́, sic magnis illis Diabologicæ artis doctoribus tam multa centena animarum milia ad impietatem suam pertrahentib. qui dicunt adunari omnia oportere, & creaturis elementaribus stellas & planetas, his suos dæmonas, dæmonibus Angelos & cœlestes minorum gentium Deos, his deniq́ Deum adipisci. Verumtamen isti proxenetæ quotquot sunt Satanam solùm attrahunt, nec aliud Agrippa veteres Doctores imitatus præstitit. Ideoq́ xxvi. articulo determinationis à Sorbona factæ anno M. CCC. XCVIII. rescinditur & damnatur eorum impietas qui

Ierem. 32.

qui vim facultatemq; intelligentiarum cœlestium in animam sic docet influere, vt cœlestim luminum facultas influit in corpora: verùm amplius dānanda est atq; detestanda eorum impietas qui vnicuique stellæ malum Dæmonē adesse tradunt. Quāquam errorem istum Aphrodiseus philosophus, Porphyrius, Proclus, & Iamblichus reiecerunt, qui ieiunabant optima fide, & bonis dęmonibus, paruulis Dijs alijs & Semideis sacrificabant, Hercule, Baccho, Apolline, Æsculapio, Angelis, & consimilibus insuper cooptatis. Quamobrē in Lege multoties inculcauit Deus, ne alius præter ipsum colatur aut adoretur Deus. Vox enim Hebræa *Tistaueh* quæ in Decalogo habetur, & Chaldæa *Tisgod* nihil aliud significat quàm inclinare sese & quod Latini dicunt adorare: vt Plinius, Galli, inquit, adorando dextram ad osculum referunt, totúmque corpus circumagunt, quod in lęuum fecisse religiosius esse putant. Præuidens autem Dominus Ethnicos primùm Stellas, planetas, aliásq; res creatas adiruros, disertè pœna capitali id cauit fieri: eoquè amplius gradus in altari suo vetuit ad ascendendum exstrui, vt rectà ad ipsum adiretur[a], non autem ijs gradibus quos Platonici, Pythagorici, & alij sequuti sunt. Istud enim interdictum ne gradus fiant quibus ad altare Dei conscendatur notandum est Decalogo & in eodem capite subijci, vbi nulla est expressa tacitaue templi aut altaris mentio: ac proptereà de lapidib. solùm accipi non oportere. Sed vt præclaræ illius Magiæ quam al-

[a] *Exod. 20.*

bam vocant impietas demonstretur, quisquis ea ad rem optatam adipiscendam & fruendā vtitur, effigiem Planetæ solenni ritu affabrè factā gestat: q̃d nobis idcircò visum est annotare, quia magnos viros & qui in magna opinione erant istis impietatibus addictos vidimus: etiam vni ex Christianorum principum potentissimis (cuius nomen præstat reticeri) auream Iouis imaginem ex Theurgia fabricatam dari, quā ille circumgestabat vt maiorē sibi amplitudinē compararet, & quæ de collo post mortem ipsius (mors autem fuit misera) pendens inuenta est. Nam etiā Neapolitano cuidam Mago, quo vtebatur & conseruatorem suum appellabat, mille ducentas libras francicas in stipendium annuum numerabat. Atqui mandatum illud Dei, nõ sculpes tibi imaginem, habet Hebræum פסל omnē imaginem fusam, cæsam, sculptam, cælatam significans: eorumq́; idololatria qui imagines istas & characteras gerunt omnino longè maior est quàm illorum qui coram Deorum istorū quos diximus simulachris procumbunt, quod tamen indicta capitali pœna in lege Dei prohibetur[a]. Sed Pythagoreorum, Academicorum, & infideliū gentium quæ istis rebus optima fide vtebantur insignis ab his est differentia. Illi enim vt fuerint idololatræ, cùm eo pacto à se Deum adorari & dignè coli putauerint, non fuerunt Magi: hi verò qui interdictum norunt, & quamuis diabolum autorem sciant esse ac inuentorem istorum scelerum eis nihilominus abutuntur, hi igitur Magi dicendi sunt.

[a] Exod. 20. & 21.

di sunt. Iam itaque minutatim illicitos modos quàm maxima religione poterimus ordine perseˊ quamur, tum vt caueatur ab illis, tum vt si quando iudicia de artificibus erunt facienda bene expendi possint. Quamquam in hoc argumento non mediocriter animi pendeo. Si enim oculis commonstrauero & palpandos digitis exhibuero ritus, modos, verba, quæ ad eam rem oportet adhiberi, equidem sic docuero id quod sepeliēdum est obliuione sempiterna: sin autem obscurè vno verbo impietatem rei perstrinxero, sic neq; imperitis (quos vt ab isto præcipitio caueāt præmoneri opus est) profuero, neq; iudicib. qui ne fortè ex communi errore defunctoriè iudicent de merito istius criminis cupiunt informari: idq; præsertim hoc tempore, quo vrbes, vici, agri, adeoq; elementa ipsa contaminata sunt, ac ne pueruli quidem ipsi exsortes sunt istius criminis. Fieri tamen non potest vt centesimam partem impietatum annotem quæ in hac causa committuntur, quas neque scire cupio, neque si scirem vellem exponere: sed aliquid solùm exscribam quod aut in scriptis legero, aut ex quæstionibus habitis cognouero. Etsi maligni spiritus nouas artes, noua scelera comminiscuntur momentis singulis, vt Poeta inquit, tibi nomina mille, Mille nocendi artes, &c. Vveierus autem (qui de comparando Defensoris magorum nomine videtur satagere) non potest se excusare quin impietatis summæ teneatur, quòd formulas omnium quæ vnquā

cogi-

cogitari possunt sceleratissimas & summopere
detestandas in librum suum retulerit: adeó vt
specie tenus diabolum & commenta eius criminetur, sed ea tamen doceat indicétque, etiam
characteribus & verbis appositis, quæ præceptor
ipsius Agrippa dum viueret publico noluit committere. Atque hæc quidem causa est cur res istas
obliuione inuoluendas, quoad eius fieri potuit,
celauerim: facturus enim mihi sum visus operæ-
pretium, si Iudices teneant quid supplicio dignũ,
& imperiti à retibus sibi caueant quæ bellus iste
protector ipsis decipiendis & ad Satanam perdu-
cendis antè comparauit. Modi igitur quos antè ex
plicauimus ex sorte ducti & in alea sola videntur
positi: in sequentibus veró sunt verba, sunt motus
quidam, sunt & imagines, ex quibus malignus adesse spiritus manifestó cognoscitur. Eiusmodi est
cribri saltatio à veteribus passim vsurpata, vt apud
Lucianum legimus: vnde prouerbium κοσκίνῳ μαντεύεσθαι, & nomen diuini κοσκινόμαντις (quasi cribro-
uatem dixeris) apud Theocritum,

Εἶπε καὶ ἀγροιῶτ' ἀλαθέα κοσκινόμαντις.

Hac arte multi vtuntur palàm. Memini me Lutetiæ ante annos xx. in domo clarissima videre adolescentem, qui intactum cribrum sine alio naturali
& latente modo præsentibus multis honestis viris
agitauit, enuntiatis solummodò & reiteratis sæpius voculis aliquot Gallicis quas hic placuit reticere. Huic autem malignum spiritum adfuisse eo demonstratur, quód eo absente alter idipsum enun-
tiatus

at is ijsdem vocib. tentauit facere, nec effecit quicquam. Equidem impietatem hanc affirmo esse, tũ quia blasphematur Deus quando per alium iuratur quàm per ipsum,[d] quod iste faciebat: tum quia modus est diabolicus, vt qui à natura fieri nequeat, & prohibeatur diuina lege. Quòd autẽ verborũ virtus aliquid præstare dicitur, technam esse diabolicam apertè vident omnes, eaq; malignos spiritus sol ere vti ad inescandos imperitos & ad scholam suam paulatim perducendos: nam etiam Ioannes Picus Mirandulanus [b] Princeps voces barbaras nec intellectas in Magia plus scribit posse quàm eas quæ intelliguntur. Sed vt impietas apertius ostendatur, nemo iam rusticus nescit vno versu (quem nolo indicare) è Psalmis pronũtiato quando lac premitur, non cogi butyrum. Fui Chellis Valesiorum agro, cùm paruulus à pedibus puer ancillæ impedimento esset ne butyrum cogeret: ea autem interminante flagrum à domino si carmen non eximeret, fecit eodem versu præposterè enuntiato ac velut retexto, vt butyrũ (in quo totus ferè dies consumptus fuerat) cogeretur. Si vel tantillũ sacchari indatur, butyrum non coagulari constat: hæc enim à natura est ἀντιπάθεια: eademq; ratione si æris Cyprii aliquantulum iniiciatur in fornacem ferri, non liquatur ferrum sed abit totum in cinerẽ: quãobrem fusores accenso igne metuentes nequid immittatur æris, in illud incumbunt nequis proxime caminũ veniat. Sed hic quæritur liceátne versum Scripturæ sacræ pronuntiare verbi gratia, ver

[a] *Deut.* 19. *Ierem.* 5. & 12.

[b] *in positionibus.*

o

sum è Psalmis cùm itur cubitum, vt qua hora voles expergiscaris. Spectabat quidem versus vt Dauid ad orandum & prædicandum Dei laudes excitaretur: verumtamen non apponam eum, quia iniquè fit cùm verbis virtus tribuitur: vt nihil amplius sit quàm quòd verbis habetur fides, hoc tamen satis est vt homines prouehantur longiùs & ab his principiis in res superstitiosas & impias ferantur præcipites. Imò ne quem circumueniant Magi, ipsorum carmina abundant pulchris orationibus, Psalmis, nomine Iesu Christi vbique insperso & sanctæ Trinitatis, cruce ad voces singulas, aqua lustrali, verbis è canone Missę, Gloria in excelsis, Omnis spiritus laudet Dominum, A porta inferi, Credo videre bona Domini, &c. Quod eo detestabilius est, cùm sanctæ voces ad sortes magicas admittuntur. Si qui itaque pronuntiatis aliquot versibus aut Psalmo bipennem rectà impingunt, ac tum eorum de quibus suspicio est nomina proferunt ad aliquid cognoscendū, si prolato illius qui reus est nomine mouetur bipēnis, ars diabolica est quam veteres Αξινομαντείαν appellabant: similiter annulo super aquæ cyathum posito Δακτυλιόμαντεία, quam famosa quædam malefica genere Itala exercebat Lutetiæ anno M.D.LXII. nescio quas voces admurmurans, & interdum rem diuinans, de qua cō sulebatur: etsi plerisq́ dabantur verba. Ioachimus Cameracensis narrat Hieronymum Moronem, ex quo Cancellarius Mediolani fuit, loquentem annulum ac potius diabolum habuisse, qui tandem mercedem

αξινομαντεία
δακτυλιομαντεία.

LIB. II. CAP. I.

mercedē repēdit hero suo dignam, & curauit eum abdicari. Sunt tamē qui genus istud ὑδρομαντείαν vocent, Dactyliomantiam verò putent de illis annulis accipi in quibus Magi portant spiritus quos familiareis dicunt, δαίμονας τῆς ἴσπυς Græci. ϒδρομαντεία & Παγομαντεία ex fontibus Numa Pompilius excercuisse dicitur. Etsi Hydromantiam Varro aliter accipit, narrans imaginem à puero, cuius opera vtebantur Magi, fuisse in aqua visam, quæ versus quinquaginta de toto bello Mithridatico antequàm gereret pronūtiauerit. Incerta est ἀερομάντεια, nisi fortè pars fuerit Auguralis scientiæ, q̃ ex aeris cōstitutione coniectaret. Alia quoq; diuinationis species ex farina fuit Ἀλφιτομάντεια vel ἀλλιρομάντεια, cuius meminit Iablichus ᵃsed ritū illius non exponit. Meminit quoque Λιθομαντείας, ex lapidibus, nec eam explicat: nos autem suprà eam attigimus, interpretantes legis diuinæ locum qui lapidem imaginationis vetat adorari: vnde videtur lapis fuisse ad unguem expolitus, tanquam speculum ex quo imagines offerebātur & diuinationes petebantur. Illa quoque diuinatio facta ex lapide dici posset, cùm digito fertur Amethystus, quem Hebræi & Arabes vocant אלחלמה propter naturalem ipsius proprietatē in efficiendis somnijs: nam articulus *Al* est Arabum, reliqua vox Hebræorum, somniumq; significat. Diuinatiōis ex lauro, q̃ Δαφρομάντειαν dicunt, ratio est eadem: quæ planta fuit olim sacra Apollini, & somnia creditur gignere magnasq; vires in Magia obtinere, ut inquit Proclus.

ὑδρομαντεία

αερομαντεία.

ἀερομάντεια.

ἀλφιτομαντεία vel ἀλλιρομαντεία.

ᵃ*lib. 3. c. 12.*
λιθομαντεία.

Δαφρομαντεία

o ij

Ac somnia quidē per laurum effici concedo, quēadmodum ab omni odorata planta & fumis omnibus generantur: sed vsum illius ad veritatem alicuius rei cognoscendam illicitum esse affirmo ac diabolicum: adit enim res creata, & creator deseritur ad diuinationem, quod prohibet seuerissimè.

Κεφαλιονο-μαντεία. Κεφαλιονομαντείας, ex asinino capite, idem iudicium. Qui fieret, nondum legi: ab Ægyptijs profectam puto. Nam apud Iosephum legimus contra Apionem Grammaticum (qui legatione ad Caligulam Imperatorem functus est) illum Iudæos calumniatum esse quòd in Dei templo caput asini habuerint.

Πυρομαντεία ϛ καπνομαντεία. πυρομαντεια & καπνομαντεια, præcepta ex igne diuinatio & ex seminum quorūdam fumo, præ alijs est diabolica: nam thymiama vel suffitum coniunctum habet, quo subiectum quoddam ac veluti corpus spiritui maligno subministratur: quo genere imperitos plerosq; circumueniunt Magi, nihil aliud esse quàm albam Magiam affirmantes. Ab hoc malo cauendum studiosius quàm à pestilentia.

Ραβδομαντεία Ραβδομαντείας medicum Tholosæ exercētem vidi, & submissa voce aliquot verba murmurantem, vt ambæ vnius virgæ extremitates oscula iungerent: sed nihil profecit, eos causatus qui intererant carere fide. Hoc facto, duo frustula eiusdem virgæ accipiunt, eaq; de collo suspendunt curandæ quartanæ. Nefarium institutum, scelerata carmina, quę sine ope Satanæ nihil omnino possunt.

ξυλομαντεία. Ξυλομαντείας Hebræus quidam Doctor meminit in libr. de sexcentis tredecim mandatis Dei, narrans è fragmentis litis ligni fieri in Illyrico: sed quid illud fuerit nescio, nec satis possum colligere. Thomas Aquinas [a] genera percurrit multa, sed ne centesimam quidem eorum partem. Sufficiunt ista quæ diximus, vt de consimilibus secreta verba aut characteras ad rem simplicem adiectos habētibus iudicari possit. An nuda verba sine alia actione vlla quicquam possint, suo loco dicturi sumus. Ex omnibus autē sceleribus huiusmodi nullum exstat frequentius passim, nullum propè perniciosius eo impedimento quod nouis coniugibus affertur: hoc vulgus dicit ligare ligulam, quod pueri quoq; exercent palàm summa impunitate & licentia, nonnulli etiam gloriantur. Neque verò nouum hoc institutum est: nam Amasin Ægypti Regem apud Herodotum [b] legimus fuisse vinctum & impeditum ne rem haberet cum Laodice vxore sua, donec carminibus solennibusq; precibus solutus esset. Concubinas quoque Theodorici Regis ijsdem ligamentis aduersus Hermambergam vsas esse Paulus Æmilius in vita Clotarij secundi testatur. Rident quidem philosophi Epicurei istud miraculum: verumtamē hi nodandæ ligulæ artifices qui habentur passim illos reddunt attonitos, vbi se experti sunt nulla arte mederi posse. Ideoq; Canon [c], Si per sortiarias, inquit, & maleficas artes, occulto sed nunquam iniusto Dei iudicio permittente, & Diabolo præparante, cōcubitus non sequitur, ad Deum per humilem confessionem est recurrendum. Quo ex loco notari quatuor aut quinq; axiomata necesse est:

[a] Thom. 22. distin. 95. & 26. q. 4. igitur. & q. 5. nec mirū. & 26. qu. 2. & Gaspar Peucerus.

[b] lib. 2.

[c] 33. q. 8.

Primùm, copulationẽ arte maleficaimpediri posse, quod omnes Theologi agnoscunt vno ore, & ipse Thomas in librum quartum sententiarum, distinctione xxiiij. vbi dicitur vir respectu vnius solùm mulieris ac non aliarum nodari posse, & cap. vltimo de frigidis: Secundum, id occulto fieri sed tamen iusto iudicio permittentis Dei: Tertium, id totum à diabolo præparari: Quartum, ad Deũ ieiunijs & orationib. recurrendũ esse. Qđ postremũ caput apprimè notãdum est, qa impietatis est in eo laborare vt (q̃d multi faciunt) diabolicis modis soluat́ nodus: sic enim ad diabolum & diabolicas superstitiones recurrit. In primis verò illud est admirabile, q̃ pueruli magicarũ sortium imperitissimi hanc artem pronuntiatis quibusdam vocib. exercent, vinctáque ligula. De Rioleo generali apud Blesenses legato me audire memini puerulum quemdam in templo nodationem ligulæ sub petaso suo facientem à muliere fuisse perceptum quo tempore coniugio duorum benedicebatur, eumque deprehensum cum sua ligula aufugisse. Pictauij quoque cùm in magnis conuentibus vices regij Procuratoris gererem anno M. D. LXVII. acta cuiusdã quæstionis in Magos mihi sunt tradita: quam causam cùm meæ hospitæ, mulieri honestæ & bona existimatione, narrarem, illa tanquam istius artis doctissima, me & Iacobo Bauuasio relationum actuario præsentibus, explicauit esse formas nodãdæ ligulæ amplius quinquaginta, siue ad virum couiugatum impediendũ, siue

siue ad mulierē solūmodo, vt alter alterius fastidiens infirmitatē adulterijs sese pollueret: plerumq̃ tamen virum illigari, vix mulierem: ligari aūt posse in diem vnū, in annū, in ęternū, aut quātisper duratura esset ligula nisi soluerent̄: esse nodationē qua vnus alterum deamet neq̃ redametur, sed odio sit vehementissimè: esse qua inter se amarent ardentissimè, sin ad congressum veniretur alter alterum laniaret vnguib.& cęderet indignissimè: vt mihi fuit aliquando Tholosę narratū eo pacto fuisse virum mulieremq̃ illigatos, qui post trienniū reconciliati pulchram sobolem ꝑgenuerint. Et q̃d amplius mirer, narrabat mulier dum vincta manebat ligula tumores ei adnascentes veluti verrucas spectari, indicia (vt aiebat illa) liberorū qui fuissent editi nisi occupauisset nodatio: posse verò nodatiouem fieri ad procreationem intercipiendam, non ad copulationem præuertendam. Homines etiam affirmabat esse quos nodare non possis: esse quos nodatio impediat ante coniugium: esse quos impediat coniugatos, sed difficiliùs. Præterea in hominibus aiebat eiectionem lotij impediri posse (cauillare dicunt artifices, quasi διαπρονᾳν subscude infibulare dicas) ex eo non paucos emori. Sic comperi miserum quendā puerum propè enectum esse, tū impedimentū per eū qui infibulauerat sublatū fuisse, vt mingentē palàm puerū traduceret: deinde verò post menses aliquot Magus iste decesit de vita maniacus. Narrabat quoq̃ mulier sermōes varios ad nodationē q̃q̃ ꝑtinēteis (q̃ neq̃
Græci

Græci fuerunt, neq; Hebraici, neq; Latini, neque Gallici, neq; Hispanici, neq; Italici: ac ne cum alijs quidem linguis habuisse puto conuenientiam) & quo ex corio, quo colore ligulas esse oporteret. Nihil profectò ad nostram hanc Doctores omnes qui in titulum de frigidis & maleficiatis annotarunt. Cùm itaque in Pictonum agro hoc percrebruisset malum, Niorti capitalis Quęstor cùm vicinam suam noua nupta detulisset & accusauisset ligati viri anno M. D. LX. in obscurum carcerem eam rapi iussit, minatus ex eo nunquam egressurā esse nisi soluisset virum: itaq; post biduum captiua coniugatis concubitum imperauit, & Iudex solutum esse audiens è vinculis dimisit illam. Vt autē verba ligulasq; nihili esse constet, sed rem totam arte diaboli malitiaq; peragi abutentis hominibus & sceleratam ipsorum voluntatem adiuuantis, demonstrant illud Latina Maronis verba, quæ certo consilio omittimus: carmen enim quo ad impediendam copulationem vtitur, Latinum verbis, sensu apertum est, ex quatuor metricis vocibus cō stitutum : quæ autem dicuntur hodie, planè sunt barbara: deinde Virgilius nouem nodos imperat, vnico vtuntur nostri. Illud prætereà obseruatione dignum est neq; penes Diabolum neq; penes Magos ipsius administros esse vt alios sensus obligēt, hominesq; à bibendo aut comedendo auertāt intercepta eorum facultate: neq; similiter posse homini membrum vllum pręter virilitatem adimere, quod in Germania faciunt pudendis abditis atq;
in ven-

in ventrem contractis. Ita Sprengerus hominem Spiræ narrat, cùm se pudendis orbatum esse crederet, Medicos & Chirurgos ad se inspiciendum aduocauisse, hos verò nihil omnino, ne vllum quidẽ vulnus percepisse: itaq; hunc pacata deinde ea quã offenderat malefica restitutum esse. Alterum quoque exemplum affert ciuis Ratisbonensis, qui Magam arripuit strangulaturus, eámque vi ad impedimentum soluendum compulit. In hoc autem Hebræi omnes consentiunt, Diabolum Deo permittente plurimùm in genitalia & concupiscentiam posse, dicētes allegoricè Satanam à serpente ferri. Serpēte verò ἀλληγορικῶς voluptatem quæ in ventrẽ incumbit significari Philo & Hebræi tradunt. In Tobia [a] quoque legimus septem viros qui Raguelis filiam duxerant prima nuptiarum nocte à maligno spiritu fuisse occisos. Non debet autem videri mirum, si nodationibus istis diabolus plurimùm abutitur: primùm enim generis humani quod totis viribus conatur perdere procreationẽ impedit; deinde augustum illud amicitiæ vinculum inter virum & vxorem tollit: postremò qui ligati sunt artibus, ad scorta & adulteria transuolant. Horrendæ igitur impietatis istud est atque capitale, vt suo loco demonstrabimus: plerique tamē qui nodationibus istis abutuntur expressam cum diabolo conuentionem nesciunt, neque inuocant eum: sed eū artificibus istis adesse constat. Iam igitur de iis videamus qui inuocant diabolum: nam Magorum conditiones diuersæ sunt.

[a] Tob. 7.

p

De tacitis malignorum spirituum inuocationibus. CAP. II.

Insignis Magorum est differentia, quam ob varietatem suppliciorum necesse est cognoscere. Illi enim de quibus antè agebamus carent malignorum spirituum inuocatione: horum verò non mediocris est differentia. Nam alii quibusdam verbis & mysteriis abutuntur sine expressa inuocatione, quamuis eò pertineant verba vt spiritus dicat aut indicet rei illius quæ agitur veritatem, alii expressam inuocationem adhibent. Λικανομαντειαν prisci Assyrii & Chaldæi plurimùm exercuerunt, inditis in peluim aqua plenā auri & argenti laminis gemmisq́ certo charactere sculptis: qua ex pelui post sermones aliquot pronuntiatos exilis vox instar sibili exaudiebatur ex aqua responsa edens, sine expressa inuocatione. Γαστρομαντεια ex vasis vitreis rotundis aqua plenis coniiciebatur, postquàm accēsis cereis quasdam voces effati fuissent Magi: neque audiebatur vox vlla, sed responsa ex notis quibusdam & signis percipiebantur Similiter è speculis Κατοπτρομαντεια, è glacie aut è crystallinis κρυσταλλομαντεια; quemadmodum Ioachimus Cameracensis ciuem Noribergensem à se visum testatur qui crystallinū annulum emerat, ex quo quidem annulo visionē eorum de quibus consulebatur percipiebat puerulus, sed posteà emptor cùm à diabolo infestaretur diffregit annulum. Ea quę dicitur Ονυμαντεια fit cùm frica-

fricato vngue aut cryſtallo certis confectionibus neſcio qui ſermones pronuntiantur, ac tum pueru lo integræ & incorruptæ pudicitiæ videndum exhibetur illud quod quæritur: perſuadet enim diabolus à ſe virginitatem deamari, cum vt arte iſta homines ab ineunte pueritia ad ſe pertrahat, tum ỹt humani generis impediat procreationem, cùm tamen ſuos ad nefarios concubitus & contra naturam prouocet & commixtionib. horrendis contaminet. Diuerſa eſt Catoptromantia cuius Pauſanias in Achaicis meminit, ab ea quaMagi noſtri abutuntur. Cupiẽs enim aliquis cognoſcere an à morbo reualiturus eſſet, ſpeculũ in fontem ad Cereris indebat Patris, & ſi mortui hominis figura appareret iudicabatur moriturũ, ſin viuẽtis, reualiturum conſultorem eſſe. Vide autem diaboli κυϐείαν in magicis ſortibus admirabilem: nam quia ſunt viri boni & religioſi qui ne minante quidem morte grauiſsima diabolum eſſent inuocaturi, hoc ille perſuadet verborum, characterum, herbarum, aut animantium, viribus affici, eo'que pacto à vero abducit etiam conſyderatiſsimos: itaque Virgilius, qui non poſtremus inter Magos habebatur, inquit,

Carmina vel cœlo poſſunt deducere Lunam,
Carminibus Circe ſocios mutauit Ulyſsis. Et alibi,
Frigidus in pratis cantando rumpitur anguis, &c.
Atq́ ſatas alio vidi traducere meſſes. Item,
Hac ſe carminibus promittit ſoluere mentes,

Sistere aquam fluuijs, & flumina vertere retrò.
Nocturnosq́ ciet manes: mugire videbis
Sub pedibus terram, descendere montibus ornos.

Amplius verò Ouidius agens de malefica, cùm inquit,

Quum volui, ripis ipsis mirantibus amnes
In fontes rediere suos, concussáq́ sisto,
Stantia concutio cantu freta, nubila pello,
Nubiláq́ induco, ventos abigóq́ vocóq́,
Uipereas rumpo verbis & carmine fauces,
Et sylvas moueo, iubeóq́ tremiscere montes,
Et mugire solum, manesq́ exigere sepulchris:
Te quoq́ Luna traho, &c.

Quæ omnia si vera essent, humanas mentes plurimùm raperent admiratione: verumtamen magnũ est quòd ita homines fascinantur vt illud quod nihil est, ad oculorum aspectum putent esse verissimum. Et si hoc verborum vi non potest fieri, quicquid scribant homines scientiæ istius peritissimi, sed solus diabolus istorum fascinorũ autor est atque administer. Quam ad rem confirmandam illud argumentum pertinet quod antè diximus, homines à diabolo omni sermone per Græcas, Latinas, barbaras, & inauditas voces decipi, quamuis pro varietate nationum ad eandem rem vocabula artis suæ soleat commutare. Demonstrant illud poetæ Virgilius & Theocritus hic Græcus, Latinus ille, Marcellus & Nicolaus medici, & ipse quoque Plinius, qui multa istarum fraudum profert

fert vocabula ab ijs quæ Magi nostri scripserunt planè dissonantia. Cruces etiam ac hostiæ inspergunur pasim, vt in iudicio cæci (qui Parisiis fuit suspensus) confirmatum est, & duorum alioru̅ qui euicti fatebantur se hostijs, crucibus, & orationibus plurimis vsos esse. Maximā impietatem, cùm Diabolus eo quod Magi putant sanctissimum ad res summo horrore & detestatione dignas abutitur. Etenim qui ludificatur & blasphemat Iouem quem putat esse Deum (prout Caligulam fecisse legimus) is tam reus est propemodum quàm si ludificetur Deum qui animos & voluntates hominum introspicit: quemadmodum primus ille Sceuola, qui Porsennæ Hetruscorum Regis vitam appetēs occidit legatum eius, non minus reus extitit quàm si occidisset Regem. Hæc igitur illa mens, hoc consilium Satanæ, vt non veram solùm religionem ex animis humanis eximat, verumetiam omnem conscientiam metumq̀ maleficij: ideoq̀ imperitis persuadere nititur non à se ista geri, sed ex vi verborum proficisci. Dixerit quispiam Cabala (quæ Hebræorum est philosophia) vim quoq̀ verbis & characteribus tribui, vt in Reuchlino, Galatino, & Cabalisticis Pici positionibus legimus. Respondeo Cabalæ duas esse partes, vnam quam vocant Bereschit, in principio, à prima Bibliorum voce, eámque veram Physicam & naturalem philosophiam, in qua exponu̅t magnum istud opificium mundi & res arcanas inuolutas allegorijs, sententiasq̀ aliorum Philosophoru̅ re-
p iij

prehendunt diuinę legi aduersantes: Alteram quā dicunt Mercaua, id est currus, à viso Ezechielis figurans maiestatē Dei & Angelorum comitatum, quæ celsa quidē & difficilis est, sed tamē intellectū in admiratiōne rapit & νοητῦ κόσμυ contēplationem. Hanc Hebręi aquarum ἐπυρανίων vel supercœlestiū, illam (Physicā dico) inferiorum aquarū appellant nomine. In Prophetis & Lege Dei animaduertimus amplissima & elegantissima secreta operum Dei allegorijs Biblicis occultari (vt quisquis bene attenderit apud Philonē, Leonem Hebręū, Origenem, & Salomonem comperturus est) easq̃ viros & Prophetas sanctos quasi per manus posteris tradidisse: At non ita curiosè atque subtiliter clausulas, voces, syllabas, literas, adeóque singularum literarum puncta & characteras aucupabantur, vt posteà recentiores Iudæi rimati sunt. Hi enim mirificam subtilitatem in magno Dei nomine tractando occupant, ex quo septuagintaduo nomina Dei componunt, & Angelorum totidem: argutias quoque adhibent ad numeros, quos vocant Sephiroth: ex his nominibus numerisque putant mirabilia præstari posse. Sed ista mihi non probantur admodum, maximè cùm à magis Agrippa & consimilibus maximum illud Dei nomen & augustissimum characteribus ipsorum intermisceri & contaminari video, ad quos sermonem Dauid habebat, dicens[a],

[a] Psalm. 50.

At Deus irarum plenus sic dicet iniquo
    Quem cœli aut hominum non cohibet metus,

Quid

Quid celsum nomen, quid polluis improbe iuſſa?
Infandumq́ agitans in manibus nefas,
Fœderis inſtituis crepitantes fundere laudes?
At tu quæ doceant vtilium viam   Spernis.

Reuchlinus & Agrippa falsò tradiderunt victoriam aduersus Lyſiam & Antiochū Epiphanem Ma
chabæo Iudæ accidiſſe quòd has quatuor literas
militari ſignoimpresſiſſet מכבי quibus ſignificabať
מי כמוך באלים יחוה, qs eſt par tibi inter fortes, ô Iehoua? Atque hæc quidē bellica fuit teſſera militibus
imperata, ſed per hos characteras victoriam repor
taſſe pernego. Itaque Dei nomina in ore, in tabulis, in characteribus Magorum aut eorum qui
tentant Dominum non ſanctificantur, ſed pollu-
untur atq̃ blasphemantur. Dei autem lex præcipit
[a] vt qui per contemptum nomen ipſius pronunti- [a] *Leuit.24.*
at lapidetur. Nō ſum nescius malignos spiritus ab
hoc ſacro nomine abhorrere, nominatoq̃ Iehoua
repentè fugam verti: ſed Iehouæ nomen, quo æter
nus ſignificatur, quolibet ſermone pronuntiatum
eumdem effectum obtinet: imò ſolum Dei nomen
vtut commune & peruulgatum eſt, bono animo
enuntiatum diabolos ſtatim propellit (quod toties vſuueniſſe nouimus, q̃ties Magus aliquis in
cōmuni cœtu auxilium Dei implorauit) & q̃d amplius eſt, ſolus Dei metus & terror ab ipſo propul
ſat diabolos, vt poſteà dicturi ſumus. Paulus Gril
landus [b] qui vixit anno M.D.XXXVII. Sabinū [b] *lib.1.de ſor-*
quemdam nō procul Roma fuiſſe ſcribit ab vxore *tilegijs.*
persua-

persuasum vt se exemplo ipsius certis vnguentis inungeret, coque pacto cum Magis aliis exportaretur: credentem itaque illum à diabolo istud nõ esse, sed ex vi vnguenti & enuntiati sermonis vxori paruisse: tum delatum in Beneuentanum Comitatum optimum Papæ fundum, idque sub nucem vbi versabantur Magi innumeri epulantes, idem fecisse q̃d faciebant alij: cumq̃ sæpius salem quem perhorrescunt diaboli petiisset, & sal tandem (vt videbatur) ei allatus esset, vernaculo suo sermone dixisse, *Laudato sia Dio pur e venuto questo sale*, Laudetur Deus quandoquidem hic aduenit sal: simulatque Dei nomen fuit pronuntiatum, omnem diabolorum Magorùmque conuentum momento euanuisse, miserum illum Sabinum solum ac nudum remansisse, qui domum mendicans ad centesimũ milliare reuersus est: reuersum vxorem accusasse, quæ viua igni fuit tradita postquàm veritatẽ facti agnouisset aliásque complureis accusasset, quæ cui ctæ similiter incendio fuerunt sublatæ. Quo exemplo constat euidentissimè efficacitatem miraculorum nõ in figuris, characteribus, syllabis, vocibus, sed in timore Dei positam esse, Diabolum verò suas celantem fraudes verbis, characteribus, & consecratis hostis abuti ad perficiendum voluntatem suam. Quod autem diabolum à sale diximus abhorrere ratione optima nititur, quia sal æternitatis est & immortalitatis signum, neque putredine neq̃ corruptione infestus vnquam, sed ipse à corruptione atq̃ putredine omnia vindicans: Diabolus verò ni-

rò nihil procurat aliud quàm rerum creatarum corruptionem & diſſolutionem, vt generationem Deus. Quamobrem ſalem menſæ loci ſancti omnibusʼcɋ vniuersè ſacrificijs apponi lex Dei imperat[a]: quod mandatum ab Hebræis Plato videtur didiciſſe cùm ſalem à Dijs affirmat diligi. Contrà verò ſacrificijs vinum aut mel lex Dei vetat adhiberi, quod faciebant Ethnici, innuens Deum ſine adulatione attètè prudēter & ſobriè accedendum eſſe. Atque hac in re falluntur qui vxorem Loti in ſtatuam ſalis mutatam putauerunt[b]: ſic enim Hebræi amplisſima naturæ arcana tenentes ſolent ſtatuam ſalis pro perpetua nominare, vt Lex Dei inquit[c], pangam vobiſcum fœdus ſalis, id eſt, perpetuum. Si characteribus aut figuris nominum Dei proprium eſſet vt res eaſdem efficerent, non eſſent profectò Magi ad ſuas inuocationes illis abuſuri, quibus tamen pleni ſunt ipſorum libri. Ex his itaque conficitur Cabalam[d], id eſt, ſapientiam à Deo acceptam quaſi in manum, Angelorum Prophetarúmque miniſterio, non eſſe in characteribus aut figuris poſitam, ſed in ſecreta diuinorum miraculorum intelligentia allegorijs per ſacram Scripturam implicata paſsim. Nulla enim propemodum exſtat oratio, præceptum nullum, cuius non ſit duplex, aut etiam triplex intelligentia. Exempli cauſa, præceptum[e] datum Sacerdotibus de includendo homine qui ex elephantiaſi cœpit laborare cumprimùm malum cernit̄, & ſepteno quo-

[a] *Leuit.2.*
[b] *Geneſ.19.*
[c] *Num.18.*
[d] *Libris Pirke aboth ſæpe legitur. Moſes accepit quæ tamen ſcripta in libris Moſis nuſquam reperiūtur.*
[e] *Leuit.13. & 14.*

que die, donec sanatus fuerit aut totus à capite ad pedes albus euaserit, reuisendo: tum de eo liberè dimittendo quia mundus est, inquit Scriptura: sin apparentem aliquam viuæ carnis partem habuerit, de eo ab aliorum conuersatione separando: præceptum igitur istud politicum miratur Philo, itaque moralem affert sensum, si bene memini, dicens non posse eum qui prorsus cognitione Dei caret ac conscientia alijs damno esse: qui autem diuinæ legis & veritatis sensu præditus se aliunde sinit nefarijs opinionibus deprauari, hunc perniciosum esse, quia religionis specie venenum impietatis miscet, vt magi miscent Dei nominibus. Ad sensum illum politicum expressum lege Dei, & moralem Philonis alterum accedit elegantissimum naturæ mysterium quod nemo attigit: nempe quicquid corrumpitur id acrem quoque & accedentes propius corruptione inficere donec fuerit consummata, quod Theophrastus paucis libro de Odoribus exposuit dicens παῖ σαπρὸλς κακῶδόϋ, quicquid corrumpitur fœdum exhalat odorem: vt ouum, suauis & salutaris cibus quem antiquas regum delicias vocat Horatius, si incubatu cœperit corrumpi fœtet supra modum, aeremq́ inficit donec perfecta sit corruptio & pullus excludatur: Ozimum quoque & Lauendula, quam veteres Nardum Celticam à naturali ipsius apud Occitanos ortu appellabant, quando tecta & compressa incipiunt corrumpi, fœtent vehementissimè, sin corruptio ipsorum sinitur

nitur consummari, oleum afferunt optimum & odoratissimum: Corruptum item genitale semen si in corruptione perstat, cancros, bubones, & varos horrendos efficit. Eadem igitur ratione elephanticorum sanguis est fœtidissimus quando corrumpitur, donec tota materia sanguinis planè conuersa sit: quamobrem dum conuertitur, non sine periculo ad elephanticos acceditur: conuerso eo nihil periculi. Atque hæc genuina Legis sententia. Interdum historica solùm est sententia, vt cùm Moses dicitur populum numerauisse, & similia: interdum allegorica, vt cùm Lex præputia cordium circuncidi iubet: præputium cordi nullū est, & si inesset nunquam tamen circuncidi posset: Innuit ergo lex improbas cogitationes rescindendas esse, vindictæ appetentiā, auaritiam, cæteraq́; vitia. Hoc pacto imperiti qui in Cabalam inuehūtur visuri sunt Deum nobis quasi palpandum & cernendum oculis istud exhibere, non solùm literalem sensum teneri à nobis oportere, cùm verè Scriptura dicat, Litera occidit, Spiritus autem viuificat. Quamquam pulcherrimus in Lege Dei habetur locus ad rem istam demonstrandā, vbi Moses dicit[a] è monte (in quo dies & noctes xl. fuerat) descendens velū faciei suæ imposuisse vt alloqueretur populū, quod velum cùm ipse ad Deū reuertebāt eximebat: id aūt fecisse, quia non poterat diu populus splendentē ipsius faciē conspicere, id est (vt è literali sensu excedamus) non valebat mysteria & allegorias, quæ confertim habentur in

[a] Exod. 34.

Lege Dei, animo percipere. Verumtamen populus Mosem retectum videns dicitur faciem ipsius quàm valde splenderet animaduertisse. Certè quicunque ex inconsyderata pertinacia expositiones istas improbant, quibus Hieronymi, Augustini, Basilij, præcipuéque Origenis, omnium quoque Doctorum Hebræorum scripta abundant, iniuriam Deo ac Prophetis faciunt, qui nunquam aliter loquuti sunt. Ac ne excelsa quidem illa Salomonis scripta sunt aliud quàm parabolæ & allegoriæ, eáque certo consilio in eam formam inscripsit vt demonstret singulis nõ oportere vbique insistere in literalem sensum quem Hebræi *sensum passuk*, id est, versus nominãt: vnde barbari Latinitatis auto res ex versu facientes passum, *in hoc passu*, soliti sunt dicere. At Salomonẽ scribitur sapiẽtia fuisse cumulatum, Deumq́ plus in eum contulisse q̃ in vllum hominem vnquam contulerit: hic tamen vt sapientum mentes supra terram altiùs erigat, docet cognitionem Dei esse arboris vitæ fructum. Non est igitur, quod plerique literæ insistentes tradunt, arbor intelligenda. Hinc enim accidit vt boni isti literalis sensus interpretes multa ἀθίων centena millia pepererint, qui ex scripto illud de serpente in Genesi [a] loquente interpretati dicunt animantes brutas olim loquutas esse: vt faber quidam ferrarius in Gallia, postquam à celebri Prælato audiuisset in concione per Adamum (proptereà quòd pomum ederat) totum genus humanum præter exiguum Christianorum manipulũ in damnationem æternam

[a] *Genes. 3.*

nam labefactatum esse, cùm videret sibi contrà disputanti Prælatum de sensu literali non satisfacere, dixit tandē tam multas rixas pro re tantilla ineptè excitari: quod blasphemum dictum simulac nostrorum aulicorum pulsauit aureis in prouerbium abijt, non abituru sententia mea si hic qui docebat alios bene intellexisset atque sapienter explicauisset locum. Eodē errore Porphyrius in libris quos aduersus Christianos scripsit, ex literali sensu illud exagitans quod de arbore scientię boni & mali & de arbore vitæ in Mose legimus, innumeros homines à religione vera auocauit propter ea ἄτοπα quæ nascuntur ex literali sensu: desinunt verò ex diuina interpretatione q̄ Deus Mosi & Prophetis tradidit, & quam apud Philonē, Leonē, Mosem Maymonis filium, Leuin, filium Iarrhi, Origenem, aliosq́ Theologos Hebræos & Christianos legimus. In hâc sententiam ait Lex[a] non ea solùm animalia quæ nō ruminant & quę scissum nō habent vnguem, immunda esse, sed ea etiam quæ non sunt vngue fisso, vtcunque ruminent: quod Origenes de iis accipit qui sese in meditanda & contemplanda Dei Lege occupant, sed inter literalem sensum & mysticum, inter carnem & spiritum nullam distinctionem seruant. Hunc autē (Origenem dico) magistrum Ecclesiarum Christi post Apostolos vocat Hieronymus[b], omniumq́ Doctorum principem. Cùm itaque in Lege Dei legimus Pharaonem curauisse vt occiderentur mares & puellę seruarentur incolumes, id præter constantem litera-

[a] *Leuit.* 11.

[b] *in catalogo scriptor.*

lis sensus veritatem sapientes Doctores ita accipiunt, Diabolum quem figurat Pharao in hoc incumbere vt intellectum masculam hominis partē interimat vitámq; det concupiscentiæ. Item quod Abraham Sarę dominæ obsequutus dicitur ancillam eiusq; filium eiecisse, id Cabalistæ Theologi sapienter exponunt rationi vt dominæ obsequendum esse, & cupiditatem eijciendam ac peccatum ex ea genitum. Cùm prohibetur ne fructiferę arbores gerendo bellum excidantur, interdictū quoq; intelligendum est ne homines virtute prediti & opifices periti tollantur. Cùm dicitur oletum terra obrui oportere ne inficiat̄ aer, hoc quoq; est inde eruendum, dignius esse malum excusatione quod occultum est: ideoq; cauendum singulis vt propalent suam turpitudinem, ne cuiquam sit exemplū mali. Quando interdicitur ne aries aut ouis Deo offeratur nisi tota sit alba & sine macula, putandū est animam quoque sistendam Deo puram & mūdam haberi oportere: quando interdicit ne clauda sit, rectè ambulandum significat in Lege Domini. Hebræus Philo in moralibus interpretationibus afferendis est mirificus, Leo & Maymonides in naturalibus, in vtrisq; liber Zoar qui nondum fuit e Chaldęo sermone versus. Sicut autem de naturalibus prædictionibus, de Astrologia, & scientijs consimilibus antè dicebamus, sic etiam in Cabala à communi illo abusu quē suprà attigimus abstinendum: nihil enim est tam sanctum &inuiolatum q̊d non à Satana & administris ipsius polluat̄. Artis est

LIB. II. CAP. II. 127

tis est diabolicæ cùm Scriptura sacra tanquam ad carmina adhibetur, quod nunquam prisci Hebræi cogitauerunt. Atque hinc data fuit gentibus occasio ad calumnijs petendum verbum Dei Hebræorumq́; Cabalam, de qua sic Plinius libro xxx. capite primo. Est alia, inquit, Magices factio à Mose & Iochabella Iudæis pendens. Corrupit autem dictionem *Cabala* quæ significat Græcè ἀκρόαμα, id est, scientiam auditione comparatam nec literis exaratam, à verbo קבל accepit, eo quòd Cabalam non licebat docere aliter quàm viua voce, & quidem eos qui quadragesimum ætatis annum superassent: vt autem verba concepta ad miracula edenda pronuntientur nulla mentio, quamuis id Reuchlinus & Galatinus voluerint: omnino certè abusus est. Si quis autem mihi obiecerit nihil hic inesse diabolici si quando certus Psalmorum versus aut ad expergiscendum constituta hora, aut ad orandum Deum, aut ad conficiendas alias actiones bonas pronuntiabitur: Fatebor illud quidem non vltimum sapientiæ fundamentum esse vt quis mane oraturus surgat, credibile esse qui primi suas preces offerunt eos primarias benedictiones reportare, vt Iacob anteuertit Esauū: propterea scriptura tota indice Prophetas summo mane ad laudandum Deum & primas suas actiones ei sacrificādum surrexisse, quemadmodum aiebat Dauid, *In matutinis meditabor in te.* Item, *Exsurge psalteriū, exsurge cithara, exsurgā diluculo,* & apud Iere. *Misi ad vos Prophetas surgēdo manè:* & Deus q́q; in deserto videt

maximè

maximè procurasse vt mane populus surgeret, quia Sole super Man radiante abibat in fumum & liquescebat illico, quamvis igne non liquefieret, vt gratiarum (ait Salomo) agendarum Deo monerentur: Nihilominus tamen illud affirmamus nõ licere vti Scriptura sacra vt vis aliqua verbis tribuatur, quamuis ad finem optimum. Hęc recepta est Theologorum sententia Minorem itacq veritatis speciem habuerit, si quis Magos verborũ vi posse crediderit segetes & terrae fructus perdere: etsi xij. tabulis disertè cauebatur ne incantarentur fruges, *Qui fruges excantasset, aut qui malum carmen incantasset,* & c. non quòd magi suis carminibus fruges perdant aut tempestatem virtute verborum commoueant (vt alibi ostendemus) sed ope Satanae: Sortilegus enim alter nõ posset idem efficere, quamuis eadem verba pronuntians. Qua propter imperitum vulgus nõ valde miratus sum, sed Catonem [a] illum docere luxatis membris carmen auxiliari: Caesarem quoque Dictatorem post vnum ancipitẽ vehiculi casum, semper vt primùm consedisset carmine ter repetito securitatem itinerum solitum aucupari, cùm tamen obseruationes istas ex more deriserit: & M. Seruilium Nonianum principem ciuitatis, qui chartam duabus literis Graecis P & A inscriptam subnectebat collo metu lippitudinis. Si qua fuisset radix salutaris herbaue medica, odore & proprietate naturae mala haec curatura, speciem aliquam habuissent: vt radicem Paeoniae appensam collo certum est epilepticis

[a] *Plinius li. 28. cap. 2.*

pticis adiumento esse plurimùm, & confirmatum experientia: sed chartam aut characteras subnecti collo, quicquid inscribatur, cum Ioanne Chrysostomo[a] & Augustino statuimus meram esse idololatriam, si ignorantes fecerint: sortilegium verò, si istud illi commiserint qui nouerunt interdictum, nec eo minus fidem superstitionibus adhibent. Etenim hic quoque est idololatria, si vis curandi herbis, plantis, animalibus, metallis tribuitur, nisi eadem opera laus ad Deum tota referatur. Ideoq́ue Hebrei tradunt Salomonis librū de vi & proprietate animantium, plantarum, lapidum, herbarum, metallorumq́ omnium ex mādato Regis Ezechiæ crematum esse, ne ad idololatriam ratione ista homines adducerentur: vt serpentem quoq̃ æneum è deserto allatum Ezechias igni præcepit tradi, q̃d eum imperitus populus adoraret. Quāto æquius ergo futurum est censeri idololatriam si verbis & characteribus adhibetur fides, ijsq̃ non formatis à Deo (vt sunt res creatæ) sed per homines aut malignos spiritus inuentis? hoc verò non solùm idololatria, sed purum putum est sortilegium. Idololatriam cum Augustino veteribusque & recentibus Theologis appello auersionem à creatore ad creaturam. Etenim videmus verba ad effectum suum nunquam perduci, nisi ipsis adhibeatur fides: tum peruigil Satanas seipsum ingerit & ad tempus cōpensat idololatriam, vt ex idololatra perfectū Magum Sortilegūmq̃ reddat, quod suo loco ostēdemus. Hic forte aliquis obiecerit vocem, sermonem

[a] Homil. 43. in Matth. c. 23. licet fiant periapta cū inscriptione Agnus Dei. Lib. 1. de ceremonijs, & distin. 7. c. 3. de consecra.

r

Dei, duasq̃ tabulas manu ipsius exaratas tā esse o-
pera Dei q̃ Solem, Lunā, aut cœlum: itaq̃ illa etiā
naturalẽ vim obtinere: q̃ Mirandulanus Princeps
& Reuchlinus sentiunt. Ego vero nullā his verbis
facultatẽ inesse dico, nisi ad eum effectũ cuius causa enuntiata à Deo ac digitis insculpta sunt: neque
ad tempestatem serenitatémve aut aliud efficiendum, sed ad vitam æternam ijs qui morem gesserint tribuendā, sicuti scriptũ est. Hoc fac & viues.
Hominum aũt Satanæq̃ verba nihil ampliùs possunt, q̃ fructus picti, statuæ, & res artificiosæ eiusdem generis. Hanc demũ potestatẽ satanas à Deo
obtinet, vt eam aduersus Ethnicos, idololatras, infideles, & Dei contemptores exerat qui decipiun-
tur verborum fucis, ac eorum inprimis quæ nequeunt intelligi, quia minorem (ait Plinius) fidem
homines adhibent ijs quę intelligunt. Quamobrẽ
Galenus lib. vi. de simpli. pharmacis Xenocratem
Aphrodisæum & Pamphilũ quendam improbat,
qui fraudibus istis instructi Medicos simulabant.
Plinius quoq̃ septem primis capitibus lib. xxviij.
his abundat ineptijs: & quáuis eas secundo capite
dicat sapientissimi cuiusq̃ fide respui, Theophra-
stum tamen, Catonem, & Cæsarem in quibusdam
malis narrat fidem his nugis adhibuisse. Mirũ aũt
est & ab omni antiquitate annotatũ, serpentes in-
cantari: Improbũ enim Dauid cõparat Aspidi aures ab incantatoris callidi voce obthuranti. Hi vero plerumq̃ à serpentibus occiduntur: quamobrẽ
ait Salomo neminem de incantatore occiso à serpente

pente capturum misericordiā. Sic Sortilegus quidam Salisburgensis cùm in oculis totius populi serpentes omneis qui in ambitu ad milliare integrum fuerant in fossam vnam coegisset & tradidisset morti, à postremo eoq̢ permagno furiosé insultante enectus est. Atq̢ hac ratione constat, neque voce *hypokindox* quam Theophrastus Paracelsus affert, neq̢ alijs Psalmi xci. neq̢ vocum vllarum virtute, quicquid obtēdatur, hæc præstari posse. Qui enim fuissent serpentes per integrum milliaris ambitum vocē hominis audituri, & quidē profundè in terrā abditi? Quāquam Aristot. sub finem libri περὶ θαυμασίων ἀκυσμάτων scribit Tenę oppido Thessaliæ fuisse maleficam quæ fascinaret basiliscum. Is ergo fuit diabolus, qui fidos suos administros hoc compensat præmio. Ac proptereà Canonem, nec mirum, xxvi. q. v. & Augustinum dicentes per Magos virtute carminum infici homines atq̢ enecari, sic intelligimus vt opera Diaboli istud effici statuamus. Docuit enim amplius millies experientia à verbis ab altero quàm Mago pronuntiatis nihil esse consectarium: Sin autē leuioribus in rebus nonnunquam visa sunt effectum suum habuisse, vt in ligaturis diximus, pro certo illud habendū est diabolos (qui vbiq̢ præstò sunt) & voluntatis illius qui maleficium aliquod cogitat administros esse, & ad hominem grauioribus malefactis ac impietatibus implicandum eam perficere.

r ij

De expressis malignorum spirituum inuocationibus. CAP. III.

QVicunq́ rem bonam facere arbitrati malignum spiritum (quem pro Deo habent) inuocant ad cõsilium aut opem aut consolationem suam (vt Ethnici prisci faciebant, & multi nostra memoria in Occidentalibus insulis faciunt) nihilo amplius Magi dicendi sunt quàm illi qui Solẽ Lunam & res creatas adorabant: Idololatræ iure appellantur. An verò bonam ipsorum conscientiam accipiat Deus, id committo iudicio eius: nam qui hoc quæsierit, is se in Dei arcana plus satis intulerit: vt ij qui Socratem, Phocionem, Aristidem iustum non dubitauerunt velut Magos turpissimos æternæ damnationi & supplicijs paribus addicere, cùm tamen Lex Dei pœnam pro delicti grauitate decerni imperet[d]. Sed inter Ethnicos quicunque bonorum malignorumq́ spirituum discrimine cognito & sacrificabant liberos, & adulteria, præposteram libidinem, omniaq́ turpia, horrenda, & rectæ rationi (quam à natura in mentib. nostris ingenerauit Deus) aduersantia committebãt vt institutũ suum assequerentur, hi non solùm fuerunt idololatræ, sed etiã Magi, eoq́ nomine à Philosophis omnib. & legumlatoribus condemnantur. Hæc illa causa est cur Deus populo suo dixerit[b] se Amorrhęos alio´sq́ populos sortilegia exercentes è regione exstirpasse; cur etiam Rom. Senatuscon-

[c] Deu. 15.

[b] Deut. 18.

tusconsulto Bacchanalia cognitis exsecrabilibus sortilegijs quæ noctu committebantur, ex vrbe & Italia tota eiecta sunt. Nullum autem lapidem non mouet Satanas vt sibi homines vindicet abducatque à vera veri Dei adoratione: Cùm itaque Deus non sit aspectabilis, sed admirabilem Solis elegantiam, cælestiumque luminum conuersationem, vim, motum homines prospiciant, perfacilè illuc delapsi sunt vt Solem, Lunam, Iouem, & alia cœlestia corpora laudibus extollerent atque supplicarent: & pro eo quod Noe liberos suos docuerat vt sacrificarent vbique Domino, facile fuit vota ad Solem, Lunam, cœlestiaque corpora conuertere, quæ Noe & posteri perdiu exhibebant Deo. Hoc Abram in Chaldæa videns indignè fieri pronuntiauit, & eo nomine malè exceptus est, vt Philo, Iosephus, & Moses Maymonis vno ore docent: Deus verò ipsum ex Chaldæa exire iussit, vt in ipso & posteris verum Ecclesiæ signum conseruaret. Hoc consequutus Satanas, cœlestium inquam corporum adorationem, elementorum quoque sensim inuexit cultum: primùm ignis, cui omnes gẽtes honorem permagnum habuerunt, deinde terrę velut matris & genitricis hominum bonorumque omnium: nec spectantibus altiùs hominibus, nec contemplatione intellectus ad Deum vsque rerum omnium autorem & creatorem euolantibus. Ab elementis ad alias res creatas vetum est: adorauerunt itaque Deos panis & vini inuentores Bacchum & Cererẽ multi, etiamque bouem Ægyptij quem vocabant Apin,

r iij

eo quòd videatur animalium omnium quæ in orbe terrarum degunt esse vtilissimum: Quam opinionem vt confirmaret Satanas, aliquando specie bouis apparebat, eoq̨ mortuo lamentationes fiebant maxime. Atq̨ hæc Apidis superstitio adeò Israelitarum animos incesserat, vt ad figurandum Deum qui eduxerat ipsos è terra Ægypti vitulum fusilem confecerint, Deum cœli & terræ quem adorabant forma vituli putantes fingi oportere, cùm tamen Deus indicta capitali pœna vetuisset[a] formam vllam aut figuram sibi assignari: quamobrem incensus ira populum grauiter castigauit. Sed ne his quidem acquieuit Satanas: principes enim viri (ait Salomo) amissorum liberorum quos deamauerant memoriam conseruaturi, eorum curabant pingi & incidi vultum, studiosè imagines asseruabant, osculabantur sæpe, honorem exhibebant: quemadmodum Augustum Cæsarem Capitolio exeuntē legimus[b] defuncti nepotis imaginem forma expressam Cupidinis solitum osculari. Idem quoq̨ factum Principib. potentissimis. Nam apud Herodotum legitur in summa Babylonis turri fuisse templū dicatum Belo regi Assyriæ quem vocabant Iouem: cumq̨ illius cultum Assyrij & Chaldæi cœpissent instituere, procedēte ipsorum imperio ad omnes Asianos bonamq̨ partē Africæ, sacrificia quoq̨ & superstitiones ipsoru inualuerunt per imperiū totum q̨ fuit amplissimū (capiebat. n. cxxvij. præfecturas, & in ijs Ægyptū duplo ampliorem q̄ sit regnum Galliæ) & paulatim in

[a] Exod. 10.

[b] Suet. in Augusto.

tim in Græciam tranſmearũt. Ideoʻqʒ Deus per Eſaiam abominatur Babylonem, quòd ſortilegia & ſuperſtitiones ſuas in populos tranſmiſerit: & Porphyrius ad Boethũ ſcribens, Theodoricus[a], & Iamblichus conſentiũt omnes antiquas ſuperſtitiones à Chaldæis manauiſſe. Ex quo in Deorum numerum cœperunt homines cooptari, infinitus Deorum numerus exſtitit. Fuerunt enim minimùm tricies ſexies mille, vt veteres annotarũt, præter deos manes, id eſt, parentum & conſanguineorum ſpiritus, quos pro Dijs habebant, quibus ſacrificabant, & ad quorũ ſepulchra comedebant: in quos Scriptura inuehens ac deteſtans eorum maleficia, inquit: Et comederunt ſacrificia mortuorum. Horum ſacrificiorum ſpecie animę defunctorum primùm fuerũt inuocatæ: atque hæc Νεκρομαίτεια, haud ſcio an prima ſortium magicarum & vetuſtiſsima. Eſaias enim deteſtans impietatem iſtam capite octauo, an non quiſque, inquit, mortuos pro viuis conſulturus eſt? Et Saul exitum poſtremi in Philiſtæos prælij cupiens[b] cognoſcere Magam Endore conſuluit, quæ euocatum Samuelem aut Samuelis imaginem ſola vidit, Saule non vidente eum. Itacʒ rogauit eum Samuel quamobrè interturbaret quietem ſuã, cùm à Deo relictus, & Deus ipſi inimicus eſſet, adiecit eum Dauidi regnum tradidiſſe quòd verbo eius Saul nõ obſequutus eſſet, ipſumʻqʒ & liberos fore ſecũ die poſtero. Non ſum neſcius placere quibuſdam Theologis diabolum fuiſſe iſtum, ac non Samuelem: ſed bona pars refraga-

[a] *Lib. de curatione Græcarum affectionum.*

νεκρομαντεία.

[b] *1. Sam. 28.*

refragatur freta loco Ecclesiastici cap. xlvi. qui narrat in Samuelis laudibus, ipsum post mortē prophetasse prænuntiata morte Regis & Philistæorū victoria. In eadem sententia est Iustinus Martyr, Rabbi Sædias, Haias, & Hebræorum plerique: & ijs obseruandum est illud suffragari quòd responsio per Samuelis imaginem, quem diabolum putant, Sauli facta magnum Iehouæ nomen habet quinquies repetitum, quod etiam audire dæmones perhorrescunt. Ideoq̃ iudicium R. Dauidis Kimhi in hunc locum, necq̃ Tertulliani libro de anima necq̃ Augustini amplecti possum statuentiū hunc fuisse diabolum, nec aduersantem huic sententiam planè confirmare. Deinde verò si eo damnetur Saul quòd Regem Amalecitarum, captiuos, & pecora ex mandato Dei non interfecerit (nam hanc solam causam Scriptura sacra adducit ᵃ cur Deus Sauli infensus fuerit) altius quidem certè in consilium Dei penetratur: maximè cùm huius peccati nomine tantisper dum vixit pœnas luerit non mediocreis, vexatus a Satana & pleruncq̃ in summum furorem actus. Paulus autem 1. Corinth. v. consilium dat vt qui incestum perpetrauit eijciať ex Ecclesia, vt corpore ipsius tradito Satanę quod affligeretur, spiritus seruaretur die iudicij: quo spectat illud Samuelis, *cras mecum eris*, nimirum postquàm iustè afflictus à Deo & desertus fuerat eam ob causam quòd in Amalecitis omnibus pecoribusq̃ occidendis morem non gessisset Domino. Sic etiam in pari causa 1. Regum xiij. Prophetæ ad
Ieroboa-

ᵃ 1. Sam. 28.

LIB. II. CAP. III. 137

Ieroboamum misso dicitur non fore vt sepeliatur in sepulchro maiorum, quia cibum contra quam ipsi fuerat indictum in Samaria sumpserit: deinde à leone paulo pòst occiditur, qui tamen corpus ipsius cum asino reliquit intactum donec in sepulchrum efferretur. Qua ex re manifestum est Prophetæ animam ob peccatum istud nō fuisse à Deo damnatam, cùm præsertim cadauer eius non siuerit à leone deuorari. Vt ergo damnationē iudicio Dei permittamus, Deus æquè potest voluntatem suam per sortilegos & improbos atque per electos exponere, vt somnijs Nabuchodonozoris, Pharaonis, & Balehami demonstratur: sic etiam tradunt Theologi in locum illum Euangelij, Expedit vnū hominem mori pro populo, atque hanc esse prophetiam ex ore Caiphę docent. Deinde quid illud dici prohibet, Deū siuisse vt veniret Samuel postquàm defunctus esset, ad ruinam Saulis & status euersionem prędicendam? Audiui ex Insulano Abbate Noualliorū Domino, qui iam legatione Cōstantinopoli à Rege fungitur, & ex nobili Polono cui nomen est Pruinski Legato in Galliam, vnum ex maximis Christiani orbis Regibus auidum sui exitus cognoscendi Iacobitam Necromantem ad se accersiuisse, qui confecta missa & sacrata hostia primogenitum quendam decennem puerū ad hoc comparatum truncari iusit capite: eo hostiæ imposito certis voces pronūtiasse characteras quos scire non attinet adhibuisse, ac tum roganti quid vellet caput duobus verbis respōdisse, *Vim patior*:

S

illico furibundum Regem indesineter clamauisse, tollite caput istud, & in eo furore exspirasse. Hæc historia in toto regno, vbi gesta est pro certa & indubitata habetur, etsi quinqʒ homines solùm negotio interfuere. Non dissimilis huic historia Theodorici Imperatoris legitur, qui postquàm Symmacho ceruices prescindi curauisset, apposito ad mesam ingente pisce visus est sibi videre caput Symmachi, & furore correptus paulo pòst vita defunctus est. Quod si ita est, qs duas illas voces in os pueri inditas fuisse à Deo dubitet? Græcè. n. Latinéqʒ puer nesciuerat, & repentina tam horrendi sceleris vltio certè à Deo sumpta est: nisi quis fortè dixerit spiritum pueri aut Angelum proloquutum esse, & Regem excarnificasse ad vindictam sceleris: nam quò innocentior est sanguis, eò vindicta grauior.   Atque hac quidem in re conspicua est execrabilis impietas, quòd innocens, mas, & primogenitus (quem Deus Lege ªsibi sanctificari iubet) capitur & præsciendis futuris sacrificatur diabolo: eáqʒ non noua sed peruetus impietas, vt Elias Leuites annotauit, qui istud sermone suo appellat Theraphim. Etsi hic cruentũ caput scribit laminæ aureæ imponi solitum cum nomine dæmonis certísqʒ characteribus, quos omissurus sum, ita eum adorari conceptis verbis, quæ neqʒ dici opus est neqʒ scribi, sed præstat reticeri prout institui facere: cum tamen sit necessarium probè teneri quanta sit istorum damnatorum hominum impietas, vt ab ipsis caueatur. Hominum interfectorũ animas
plerumqʒ

*Leuit. 13.

plerumque inſtare vindicandis occiſoribus veteres affirmarunt. Pauſaniam Lacedæmoniorum regem in Plutarcho legimus, cùm eſſet Conſtantinopoli, generoſam adoleſcentulam munere accepiſſe: vt autem puellam virginem ad ipſum pudebat accedere niſi digreſsis omnibus, ſolam cubiculum ingredientem noctu lucernam abieciſſe: cuius caſu Pauſaniam repentè excitatum & tanquam ſi vita ipſius in tenebris peteretur attonitū arripuiſſe pugionem, & incognitam adoleſcentulam occidiſſe: ex eo tempore ſine intermiſsione Pauſaniam à ſpiritu vexatum eſſe ad mortem vſque, quem ſpiritum adoleſcentulæ narrabat eſſe perſimilem. Hominem in vinculis vidi anno milleſimo quingenteſimo ſexageſimo nono, quòd ira percitus vxorem occidiſſet, qui data ſibi & confirmata venia maleficij conquerebatur ſibi nullam quietem eſſe: ſe enim ſingulis noctibus ab ea cædi. Sed hoc tamen homicidis omnibus non vſuuenire conſtat. Exiſtimant quidē nonnulli ſi homo occiſus ſine vindictæ ſtudio deceſſerit, id non accidere: verumtamen notauit antiquitas, & Plato ſcripſit libro de legibus 1. animos eorum qui occubuerunt in occiſores inſiſtere: quod Marſilius Ficinus libro XVI. de animarum immortalitate. Lucretius, & Virgilius Æneid. iiij. verum eſſe dicunt, & infinitis iudicijs probauerunt iudices, homicida ſuper cadauer (etſi non attingat) tranſeūte ſtatim è vulnere manare ſanguinē. In hanc rem non pauci quoq̑ Doctores ciuilis & canonici iuris cōſentiūt,

s ij

& præsumptionem hanc argumentum esse coniecturam(que) violetam in reum statuunt[a], ex qua legitimè ad quæstionẽ rapi possit: nam etiam hoc modo persæpe innotuerunt fontes. Id Plutarchus de Dæmone scribit, Sueton. de Caligula. Aiunt consimiliter animam quæ de hoc mundo non inuita migrauerit aut saltem brutis cupiditatibus se non immerserit, vestigijs corporis non amplius hærere: vt ij faciunt qui bestiarum vitam vixerunt, de quibus Horatius,

Et affigit humo diuinæ particulam auræ.

Horum itaque animas desyderari à Necromantis & sortilegis, sepulchra de nocte circumeuntibus carnẽmque corporum edentibus: quemadmodũ in Thessalia Magi exstiterũt qui mortuorum perquirebant corpora, eas(que) (nisi accuratè per vigiles obseruarentur) erosis naribus, ore, genis, aliis(que) partibus inueniebantur[b]. Potius crediderim eò impietatis à Diabolo perduci Magos persuadente sic defunctorũ animas attrahi. Etsi Græci Necromantem appellauerũt ψυχαγωγόν quasi animæ ducũ dixeris: Thessalis quoque & Arcadibus fuit istud palàm vsitatissimum, apud quos Pompeio placuit ex Erichthone Maga exitum Pharsalici prælij Necromantica arte cognoscere, quo in prælio (vtcunque de victoria fuisset cõfirmatus) fusus est, prout omnibus accidit qui viam istam sequuti sunt. Nuper nostrorum patrum temporibus siquando eos qui sancti habebantur indigitari oportuit, quidã liber inuocationum plenus publicè legebatur noctu. Li-

[a] *Paris de puteo in syndicat. verbo tortura. Hippolyt. consl. 24. nu. 2 vo. 1. & cõs. 90. nu. 3. & cõs. 91. nu. 4. & cõs. 100. nu. 4. & consil. 110. num. 4. vo. 2. Angel. in tractat. de homic. Ioan. de Neufia. in sylua nupt. ve. cadauer. Boerius decis. 619. nu. 1*

[b] *Apulei. in asino aureo.*

ctu. Libro nomen erat *Grimorium*, quod asseruatur in abdito: itaque de eo aut de re sanctè & in rem bonam facta nequeo iudicare. Hoc solùm affirmo damnandum esse vsum Necromantiæ, qua diabolus pater mendacij de veritate, de rebus abditis, etiamq̃ de salute hominum consulitur. Etenim animæ quas Necromantæ sacrificiis à se adduci putant ferè sunt diaboli: ac propterea quicunque capita mortuorum seruant, nisi medicinam aut chirurgicā faciant, ij plerumq̃ exercent Necromantiam, vt Ioachimus Camerarius à se visos narrat nō ita pridem, qui diabolo per caput mortui loquente vtebantur. Sed quoniam homines bene instituti & quicunque sunt meticulosi perhorrescunt noctu sepulchra accedere & in artes istas incumbere, alias rationes excogitauit Satanas vt hos ad sui adorationem pertraheret: insinuabat enim se in earum corpora quæ frequentes in templis erant, & per eas loquebatur. Id autem plurimùm virginib. accidebat sortilegis ad impietatis opus adornatis, quæ ieiunantes religione maxima orabant in specu Apollinis somnumq̃ in ea capiebant (nam quo grauior est impietas, eo honestiore pietatis & religionis velo obtegitur) tum diabolo in illius corpus ingresso quæ ita noctem transegerat, illa postridie diuinabat & de rebus quæsitis responsa dabat plerumq̃ amphibola: atque hæ sacerdotes Pythiæ, nonnunquam etiam Sibyllæ dicebantur. Sic Virgilius Sibyllam Cumanam nominat, quæ precibus ad Satanam in specu habitis furore correpta spumabat, & nouo sermone loquebatur, ac tum prædicabatur Deum ad ipsam aduenisse. Quamobrem in Lege Dei præcipitur vt lapidibus obruatur mulier prædita spiritu Pythonico. Hebræi appellant אוב, LXXII. interpretes ἐγγαςριμύθοις ἢ ἐπαοιδόν, quasi dicas in ventre aut vase loquentem: quod Magi cum suis phialis vitreis peluibusq́ faciunt. Vulgata versio Grǽcos in trãsferendo sequuta est Apollinis Pythij oracula consulentes. Narrat Cælius Rhodiginus puellam nuper in regione sua à se visam, cuius in corpore spiritus erat Pythonicus res præsentes & occultas verè per pudenda respõsans, & de futuris persæpe mētiens. Verùm quod ex Apolline Delio responsa plurimùm petebãtur, ideo factum est quòd euidentiora essent: quamobrem Delius dicebatur ἀπὸ τῦ δῆλυ. Scribit Chrysostomus Sacerdotem in specu prostratam Pythonicum spiritum solitam accipere & despumare furore correptam, ac tum plerumq́ dæmonem (quem Ethnici colebant pro Deo) per eius pudenda respondisse: quod Origenes aduersus Celsum Epicureum deridet grauiter, & Plutarchus etiã (quãuis Ethnicus) extremi esse furoris testatur quòd Deus in fœminas istas intrare creditur, imò & religionem & naturam Dei sic traducendam polluendámque propinari. De Sibyllis iudicium permitto sapientioribus: videtur tamen Lactantius & quicunque tanti fecere Sibyllarum oracula, non satis originem vnde processerunt ista attendisse. Etenim Virgilius [a] testis est Sibyllam Cuma-

[a] libr. 6. Aeneid.

Cumanam omnium celeberrimam Sacerdotem Pythiam fuisse ac dæmoniacam: & bona pars istorum oraculorum Saturno solùm, Ioue, Venere, Neptuno personant. Præterea Ethnicæ fuerunt Sibyllæ omnes & à fide nostra alienæ, quarum neque Scripturæ meminerunt vnquam, neque vllam confirmationem aut approbationem dedit Conciliorum (fuerunt autem ampliùs sexcenta) autoritas. Verùm Lactantius videns apud Ethnicos nihil maiestatem Bibliorum posse, Sibyllinis oraculis tentauit id quod volebat ostendere: quamquam hæc oracula quibus illis adhibebant fidem fortè pro libito fuerunt concinnata. Hos autem Sibyllinos versus qui excussi extant & Latini per Castallionem facti, nihil quàm summam historiæ Biblicæ continentes. hos ergo Sibyllarum esse ridiculum est credere: cum ne vnus quidem versus eorum compareat quos è Sibyllinis Cicero, Liuius, Porphyrius, Plutarchus, & Græci authores adduxerunt. Verumtamen benefactum eo tempore putauerunt Patres, si Ethnici quocunque modo pertrahi ad religionem Christianam possent: quæ opinio impura est ac iure damnata, cùm Prophetias diuinitus inspiratas cum ijs sit nefas coniungere, quas apud infideles Ethnicos Satanas Sibyllis inspirauit. Aristoteles[a] huius diuinationis & furoris peruestigans causam admirat vehementissimè: tandémq; statuit ex antrorū vapore fieri, vt in Lebadia specu, Trophoniana, Corycia, Pythia, & alijs: sed

[a] *lib. de mū-do ad Alex.*

sed hæc causa ratione nulla nititur. Nam cur hæc potius quàm illa ediderit? cur ex tot centenis speculum millibus ne sex quidem ediderūt? cur etiam centum annis aut centum viginti ante Ciceronis tempora (vt in libris de diuinatione legimus) edi in suis antris desiuerunt? neq̃ enim permutata fue-runt antra: qua occasione Plutarchus [a] eorum Dæmonas defendit obijsse. Præterea an istud aliquam veritatis causam habuerit, eo vapore fieri vt spiritus ingrediatur in fœminam, in stomacho eius loquatur occluso ore, aut ore loquat̃ exerta lingua, aut deniq̃ pudendis? Et veritas tamen cum mendacio sæpe confusa deprehendebatur, & cùm oraculum dixit apud Iustinum Martyrem, & Eusebiū,

[a] lib de oraculi. defec.

Μοῦνοι χαλδαῖοι σοφίην λάχοις, ἠδ' ἀρ' Ἑβραῖοι,
Ἀυτογενῆθλα ἄνακτα σεβαζόμενοι θεὸν ἁγνῶς.

id est, Soli Chaldæi sapientiam sortiti sunt, & Hebræi Ex se genitum Regem colētes Deum sanctè. Taceo mysteria & sacrificia quæ obseruabātur ad exoranda responsa, & apud Diodorum & Pausaniam legimus. Quid verò quòd eos interdum diabolus occidebat qui suas adibant specus, nisi aliquid postularēt? Fernelius historiam recitat cuiusdam magi, quem, cùm accersiuisset dæmonem, superueniens occidit dæmon: roganti autem sortilego sodali istius quare occidisset eum, id à se factũ respõdit diabolus propterea quòd à se nihil postulauisset. Ab hominibus enim rogari, orari, & adorari Satanas percupit, & nonnunquam veritatem profert vt mētienti sibi habeatur fides, aut si ignorat

rat verum, ambages responsat atque ænigmata. Deus autem alium præter se de rebus futuris Lege prohibet consuli, aut alteri haberi fidem, licet id euenerit quod malignus spiritus & diuini prædixerint. Non tamen eam ob causam prohibetur, ꝗ spiritus rerum multarum ignari sint, cùm ipsi dæmones quasi δαίμονες id est, scientes, Eustathio teste, appellentur (qua significatione Hebræi veræ linguę & naturalis magistri appellant ידעים à verbo ידע nouit, sciuit) contra ꝗ Eusebius dæmonas à timore quem inijciunt hominib. dici παρὰ τὸ δειματίνειν censet: quorum tamen bona pars familiaris est agitꝗ familiariter, quàm ob causam Græci δαίμονας παιδρὸς nominabant. Ex his itaꝗ concludimus nihil in prophetiarum causa accipi aut credi oportere, nisi verbum Dei aut quod omnino cum verbo Dei consenserit, ne si Angelus quidem è cœlo dixerit, nedum quod Satanas inspirauerit. Quamuis autem Christiani Ethnicorum templa ipsamꝗ ædem Apollinis exspilauerint atꝗ euerterint, nõ tamen Satanas continuò destitit vires suas nouis idololatrijs artibusꝗ magicis exercere, frequentibus nunc vt cùm maximè. Ac olim quidem religionis specie rogabatur: iam verò accurrit non vocatus, & se ratione cæca intrudit in omneis partes inescandis & pessumdandis hominibus. Qui autẽ diabolum non accersit neꝗ inuocat, sed exhibentẽ se accipit, is certè non est tanta improbitate omnino quanta ille qui eum aduocat, orat & accipit: verumtamen vterꝗ morte dignus est, vterꝗ sortile-

t

gus. Non ita est homo δαιμονιόληπτ۳, qui neq; rogato neque inuocato diabolo possidetur ab eo atque obsidetur: cuiusmodi in Italia inuenias multos pleraseq; foeminas, pauciores viros, quos tanquam furiosos & agitatos rabie oportet necti. Sic anno M. D. L I V. Romæ octoginta duæ inuentæ sunt, quas Gallus quidā monachus Benedictinorum ordinis voluit eiurare, sed frustra. Scribit D. Fayus [a] Consiliarius in Parlamento, qui tum agebat Romæ, postero die rogatos diabolos cur eas inuasissent respō disse se fuisse in corpora foeminarum istarum (quæ bona ex parte Iudææ erant genere) à Iudæis missos, indignè (aiebant illi) ferentibus quòd fuissent baptizatę. Quā ob causam Theatinus Papa capitali odio Iudęos prosequens fuisset relegaturus illos, nisi Iesuita quidam liberè defendisset nō posse hominem quemquam in vllius hominis corpus diabolos immittere. Certum illud quidem, ac ne diabolū quoq; ipsum nisi Deo permittente posse: hoc permittente potest. Sic in Germania fortasse Kentorpensi monasterio euenerit vt moniales omnes à spiritibus malignis obsiderentur: quibus dicentibus per coquam monasterij Elisabetham Kamam effectum esse, illa agnouit factum, se sortilegam fassa est, & improbis suis precibus sacrificijsq; diabolos in earum corpora fuisse missos: atq; hoc nomine fuit igni tradita. At Romanus ille diabolus Iudæorum accusator nullius nomen detulit. (Non potuerunt autem in tanto virorum mulierū puerorumq; numero omnes rei esse)

[a] *in lib. Encr gumen.*

rei esse) licet dæmoniaci diuersis linguis quas nun
quam didicerant loquerentur. Spiritus autem
modò fatur velut in stomacho dum os mulieris oc
cluſum eſt, modò exerta semipedali lingua, modò
pudendis: qua in re omnes Athei qui diabolos eſ
ſe negant coguntur obmuteſcere. Etenim aut oc-
cluſo ore, aut exerta & rigente lingua, aut pudendis fari neminem fatentur poſſe: & mulierem
quæ nihil vnquam didicit, doceri à melancholia
Græcè Hebraicè Latinéque non auſint dicere:
quæ tamen in dæmoniacis ineſſe conſtat. Huc
pertinet quod Fernelius medicorū noſtra memoria princeps cap. xvi. de abditis rerum cauſis igna-
rum furioſumq́ puerulū à ſe viſum fuiſſe ſcribit q̄
Græcè loquebat̄: ac ſe tum dixiſſe eum à maligno
ſpiritu poſsideri. Sunt etiam quæ à diabolo ſic li-
gantur vt ſolui non poſsint vincula, ſed ea rumpi
aut ſecari ſit opus. Eſt Menilij ad Dammartinum
mulier domina Roſſa nomine, quę inde ab octauo
ſuæ ætatis anno à maligno ſpiritu ligari cœpit ad
arborem, ad pedem lecti, ad præſepe ſtabuli, aut
altera manu alteri impoſita, fune, vimine, ſeta eqnę
caudæ, cannabe: idq̄ tanta celeritate vt facto diabolus velociſsimum quemque oculorum iactum
anteuerteret. Puellam Pariſios ductam anno M.
D. LII. viderunt Doctor Picardus alijq́ue Theologi, omneiſq̄ artes ſuas ad liberandā ipſam con
ſumpſerunt: ſed nihil effectū. Hos medicus Holle-
rius ridēs dicebat primū morbū eſſe melācholicū:
poſteà verò q̄ oculis ſuis in frequēte corona vidit

miraculum, puellam inter duas tresve mulieres ftiantē exclamare, & illicò fic vinciri ambabus manb us vt folui non poffet vinculum ac fecari opus effet, malignum fpiritum confeffus eft. Nemini apparebat quicquam, fola puella albam videbat nubem, cùm fpiritus vincturus accederet. Eadem ratione quod Magi & Magæ fibi copulationem carnis cum maligno fpiritu fatentur intercedere, id cō plu res Medici Ephialtas aut Hyphialtas, Incubos aut Succubos effe aiunt vel lienteriam: fic ementiuntur legem Dei, homines in cæca ignoratione continent efficiuntq̃, vt grauifsima omnium fcelera impunè abeant. Similiter diuinationes pro delirijs habent, quarum tamen euenta fpectantur adeò mirifica vt nemo non rapiatur in admirationem. Si bene Platonem euoluiffent ifti, comperiffent ab eo ftatui duo diuinationis vel θεομαντείας genera, vnum morbo accidens, alterum dæmonum infpiratione. Quod enim fcribit Ariftoteles nullā foris diuinationem accedere, id philofophorum omnium explofit cōfenfio, certifsimaq̃ euertit experientia, præterea ab opinione ifta difcefsit idem in libro de mundo quem Alexandro magno dicauit. Non fum nefcius Platonem, quia legem Dei ignorauerat (nondum enim ac ne poft quinquaginta annos ab illius tempore fermone Græca donata fuerat) prædictionem diuinam à diabolica minimè diftinxiffe, fed generatim diuinationẽ vel μαντικὴν definiuiffe κοινωνίαν τινὰ πρὸς θεὸς καὶ ἀνθρώπους πρὸς ἀλλήλυς καὶ δημιουργὸν τῆς θεῶν καὶ ἀνθρώπων φιλίας, id eft, Diuina-

Diuinationē esse modum inter Deos & homines communicandi, eorúmque amicitiæ effectricem. quod prophetiæ diuinæ non male conuenit. Diabolica autem prædictio modò ab expressa conuentione & diaboli atcp hominis cōsensu nascitur, modò à diaboli violentia sine morbo hominē obsidentis adeò vt diuinet: quēadmodum Saul à Dæmone agitatus & in furorem versus eo autore diuinabat: nam scriptura (vt antè diximus) prophetiæ voce vtitur. Non raro etiam malignus spiritus magum immorigerum vexat, in furorē agit, & nonnū quam occidit. Sic nobilem à biennio virū cognoui ad Villerios Costeretanos habitātem, qui in annulo quem ab Hispano percarè emerat familiarem habebat dæmonem, cui ex sententia animi sui volebat imperare & velut mancipium subijcere: cúmque mendacia plerumcp effaretur dæmon, annulum in ignem iniecit homo tanquam si eodem inijci potuisset dæmon & annulo hærere teneretur: sed ex eo tempore furiosum hominem effectum diabolus exagitat. Iudicium legi latum in Ducatu Geldriæ xiiij. M. D. XLVIII. contra magum quemdam Iacobum Iodocum à Rosa nomine, Cortraci natum, qui dæmonem sibi esse inclusum annulo fatebatur: sed addebat se quino quoque die fuisse coactum dæmonem compellare atcp consulere. Multis etiam Sagis mulieribus accidit, si promisso fœdere & fide data Satanæ ipsas aliquando consortij istius tæduerit, necseria resipiscentia ad Deum conuertantur, vt tun-

t iij

dantur & vexentur nocte mortemq́; expetant, vt Iacobus Sprangerus Coloniensis Inquisitor fidei, cuius operà Magæ non paucæ igne perierunt, literis consignauit. Equidē cognoui hominem (cuius nomen quia in viuis est reticebo) qui mihi indicauit ipse se à persequente spiritu & varijs modis se ipsum obtrudēte plurimū infestari, de nocte vellicari n aso, excitari, persæpe percuti, & quamuis rogantem vt se sineret quiescere non dimitti tamen sed continenter agitari, dicente spiritu, aliquid mihi impera: ideóq; se putantē fore vt à spiritu sineretur Lutetiā aduenisse specie litis suæ quam procuraturus venerat, si fortè malo suo remedium comperturus esset. Cùm itaq; animaduerterem non audere hominem singula mihi retegere, rogaui quam vtilitatem ex seruitute domino huic præstita percepisset: Ad hæc ille, se existimasse futurū vt fortunas atq; honores adipisceretur, & res abditas cognosceret, se autem semper à spiritu falli cùm rem veram semel protulerit tria mendacia enuntiante, se ne obolo quidem à spiritu ditatum esse, neque amata potitum, qua occasione præcipuè ad eum inuocandum venerat, se de plantarum animalium lapidúmq; viribus, deq; scientiis abditis (prout sperauerat) ex eo nihil didicisse, vrgeri solùm verbis vt inimicos vlciscatur, technam cōsuat, aut scelus perpetret. Dixi facile esse ab isto domino liberari, videndum vt eo adueniente statim Dei nomen ad auxilium suum inuocaret, & se mente pura optimóq; animo seruituti Dei addiceret. Ex eo tempo-

tempore non vidi hominem, necq̃ an pœnituisset potui cognoscere. Hic spiritum paruum suum dominum appellabat: nam Satanas decipiendis hominibus blanda sibi arrogat vocabula, familiaris spiritus, albi dęmonis, parui domini, qa in odio est Satanæ & diaboli appellatio: itaq̃ plerique Magorum appellant paruum dominum, vt in libro Pauli Grillandi Itali(qui multos adiudicauit morti) memini legere. Diximus de ijs qui malignorum spirituum accersunt opem vt ijs imperent eosq̃ in sua potestate habeant, & qui vtendos comparant, etsi emptores isti seruitutem miserrimã deprehendunt sibi impositam: tum etiã de ijs qui inuocationes faciunt ceremonijs, sacrificijs, & orationibus ad eam rem accommodis, quarum orationum verba nolui exscribere, cùm tamen plus satis de scripto excusaq̃ adiectis priuilegijs habeantur, quorũ autores cum suis operibus iustum esset concremari. Quamobrem in hoc nostro opere sategimus vt quicquid mentibus curiosis occasionem experiundi ista scelera præbiturum esset id tectum & occultum permaneret: id solùm quod ad informandos Iudices pertinet, eosq̃ præmonendos qui in foueam technis Satanę incisuri essent, placuit exponere. Iam dicamus de ijs qui præter inuocatiõem expresis verbis Deo creatori totiq̃ religioni
renuntiant, & seruitute diabolo addicti ab eo obsignantur.

De

De ijs qui expressa conuentione Deo & religioni suæ renuntiant, & an corpore à Dæmonibus exportentur. CAP. IIII.

Iscrimen inter Magos obseruari optimè & intelligi pernecessarium est propter iudicia quæ variè de eis ferenda sunt. Hi autem præ omnibus sunt abominandi qui Deo & cultui eius renuntiant, aut qui (siquidem non Deum verum, sed superstitiosam aliquam religionem coluerint) suæ religioni renuntiant vt se conuentione expressa dedant Diabolo. Nulla enim est religio tam superstitiosa, quæ homines non coerceat quodammodo in legis naturæ repagulis, vt parentibus & magistratibus coniuncto nocendi metu obsequantur: quem nocendi metum ex hominum mente conatur Satanas eximere. Expressa aūt conuentio modò fit verbis sine scripto modò scriptura confirmat: cùm Satanas (vt suos obstringat sibi antequàm impetrent postulata sua) iubet eos, si nouerint, instrumentum obligationis conficere atq; subscribere, interdum etiam ipsorum sanguine, prout veteres in sanciēdis coniurationibus fœderibusq; vtebantur [a], vt apud Liuium libro secundo, & apud Tacitum de Regibus Armeniæ legimus. Sic ergo cum suis experitur Satanas. Theophilū quemdam narratur se ita diabolo obligasse, & quidē obligatione sanguine exarata. Et nuper etiam anno M. D. LXXI. inter eos quos ille cæcus Lutetiæ suspensus detulit, fuit causidicus cuius prætereo nomen, qui se fa-

[a] Plutarch. in Valerio Publicola.

LIB. II. CAP. IV.

se fatebatur obligatione diabolo facta renūtiauisse Deo, & obligationem sanguine suo conscripsisse. Multis praetereà iudicijs compertum est reciprocam inter diabolum & Magum obligationem interdum esse ad anni spatium ad biennium, aliud ve tempus: item esse qui postulent sibi facultatem dari curandi dolores dentium, quartanam, aut aliud malum, ea lege vt alios occidant aut abominanda committant sacrificia. Quòd si ab ijs qui se in totum addixerunt diabolo vt aliquid consequātur ipse metuerit vt cultum suum deserant, tum nō satis habet si disertis verbis Deo renuntiauerint, sed notam eis insuper imprimit, vt Danæus in dialogo de sortiarijs obseruauit: qui autem ex animo se tradunt ipsi & quos stare nouit promissionibus, his non indit signum, vt idem autor ostendit. De notis autem quod dicimus tam certum est quàm quod certissimum, & ordinariè Iudicum oculis cō pertum, nisi in locis abditissimis occultētur: vt ex Valesio quodam nobili audiui his inter labia notam esse, illis sub palpebris (vt Danæus inquit) alijs in sede si metuunt retegi, plurimùm ad dexterū humerum, fœminis verò ad femur, sub axilla, aut in genitalibus. Narrauit mihi Albertus Picto Aduocatus in Parlamēto se quæstioni de veterinario quodam Mago in Theoderici castello adstitisse, in dextero cuius humero comperta est nota, postridie verò à diabolo obducta deletaq̃. D. item Claudius Deffayus Procurator regius Ribemontij affirmauit notam Ioannæ Haruilleriæ Magæ à

u

se fuisse visam, sed deletam die postero. Cenomanus ille Triscalanus nomine qui à Præfecto prætorio damnatus veniam hac lege impetrauit vt affines eiusdem criminis indicaret, cũ in populareis conuentus ducebatur, aut de facie agnoscebat eos quos in Sabbathismis viderat, aut ex alia nota quã ipsi inter se nouerant: atque vt dictum confirmaret, signatos aiebat esse notis quæ in nudis deprehendi possent. Excussi itaque illi quos accusauerat signati deprehendebantur quodam quasi vestigio leporis, sed ex sorte sensus adeo vt vel ad ossa vsq; intima in loco vestigij punctim percussi magi nõ persentiscerent. Sed tam multi diuites ac pauperes in isto numero comperti sunt, vt alij effugium alijs comparauerint: itacq; serpsit hoc malum semperq; dissipauit se latius, vt reorum impietatem in æternum testatam faciat & conniuẽtiam Iudicum, quibus habendæ quæstionis iudicijq; perficiendi munus fuerat commendatum. Hoc verò mirabilius, quòd pleriq; Magi non satis esse ducunt Deo renuntiauisse, nisi se iterum in nomine diaboli baptizari curauerint & vocari altero nomine, ex quo sit vt Magis ferè duo sint nomina. Necq; dissimulandum istud, ad efficiendum quingentos Magos vnum sufficere: nã ei qui se addixit diabolo nihil est expeditus ad gratiã eius ineundam & habendã pacem q̃ vt multos subditos pertrahat: itacq; persepe vxor perducit virũ, mater filiã, & iustæ familiæ sic aliquãdo perstãt in multa secula, vt infinitis iudicijs fuit cõprobatum. Cuiusmodi familiæ olim in

Africa

Africa Italiaq; exstiterūt, quæ solo aspectu vel lau
datione homines enecabant, vt Solinus, Mepho-
dorus, Plinius, Gellius, & Isigonus scripserunt, &
in Problematis Aristoteles annotauit xx. sectione,
Problemate xxiiij. veteres ante laudationem præ-
fari solitos eam nocituram nemini: & Itali quoq; di
cunt, vbi aliquem plenis buccis laudari audiunt,
Di gratia no gli diate mal d'ochio: & Magi denique op-
portunè importunéq; faciunt. Prout enim laus p-
priè ad Deum solum pertinet, certum est, si quando sic laudat homo vt non referatur ad Deum lau
datio, plus æquo exultare eos qui laudatur & gloriam sibi arrogare, eoq; pacto Satanam plenis ve-
lis in præcipitia ruinæ ineuitabilis eos perducere.
Sed ad alia veniamus. Doctor Grilladus Italus &
quinq; illi inqsitores, qui de multis Magis in Germania Italiaq; cognouerūt, nihil aliud dictum fuisse tradunt quàm idipsum quod rei euicti in hoc re
gno confessi sunt, idq; nominatim Lugduni Lochijs, apud Cenomanos, Pictauij, Sanlisij, Lutetiæ. Ioan. Charterius, q Caro. 7. cōscripsit historiā,
Guilhel. Edelinū Sorbonæ Doctorē narrat Magi
carū sortiū fuisse damnatum pridie natalis Christi
1453. confessum se per noctē sæpe in Magorū cōuentus exportatum Deo ibidem renuntiauisse, di
abolum hirci figura visum adorasse, & podici eius
oscula dedisse. Hoc aūt insignibus exemplis oportet demonstrari, vt intelligatur Canon Episc. xxvi.
q. v. Concilij Aquileiensis, à cuius intelligētia ab-
luserunt quāplurimi: etsi neq; à Concilio generali

profectus est, necʒ à Theologis approbatus. Vti-
gitur id quod diximus illustretur, nullum iudiciũ
fuisse puto insignius quàm illud de Maga Lochia-
na recentissimum. Vir quidam tenuis cùm vxorẽ
interdum abesse noctu perciperet, bonamq̃ noctis partem emanere, præterea dicentem se aut ad
deonerandam aluum egredi aut ad lauãdum cum
vicina sua aliquoties falsi euicisset, suspicionẽ con-
cepit de perfida eius libidine, & necem interminatus est nisi locum quò proficiscebatur indicaret. Illa sibi à periculo metuens rem vt erat confessa est,
atq̃ vt explores & videas hæc ita se habere (inqt illa) si volueris, eodem venies: tunc tradidit ei vnguentum quo se vterq̃ inunxerunt, & pronuntiatis aliquot vocibus diabolus eos Lochijs in arena-
rias Burdegalenses (quæ à Lochijs minimũ quindecim dierum absunt) exportauit. Vidẽs itaq̃ vir
se in ignota Magorum, Magarum, & diabolorum
(humana specie aspectus tamen horrifici) frequẽtia versari, dicere cœpit, Deus mi, vbinam sumus?
Hoc dicto, repentè cœtus disparuit: ille verò cernens nuditatem sui corporis oberrauit per agros
nudus, donec manè rusticos inuenit qui ipsum in
viam deduxerunt. Reuersus Lochias ad Quæ-
storem rerum capitalium contendit rectà, qui au-
dita probè historia fœminam prehendi iussit: illa
verò minutatim omnia quæ diximus confessa est,
& vltrò agnouit peccatum. Lugduni quoque ante paucos annos mulier potens comperta est, quæ
surrexit de nocte accendit lucem, arrepta pyxide
mun-

inunxit sese, & post voces aliquot elata est : hos ritus fieri obseruans moechus qui cum ea cubauerat lucernam capit, perueftigat vndique: & ea non inuenta cùm solam vnguenti pyxidem reperisset, curioso animo exploraturus quid vnguentum posset fecit prout fieri animaduerterat, ita statim elatus comperit se cum Magorum coetu esse in agro Lotharingiæ, & consternatus est: Sed cum primùm Dei opem implorauit, euanuit totus coetus, ille verò solum nudumq̃ sese comperiens Lugdunum reuersus est & maleficam accusauit, quæ confessa rem totam igne perijt. Idem quoq̃ nobili cuidam viro non ita pridem ad Melodunum accidit, qui & molitoris verbis. & sua ipsius curiositate adductus coetum maleficorum adijt: sed quoniam perhorrescebat metu, quamuis non inuocaret Deum, Diabolus maxima voce inclamauit, quisnam hic metuit? Sic volente nobili viro discedere, ex oculis abscesit coetus. Atq̃ hic reuersus indicare Magū statuerat, ille verò præmonitus sibi cōsuluit fuga. Quod de timore diximus, ex iudicio magarum Valerianarum in Sabaudia commodè potest intelligi: vbi fatebatur filia cùm parētes primò ad coetus suos essent ipsam deducturi, vt momento efferrētur baculum sibi ab eis fuisse datum quē femoribus subderet, eosq̃ indixisse vt ante omnia sibi caueret à metu: sic cum parentibus statim exportatam esse. Hoc iudicium in postrema editione libri Danæi fuit excusum typis, quod anno M. D. LXXIIII. fuerat confectum, vt posteà demō-

n iij

strabimus. Sunt qui sartaginem aut æneum vas aliquod argenteúmve deferant ad festa sua solenius celebranda: quo spectat ille articulus Salicarum legum capite lxvij. *Si quis alterum hæreburgium clamauerit, hoc est, ferioportium aut qui aneum portare dicitur vbi Striæ concinant, & conuincere non poterit, soluat solidos lxij.* hic enim *Striæ* & *Striges* vocabula designāt magas quæ dæmonas prosequuntur. Olaus magnus libro iij. cap. xi. scribit apud Boreales populos locis compluribus istas Magorū dæmonúmque saltationes cōspicuas esse. Idem in monte Atlante plerumq; fieri tradunt Mela libr. iij. Solinus lib. xxxviij. cap. xliiij. & Plinius lib. v. cap. i. Nec absimile est quod apud Paulum Grillandum Iurecōs. Italum legimus, qui de multarū maleficarum factis cognouit atq; iudicauit: anno M. D. X X V I. non procul à Roma rusticū extitisse, qui postquā nudam vxorem suam se inungentem vidisset noctu, sublatámque oculis domi nō inuenisset, eam postridie arrepto baculo non destitit percutere donec rem ex veritate fateretur, quod illa faciens veniam sibi dari postulauit. Hic veniam ea lege dedit vt se in cœtum vxor deduceret. Ea postero die virum vnguento suo curauit oblini, sic vterque insidentes hircis peruenerunt in cœtum velocissimè. Virum autem vxor præmonuerat à nomine Dei planè abstinendum esse, nisi per ludibrium blasphemiámve diceretur. Nam hac in re omnes consentiunt, eum qui baiulatur si Deum nominauerit in media via repentè deseri: vnde
ostendi-

ostenditur nihil vnguento effici, sed Diabolum ocyus Euro deportare (prout August. inquit, Dæmones auiū volatus incredibili celeritate vincūt) ac multo etiam velocius Angelos, quib. propterea ad pernicitatē eorū maximā & ἀκατάληπτον figurandam senæ alæ in Scriptura sacra tribuunt. Hūc igitur in cœtu versantē mulier seorsim aliquantisper iussit cōsistere, vt mysteriū totum cerneret, donec ipsa caput illius cœtus salutauisset ornatum Principis amictu magnificentissimo, maximácꝫ virorum & mulierum corona cinctum, qui honorem clientelarē singuli exhibuerunt domino. Hoc facto saltationē institui in orbem vidit ore extrorsum obuerso, ita vt non viderent alter faciē alterius, quod in popularib. saltationibus receptū est: fortè eo cōsilio vt alij non possint alios commodè obseruare atque agnoscere, quos illi indicent si ad iudicum manus peruenerint. Quod etiam Triscalanus Magus cui Rex Carolus ix. Veniam dedit vt socios indicaret, adstante magna procerum turba exposuit Regi: Magos in suos cōuentus exportari, innumeras eorum adesse copias qui adorāt hircum & posteriores illius partes osculant: tum aduersis tergis non videntes inter sę saltare: deinde cum diabolis virili & muliebri forma coeuntib. copulari. Post saltationē instratæ fuerunt mensæ, cibi appositi. Mulier tū admouit virum vt Principē salutaret: deinde vt cum alijs accubuit mense videns cibos insulsos esse & in mensis desyderari salē, clamauit continēter donec sal (vt videbat) alla allatus esset, quem antequàm gustauisset dixit, *hor laudato sia Dio pur e venuto questo sale*, Iam laudet Deus, cùm hic sal aduenerit. Hoc dicto abierunt statim ab oculis omnia, homines, cribaria, mēsæ: ipse solus remsit nudus, affectus ingenti frigore, nesciens vbi locorum esset: cùmque illuxisset dies, pastores nactus est, à quibus rogans vbinam esset cognouit se in Comitatu Beneuentano agere opima ditione Papæ. Hæc sub nuce gesta ad centesimum milliare ab vrbe Roma: vnde proficiscens ille panē, & amictum coactus est mendicare, & octauo demum die macer atcp exhaustus peruenit domum, vxorémcp detulit, abs qua accusatæ aliæ & veritatem confessæ viuæ igni fuerunt traditæ. Idem autor est anno M. D. X X X V. adolescentulam in Spoletano Ducatu tredecim annos natā à vetula quadam in Magorum cœtum sic perductam esse, miratámcp conuentum adeó nūmerosum dixisse, *Dio benedetto, che chosa e questa?* Deus benedicte, quid hoc rei est? Simul atcp pronuntiasset ista, euanuisse omnia: miseram diluculo à quodam rustico inuentam ei rem totam enarrasse: eum deinde ad suos puellam remisisse, & Magam ab ipsa accusatam igne sublatam esse. Quod autem hic narrat conuētus sub nuce ingente habitos, ex historijs compluribus annotaui & ex iudicijs, loca à Magis ad suos conuentus destinata aut certis arboribus aut crucibus plurimum insigniri. Sic in Magarum Pictonicarum iudicio fuit deprehensum conuentus ad crucem quamdam tota regione celebrem haberi solitos,

solitos, quò ante annos centum olim cōuenerant, vt Saluertus Præses ex actis veteribus & centenarijs se mihi narrauit comperisse. Malberij quoque ad Lomagniense Bellomontium octauo ad Tholosam milliari Magorum cœtus & saltationes compertum est ad crucem artocreatis haberi solitas, vt alijs locis fuit factitatum: & Magarum vna Beronda nomine, cùm propè esset vt igni traderetur, contendens cum nobili quadam fœmina quæ negabat se interfuisse, dicebat huic, *No sabes pas tu que le derrain cop que nous hemes le baran a la Croux do pastis, tu portaos lo topin des poudoux?* An ignoras cùm postremò saltationem faceremus ad crucē artocreatis te portasse poculum venenorum? Hæc autem Beronda viua exusta est. De exportatione autem, post vnctionem transuehi Magos legimus, vel sine vnctione sæpe, hirco, pegaso, scopis, baculo, vel sine baculo & iumento vllo, alios nudos (vt plerosque ad se inungendum nudos esse ostendimus) alios amictos, hos noctu, illos interdiu, plurimū tamen de nocte, idcȝ ea nocte quæ inter diem Lunæ & Martis interuenit: cuius rationem suo loco dicemus. Huc pertinet quod Paulus Grillandus libro de sortilegijs scribit se anno M. D. XXIIII. à nobili quodam viro fuisse rogatum vt in castellum S. Pauli, (quod Spoletani Ducatus est) veniret, & de tribus Sagis mulieribus cognosceret. Earum minimam fretam sponsione suæ liberationis fuisse confessam se iam ante annos xv. à vetula Saga in Magorum cœtum deductam esse, vbi Diabolus in-

x

terfuit, quo autore Deo, fidei, & religioni suæ renuntiauerit, iuramento cauens se fidelem fore & diaboli mādatis obsequuturam, idq̃ manu libro obscurissimam scripturam habenti imposita: item se ad solēnitates nocte & ad ferias cùm imperabūtur venturam, & quoscunq̃ posset codē adducturam: diabolum ipsi vicissim lætitiam æternamq̃ felicitatem spopondisse. Amplius confessa est se ex eo tempore necem hominibus quatuor intulisse, pecori sæpenumero, & fruges calamitate deuastasse: Siquando ipsam die stato contigisset ad cœtus nō accedere sine vera certaq̃ excusatione, se ita de nocte fuisse vexatam vt nec somnum caperet nec quietem vllam: Cùm proficiscendum illuc fuit, se viri vocem audiuisse, quem paruum dominum, aut etiam interdum magistrum Martinetum appellabant: itaque simulac se vnguento quodam obliuisset, hircum qui præstò ad portam aderat conscendisse quem tenebat pilo, eoque hirco sub magnam illam Beneuentanam nucem vbi innumeros offendebat Magos transuectam esse: ibi fide Principi data saltari, tum mensis accumbi, postremò quemque dæmonem cum eo ea ve cuius præerat custodiæ copulari: Hoc facto singulos suo dæmoni insidentes reuolare: priuatim verò diabolum intra parietes domesticos adorare. Hæc vbi fuisset confessa & cum duabus alteris comparata, aliæ præterea fuerunt accusatæ, quæ confessæ culpam cum suis pulueribus & vnguentis viuæ fuerunt concrematæ. In libro
quoq̃

LIB. II. CAP. IV.

quoque tertio, Antonij de Turquameda Hispani aliam inter cæteras historiam recentem legimus, voluisse Magum quemdam socio suo persuadere fore ipsum beatissimum omnium, si crediderit ipsi & magorum conuentus adiuerit: vt autem consensit socius, Magum de nocte post aliquot voculas manum socij prehendisse, & vtrumque elatum in aera procul fuisse in cœtū transuectos, in quo viri & mulieres innumeræ circūstabant thronū cui maximus insidebat hircus: ad hūc osculādum omnes accessisse *en la parte ma su zia que tenia* (qui sciunt Hispanicè, eam partem esse intelligunt quæ honestè non potest nominari) Nouitiū cùm videret istud, socio dixisse, amitto patiētiam, & inclamasse repentè *Dios a muy grandes bozes*, ait autor. i. Deum voce quā maxima: tunc irrumpente turbine procellaq́ vehemētissima disparuisse omnia, illum solum substitisse, & triennium totum consumpsisse antequàm in agrum suum reuerteret. Apud Cenomanos nuper cremati sunt plurimi, qui se in sabbatha sua persæpe abiuisse & ea quæ antè diximus commisisse fatebantur: his acta forensia plena sunt, & iudicia recens huc illuc transmissa, quæ ita nota sunt vt breuiter contentus indicasse præterire malim ad cætera: Minimùm enim triginta magi inuidia inter se perciti alter alterum incusarunt, quorum confessiones vno ore testificabantur transuectionem, adorationem diaboli, saltationes, & religionis abiurationem. Recens quoq́ iudicium exstat in Valerianas Magas

x ij

Sabaudiæ confectum anno M.D. LXXIV. cuius historiam summam Danæus copiose satis pertexuit, vnde similem sui diabolum semper esse constat: nam ex earum confessionibus & comparatis earum sermonibus inter se commissarum videtur corporis exportatio baculo solùm innitentis sine vnctione, tum abiuratio Dei, diaboli adoratio, epulum, pudendorum Satanæ (qui apparebat specie pecudis) deosculatio, obligatio de perpetrandis malis innumeris, pulueris in quemq; subministratio: ab vna nefariam hanc artem triginta annis fuisse exercitam: interdum se diabolum tetrũ horrificumq; valde humana forma ostendere. De cibarijs autem hominibusq; euanescentibus habemus apud Philostratum Lemnium Græcum autorem testimonium, Tyanæum illum Apollonium domum quandam ingressum vbi hilaria sua exercebant Magi, eis interminatum esse, omniaq; disparuisse illico, mensas, cibaria, homines, supellectilẽ, & adolescentem vnicum quem Magi recens deceperãt in eo loco substitisse. Ne procul abeamus, viuunt adhuc memoria nostra plurimi qui Comitem quendam Aspremontensem norunt omneis domum ad se venienteis tractare magnificè exciperéq; solitum, adeò vt accurati cibi, officia, omniumq; rerũ copia summopere turmis eò diuertentibus satisfacerent, sed homines illos & equos, cũ primùm ab eo exibant, fame & siti oppressos esse: quod de multis adhuc superstitibus me audire memini. Ita fuit Matisconensis Comes Magorum sua

ætate

ætate facile princeps, quem historiæ nostræ *aiunt* excipientem prandio frequentem conuiuarum numerum ab homine foras euocatum esse, atque (vt non audebat homo Satanæ refragari) equum nigrum præ foribus exspectantem reperisse, quo ille statim cum suo homine transuectus disparuit, nec vnquā ex eo visus est. Idem Romulo ad Capreas paludes accidisse Plutarchus autor est, eum irruente turbine è medio sublatū esse, nec deinde visum, vt procerum turba, quæ illi ad latus adstabat, confirmauit: quod vt Plutarchus probet, similia duo exempla adijcit, Aristeæ Præconnesij, & Cleomedis Astypalæi. Nec aliter Apollonio Tyaneo fuisse factum scribit Philostratus, vt hoc pacto eum dijs accenseat qui maximus ætatis suæ Magus habebatur. Sed quoniam hoc factum multi autoritate nationalis Concilij, ac potius Conciliabuli Aquileiensis volunt defendere cuius antè meminimus, placet iam Theologos annotare, qui vno cōsensu docent Magos à diabolo corpore exportari. Multas complurium populorum atq́ nationum autoritates apponimus, vt illustretur amplius veritas tam multis totiesq́ probatis exemplis, idq́ue non per somnia & deliria, sed per iudicia contradictoria, per mutuas conreorum accusationes, αὐτίκα τυπείας, repetitiones, euictiones, cōparationes, confessiones, condemnationes, & executiones iuridicas. In quibus vnum habuit Germania exemplum memorabile, quod Ioachimus Cameracensis narrat libro de natura dæmonum. Cùm fortè lanius

a Hugo Floriacensis.

b August. lib. 10. & 21. de ciuitat. Dei. Thomas in summa secūda secūdæ q. 95. artic. 5. tit. de supe. & in tract. 40. pri. par. q. 8. ti. de mira. & q. 16. arti. 5. & 6. & tit. de Dæmo. Bonaue. in 1. sent. di. 19 q. 3. Pau. Grillādus li. de sortil. sec. 7. nu. 4. Syluester Prier. in tractat. de strigib. dam. lib. 1. c. pen. & lib. 2. c. 1. Sprenger in malleo maleficarum.

x iij

quidam per sylvam de nocte iret, strepitum & saltationes exaudiuit: re itaq; peruestigata accedens pocula vidit argentea quæ, vt magi & diaboli disparuerunt illico, accepit lanius & postridie ad magistratum detulit: sic illi quorum signa poculis inerant accusauerunt alios citati in ius, & omnes supplicio digno affecti sunt. Alterum exstat exemplū insignius executionis illius quæ facta est Pictauii anno M. D. LXIIII. cuius executionis historiam cùm à multis in eodem loco, tum etiam à Pictonum Præside Saluerto didici (qui tum ad iudicium ferendum cum Dauentonio Pictonum Præside & iudicibus alijs fuerat accitus) & omnes in ea regione tenent. Tres viri cum fœmina vna Magi damnati & igne concremati sunt viui, cùm fuissent euicti necis hominibus plurimis pecudibusq; importatæ opera (vt fatebantur) diaboli subministrantis puluere quos humi stabulorum, ouilium, domorumq; limini subdebant. Narrauerunt autem isti se ter in conuentum maximum solitos proficisci, quò conueniebant Magi innumerabiles ad compitalem quamdam crucem quæ ipsis vsum præbabat signi: ibi præesse hircum ingentem nigrum, ad stantes ratione humana compellantem, in eius ambitum saltare omneis, tum vnumquemq; posteriores illius partes cum ardente candela osculari: hoc facto, hircum absumi igne, de cuius cinere singulos capere, vt eo bouem inimici necarent, huius ouem, illius equum, hunc hominem languore, illū morte afficerent: postremò diabolum voce terribili

bili hæc verba intonare, vlciscimini vos, aut mortem oppetetis: ita singulos ope diaboli redire quà venerāt. Non est aūt leuiter prætereundū illud, ɋ ter ɋtannis sacrificiū istud diabolo tenent facere: i mitantur enim sacrificiū hirci lege diuina imperatum, Leuit. xvi. & præceptū illud vt mares singuli ter quotannis solennibus serijs compareant corā Domino. Ampliùs dicebat Præses Saluertus vir clarissimus, apparere ex actis veteribus Magos iā ante annos centū de eadem causa fuisse damnatos & parib. confessionib. idɋ eodem loco ad crucem eandē gestum. Horū duo resipuerunt, & duo in p uicacia sua cesserunt vita. Iudiciū quoɋ legi in Magas Potezanas latū, ɋ mecum Adrianus Ferreus generalis vicarius Regis apud Laodunenses communicauit. In eo cōfessio illarū exstat eiusmodi, se propè Logniū ad Frenquisanū pistrinū certis vocib. quas reticebo, pronūtiatis cū scopis delatas esse: ibiɋ alias scopis ad manū instructas & cū eis sex diabolos quorū habent nomina inuenisse: postɋ Deo renūtiauissent, diabolos humana forma sed tamen aspectu teterrimos osculatas adorasse, tum habentes in manibus scopas saltauisse, posteà diabolos rem cū fœminis habuisse, ipsas verò pulueres enecando pecori postulasse: postremò constitutum fuisse vt eodem post octiduum ineunte nocte conuenirent ad diem Lunæ, cumque tres horas illic substitissent fuisse reportatas. Vnum o miseram, teneri Magum quemque malefactorum suorum rationes exponere, aut cædi, nisi fecerit,

fecerit,grauissimè.Hoc mihi Bouinº Castelli russi præfectus Biturigū nomine delegatus apud Blesenses affirmauit, Magam se iudice crematam fuisse,quam filia accusauerat quòd ipsam in conuentus deduxisset mater & diabolo instituendam obtulisset: hæc inter alia scelera istud confessa est se saltasse in hirci ambitum,& tandem singulos rationes rerum à postremi coetus tempore gestarū reddidisse,& qua in re puluerem occupassent.Hic enectumà se infantem aiebat,alter equum,ille arborē. Vna autem nihil ab eo tempore fecisse comperta frequentes ictus accepit baculo ad plantā pedum, & ab alijs omnibus derisa est. Addebat illa puluerem sæpe recentum haberi oportere. Huic simile est quod in altero Magæ iudicio legimus, quæ se fatebatur minimè quiescere nisi quid mali quotidie committeret, saltem vt vasculum diffringeret: sed cùm hera ipsius frangentem de industria vas terreū deprehendisset, tum rem confessa est & addicta morti,quia dicebat nullam sibi omnino quietem esse nisi aut enecto homine aut perpetrato malo: Quibus ex rebus apparet nō puluerem,sed Satanam esse qui ruinam solùm generis humani appetit, & coli frequenter atque adorari cupit: cùm plerumque puluis vnum duos ve pedes in terram demergatur. Memini Furnerium virum doctum Aureliensem consiliarium mihi dicere vulgò sermonem esse & quidem compertum Magarum conuentus haberi ad Cleriacum, & diabolos illic quicquid varijs in regionibus agitur nuntiare,
quia

quia singula hominum facta referunt velut in commentarios: atque hic diuinandi modus quo vtuntur Magi. Illa autem Maga cuius meminimus à sententia lata noluit prouocare, dicens se mortem anteponere tantis diaboli cruciatibus, à quo non poterat vel momento quiescere. In primis verò illud obseruandū est nullum haberi conuentum in quo non saltetur: sic Longuianæ Magæ inter saltandum canebant, har, har, diabole, diabole, sali huc, sali illuc, lude hic, lude illic: dicebāt aliæ, Sabbath Sabbath, id est, dies quietis festus, elatis sursum manibus & scopis, tum vt testificarentur certò quanta alacritate animi studioq̃ colerent diabolum atq̃ adorarent, tum vt adorationem quæ debetur Deo effingerent. Priscos enim Hebræos in tēplū apportantes munera cùm prope altare accederent saltauisse cōstat, vt optimè Dauid Kimhi [a] de voce [a] *in Psal. 41* חגג significante festum & saltationem annotauit: Dauidē quoq̃ ad testificandam lætitiam animi sui cùm præiret arcæ canentem Psal. xlvii. & psallentē saltauisse. Saulem etiam legimus à Samuele ad prophetas ablegatū esse saltantes & laudātes Deum instrumentis musicis, prout musica hominib. ad Dei laudes læto & hilari animo potissimùm efferēdas fuit attributa: sed corporis motus nihil habebat insolens, quin potiùs lenitas illius animum in cœlum quodammodo extollebat, quod officiū est Deo acceptissimum. Nō potest enim quisquis Dei laudes ista alacritate prædicat, non abripi amore & zelo honorandi Creatorem suum. Ita sin-

y

gulis Psalmorum locis vbi legitur Sela(legitur autem sæpissime)qui canebāt illud, vnà cum corpore attollebant vocem, vt Dauid Kimhi Hebræis commentarijs in Psalmos notat:etsi eandem vocē Chaldæus æternitatem exponit, Symmachus & Theodotion διάψαλμα. Abrahā Abben Hezra אמת id est, verè:vtut sit, cantores tamen ad vocis huius enuntiationem assurgebant. Priscarum autem saltationum vestigia quædam hodiernæ supplicationes videntur ostendere, quibus populi etiam omnes in suis sacrificijs & solennitatibus vtebātur. Scribit Moses Maymonis Persarum filias nudas saltare, & instrumentis psallere. Magorum verò saltationes homines furiosos reddunt, & fœminis abortum faciunt: quemadmodum de saltatione illa ex Italia in Galliam per Magos inducta, quam voltam nominant, optimo iure potest prædicari, huic saltationi præter insolentes ac impudicos motus hoc inesse mali, quòd homicidia & abortus innumeri ex ea accidunt:quod in republica in primis consyderari oportet, & seuerissimè prohiberi. Itaque Satanas, eo quòd Geneuæ saltationes ante omnia sunt odio, puellam Geneuensem sic instituerat, vt quoscunque virga ferrea ab ipso tradita attingeret eos ad saltandum compelleret: atque hæc iudices ludificabatur dicens se necari ab ipsis non posse, neque vnquam voluit resipiscere donec ad mortem damnata esset. Hoc factum ab homine didici qui interfuit: addebat autem eam simulatque

LIB. II. CAP. IV.

que fuit comprehenfa, metu & trepidatione maxima fuiffe confternatam, dicendo fe ab hero fuo deferi, ab eo promifsionem de morte non oppetenda accepiffe, eumque ab ipfa fed fola percipi. De furore autem, omnino conftat non alios quàm furiofos & væfanos homines tripudiationibus iftis & & faltationibus violentis vti, neque magis expeditam eis curandis rationem effe quàm vt fedatè grauiterque cogantur faltare, vt Germania facit infanis ex eo morbo laborantibus quem fancti Viti & Modefti vocant. Vt caput abfoluam, conclufionem cuiufdam difputationis apponam factæ coram Sigifmundo Cæfare, quam Vlricus Molitor in in libello ea de caufa confcripto retulit: nam in ea ex infinitis exemplis iudicijsque fuit conftitutum Magos verè à Satana corpore animoque deportari. Hiftoria quidem Euangelij exponeretur ludibrio fi vocaretur iftud in dubium, an diabolus de loco vno in alterum deportet Magos: cùm in Euangelio dicatur Satanas Chriftum in cacumen templi, ac deinde montis tranftuliffe. Pleriq; enim Theologi ac eruditifsimi fentiunt corpore & animo verè Chriftum exportatum effe: Abacuc item Prophetam fatentur & corpore & animo translatum fuiffe in Babyloniã, fimiliterq; Philippũ Apoftolum vtroq; vectum. Ex quib. Thomas Aquinas eruit, fi id in vno potuit, in alijs eiufdem naturæ & ponderis fieri potuiffe: hoc illius argumentum in caput Matthęi quartũ.

y ij

Apud Philostratum etiam Græcum autorem legimus, Apollonium Tyanæum à Nili fontibus in Æthiopia fuisse breui spatio Romam exportatū, id est(vt rectà contendas)in bis millesimum quingentesimum milliare: item Roma Corinthum, Smyrnáq́; Ephesum. Ioannes Theutonicus sacerdos Halberstadiensis Magus eo tempore celeberrimus, anno M. C C. L X X I. media nocte tres Missas cecinit, vnam Halberstadij, alteram Moguntiaci, tertiam Coloniæ. Pythagoram item narratur transuectum fuisse Metapontum Thurijs. Quin Vierus ipse Magorum defensor affirmat verum esse certitudine quadam scientiæ, scire se multos homines ex vna regione in alteram momento sic translatos esse. Hæc ipsius verba libr. ij. cap. viij. de præstigijs dæmonum, & lib. iij. cap. xij. Sed quia nonnullis videtur spiritu solùm translationem fieri, nunc de spiritus raptu dicendum est.

De ecstasi aut raptu Magorum, & ordinaria illorum cum Dæmonibus frequentatione. CAP. V.

EX ijs quæ de translatis corpore animóq́; Magis docuimus, & ex tam frequente experiētia exemplisq́; memorabilibus, cernitur velut meridie, & palpatur eorum error qui Magorum translationem statuunt esse imaginariam, neq́; aliud definiunt quàm ecstasin, exempli gratia visum Ezechielis,

chielis adducentes, cuius spiritus è Babylonia abreptus est Hierosolyma: quod visum aut vera animi separatione fieri potuit, aut sine separatione accidere. Ac Hebræi quidem in arcana sua Theologia animas electorū Deo per Angelos offerri tradunt quadam abstractione, homine tamen superstite: atque huc adducunt locum Psalmi cxvi. pretiosa in conspectu Domini mors sanctorum eius, quam iucundam mortem in Phædone dicere videtur Plato. At non propterea veram corporis & animi translationem per bonos spiritus & malos fieri negandum est. In exemplum Eliam & Henocum corpore apreptos adducimus, & Abacuc opera Angeli in leonum foueam corpore importatum. Quod si in antecedentibus exemplis non verè fieret corporis exportatio, qui potuisset Lochianus ille à lecto in Burdegalensib. arenarijs se deprehendere? Lugdunensis in Lotharingia? Græcus ille Plutarchi Crotone ad Neapolim, vbi milliaria amplius centū oportet transfretari? qui sexcenta alia huiusmodi perfici? Thomas Aquinas, Durandus, Heruæus, Bonauentura, Tarantasius, & Geraldus Odetus, qui in secundum librum distinct. viij. Magistri sententiarum quæstionē hanc explicarunt, omnino confirmāt corpora à Diabolis naturali potentia de loco in locum transportari. Quāquam raptus ille, vt vocant, ecstaticus plus habet admirabilitatis iudicio meo, quàm corporis exportatio. Etenim si potest diabolus, vt fatentur illi, extra corpora sua animos abripere: nónne fa-

y iij

cilius est corpus animumq́ ſine diſtractione & diſparatione partis ratione preditæ deuehere, quàm alterum ab altero nec interueniente morte diuidere. Quamuis autem immortalitatis animarū certiſſima teſtimonia & indubitarę demõſtrationes ſuppetant, hoc tamen in validiſsimis & maximis numerari mihi videtur oportere, adeóq́ ſufficere ſi bene probatum fuerit (vt profectò hiſtorijs, iudicijs, repetitionibus, teſtium comparationibus, conuictionibus, confeſsionibus, & executionibus infinitis fuit comprobatum) ſufficere igitur reuincendis Epicureis & Atheis: adeò euidenter docet humanum ſpiritum eſſentiæ immortalis eſſe. Hypotheſis enim Ariſtotelea libro ſecundo de anima ſic optimè demonſtratur, animam ſiquid ſine corporis adiumento poteſt immortalem eſſe: & altera hæc ſimiliter, animam immortalem eſſe ſi à corpore poteſt ſeparari. Iſti autem inſidi, qui neq́ poteſtatem Dei neque ſpirituum naturam credunt, eam quam vocamus animam eſſe dicunt vinculum harmonicum formámque catholicam ex ſingularibus humorum aliarúmque humani corporis partium formis reſultantem: quod certè planè abſurdum eſt, hominis formã (quam omnes Philoſophi puram & ſimplicem fatentur eſſe) ex compluribus formis componere. Ecſtaſin verò definiunt ſomnum melancholicum, quo vires animæ ita ſepultæ ſunt vt mortuus homo videatur: rem ridiculam, cùm plures Magi, Olao magno teſte, in Noruegia, Liuonia, Borealibusq́ partibus quàm
in reli-

LIB. II. CAP. V. 175

in reliquo orbe terrarum exstent: & quod de Satana apud Esaiam prædicatur, Ascendam super Aquilonem, ero similis Altissimo, ad eam potestatem referri possit quam Satanas in Boreales præcipuè populos exercet, famosos Dæmonum Magorumque nomine: prout etiam in tota Scriptura legimus venturum ab Aquilone malum, Sapientiæ ij. Esai. xiiij. xli. & xlix. Ierem. xxxiiij. iiij. vi. xiij. xv. xxiij. xxv. xlvi. xlvij. l. & li. Ezech. viij. xlviij. Dani. xi. Zachar. ij. at populus iste minus quàm quisquam alius habet melancholiæ: sunt enim omnes flauo capillo aut coloris ruffi. Quam obrem istos necesse est ignorãtiam suam agnoscere: nam Solenem quendam Plutarch. Plinius Hermotimum Clazomenium, & Præconnesium philosophũ atheon Herodotus ita abreptos fuisse tradunt in excessum mentis, vt corpora eorum mortua & sensus expertia subsiderint, itaq́ postratum Hermotimi corpus ab inimicis captũ, occisum, & crematũ esse[d]. Scripsit Hieron. Cardanus[b] se cũ luberet, p ecstasin extra corpus rapi adeò vt corpus maneret ἀκινωθητόν, Ego verò eos qui volũtariè inter vigilandum patiuntur istud Magos esse cõfirmo: & Cardanus ipse fatetur[c] patrem suum triginta annos familiarẽ spiritum habuisse. Sic plerumq́ patres sortilegi informant liberos vt in mentis excessum rapiantur: quò pertinet illud Virgilianum de Maga Æneidos sexto, quæ se promittit soluere mentes. Nam reuera anima vegetatiua, vitalis, & animalis permanet, quamuis soluti sint sensus,

motus,

[a] Plin. lib. 2. cap. 52.
[b] in sua Gen.
[c] in lib. de rerum varietate, ad finem.

motus, & ratio. Exstat recens historia Magiæ naturalis à Neapolitano, qui rem narrat à se in muliere Saga fuisse exploratam, quæ postquàm se vnxisset nudam λαποθυμῶσα & sensu destituta côcidit, reuersaq́; post trium horarum spatium in corpus suum multa è regionibus varijs nuntiauit, quę vera deinde comperta sunt. Sed autor libri digni incendio rationem rei istius gerendæ explicat. Hac arte Satanas erga eos vtitur qui nolunt retegi, siue propter familiæ amplitudinem siue propter alias causas non audeant magnos conuentus accedere. Ex Turettano Præside audiui Magam à se in Delphinatu visam quæ viua fuit concremata: hanc ergo cubantem ad ignem, manente domi corpore in ecstasin abreptam esse, & quia nihil intelligebat, grauissimis virgæ ictibus ab hero percussam, tum etiam vt viderent an de hac vita decessisset, ignem partibus quæ maximè valent sensu, fuisse subiectum, nec propterea cuigilauisse: eam itaque iacentem ab hero heraq́; mortuam esse existimantibus ibi derelictam esse: manè iacētem in lecto inuentam: quod cùm miratus herus quęsiuisset quid rei contigisset ipsi, exclamantem suo sermone dixisse, Ah, here, quàm verberasti me? Id hero apud vicinos narrante aliquem dixisse, Saga est: ideóq̃ nō destitisse herum, donec illa rem fassa indicauisset se animo cœtum Magorum adiuisse. Sic alia insuper scelera quæ perpetrauerat agnouit, & igni fuit tradita. Iacobus Sprangerus Inquisitor, qui de permultis Sagis quæstionem habuit, eas scribit confiteri, se, alteri se, cùm visum est, spiritu abripi, sin aliter videatur etiam corpore. Exemplum nostra memoria apud Burdegalenses alterum habuimus anno M.D.LXXI. cùm in Magos Galliæ instituta esset persequutio. Vetula quædam Burdegalensis Maga apud Iudices confessa est se cum alijs per hebdomadas singulas fuisse exportatam, vbi magnus hircus adorat, quo autore abnegabant Deum, se Diabolo seruituras spondebant, singuli pudenda illius osculabātur, & post saltationes pulueres accipiebat quisq;. Tum D. Belotus libellorum supplicum magister, dicente Maga se nihil posse nisi è carcere educta esset, volens rei veritatem explorare, eam educi iussit: & illa cum se nudam certo adipe inunxisset, velut mortua expersq; sensus corruit, deinde post horas quinq; reuersa exsurgensq; permulta narrauit quæ varijs in locis ita habere vt dixerat comperta sunt. Hanc historiam mihi quidam Comes equestris ordinis narrauit, qui adhuc viuit & isti experientiæ interfuit. Id in Borealibus partibus frequentari Olaus testis est, & amicos ecstatici studiosè corpus obseruare donec cum dolore ingente reuertatur, & annulum, literas, cultellúmve eius qui milliaribus trecentis abest ab eo reportari. Æquè admirabile est iudicium illud Magorum septem quod anno M.D.XLIX. apud Nānetas didici. Cùm igitur isti coram multis se indicaturos recepissent ante horam, quid per milliaria decem in ambitum ageretur, exanimes conciderūt illicò, & tres horas defecti animo iacuerūt: posteà

exsurgentes renuntiauerũt quicquid in toto Nannetũ oppido & ambitu longiore perceperant, locis, factis, & hominibus obseruatis: quæ omnia statim comperta sunt. Itacʒ omnes isti accusati & maleficiorum multorum comperti, ad ignem fuerunt damnati. Dixerit fortasse quispiam nõ abripi animam, sed visum & illussionem à diabolo præstari: at effecta huic sentẽtiæ aduersantur. Possunt quidem homines mandragora & narcoticis potionibus soporari ita vt mortui esse videatur: sed horũ alij ita soporãtur vt nunquam euigilẽt, alij epotis eis ad triduũ quatriduum'ue indesinenter dormiunt: prout ijs faciunt Turci quos castraturi sunt, & Vasconi cuidã ex inferiore Occitania captiuo qui post fuit redemptus, accidit. At nihil tale epotant Magi, & qui narcoticis soporantur nullius rei meminerunt: Magi verò impressionem viuam habẽt saltationum sacrificiorum, adorationum, & aliarũ rerum quas in conuentibus viderunt fecerũtcʒ, obseruant eos qui adsunt, qui cum illis commissi fatentur culpam: & Iacobus Sprangerus ex maleficarum quas igni damnauit cõfessione id Magos confiteri narrat se in ecstaci easdem res percipere quas, si corpore adfuissent, pariter percepissẽt. Augustinus quoque libro xviiii. de ciuitate Dei ait Præstantij patrẽ tanta ecstasi sæpe abreptũ esse, vt reuerso spiritu se fuisse versum in equũ affirmaret, cõmeatumcʒ in castra cũ eqs alijs importasse: cũ tñ ipsius corpus exanime iaceret domi. Atcʒ hęc fortasse fuerit ratio cur Lycanthropia illa & hominũ
in pe-

in pecora commutatio (de qua pòst agemus) fuerit tātopere ab antiquis celebrata, & adhuc in Orientis partib. frequentetur. Sunt etiam morbi qui hominem orbant sensibus ac propè exanimant, vt sunt epilepsia & apoplexia. Sic Iulius 11. Papa spatio bidui pro mortuo habebat: & Ioannem Scotū viuum fuisse humatum creditur cùm existimaret mortuus: cœpisse enim dicitur conflictari cùm præcluderetur anima, cuius cōflictantis motum percipientes vespillones qui inijciebant humū retraxerunt quidem, sed sanguine offusum & agentē animam inuenerunt. Non insunt ista mala sortilegis, syncope, epilepsia, apoplexia: nā si quando placuerit, ita affecti sunt, neq; aliā ob causam patiunt ista quàm vt se à conuentibus adeundis excusent si metuunt retegi, nec eo minus dant fidem diabolo, & cùm volunt eum alloquuntur domi. Sic Raziorū Baro (qui apud Nannetas magicarum sortiū damnatus suppliciū pertulit) nō tantùm fassus est se octo puerulos occidisse, & in animo habuisse occidere & diabolo sacrificare nonum, suū ipsius filiū, idq; in matris vtero, vt summopere gratificaret Satanæ, verumetiā se in cōclaui suo procidentē in genua Satanā adorare humana specie cōparentē, eiq; adolere: q detestabiliū sacrificiorum ritus apud Amorrhæos olim & Canan. obtinebat. Huic res admirabiles Satanas spopōderat, ac nominatim ipsū fore magnū. Tandē verò se vidēs captiuū & acerbissimis malis oppresū, oīa confessus est vltimūq; supplicium passus, & lis adhuc sub iudice hæret de

z ij

bonorum eius publicatione. Apud Sprangerum legimus, cùm de quadam malefica quam damnauit igni cognosceret, eam cōfessam esse (vt erat obstetrix) se pueros suscipientem è matris vtero Diabolo obtulisse in aerem extollendo, deinde in caput eorum aciculam magnam ita vt non proflueret sanguis indidisse: tum ijs in sepulchrum elatis abeuntem de nocte eos eruisse, furno coxisse, carnes comedisse, pingue ad suū vsum asseruasse: hoc pacto quadraginta puerulos à se interemptos esse. Hæc Danensis fuit ad Basileam. Alteram quoque Argentoratensem innumeris occisis crematam esse. Istius summè præ omnibus quas vnquam audiuerim detestandæ crudelitatis & idololatriæ placuit lectorem admonere, vt bene ad obstetrices attendatur. vesci autem istos humana carne est certo certius: nam eam post omnem hominum memoriam sic appetiuerunt Sagæ [a] vt ægrè mortuorum corpora seruari aut cōcludi etiam possent, quin illæ ingressæ ad ossa vsque abroderent: quamobrē lxvij. capite legum Salicarum dicitur, Sortilegam, si hominem ederit, atq; euincatur, solidos ducentos soluturam. Philostratus Lemnius autor est Lamiam, quæ sic humanis vescebatur carnibus Corinthi, ab Apollonio Tyanæo retectam & eiectam esse: quò spectans Horatius & velut crudelissimū facinus abominatus inquit,

Neu pransæ Lamiæ puerum viuum extrahat aluo.
atqui hoc Magis in more fuit positum, vt cibo isto alerētur. Apud Ammianum Marcellinū lib. xxix. legi

[a] *Apulc. lib. Asini.*

legimus Pollentianum Tribunum conuictum & confessum fuisse quòd viuæ mulieris exsecuisset ventrem, vt intempestiuo partu extracto de futuro Imperatore consuleret. Quibus locis omnibus ea quæ in iudicijs nostrorum temporum vidimus confirmantur. Imò complures Magi existimant se à Dæmonibus ad crudelia hæc facinora adduci, vt hac ratione ex animi sui sententia aut spiritu aut corpore rapiantur. Et ne longè abeamus, Rondeletus doctissimus medicus & celeberrimus, Magũ quendam in Montepessulano sepulchris hærentẽ obseruauit, qui ad sepulchrum profectus vbi mulieris corpus fuerat pridie conditum, ex eo rescidit femur, quod imponens humeris carnem dentibus mordicus auellebat. Hoc mihi quidam Rondeleti discipulus, qui tum eum prosequebatur, narrauit. Lycanthropiam morbum Rondeletus dicebat esse, qua homines furiosi facti se verti in lupos putant, eoq́ cibo vescuntur. Iam itaq́ dicamus possint́ne homines verè in lupos & alias bestias verti, an verò sic imaginatione aut morbo sibi videant́.

De Lycanthropia, & an spiritus vertere hominem in bestiam possint. Cap. VI.

PErmultis exemplis, & diuinis humanisq́ autoritatibus, itemq́ accusationibus, euictionibus, confessionibus, iudicijs, & executionibus antè ostendimus, viros & mulieres via diabolica modò spiritu & corpore, modò spiritu solùm exportari: nec paucis Satanam persuadere ista verborum vi & vnguentorum quæ tradit effici, eumq́ue plurimū hircina specie apparere. Ex quibus demonstrationem effectorum nobis esse constat, quam Dialectici appellant ὅτι ἐστί: quæ demonstratio etsi non ęquè habet euidentiam ac ea quæ ex causis nascitur, non minus tamē habet certitudinis[a]. Cùm autem nostram in causis ignorationem confitemur, amplissimam Deo laudem tribuimus, aduersus quem si infirmitatem mentis nostræ attendimus nefas est de eo quod fieri non potest contendere. At illud profectò mirum est Satanā (qui se quocunq́ue lubet corpore induit) sæpissime ac propè ordinariè secundum formam hominis hirci figuram assumere, nisi eo fortasse nomine q̃ hircus fœtidus est & salax. Videmus enim diabolos in Scriptura sacra hircos appellari[b], vt in Esaiam Chaldęus interpres exponit vocem שעיר qua significatur hircus. Ait. n. Esaias saltaturos Babylone dracones & hircos, & Satyrum vnū inclamaturum alterū. Zoroastes hircorum nomine Dęmonas intelligit, quia putidum & lasciuum esse in proprietatib. hirci numerat: quod Mirandulanus Princeps obscurè xij. positione in Zoroastem significauit his verbis, Quid sit intelligendū per capros apud Zoroastē, intelliget q legerit in libro Bair quæ sit affinitas capris cū spiritib. Propria aūt Dæmonū est in lasciuam brutamq́ cupiditatē dominatio, vt Hebræi annotant in lib אבן בדרי dicētes Satanam portari à serpente. i. (vt Philo He-

[a] Arist. in posterioribus analyticis.

[b] Esa. 13. & 34.

lo Hebræus interpretat̃) à voluptate, qua Architas ille sapientissimus aiebat nullã pestẽ capitaliorem hominib. à natura datã, Catone Censorio teste apud Tulliũ. Quamobrem Dæmonib. figurandis Græci salaces Satyros semiuiros atque semihircos depinxerunt: & in libro Leuitici postquam mandauit Deus animalia certa à populo sibi sacrificari & sanguiuem ad altare fundi, tandem inquit, Necq; vnquam in posterum sequamini hircos vestros & Satyros vt sacrificetis eis: quẽ in locum Rabbi Moses Maymonis ex libris, quos de mysterijs & sacrificijs Chaldæorũ Sabæorũq; legerat, [a]tradit in more fuisse positum vt sacrificaturi diabolis in deserta concederent, e fossãq; fouea sanguinẽ in eam injicerent, ad eam epularent̃, & in honorem malignorũ spirituũ dies festos celebrarent. Leuitici quoq; xvi. cap. Aaroni præcipit̃ vt sumptis duobus hircis sortiatur vnum pro Deo, pro Zazele alterum, & vt hircus ille qui Zazeli sorte acciderit super q̃ Sacerdos peccata populi confitetur in desertũ emittatur, Deo sacrificetur alter: quem tñ hircũ Hebræi nunq̃ fuisse inuentũ annotarũt. In Deut. [b]euidentiore legis interpretatiõe maligni spiritus propria significatione vocant̃ שדים, ões exponũt dæmonia: itaq; fieri potuit vt vox Lacedæmõ ex Hebræa voce & Græca cõponeret̃ idẽ significãte. Scribit. n. Ioseph. Hebræis iã olim cũ Lacedæmon. fœdus intercessisse: etsi postremã hãc interpretationẽ nõ moror. Quicqd aut̃ de Satyris vulgò prædicet̃, quorũ frequẽs est in vita eremitarum Antonij & Pauli

[a] *lib. 3. More nebocim.*

[b] *Deu. 32.*

Pauli mentio, non dubium est quin maligni fuerint spiritus. Non raro etiam figura hominis proceri & nigri Satanas seipsum exhibet, vt de eo diximus qui Catharinæ Dareæ visus est, Dioni Platonis amico, Cassio Parmensi, Athenodoro philosopho, Magdalenæ Cruciæ, Ioannæ Haruilleriæ, quæ sibi annos duodecim natæ confessa est ostensum à matre fuisse diabolum forma hominis proceri & nigri, atrati, ocreis & calcaribus instructi, qua specie cõpellat momentoq; accedit ipsam pro voluntate ipsius: id toto vitæ suæ curriculo fuisse factitatum. Sed nihil omnino tam incredibile & admirabile, quàm hominis in bestiam & corporis in corpus transmutatio. Verumtamen hoc iudicia in Magos constituta, & diuinæ atq; humanæ populorum omnium historiæ probant certissimè. In libro Quæsitorum quinq; aduersus Magos, cuius sæpe memini, legimus Stasum quendã Magum in Bernatum agro è medio inimicorum (quos habebat quamplurimos) repetè ac multoties effugisse, nec aliter quàm inter dormiendum occidi potuisse. Hic duos reliquit discipulos, Hopponem & Stadlinum summos Germaniæ Magos, qui eo loco dicuntur tempestates, fulmina & procellas maximas excitasse. Et ne procul ab hoc regno discedamus, exstat quæstio in Parlamēto Dolensi habita, & sentētia lata die xviij. Ianuarij M. D. LXXIII. contra Ægidium Garnerium Lugdunensem: quod iudicium nihil hic attinet exscribere, cum Aureliut apud Eligium Giberium Parisijs
apud

apud Petrum Hayanum, & Senonibus fuerit typis commendatum: præcipua solùm capita quorũ accusatus & euictus fuit, annotabimus. Et quòd Garnerius iste die Michaelis festo ad Serranã syluam in vineis Chastenoyanis (quæ à Dolensi oppido quadrante milliaris absunt) puellam decem aut duodecim annos natam ceperat, manibus que luporum pedibus consimiles videbantur dentibúsque occiderat, femorum & brachiorum carnem deuorauerat, & de ea ad vxorem detulerat: quòd item post mensem eadem forma alteram puellam ceperat occiderátque voraturus, nisi tres homines (vt ipse fatebatur) impedimentum attulissent: quòd etiam post dies quindecim puerum decennem in Gredisanorum vineis strangulauerat, carnémque crurum, tibiarum, & ventris comederat: quòd denique puerum alium hominis, non lupi specie quasi tredecim annos natum in vici Perusani saltu occiderat comedendi animo (vt ipse sponte ac non coactus aiebat) nisi fuisset impeditus: his ergo de causis ad ignem viuus est damnatus, effectáque sententia. Alia quoque habetur causa Vesontione cognita à Ioanne Boino Inquisitore anno salutis millesimo quingentesimo vigesimoprimo, Decembri mense, in Galliam, Italiam, & Germaniam missa, quam Vierus Magorum defensor libro sexto de Præstigijs, capite decimotertio exponit copiosè, itaque percurram paucis. Rei Petrus Burgotus & Michael Verdunus se Deo renũtiaſ-

A

se fidémque dedisse diabólo confessi sunt. Burgotum igitur Michael duxit in vicum castelli Carlonij, vbi candelam virentis ceræ obscura flamma & coloris Veneti habebant singuli, ita saltabant & sacrificabant diabolo. Posteà se vnguento oblitos fassi sunt lupos fuisse factos celeritate summa excurrentes: tum versos in homines ab subinde in lupos, eáque specie lupas iniuisse eadem voluptate qua cum mulieribus rem habere sunt soliti. Præterea confessi sunt Burgotus quidem se puero septenni lupinis pedibus dentibúsque mortem attulisse, voraturum nisi rustici abegissent: Verdunus verò se puellam in horto quodam pisa carpentem occidisse, & à domino Cuueʒ depulsum esse; ab vtrisq; puellas quatuor voratas esse certo tempore & loco, quarum ætatem exponebant: se puluere quodam tacto necem hominib. importare. D. Bordinum generalem Procuratorē Regis aliud exemplum mihi narrare memini ad se è Belgis missum cum iudicio toto à Iudice & actuarijs obsignato, de lupo sagitta ad femur trāsfixo, qui posteà in hominē versus decubuit in lecto cū sagitta, quā auulsam agnouit ille qui fuerat iaculatus, tēpore & loco ex confessione hominis cōprobato. Iobus Fincelius lib. xi. de mirabilibus scribit Paduæ Lycanthropum fuisse deprehensum, cui lupini pedes resecti sunt, & momento manibus pedibúsq; truncatus homo exstitit. Quo exemplo iudicium Magarum vernonij confirmatur [a], quæ frequenter felium innumerabilium specie in castellū

peruetus

peruetus solebant conuenire. Ibi constituentes viri quatuor aut quinq3 pernoctare multitudinẽ felium se inuadentem experti sunt, quorum vnus occubuit, caeteri laesi sunt, sed multis felib. vicissim lęsis q̃ posteà in foeminas versę grauia vulnera cõpertę sunt accepisse. Sed qa res incredibilis videbatur, iudicia siluerũt. Quaesitores aũt qnq3 ª huiusmodi causarũ pitissimi de scripto tradũt tres Magas ad Argẽtoratũ forma triũ ingentiũ feliũ agricolã adortas esse, qui defendẽdo se vulnerauit depulitq3 feles, deinde verò mõmeto mulieres decũbentes fuerunt cõpertae & grauiter vulneratae: qua de re cũ interrogatae eum accusauissent à quo vulnus acceperant, ille Iudicib. horam & locum indicauit quo feles appetiuerant ipsum easq3 laeserat. Petrus Mamorius in libello de Sortilegis mutationem istam hominum in lupos dicit à se in Sabaudia visam: Henricus Coloniensis in libello de Lamiis pro indubitato affirmat: Vlrichus item Molitor in libello quẽ dicauit Sigismũdo Cęsari, disputationẽ cõscribit corã Imperatore factã, & certissimis rationibus exemplorumq3 innumerabiliũ experientia cõstitutum fuisse docet transmutationem istam verã esse: & ipse Lycanthropum à se fuisse visum narrat Constantiae, qui accusatus, euictus, damnatus, & à confessione morti fuit traditus. Multis quoque libris in Germania editis ostenditur vnum ex potentissimis Christianorum Regibus qui nuper vita defunctus est, in lupum saepe fuisse versum, vt Magorum omnium facilè princeps ha-

ª in Malleo malefic.

bebatur. Verumtamen hæc pestis Græciam Asiamque amplius peruasit quàm Occidentis populos, vt aiūt mercatores nostri eos illic cippo & carcere contineri qui in lupos conuertuntur. Itacq anno M.D.XLII. Sultane Solymāno imperium obtinente, tanta fuit luporum vis Constantinopoli, vt armatus Imperator cū prætoriano milite procedens ad centum quinquaginta simul compulerit, qui vniuerso populo prospectante ex vrbe disparuerunt. Hāc historiam narrat Iobus Fincelius libro ij. de mirabilibus, atcq in hanc rem populi omnes consentiunt. Hos lupos Germani dicunt vvervvolff, Galli *loups garous*, Picardi *loups vvarous*, ac si lupos varios dixeris (g enim in locum vv sufficiūt Galli) Græci λυκανθρώπȣς & μορμολυκίας, Latini varios & versipelles, vt Plinius agens de hac transmutatione annotauit. Franciscus Phœbus Fecensis Comes in libro de venatione voce *garous* ait significari *gardez vous*, cauete vobis, cuius rei me Fauchetus Præses admonuit. Hoc mihi quidem est verisimile: nam alij naturales lupi pecudes persequuntur, hi plerumcq homines: itacq merito dici potest, *gardez vous*. Pomponatius & Theophrastus Paracelsus principes sua ætate philosophi certissimā esse confirmant hominum in lupos transmutationem. Gaspar Peucerus homo doctus gener Philippi Melanchthonis scribit has sibi semper visas fuisse fabulas, sed coactum fuisse credere ex quo istud sibi mercatores plurimi fide digni negotiātes in Liuonia confirmarūt, multos etiam fuisse accusatos,
cui-

euictos, & à confessione adiudicatos morti: itaq; describit modum qui in Liuonia obseruatur: nempe quotannis sub finem Decembris nebulonem esse qui Magos omneis citat vt loco indicto compareant: si defuerint, eos à diabolo ictibus ferreæ virgæ cogi adeo vt vibices exstēt: præire ducem, myriadas sequi tranantes fluuium: eo traiecto mutari in lupos, in homines & in pecora inuolare, & innumerabilia damna importare: post dies duodecim eodem fluuio remeare, & humanam formā recipere. Languetum Burgundum vidi sæpenumero virum doctissimum agentem in rebus Ducis Saxoniæ, dum pro Domino suo cū Rege Galliæ ageret: hic ergo similem historiam narrauit mihi, & se in Liuonia agentem dixit cognouisse id toti populo haberi exploratissimum. Habeo apud me Germani cuiusdam literas qui stipēdiarius fuit Henrici ij. Regis scriptas ad Cōnestabilem Galliæ, quibus certiorem facit Connestabilem de Liuonia à Moscho capta: deinde subiicit, In illis locis Herodotus Neurios collocare videtur, apud quos dicit homines conuerti in lupos: quod est adhuc vsitatissimum in Liuonia. Multa autem dicta ab Herodoto, quæ incredibilia olim videbantur, posteritas comprobauit. Idem enim autor est exstitisse Magos qui certis incisionibus tempestatem illā sedauerunt qua iamq; naues Xerxis amplius quadringintæ fuerant submersæ: & apud Olaum magnum libro iij. cap. xviij. legimus Lappos Magos secundos ventos & procellosos vendere solutis

A iij

quibusdã funibus, quod ab experiētia frequentissima omnes nautæ sciunt. In historia quoq̃ Ioannis Tritemij legimus anno D C C C C. L X X. Iudæum quemdam Baianum nomine Simeonis filium in lupum se cùm placuit transformauisse, & oculorum aciem effugisse factũ ἀόρατον. Mirum quidem istud sed hoc meo iudicio est admirabilius cõplures nõ posse credere, cũ populi oēs terræ & tota antiquitas id vno ore agnouerint. Neq̃ enim solùm ante annos bis mille ducentos id scripsit Herodotus, & ante hunc Homerus xl. annis, sed etiã Pomponius Mela, Solinus, Strabo, Dionysius Afer, M. Varro, Virgilius, Ouidius, & sexcenti alij: atque in hanc sententiam Virgilius,

— *has herbas atq̃ hæc ponto lecta venena*
Ipse dedit Mœris, nascuntur plurima ponto.
His ego sæpe lupum fieri, & se condere syluis Mœrin.

lib.8.ca.22 Miratus autem Plinius [a] de hac re autores consentire, Homines, inquit, in lupos verti rursumq̃ restitui sibi falsum existimare debemus, aut credere omnia quæ fabulosa seculis comperimus. Hoc ille non audet confirmare, metuens vt sibi habeatur fides: nam inter principes Græcos autores adducit Euanthem ipsum, qui ait in Arcadia ex gente Antæi vnum tranare quoddam regionis stagnum transfigurariq̃ in lupum, deinde post aliquot annos reuerti ad idem stagnum, & cùm tranauerit effigiem humanam recipere. Ante notauimus perdendæ iustæ familiæ toti Magam vnam sufficere:

& A-

& Agriopas qui Olympionicas scripsit narrat Demænetum Parrhasium degustatis pueri Ioui Lycæo immolati extis in lupum fuisse conuersum: quod M. Varro omnium Gręcorum Latinorumque, Tullio teste, doctissimus adducit & pro indubitato confirmat. Olaus magnus de gentibus Pilapiæ, Narboniæ, Fincladiæ, Angermaniæque eloquens (sunt autem hæ gentes Ethnicæ adhuc, & malignorum spirituum Magorúmque plenæ) in historia narrat homines vulgò in bestias ab eis commutari: & qui infinita exempla, quæ breuitatis ergò omittimus, desyderauerit, is Olaum, Saxonem Grammaticum, Fincelium, & Guilhelmum Brabantinum potest consulere. Taceo Metamorphosin Ouidij, quia res veras confudit cum fabulosis multis: sed quod de Lycaone Rege Arcadiæ scribit in lupum verso non est incredibile,

Territus ipse fugit, nactusq; silentia ruris
Exululat, frustraq; loqui conatur:

cùm Rex quidam memoria nostra exstiterit transfiguratis in hanc formam, & id vbiqp sit adhuc vsitatum. Necp fabulosum est quod Homerus narrat de Circe malefica, Vlyssis comites ab ea in porcos fuisse transformatos: cùm August. ipse in libris de ciuitate Dei [a] historiã eandē adducat (quauis opinione ipsius mirã) & illam de Arcadib. in Alpib. quocp memoria sua frequens fuisse dicat vt stabulariæ mulieres imbutæ malis artib. in caseo darent viatorib.

[a] lib. 18. cap. 17. & 18.

viatoribus vnde in iumenta illicò verterentur, vt necessaria quæcɋ portarent, póstɋ perfuncta opera iterum ad se redirent. Huic persimilem historiam legimus apud Guilhelmum Tyri archiepiscopum, quam eamdem Sprangerus Inquisitor narrat, iuuenem Anglum militem in Cypro fuisse à saga transformatum in asinum, qui cùm in nauem ad socios volens remeare fustibus abactus esset ad Magam redijt: itaque illam eo vsam esse, donec asinus in Ecclesia visus est in genua procidere eaɋ facere quę ab animante bruta nequeunt proficisci: tum Magam quæ agebat ipsum ex suspicione ad iudices raptam eum triennio elapso restituisse, & morte affectam esse. Idem de Ammonio philosopho Peripatetico legimus, asinum ordinariè lectioni eius interfuisse. Nihil in Ægypto magis frequentari tradunt mercatores nostri: & ipse Belonius in suis obseruationibus Lutetiæ excusis histrionem ait in suburbio Cayri oppidi in Ægypto à se fuisse visum, qui cum asino suo sermones conserebat & confabulabatur quàm familiarissimè: asinum verò signis, gestibus, & voce indicauisse optimè accipi à se quicquid dicebatur: Si herus iuberet asinum pulcherrimam de cœtu fœminā deligere: contemplatum eum in omneis partes ad vnam tandem solitum, cui gratularetur. certo iudicio accedere: si herus ediceret hordeum asino afferri, tum eum aliter quàm soleant asini exultasse, & alia id genus innumera: quibus copiosè enarratis subdit Belonius, Amplius etiam dicturus essem, sed

sed metuo vt eis haberetur fides: quemadmodum nec ego credidissem, nisi meis oculis spectante vniuerso Cayri populo percepissem. Huic adstipulatur quod scribit Vincentius,ª duas in Germania hospitas fuisse Sagas quę hospites solebant in bestias interdum vertere: cùm itaq; histrionicum adolescentem in asinum conuertissent, qui (vt erat rationis compos) voluptates mille viatoribus exhibebat, hunc magno fuisse à vicino emptum:illas tamen dixisse se non esse præstituras, nam eum si flumē accederet amissum iri: asinum itaq; die quodam elapsum in lacum proximum abijsse, & simul ac fuisset immersus formā recepisse. Id Petrus Damianus vir sua ętate inter primos numerādus cùm rem sciscitatus esset diligētissimè ex hero, ex asino, ex mulieribus Sagis confessis factum, & ex ijs qui asinum elapsum ac restitutum viderant, Leoni vii. Papæ narrauit, & postquam diu in vtramq; partē coram Papa fuit disputatum, hoc tandem posse fieri fuit constitutum. Atq; hoc quidem pacto confirmari posset illud quod apud Lucianum & Apuleium atheos homines in asinum versos legimus, qui hoc sibi aiunt à Larissæis mulieribus Sagis accidisse, quas ideò inuiserāt vt cognoscerēt an istud ex veritate esset. Fuit autē vterq; &ἀθεότητ & artis magicæ accusatus: quamobrem Apuleius omnes machinas admouet in Apologia, vt istam sortilegij & veneficij accusationem diluat. Verùm vbi de hac sua transformatione loquitur, obseruandū illud est quod ait, Minus hercule calles prauis-

ª *in Speculo lib. 3. ca. 109 & Fulg. li. 8 cap. 11.*

B

simis opinionibus ea putari mendacia, quę vel auditu noua, vel visu rudia, vel certè supra captum cogitationis ardua videntur: quæ si paulò accuratius exploraris, nõ modò compertu euidentia, verumetiam factu facilia senties. Et paulo pòst, Prius deierabo Solem istum vidētem Deum me vera & cõperta memorare,ne vos vlterius dubitetis, &c. Potuit quidem ille narrationem suam facetis historijs locupletauisse: sed historia nihil amplius habet admirabilitatis quàm illæ habent quas supra attigimus. Nam ipsam Apuleij transformationem Augustinus lib. xviij. de ciuitate Dei, cap.xviij. neq; negare audet, neq; affirmare: putat quidem & iudicat fascinationem esse: alij verò cõtendunt istud & vera & naturali ratione posse contingere, & mutatione puellarū foeminarum in masculos comprobari, de qua legimus apud Hippocratem libro Epidemion, cap. viij. Plinium libro vij cap. iiij. Gelliū libro ix cap.iiij. & Amatum Lusitanum centuria ij. curatione xxxix. Huius rei exempla octo meis cõmentarijs in Oppianum poetam Græcum de venatione annotaui: sed omnes mutationes sunt foeminarum in mares, pudendis videlicet quæ prius in ventris sinu latuerant tunc primùm erumpentibus. At Lycanthropiæ cum hac nulla intercedit similitudo, neq; naturalem habet causam, sed supra naturam omnia. Illud tamen certum est historia sacra Nabuchodonozoris regis confirmari, quem ait propheta Daniel fuisse mutatum in bouem, & septennio fænum & gramen duntaxat comedisse.

Hoc

Hoc fieri poſſe confirmant Arabes: etſi Pythagorea μιτεμψύχωσις multo plus à iudicijs noſtris videtur abhorrere, quam Platonici omnes, Chaldæi, Perſæ & Aegyptij defenderunt. Complures autem Medici rem adeò mirificam, at non cauſam animaduertentes, ne quid neſcire viderentur, ſermone & ſcriptis tradiderunt Lycāthropiam morbum hominum ægrotorum dici cogitantium ſe lupos eſſe atq; in ſyluis oberrantium, qua in ſententia eſt Paulus Aegineta: verùm permultis rationibus & teſtibus fuerit opus ad ementiendos populos omneis terræ, omnes hiſtorias, adeoq; hiſtoriam ſacram, cùm Theophraſt. Paracelſus, Pōponatius, & Fernelius ipſe medicorū ſuæ ætatis non vltimi, [a] & alij multis ſeculis Lycanthropiam certiſsimam eſſe, veram, & indubitatam duxerint. Præterea illud ridiculum eſt quòd res naturales æquantur ijs quæ naturā ſuperant, & actiones animantiū actionibus ſpirituū dæmonumq; cōparant. Abſurdius verò illud hic cauſari morbum: malū enim Lycanthropo ineſſet ſoli, non eos afficeret qui hominem in beſtiā verti deinde reſtitui vident. Maleficam Circen ait Chryſoſtomus ſic brutis voluptatibus comites Vlyſsis ineſcaſſe vt ſi fuiſſent porci: quib. verbis videt innuere non mutatum corpus, ſed rationem ſolùm abiectā fuiſſe brutamq; factā. Quicunq; tamen veteres & noui autores de Lycāthropia ſcripſerunt, vno ore confirmant mutari humanam formam ſpiritu & ratione integra permanente: quod Homerus in Odyſſea optimè,

[a] *Fernel. lib. de abditis rerum cauſis.*

B ij

οἳ ϳ ουδν ᾖ ἔχον κεφαλὰς φωνίω τε, δίκας τε,
Καὶ τείχας· αὐτὰρ ὁ νῦς ἰὼ ἔμπεδ᾽ ὣς τὸ πάρος περ,

Hi verò suum quidem habebant capita, vocémque Et pilos, sed mens erat integra vt anteà. & disertis verbis exprimit Boetius, voce & corpore perditis sola mens stabilis, quę semper monstra quæ gemit patitur. Itaq$_3$ Lycanthropia neq$_3$ aduersatur canoni Episcopi, xxvi. q. neq$_3$ Theologorum sententiæ, quorum pleriq$_3$ docent omnia à Deo creata esse adeò vt ne maligni quidem spiritus formam eorum mutare possint, cùm non essentialis forma hominis, id est ratio, sed figura solùm permutetur. Quòd si facultatem hominibus esse fatebimur efficiendi vt rosas proferat cerasus, & brasica poma, si ferrum vertendi in chalybem, argentum in aurum, si mille artificiosas lapidum formas cum naturalibus gemmis venustate concertantium faciendi: an illud mirum videbitur quòd Saranas (cui per magnam vim in hunc elementarem mundum concessit Deus) figuram vnius corporis alterius figura cōmutat? Hæc omnia à Thoma Aquinate in secundum librum sententiarum [a] confirmantur, cùm ait, Omnes Angeli boni & mali ex virtute naturali habent potestatem transmutandi corpora nostra: atq$_3$ huc pertinet Esaiæ [b] locus, Babylonem euersum iri, & striges ibi saltaturas, lemures, dæmonas, & quos appellat שעירים, q̂s vulgata Bibliorum interpretatio apud Plātinum Antuerpiæ excusa Gallicè semiuiros & semiasinos vertit: hoc autem non fuisset interpres dicturus, si de mor-

[a] dist. 7. ar. 5
[b] Esai. 34.

de morbo solùm aut illusione accipi oporteret: nã hos sermonis vsu omnino carere constat omnium testimonijs. Verumtamẽ fieri etiam interdum potest, vt Magus illusione diaboli faciat vt homo alius quàm sit esse videatur: vt in S. Clementis historia legimus per Simonem magum effectum esse vt Faustinianum amicorum nullus agnosceret: item Neroni Imperatori dixisse vt sibi ceruices iuberet abscindi, se enim tertio die resurrecturũ esse, quod cùm Nero (vt videbatur) fecisset, eum die tertio reuertisse, Neronem verò miratum ei statuam Romæ posuisse cum hac inscriptione, *Simoni mago Deo*: Neronẽ ex eo tempore in artes magicas incubuisse totum. Simon autem Neronis oculos & totius cœtus sic fascinauerat vt arietem Simonis loco decollarent. Simile est quod narrat Apuleius de tribus hominib. quos à se putabat occisos, cùm tres hircinas pelles à Pamphila Saga fascinatus confodisset. Sed momẽtanea est ista fascinatio: hominis verò in animantem brutam transformatio nonnũquam durat septennium, vt apud Danielem Nabuchodonozoris. Deinde verò actiones & asininus labor quem tres homines perferre nequeant, magnitudo, incessus, cibus gramineus, cardui humano corpori nequeunt conuenire. Nam & Propheta Daniel & quicunq; de hac transformatione scripserunt non alio tradunt vsos fuisse cibario: et si Apuleius ait se cùm inuenire potuit: vitã humanis cibis (vt erat integra ratione) tolerasse. Accedit luporum celeritas, cursus, morsus vncorũ den-

B iij

tium ab homine alieni. Quòd autem aiũt quidam humanum corpus à Satana soporari phãtasiamq̃ abripi, eoq̃ illius mutationẽ persuaderi (quam in sententiam proptereà ueniunt quòd ij quorũ brutam corpus fuit vulneratum postquã restituti sunt (vt antè diximus) se vulneratos esse humano corpore cõpererunt)& hoc interdum fieri & illud potest:potest etiam Satanas eodem momẽto vulnus humano corpori inflixisse. Necq̃ speciem habet veritatis quod quidam afferũt, non esse has vires Satanæ à Deo attributas:etenim necq̃ Dei consilium ab hominibus comprehendi, necq̃ potestas diabolo data cognosci potest, cùm in libro Iobi dicatur, non esse potestatẽ vllam in terra quæ possit ei obsistere. Prætereà dicũtur Magi Pharaonis easdem res fecisse quas facit Moses, id est, baculos in virgas vertisse, & ranas produxisse: quod minimè fuisset dicturus, si qua fuisset oculorũ fascinatio : nihil enim Moses per illusionẽ fecit, necq̃ Mosis serpens baculos fuisset digestura, si Magorũ serpẽtes meri fuissent baculi. Et quisquis spirituũ actiones cũ humanis comparat, is perinde fallit ac si defenderet nõ posse pictores aliosq̃ artifices politissima opera & dignitate cum operib. naturæ concertantia facere, quia id vituli mulíve nequeũt. Deus enim singulis reb. à se creatis pro ipsarũ captu res suas admirabiles impertiuit. Si qua aũt exponenda est ratio cur homines præcipuè in lupos asinósque vertantur potius quàm in formas alias, hæc mihi probat ratio, quòd qui primi in lupos fuere transformati

mati humanas carnes comedebant in sacrificio Iouis, quē ideò Lycæū, quasi lupinum dixeris, appellabant: quemadmodū cum qui Dolę pœnas dedit in lupum verti solitū, & Sabaudos diximus ex confessione ipsorū pueris multis cibatos esse. Deus itaq̃ iusto iudicio sinit eos humanam formam amittere, & lupos sicut merentur fieri. Nam post omnē hominum memoriā famosi fuerūt Magi & Magæ hoc nomine quòd cibis vescātur huiusmodi, mortuorum corpora effodiant & abrodāt ad ossa vsq̃ quod Pausanias annotauit dicēs à dæmone terrestri factū, Apuleius ait fecisse Sagas. Qui aūt asini fiūt, eo transformant, q̃ detestabilia Magorū arcana expetiuerint cognoscere: quemadmodū ij q̃ maleficam amarunt Circē, iusto Dei iudicio fuerāt in sues transformati, & in Liuonia affirmat̃ eos q̃ Magos & Lycanthropos frequētant ijs tandē conformari. Enimuerò quæcunq̃ afferatur causa: & diuinis humanisq̃ historijs, & bonæ Theologorū partis cōsensione, & experiētia tot seculorū atq̃ populorū & doctissimorū hominū iudicijs cogunt̃ vel ptinacissimi veritatē agnoscere: q̃ iustissimę Theologorum sentētiæ, etsi in hoc nostro argumēto à Canonistis dissidentiū, statui permittere. Vtut sit, homines in bestias verti cōstat forma & ratione integra permanente, siue potētia Dei sola efficiente, siue per Satanā effectorē atq̃ administrū voluntatis eius. Nā si veritatē historiæ sacrę apud Danielē (q̃ in dubiū vocari non potest) si vxoris Loti in saxū immobile versę cōfitemur, certū est æquè posse
hominem

hominem in bouem, lapidem, aut animantes alias transformari. Atque hoc Thomæ argumentum agentis de corpore Christi super montem & templum exportato, si in vno fieri potest, posse in omnibus: id enim per Satanam gestum fuisse dicitur.

An Magi rem cum Dæmonibus habeant Cap. VII.

PRincipio huius operis diximus Ioannam Haruilleriam Verbertj ad Compendienseis natam inter cætera fuisse confessam, ex decreto Curiæ sententiam Iudicis Sanlisiani confirmante matrem ipsius viuam fuisse adiudicatam igni: se verò annos duodecim natam à matre oblatam fuisse diabolo specie hominis atri, amictu atro, ocreis & calcarib. instructi, gladio accincti, equum nigrum habentis præ foribus, vtente his verbis, Ecce filiam meam quam spopondi tibi, ad ipsam verò dicente, Ecce amicum tuum qui beabit te: ex eo tempore Deo & religioni renuntiauisse, & illum sic concubuisse secum vt viri cum fœminis solent, nisi quòd frigidum erat semē: id octonis posteà diebus aut quindenis fecisse, nec percipiente viro cùm simul in lecto essent: etiam diabolum semel ex ipsa quęsiuisse an grauida ex ipso vellet fieri, se autem renuisse. Sũmam quoque interrogationum Potezanis Magis ad Lognium propositarum (quæ igne quoq̨ sublatæ fuerunt) à Domino Adriano Ferreo generali Regis

LIB. II. CAP. VII.

Regis vicario apud Laodunenses traditam legimus, ex qua confessiones aliquot hic visum est apponere. Margarita Bremontia vxor Noelis Laue-reti dixit se die Lunæ proximo nocte ineūte cum matre Maria in conuentum, qui ad Franquisanū pistrinum prope Lognium in prato habebatur, iuisse: matrem inter femora scopas habētem dixisse (verba hic placet omittere) & statim vtramque eò exportatam esse, vbi inuenerunt Ioannam Robertam, Ioannam Guilleminam, Mariam vxorem Simonis Agni, & Gulielmā cuiusdam Grassi vxorem cum suis scopis singulas: eodem sex diabolos humana specie aduenisse, aspectu horridos, &c. facta saltatione Diabolos concumbentes rem cum ipsis habuisse: eorum vnum qui saltatem duxerat, cepisse ipsam, bis osculatum esse, & amplius semihoram cum ipsa concubuisse, perfrigidumq; semē eiecisse. Ioāna Guillemina huius assentitur dictis, semihoram fuisse copulatos fassa & perfrigidum semen ab eo excreatum. Taceo confessiones alias huic persimiles. Legimus item libro xvi. Ioannis Meyeri, qui historiam Flandricam scripsit accuratissimè, an. M. CCCC. LIX. ingentē virorum fœminarúmque numerum in Atrebatiorum oppido crematum esse, qui inter se accusantes fatebātur se noctu ad saltationes fuisse transuectos, & cum diabolis, quos adorabant humana specie, copulatos. Iacobus Sprangerus, & collegæ 4. Magarū q̄ sitores se de innumeris Sagis cognouisse scribunt, plurimásq; Sagas supplicio vltimo addixisse in Ger-

C

mania, nominatim verò in Constantiensi & Ratisbonensi agro anno M. CCCC. LXXXV. quæ omnes fatebantur Diabolos cōcubuisse secū, postquàm Deo & religioni suæ, Diabolo autore, renūtiauissent. Amplius scribunt non paucas exstitisse quæ nec accusatæ resipuerint & à consortio isto discesserint, easq̃ idem confessas esse, nempe diabolos tantisper dum fuerunt sagæ cum ipsis rem habuisse. Hanc opinionē confirmans Henricus Coloniensis ait nihil in Germania tam vulgatum esse, adeoq̃ in tota Græcia & Italia notissimū. Nam Fauni, Satyri, Syluani dæmones sunt & maligni spiritus: & illud quod vulgo dicitur σατυρίζειν nihil est aliud quàm scortari. August. lib. xv. de ciuitate Dei istam diabolorum cum mulieribus copulationem scribit adeò certam esse vt contradicere magnæ sit impudentiæ. Hęc illius verba: Et quoniam creberrima fama est, multiq̃ se esse expertos vel ab eis qui experti essent & de quorum fide dubitandum non est audisse confirmant, Syluanos & Innos, quos vulgo Incubos vocant, improbos sæpe exstitisse mulieribus, & earum appetisse & peregisse concubitum: & quosdam dæmones quos Galli Dusios nuncupant hanc assiduè immunditiem & tentare & efficere, plures talésque asseuerant ut hoc negare impudentię esse videatur. Geraldus Lilius & Isidorus lib. viij. rem eamdem narrant: sed omnes in voce Dusios errant, legendum em̄ Drusios quasi Syluestres diabolos dixeris, vt Latini Syluanos. Quòd igitur August. ait, verisimile est dęmonas illos

los à maioribus Drusios fuisse dictos, vt inter hos & Druidas syluarũ incolas discrimen poneret. Ad hęc Sprangerus adijcit persępe sagas in agris & syl uis sese retegere & clara die coire cũ diabolo, & sæ pe retectas in agris visas, interdũ etiam hęręteis di abolis (quos homines esse existimabãt) à viris suis esse deprehensas, eosq́ gladio cędenteis nihil esse cisse. Paul. Grillãdus Iurecos. Italus (qui de sagis plurimis cognouit) narrat in lib. de sortilegijs se anno 1526. septēb. mense à S. Pauli ad Rom. Abba te rogatũ esse vt de tribus Sagis cognosceret: easq́ inter cætera confessas esse Magas singulas cum diabolo copulari. In historia S. Bernardi legimus Sagam exstitisse quæ marito suo nec percipienti accubans sæpenumerò diabolo commiscebatur. Hæc quæstio, an isti coitus fieri possint, coram Sigismundo Cæsare fuit agitata, & an ex ijs ali quid nasci: tandemq́ fuit constitutum contra iudi cium Cassiani posse copulationẽ istam & genera tionem existere: q́ glossę ordinariæ placet & Tho mæ Aquinati in vi. cap. Gene. dicenti, quicunq́ ex isto coitu procreantur eos aliter à natura compa ratos esse quàm qui naturæ lege. Libro quoq́ pri mo historiarũ de Occidentali India, c. xxvij. legi mus apud Indos pro certo haberi Deũ ipsorũ Co coto fœminis concũbere: nã illorũ dij plane sunt diaboli. Sed neq́ hac in re inter Doctores conuenit: ex quib. nõnulli putant Dæmonas Hyphialtas si ue Succubos virorũ semen accipere, & Ephialtas siue Incubos eodẽ in mulieres abuti, vt Aquinas:

C ij

quod tamen videtur incredibile. Vtcunq̃ res habeat, scribit Sprangerus Germanorum (qui Magos ab omni antiquitate frequentiores quàm aliæ gentes experti sunt) hanc opinionem esse, nonunquam ex isto coitu nasci liberos quos appellant *vvechselkind*, mutatos liberos, hos alijs longè grauiores esse, macros, & qui ne tribus quidem nutricibus exsuctis pinguescerent: alios esse diabolos specie puerorum, qui cum nutricibus Magis congrediuntur & plerumq̃ in incertum abeunt. De hac autẽ copulatione Hieronymus, Augustinus, Chrysostomus, & Gregorius Nazianzenus contra Lactantium & Iosephum asserunt nihil ex ea procreari: si fiat, diabolum in carne, non hominem fore. Qui se omnia naturæ arcana rimatos putant cùm nihil planè in Dei mysterijs & spirituum intelligentium videant, copulationem cum diabolo esse negant, sed ex oppilatione morbum: qui tamen dormiẽdo solum ex consensu medicorum omniũ accidit. At ex earum quas antè diximus confessione constat ipsas non potuisse hoc morbo infestari, postquam certo die locoq̃ anteà indicto saltauissent. Præterea quàm ridiculè philosophantur isti: nam hic morbus non potest homini Mago accidere cum diabolo vt cum fœmina concumbenti, id est, non cum Incubo aut Ephialte, sed cũ Hyphialte aut Succubo. Nam apud Sprangerum legimus Germanum hominem robustum & Magũ fuisse Confluentiæ, qui coram vxore & socijs hac ratione vtebat̃: & illos hominem huic actioni incumbencumbentem vidiſſe nulla fœmina cōparente. Ioannes Franciſcus Picus Miradulanus Princeps ªMagum Sacerdotem nomine Benedictum Berṇam octogenariū ſcribit à ſe viſum, qui ſe amplius quadraginta annis dicebat cum Dęmone muliebrem formam habente coiuiſſe, eumq̃ ſibi nemine cernente fuiſſe comitem, quem vocabat Hermionem, fatebatur item puerulorum multorum ſanguinem à ſe fuiſſe hauſtum, horrendaq̃ ſcelera non pauca commiſſa: ideoq̃ viuum crematum eſſe. Item vidiſſe alterum Sacerdotem ſeptuagenarium, fatentem ſe itidē cum diabolo muliebri ſpecie amplius quinquaginta annis coiuiſſe, & fuiſſe igni traditum. Et (vt recētius aliquid afferamus) anno M.D.XLV. Magdalena Crucia Cordubæ in Hiſpania nata, monaſterij cuiuſdam Abbatiſſa, cùm in artis magicæ ſuſpicionem apud religioſas veniſſet, eoq̃ ab igne ſi accuſaretur ſibi metueret, anticipandi conſilium cepit veniamq̃ à Papa impetrandi: Se itaq̃ duodecimo ætatis anno faſſa eſt à maligno Spiritu qui Mauri nigri præ ſe ferebat ſpeciem, ad inceſtum ſollicitatam ei conſenſiſſe, & ab eo tempore annis amplius xxx. ei concubuiſſe: illius opera ſe cùm in Eccleſia eſſet, in editum fuiſſe ſublatam, & monialibus communionem ſumpturis poſt conſecrationem hoſtiam in aere ad ſe perferri ſolitam cæteris videntibus, à quibus ſancta habebatur, & vidente Sacrifico qui tum hoſtiam vnam deſyderari animaduertebat, interdum etiam parietē quodammodo fuiſſe diuiſum vt hoſtia videnda exhi-

ªPicus maior in libris de prænotione.

C iij

beretur. Huic resipiscenti (vt aiebat) Paulus III. Papa veniam dedit. Verumtamen hanc inde ab vtero dicatam Satanæ à parentibus fuisse puto: dixit enim Satanam sibi cùm sextum annum ætatis ageret apparuisse, quæ iusta ad noscendũ ætas puellarum est, & duodecimo ætatis anno, qui puberum annus est, sollicitauisse: quod Ioannã Haruilleriam de eadem ętate confessam esse ostendimus. Hęc historia in toto Christiano orbe puagata est. Recentiorem alteram legimus, in Germania monasterio quod vocatur Nazareth, Coloniensis diœcesis accidisse : Monialem adolescentulam Gertrudem nomine agentem annum decimumquartum collegiatis suis indicauisse vt adueniens Satanas cum ipsa singulis noctibus concumberet: cuius rei periculum facere volentes cæteras à spiritibus malignis fuisse occupatas. Ioann. Vvierus qui historiam scripsit ait se presente multisque claris viris in eo monasterio anno M. D. LXV. amatorias literas ad Dæmonem scriptas in Gertrudis cista repertas esse. In horto florido Antonij de Turquameda Hispani (quem librum non esset indignum donari sermone Gallico) aliam historiã reperi de Hispana fœmina nobili quæ se per vetulam Sagam cùm annum ageret duodevigesimum perductam fuisse narrabat, & rem ex eo tempore cum Dæmone habuisse: hæc viua & impœnitens cremata est, Cerdenas genere. Alteram idem resipuisse narrat & in monasterio fuisse collocatã. Adamus Martinus Laodunensis confessus Procurator

rator mihi narrauit se de Saga Biebræ (hic vicus est duobus milliarib. Laoduno distans) quæstionem habuisse in iurisdictione D. Boani Veroman duorũ Præfecti ann. M.D.LVI. quæ cùm ad strangulationem primùm deinde ad ignẽ fuisset damnata, viua tamẽ igni tradita est culpa carnificis, ac potius iusto iudicio Dei: qui sic demonstrauit oportere vt noxiæ par pœna sit, necʒ maleficiũ esse qd' ignem magis mereatur. hanc igitur confessam esse Satanam (quem socium suum appellabat) rem secum habere solitũ, & se frigidum semen illius persensisse. Atque haud scio an illum in Lege Dei locum, Maledictus qui dabit Molocho semen suum, de his possit intelligi, itemʒ de ijs qui liberos suos (quos Hebrǫi denotant voce יריד) dicant diabolo: quod scelus supra omnia quæ cogitari possunt est execrabile, & cuius causa Deus furorem suum contra Amorrhæos & Cananǫos ait exarsisse, eósque propter flagitia huiusmodi de terra deletos esse. Illud etiã fieri potuit vt ex familiǫ, de quib. Plin. lib. vij. c. ij. in Africa & Illyride versantes Psylli & ὀφιογενεῖς. i. serpentib. geniti, q in serpentes potestatẽ habent, & oculorũ aspectu fascinant atcʒ enecant, ea igitur sint ex illorũ numero qui à pueritia dicati & inde ab vtero deuoti sunt Satanǫ, aut saltẽ ab ortu: quemadmodum in Thessalia ex q̃ malum istud per Medeam Circes agnatam fuit importatũ, non potuit vnquã eijci. Parētes. n. liberos antequã essent editi dicabāt Satanǫ, & in hoc flagitio posteri tācʒ hæreditario pergebant: etiã primogenitos solebāt

offerre

offerre Satanæ, vt Ezechiel. capite xx. scriptum est: nonnulli etiam inde à matris vtero, vt nobilis Germanus in vxorem exardescens cùm imprecatus esset vt diabolum pareret, illa peperit monstrũ aspectu horridum: nam ille Magus insignis existimabatur. In agro quoq; Valesiorum & Picardiæ genus Sagarũ est quod vocant *Coche-mares*: & Nicolaus Nobletus prædiues agricola in Altofonte Valesiorum agro mihi dixit se puerum sæpe de nocte sensisse Incubos aut Ephialtas eiusmodi quos vocant *Coche-mares*, postridie verò mane Sagam illam vetulam abs qua metuebat, post eam noctem qua hoc sibi contigisset venire solitam, vt ignem aut aliquid aliud postularet: cæterùm se quàm optima fuisse valetudine. Hoc non ille solùm, sed complures alij confirmarunt. Consimilem huic historiam libro octauo Scoticæ historiæ legimus, ita fuisse quemdam singulis noctibus à Saga oppressum vt neque exclamare, neque se expedire posset, tandem verò precibus & orationibus liberatum esse. Innumera quidem alia possemus exempla adhibere: verùm hæc videntur sufficere vt demõstretur illud quod diximus, copulationes istas neque illusionibus neque morbis annumerandas esse, Iam verò dicamus an Magi morbos, sterilitatem, grandines, tempestatésque immittere, & homines atq; pecora enecare possint.

An

An sit penes Magos facultas morbos, sterilitatem, grandines, procellasq́ immittendi, & homines ac pecora occidendi. Cap. *VIII.*

INTER philosophos omneis Theologos, & Historicos conuenit Dæmonas plurimum posse, hos plus, illos minus, hos illis mendaciores esse, alios improbiores alijs: atq3 (vt vno verbo dicam) hæc opinio apud veteres inualuit, terrestres & subterraneos dæmonas alijs crudeliores improbiores & mendaciores esse: quod Græcus interpres Synesij libro περὶ ἐνυπνίων inquit, οἱ ὃ χαλδαῖοι ψευδεῖς φασὶ τὰς περογάς δαίμονας, ὡς πόῤῥω θέας ἀφικιαθ ἀι τας γνώσεως. id est, Chaldæi autem mendaces dicunt terrestres Dæmonas, quasi longe à diuina cognitione deiectos. Nos autem suprà diximus singulos Dæmonas malignos, mendaces, planos, & humani generis inimicos esse, ac nihil amplius posse quā Deus ipsis cōcesserit: etsi Magi sibi omnia videntur posse, vt de Erichthone Arcade Saga in Lucano, & de Pamphila Thessala in Apuleio legimus. Saga, inquit Apuleius, diuinipotens cœlum deponere, terram suspendere, fontes durare, montes diluere, manes sublimare, sydera exstinguere, tartarum ipsum illuminare. Et paulo pòst de inimicis loquēs ipsam cogitantibus lapidibus obruere, precibus, inquit, & sepulchralibus deuotionibus in scrobē procuratis cunctos in suis domibus tanta numinū violentia clausit, vt toto biduo non claustra per-

D

fringi, non fores euelli, non deniq; parietes ipsi potuerint perforari, quoad deierarint se non ei manus admolituros: & sic illa propitiata totam ciuitatem absoluit. Atq; hoc quidem postremum caput verè potest fieri, vt August. lib. de diuinatione, Accipiunt sæpe, inquit, potestatem morbos immittere, & aerem vitiando morbidum reddere: nam penes Deum mille habentur modi hominibus castigandis & maximi vltionum thesauri, ait ille, modò per seipsum, modò per Angelos suos, modò per diabolos, homines, bestias: tota deniq; natura ad vlciscendum iniuriam Deo factam est cōparata. Verùm omnis impietatis fundamētum quo nituntur magi & quo freti dedunt se diabolo est promissionum eius exspectatio, cùm diabolus promiserit se potestatem hanc in eos collaturū esse, aut demonstraturū pulueres, verba, characteras, quibus amorem, honorē diuitias cōparare, deliciari & inimicos euertere posint, vt ex multarum sagarum confessione compertum fuisse ostendimus. Hæc ille miseris Deo renuntiantib. promissa facit: & quia princeps mendacij author est, puræ deprehenduntur fraudes in omnibus promissis eius, præterquam in vltione, idq; in homines certos solùm, & quantum permittit Dominus. Exstant exempla in scripturis sacris innumera, momentisq; singulis docet experentia. Itaque Deo inter Angelos (in quibus aderat Satanas velut effector iudiciorū eius) [a] roganti an quisquam esset integrior Iobo et qui plus timore Dei ageretur, respondit Satanas, immeritò foret

[a] Iob. 1. 2. & 3.

LIB. II. CAP. VIII.

foret aliter, cū protegas eum & velut præalto muro circummunias ipsum, familiam, pecora, domos & quicquid ipsius est, adeò vt attingi non possint: sed si vel tantillum ab eo discesseris, te momento petet plasphemijs. Tum permisit Deus calumniatori Satanæ vt vires suas in omnia quæ habebat Iobus præterquàm in ipsum exerceret: momentóque Satanas eum euertit rebus omnibus, nec paulatim sed vno impetu, omnibus primùm sublatis facultatib. (quāuis orientaliū esset locupletiss) singulas ædes deturbās, liberos, familiāq̃, & pecora perdens vt eū statim pessundaret, solamq̃ ei vxorē capitalē eius aduersariā relinquens ad vexandū & ludificandū eum: A quibus omnib. incōmodis Iob immotus dixit, nudus veni, reuertar nudus, Deus bona mihi dederat & repetijt, in omnib. laudetur Deus. Hac firma constātia cōsilioq̃ stabili ꝓuocatus Satanas, q̃ Deū laudaret in tantis calamitatib. iterū eum corā Deo calumniat̃ dicens, nihil esse q̃ homo non sit traditurus ad redemptionē vitæ suæ: si ergo Deo videretur vt affligeretur Iob corpore, eum breui nomē Dei blasphematurum esse. Tum permittente Deo vt Satanas potestatem suam in affligendo Iobo occuparet modò ne vitam adimeret, statim illius corpus à vertice ad talos Satanas affecit apostematis & scabie foetidissima: neq̃ tamen propterea, vt maximas fuderit querimonias, blasphemauit deū. Quamobrē Deus animo ipsius & integritate cognita, incolumitatem, vires, alacritatem & duplum bonorum restituit ei, dedit

D ij

septem filios & filias tres, & annos CXL. in vitam tranquillam & suauem largitus est. Dignam historiam consyderatione, vt tota Iobi cum amicis confabulatio & decisio eius est, elegantissimam, & inter omnes planè diuinam: ex qua constat euidentissimè non posse Satanam vires suas exercere, nisi quantum & quia permittit Deus, cui si semel habenas permiserit, mirabilia Satanæ effecta spectari. Hic uerò nectunt quæstiones multi, etiamque iudicant ea quæ cernuntur oculis non fieri à Satana, Deumque offendi putant si credatur tantā illius potestatem esse. Alij contrà Dei verbū vocari in dubium affirmant, ac nominatim obseruandum locum, vbi Deus ait de Satana[a], Non est potentia super terram quæ cum ea comparetur. Equidem nō minus argumentum laudationum Dei inesse statuo in potentia quam confert Satanæ & factis illius, quàm in viribus & facultate Soli, stellis, plantis, animalibus, herbis, metallis ab ipso attributa. Si itaque vir bonus tonitrua, grandines, fulmina, tēpestatésque maximas, & terræmotus perceperit, hæc non dicet à Satana fieri, licet fortasse fuerit administer, sed à Deo proficisci, vt canebat Dauid,

[a] Iob. 41.

Erumpens cœlo Domini vox clara tonantis
Personat æthereas humentia culmina nubes:
Vires ostentat Domini vox clara tonantis,
Spirat magnificum Domini vox clara tonantis,
Perfringit cedros Domini vox clara tonantis,
E Libano effringit Domini vox clara tonantis,

Flammas

Flammas diffundit Domini vox clara tonantis,
Et deserta quatit Domini vox clara tonantis.
Omnia dum passim Domini de voce fatiscunt,
Laudibus è templo findunt pia pectora cœlos.

Sic ergo ad omnia opera facturi sumus quæ Deus per Angelos bonos vel malos, per astra, per alias res naturaleis, vel per homines effecerit: Benedicens enim Deus gratuita sua beneficia prolixè largitur & multiplicat per administros bonos, flagellaq; per malos: necq; minus necesse est in amplissimi huius mundi administratione vt Deus æterna iustitia sua pœnas improbis tribuat, quàm bonis præmia. Cùm itaq; ait lex, Multi non dubitant magicis artibus elementa turbare, vitam insontium labefactare, & manibus accitis audent ventilare vt quisque suos conficiat inimicos: horum omnium potestas (etsi diabolorum & spirituum aliorum fiunt ministerio) est Deo assignanda, credendúmque nihil siue per dæmonas siue per Magos fieri, quia iusto iudicio fiat permittentis Dei, tum ad eos qui promeriti sunt castigandos, tum ad tentandos & confirmandos bonos. Ideoq; agens de vltionib. Dominus, nulla est, inquit, afflictio, nulla calamitas quæ à me non euenerit. Ex omnibus autem actionibus quas Magi sibi vindicant, vix insigniorem vllam inueneris quàm fulgura & tempestates prouocandi, vt eam lex pro explorata habuit[d]. Itaque in libro Inquisitorum quinq; dicitur ann. M. CCCC. LXXXVIII, in Constantiesi

[a]l.4.de maleſic.C.

D iij

diœcesi procellas, grandines, fulmina, & tempesta
tes exstitisse quæ prouentum terræ per milliaria
quatuor afflixerunt. Rusticis autē omnibus in Ma
gas inuehentib. comprehensæ fuerunt duæ, Anna
de Mindelē & Agne: quæ primò infitiatæ, cùm ad
quæstionem raperentur confessæ sunt seorsim se
vno die in agrum cum paucula aqua processisse, &
quamuis altera consilium nesciret alterius, effodis
se scrobem & sub meridiem aquam scrobi iniectā
conturbasse adhibitis quibusdam verbis, quæ sa-
tius fuerit ignorari, diabolum inuocantes: his gestis, simulac reuertissent domum, pcellam exstitisse: hæ incendio perierunt viuæ. Potuit diabolus tē
pestatem venturā ex naturæ causis præuidens eas
incitasse, vt sibi reuerentiam & metum conciliaret:
Solet enim Satanas pestem, sterilitatem, luémve
præuidēs id Magis persuadere, ex potestate ipsius
Magos pestem, calamitatem, aut famem & accerse
re & depellere, & re vera sæpe fit, sed non semper.
Idem author aut iudicium à se in Sagam agri Con
stantiensis latam, quæ cùm videret omneis sui pagi incolas in nuptijs conuiuari & saltare, ægrè fe-
rens quòd non fuisset eò vocata, se per diabolum
clara luce spectantibusq́ pastoribus curauit in col
lem exportari propinquum pago, & quia aquam
non habebat quam in scrobem à se effossam inijce
ret vt cieret tempestatem (nam hūc ritum fassa est
obseruari) emisit lotium, & illud in scrobe mouēs
sermones quosdam pronūciauit: mox cœlo quod
sudum serenumq́ fuerat obscurato, grando vehe-
mentissi-

mentissima solùmodo in pagum & in saltantes irruit, Saga verò in pagum reuersa est: ea itaque visa tempestatem ab ipsa accitam fuisse crediderunt omnes, eaq̃ capta Pastores pro testimonio dixerūt se vidisse cùm in aere transueheretur: quod illa accusata euictáque agnouit, & viua igni fuit tradita. Hic autem obseruandum est fruges non fuisse tactas, prout in Fornicario legimus Magū quemdã confessum esse facile ipsis esse excire tempestatem per sacrificium vnum diabolo oblatum quod nihil opus est describere: verum hoc adiecisse, non posse ipsos tempestatib. nocere ex sententia animi sui, aut fruges vastare. Quãquam Sagæ, ac potiùs Satanas ipsis postulantib. & Deo permittente fruges interdum perdit, sed neq̃ omnes, neq̃ omniū, vt pòst dicturi sumus. Exstat enim lex in xij. tabulis: *Qui fruges excantaßit, pœnas dato.* Lex etiam prohibet ne quis fertilitatem alienæ frugis ad suam attrahat his verbis, *Ne alienam segetem pellexeris incãtando,* & alibi, *Ne incantanto, ne agrum defraudanto.* Atq̃ hoc nomine Furnius à Sp. Albino fuit accusatus, qui cùm non abundaret probationib. cur suæ fruges tantopere alijs præstarent semper (licet hæc fortasse fuerit illusio) boues, plaustra, seruos in Senatum adduci iussit, & cùm ostendisset non alia sibi incantamenta esse, teste Liuio, fuit absolutus. Hopponem verò & Stadlinū summos Germanię Magos gloriatos legimus apud Sprangerum se tertiã fructuū ex agro vno in alterū pellecturos: cùm tamen ex omnibus iudicijs sit compertissimum, nunquam

quam quemquam Magum fuiſſe arte ſua locupletatum & auctum obolo, vt poſt demõſtrabimus. Apud Pontanum etiam libro v. memorabilem hiſtoriam legimus, Gallis Sueſſæ in regno Neapolitano ab Hiſpano obſeſsis, cùm ſiccitate æſtuq̃ feruerent omnia, & penuria aquæ dulcis Galli in ſummo diſcrimine eſſent, aliquot Sacerdotes Magos crucifixum nocte per vicos traxiſſe, innumeris cõuitijs & blaſphemijs proſcidiſſe, atq̃ in mare proieciſſe: deinde conſecratam hoſtiam aſino tradidiſſe, eumq̃ viuum ad portam templi inhumaſſe: tum poſt aliquot carmina & deteſtandas blaſphemias (quas nihil attinet cognoſci) imbrem vehementiſſimum diluuio q̃ pene ſimilem accidiſſe, itaq̃ obſidionem ab Hiſpano ſolutam eſſe, & vulgo fuiſſe dictum.

Flectere ſi nequeo ſuperos, Acheronta mouebo.
Hic autem mos trahendi crucifixos & imagines in profluentem ad impetrãdam pluuiam, apud Vaſcones etiam obſeruatur: eamq̃ Tholoſæ clara luce facientes vidi puerulos in media totius populi corona, qui iſtud *tiremaſſe* vocat, quaſi trahemaſſam dixeris. Fuit etiam qui omneis imagines in Salini puteum iniecit anno M. D. L V I I. deinde abundauit pluuia. Hoc verò ſcelus inſigne eſt iniquè diſsimulatum, ex Magorum regionis illius doctrina profectum, qui miſeram plebem impietatem iſtam docuerunt cantionibus quibuſdam enuntiatis, vt Sueſſani ſacerdotes illi in regno Neapolitano fecerant. Pecudes autem plerumq̃ Sagæ pulueribus

LIB. II. CAP. VIII.

ueribus limini subiectis enecant: non quò pulueres illud posint (Sagas enim potius quæ gestant eos enecturi essent quàm supergredientia animalia, maximè cum eos Sagæ ad pedem vnum sub humo condant) sed solus Satanas est huius rei administer. Audiui trecentas pecudes ratione ista in q̃dam ouili Biturigum momento vno exstinctas esse. Nec solùm in tempestates, grandines, fulmina, fruges, & animalia has vires exercet Satanas, sed etiam in homines, in improbos tamen maximè. Sagas quæ Pictauij anno M. D. LXIV. crematę sunt diximus confessas in ijs cœtibus quò ad diabolũ figura hirci adorandum conuenerant, conclusionis loco fuisse maxima voce ab hirco pronuntiatum, vlciscimini vos, aut moriemini: à se autẽ multas pecudes & homines enectos esse, causantibus non aliam seruanda vitæ suæ rationem exstitisse. Proprium enim Satanæ à natura est perdere, destruere, atq̃ euertere, vt Deus apud Esaiam loquitur[a], Feci & formaui Satanam vt euertat, perdat, destruat: etsi hoc nũquam nisi ad supremam suam iustitiam exsequendam sinit. Ex omnibus autem animantibus sceleratissima est hominis, ex hominibus pueruli innocentis cædes, & Satanæ acceptissima, vt de Sagis obstetricantib. diximus, quæ liberos oblatos diabolo interimunt antequàm sistantur Deo: Sagis enim persuadet Satanas certã partem (quam nominari non est opus) inesse puerulis qua illæ res mirificas se effecturas putant. Vt itaq̃ impudentissimam diaboli fraudem ostenda-

[a] Esa. 54.

E

mus, Niderus scribit iudiciū à se de Staldino quodam dioecesis Lausanensis fuisse constitutum, qui foetus septem à se in vtero matrum fuisse occisos fatebatur, & abortum toti pecori familię illius factū: rogatum verò de modo respondisse bestiam quādam cuius nomen reticebimus à se iimini subiectā esse, qua sublata desiuit à tota domo abortio. Liceátne his remedijs vti dicemus posteà:in præsentia satis est dixisse id à bestia quæ putris inuēta est nō fuisse præstitum, cùm alij pulueres solū substernāt sibi à Satana datos. Præterea alij magi vtuntur bufonibus venenato quidem animali, sed cuius puluis vel nudo pede aut manu tactus abortum aut mortē inferre nō potest: verùm has opiniones prauas humanæ menti obtrudit diabolus, vt hominē turpissimis ac foetidissimis animantibus seruire cogat. Nam apud Magos bufones persæpe deprehēdi est vulgatiss. quos alunt & ornant colorijs: hos Valesiorum ager Mirmilotos vocat. In Monstreleti historia legimus Compendiensem sagam cum duobus bufonib. à sacerdote baptizatis fuisse cōprehensam, quibus ad res magicas vtebatur: quod ridiculum existimarē nisi quotidiana eiusdem rei exempla existerent. Cùm dominus Ioannes Martinus vices præfecti Laodunensis gerens Sagam S. Probę condemnasset vt viua igni traderetur, qui exuebant bufones duos maximos in loculis illius inuenerunt. Dum hanc historiam scriberem, mulier bufonem ad Laodunum dicebatur peperisse: quod mirata obstetrix & quæ ipsi aderant,

rem

rem pro testimonio dixerunt, fuitque bufo alijs dissimilis, quem viderunt multi, delatus in præfecti ædes. Froissardi hostoria testis est Curionem quemdam apud Suessionas ad vlciscendum inimicum à saga consilium petiuisse: qua consulente vt bufonem baptizaret, nomen ei inderet, & consecratam hostiam edendam traderet, id à se factū & alia permulta tacenda confessus est. Quinque Magarū quæsitores narrant inter alia se quæstionem de Maga habuisse quæ fatebatur se consecratam hostiā quam oportuerat deglutiuisse, sudario exceptam in poculo vbi bufonē alebat condidisse, puluerésque sibi à diabolo datos adiecisse vt certis vocib.(quas reticeri præstat)enūtiatis ad enecandas pecudes limini ouilis substerneret. Deprehensa itaq; & euicta viua concremata est. Arte n. procurat Satanas non solū vt præstinguat oculos hominib. & veri Dei notitiā adimat, sed etiam vt ex humanis mentib. euellat omnē religionē, omnem conscientiam, & quicquid à singulis Deus verus esse credit, itaq; sibi ipsi conciliet reuerentiam, aut eò saltē homines perducat vt id adorēt ɋ Deū nō esse nouerūt, creatis reb. cōfidāt, eas reuereant, & ab eis earumq; etiā turpissimis medicinā aut salutē exspectēt. Verū vt amplius constet neq; bufones, neq; hostias, neque pulueres diabolicos mortem animalibus importare, certo certius est Sagarum peritissimas flādo in os nonnunquā enecare, quod in suo dialogo Danæus optimè obseruauit: quòd autē id veneno fieri ɋ in ore circumferant

E ij

idem existimat, probare nequeo. Nam ipsę primũ Sagæ moriturę essent, cui argumento non video quid responderi possit, & ad causam cuiusdam Itali (qui veneficorum princeps sua ætate fuit habitus) adhiberi potest: quamuis enim dicatur ille venena valentissima subministrasse multis, qui odorati ea breui occubuerint, non credo tamen, qa ipse odoramentorum artifex occubuisset primus, nisi eos diabolus ipse occidisset de quib. iusta permissione Dei mandatum acceperat opera Magi istius (qui veneficus dicebatur) occidendis. Et in Sagarum quoque Valerianarum in Sabaudia iudicio quod prostat excusum, legitur iacto in plantas puluere eas repentè emori. Quamobrem non possum in Ioberti medici sententiam descendere, scribentis quædam venena tam subtilia esse vt qui conscendit equum moriatur si eis oblita fuerit stapia siue διαβολὺς. His enim pharmaceutas ipsos primùm oporteret mori, & stratores seruos, etiamq̃ eos qui propius equum accesserint. Quinetiam pecudes supergressas limen vbi pulueres aut serpentes Magi condiderint, videmus mori. Non igitur enecat pharmacum, non ossa, non pulueres, sed Sagarum precibus Satanas, Deo permittẽte. Quòd si ampliore demõstratione opus est, habeo penes me iudicialia acta à generoso Domino Pipemontensi missa, de Barba Doræa, quæ ex decreto Parlamenti xi. Ianuarij M. D. LXXVII. sententiam Præfecti S. Christophoro ad Sanlisium confirmāte fuit adiudicata igni, postquàm confessa est se tribus hobus hominibus necem intuliſſe coniecto pauculo puluere charta inuoluto in eum locum quà erant tranſituri, idq́ cum his verbis, In nomine Dei & diabolorum omnium, &c. quæ hic non placet adſcribere. A veneno qualecunq̃ ſit hoc non poſſe effici nemo neſcit, nedum à ſicco puluere:itacq̃ ſententia damnatoria dicit propter ſortilegia quibus vſa eſt damnatam eſſe. Nam etiam horrendæ fuit blaſphemiæ Deum in hac imprecatione rebus creatis coaptari: vt eadem quoque adiecit ſicui vellet à ſortib. precauere ſe tum dixiſſe, In nomine Patris & Filij & Spiritus ſancti, ne illac tranſiens vllo occuperis malo. Vt autem diſcrimen inter naturaleis morbos & eos qui à ſortilegijs veniunt teneatur, videntur ſæpe homines ſortibus infeſti ex languore mori, interdum ferramenta, pilos, pannos, vitrum confractum eijcere. Scribit Anglus Palatinorum Principum medicus, anno M. D. XXXIX. Vlrichij fuiſſe infeſtum ſortibus agricolam Nenſſeſſerum nomine, à cuius pelle ferreus clauus auulſus eſt, & cuius interanea tantis doloribus erodebantur vt ſeſe deſperans iugulauerit. Eum in conſpectu ciuium omnium fuiſſe diſſectū, & in corpore eius baculum, cultros chalybeos, quatuor, ferramenta duo, capillorúmque glomus, comperta eſſe. Amplius ait Niderus qui de Sagis innumeris quæſtionē habuit, vnam à ſe viſam que vnica ſolùm voce homines enecaret:alteram, quæ vicinæ mentum ſurſum deorſum vertit, horrendo ſpectaculo. Non eſt itacq̃ mirandum magnopere

E iij

si Thessala Saga Pamphila fecit vt mulieris venter sic intumesceret tanquam si tergeminos fuisset paritura, & octo menses circumferret onus. Eiusmodi fuit Martina Saga quę occidit Germanicũ, non veneno (vt ait Tacitus) aut ouo galli gallinacei (q̃d idem autor est summo apud Gallos in pretio habitum ob eas virtutes quas de eo prædicabãt) sed vi diabolica: & illa in Constantiensi diœcesi Maga, q̃ essiãdo totũ hominis corpus ita affecit elephãtiasi vt paulo pòst animam ageret. Hanc Sprãgerus & Quæsitores alij cremari curauerunt viuam. Idem Sprangerus narrat se autore alteram in sinib. Basileæ & Alsatiæ fuisse cõbustam, quæ fassa est se conuitium à viro bono agricola obiectum ferente indignissimè, rogatã fuisse à diabolo quid eo homine fieri vellet qui dixerat conuitiũ cui cùm respondisset cupere se vt semper facies illius turgeat, non multo pòst agricolam ex insanabili elephantiasi laborasse. Hæc tñ Iudici confessa est se nõ putasse id effecturum diabolum: quo argumento vincimus non à puluere, sed à diabolo hæc omnia effici, qui voluntati hominum ipso vtentiũ ita se accõmodat vt si quis aduersarium suum curet per socium tolli. Verumtamen hoc agit Satanas, vt ipsum ad id efficiendum precentur serui, vt manum operi admoueant, hominem attingant, de pilo aut vnguib. illius habeant, certósve sumant pulueres ab ipso, includendos esse hominis, aut fornicibus subdendos aut cõpitis. Si nautẽ pactio cum Satana nõ interuenerit, frustra omneis pulueres, characteras, &

Saga-

Sagarū voces homo adhibuerit, necq; virū necq; pecudem afficiet morte. Quamuis aūt Deo permittē te possit diabolus morti animalia tradere, vult tamen in Magorū causa vt ipsi suum consensum adiungant manumq; ad opus adhibeant. Exēpli causa, ait Sprangerus questionē à se de Saga fuisse habitam quæ tres & viginti equos mercatoris Ratisbonensis affecit morte: dixit illa fossam tantummodò à se factam esse, in eam pulueres à diabolo sublimen ianuæ iniectos esse: sic illa manum admouerat. Similiter qui cereas inimicorū faciūt imagines & defigunt eas, postquàm se ipsi vouentes Satanę Deo renuntiauerint, & horrenda quæ assolent fecerint sacrificia, itaq; si Deus siuerit inimicos afficiunt morte (etsi hoc nō sæpe accidit, nā vix è centenis binos fortè offendas quibus ista nocuerint, vt ex Magorū confessionib. est manifestum) in eis homicidiū est à diabolo effectū, ab ipsis exoratū. Sic Enguerrandi Marignij iudiciū hac potissimū causa niti legimus, & alterius in Alenconiorum vrbe tempore Francisci 1. regis, cuius factum probatū in iudicio fuit, & copiosè in Nauarrenę Reginę heptamero, necq; tanquā fabula, sed velut historia vera cum forensibus gestis omnib. exponitur. Anno M.D.LXXIV. generosus vir quidam (vt in iudicio eius qd' excusum est legimus) q̃ Lutetiæ fuit decollatus, imaginē cereā capite & corde trāsfixo & characteras alios habere compertus est: quæ fortasse non postrema causa fuerit cur addiceretur morti. Et quod recentius est, Septembri

men-

mense vltimo M. D. LXXVIII. Legatus Angliæ & Galli multi per Galliam nuntiauerunt tres imagines cereas deprehensas esse in fimo cum inscriptis Reginæ Anglię & aliorum nominib. quas imagines Curio pagi Istinctonij ad dimidium milliare Londino distantis fecisse dicebatur. Sed necdum iudicium fuerat cōstitutum aut probata res, cùm nuntius fuit in Galliam perlatus. Ex istis autem omnibus historicis narrationib. nulla exstat memorabilior quam illa Duffi Regis Scotiæ quæ in Scotica historia legitur⁴. Huic enim morbus dicitur accidisse, quo ita premebatur vt quamuis bellè ederet, biberet, ac corpore constitutus esset, tamen nocte somnum capere non posset, sed alterius doloris expers aresceret totamq̨ noctem in sudorem solutus contabesceret. Tandem verò cùm rumor increbresceret Sagas ad Regem Scotiæ enecandum à Morauis conductas esse (Morauos autem Scotiæ incolas intelligo, olim Scotorum hostes, & iamdiu Scotorum regno adunatos) Legati in Morauiam missi sunt in Forensem vicum, vbi ceream imaginem nomine Regis vocatam Sagæ torrebant & certo liquore perfundebant. Certior de hac re Douenaldus Præfectus loco à Legatis factus in re præsente deprehendit eas, quæ rem confessæ viuæq̨ crematæ sunt, eodemq̨ momēto Rex Scotiæ restitutus valetudini, prout dies fuerat obseruatus. Sic videtur Meleager paulatim crematus esse cùm Althea Saga torrem fatalem incendisset: hæc enim deliria esse viderentur, nisi iam olim istæ imagines

Boet. lib 2.

imagines fuissent vsurpatæ. Plato libro xi. de legibus narrationem hanc confirmat de imaginibus cereis quas faciebant Magi. Necʒ vero magnopere mirari oportet q̃ potuerint ista innotescere: Magi enim per conuentus suos rerum à se gestarū rationes reddunt, vt antè ostendimus, ac eorum etiã omnium quæ vbiuis terrarum fiunt, vt Aurelius ex Cleryano Magorum conuẽtu retectum est. Apud Sprãgerum quocʒ legimus Pumberum quẽdam Magum Lendemburgi in Germania exstitisse, quem docuerat Satanas Crucifixum sagittis an tepschali die Veneris configere, qua ratione adhibitis nefandis quibusdam verbis iaculãs in aerem ternos homines quos vidisset cognouissetcʒ poterat quotidie occidere, quamuis in arcem munitissimam abditos, modò certum deliberatumcʒ consilium occidendi eos habuisset. Eum verò tandem rustici in frusta laniauerunt sine iuridica cognitione vlla, postquàm homicidia plurima perpetrasset: hęc gesta ann. M. C C C C. X X. cùm adhuc Germani Crucifixum colerent. Etenim æquæ propè impietatis est eum quem pro Deo habeas ac Deū ipsum offendere, quia fit in contemptum Dei, qui cor animumcʒ tanquam actionum bonarum malarumcʒ (vt ait Aquinas) fundamentum introspicit. Omnino cõstat (vt loquamur propriè) Deum offendi non posse, & quemadmodum qui cœlum sputis appetunt, cœlum non conspuũt, sed seipsos reuertente sputo inquinant, ita offensionem quæ Deo putatur afferri in afferentis caput recidere. Il-

F

lud itaq; Magorū genus qui Sagittarij dicebant
non ampliùs in Germania exstat, ex quo Sagittarij Crucifixum neq; Deum esse neq; diuinitatis qc-
quam in se habere crediderunt:quod ante religionem mutatā crediderant. Iure porrò dubitari pos-
sit cur Magi memoria nostra non possint ea παρεργήματα factaq; prestare mirifica, quæ Simō ille Magus, Apollonius Tyaneus, Circe, Medea, & alij in-
signes Magi præstiterunt. Sed duplex mihi quidē
videtur esse ratio:vna, quam in iudicio quodam
Sanlisiano legi, quòd ista geruntur pro ratione pacti cùm Satana initi, puta si quis ei ministrare optimè horrendaq; malefacta velit committere: altera,
quòd Deus tantas vires in populos sui cognitione
præditos non tribuit Satanæ, quantas in Ethnicos
tribuerat. Diximus libr. primo de diuinis, naturalibus, humanisq; modis, ijsq; licitis ad prænoscendas & præcipiendas res futuras:Secundo de modis illicitis & Dei lege vetitis egimus:Iam dicamus quibus modis liceat magicas sortes anteuertere, & mala cùm sunt
cognita medicari.

IOAN.

IOANNIS BODINI
DAEMONOMA-
NIAE MAGORVM
Liber tertius.

De modis licitis ad magicas sortes præuer-
tendas. Cap. I.

Ortilegia nouos morbos nõ esse docent historiæ, sed vt hodie multa sint, olim centuplo frequentiora exstitisse. Etenim in lege Dei, quæ ante ter mille centum quinquaginta annos fermè fuit promulgata, Chaldæam legimus, Ægyptum, Palęstinam ex eo laborauisse: & minorem Asiam, Græciam, Italiamq́ vixdum parte dimidia habitatas hoc modo abũdauisse ex historijs priscis cognoscimus. Interdicta cernimus atrocesq́ pœnas Lege Dei in Magos imperatas, horrendáq́ scelera ex quib. ad exterminandos Canangos exarsit Dei furor: cp nõ propter idolatrias cęteráve peccata q̃ cũ alijs populis tum fuerunt cõmunia, sed propter sortilegia abominãda in Lege disertis verbis factũ fuisse dicitur ᵃ. Videmus ante ᵃ Deut.18.
& post Troianum bellum (fuit autem quasi post

F ij

ducentos annos à Dei lege promulgata) crudelissima Medeæ sortilegia, Circes Proteiq́ trãsformationes, & Necromantias Thessalicas: etiamq́ Romulum apud Liuium, Dionysium Halicarnasseũ, & Plutarchum legimus procelloso turbine sublatũ esse, & plerosq́ alios, quos antè annotauimus. Et (quod amplius mireris) quos spiritu abripiebant dæmones (vt antè diximus) aut spiritu & corpore simul, quos diabolus obsidebat, & per quos loquebatur, ij pro diuinis ab imperita plebe habebantur. Videmus & Hippocrates libro de morbo sacro abominatur Magos. Platonem inter Ethnicos animaduertimus optimam legem contra Magos ferre libro xi. de legibus, cùm Magos qui carminibus, verbis, ligaturis, cereisq́ imaginibus incantauerint fascinauerint, aut homines pecudésve necauerint, morte iubet affici. Ex eo tempore omnes Philosophi vno ore damnauerũt Magiam, & cremari libros curauerunt, vt videre est in l. cæteræ, famil. herciscundæ. ff. Iamblichus, Porphyrius, Proclus, Academici, alijq́ Ethnici philosophi cõsentiũt Magos & malignos spiritus (vt diximus) fugiendos esse: itaq́ sortilegi cum sortilegijs fuerunt damnati & iudicijs infesti primùm Tyberio imperante, vt apud Tacitum legitur, pòst Domitiano longè acrius & diligentius quæstionem de

²*lib. 2. de ma* eis habente, tum etiam Diocletiano⁴: sed omnium
lefic. C. seuerissimè, cùm Imperatores fidei Christi sese adiunxerunt. Tunc euersa sunt templa & oracula, sacrificia gentium totaq́ aruspicina illicita pronuntiata

tiata & Auguralis scientia, earumq́ interdictus vsus, indicta in aruspices mortis pœna, deportationis in eos qui augures & Aruspices consulerent[d]: etsi non tanta apud Christianos censebatur Augugum improbitas quanta Magorum qui malefici dicebantur, & viui tunc temporis ex Lege tradebantur igni[b]: posteà verò Aruspices ad pœnam istam, Magi verò ad bestias fuerunt damnati[c]. Videmus itaq́ non solùm ex quo Lex Dei & religio Christiana fuerunt datæ cœpisse homines ab eo quod colebatur abhorrere, verumetiam ante promulgatam Legem sortes magicas & diuinationes horrori fuisse gentibus. Vlpianus enim, licet fuerit Ethnicus & infensissimus Christianorum hostis, qui libros septem composuit de Christianorũ supplicijs, magicus tamen sortes omnemq́ diuinationem quam illicitam dicunt exhorruit, vt ipse declarat dicens[d], Si quis astrologus vel qui aliquam illicitam diuinationem pollicetur consultus, aliquem furem dixisset qui non erat, iniuriarum cum eo agi non potest: sed constitutiones eum tenent iam cõtra diuinos factæ. Et quamuis Saga quædam nomine Martha Marij temporib. certissimam in hostes victoriam ijs modis quos se tenere aiebat polliceret̃, eam tamen Senatus (vt in Dione legimus) noluit adhiberi. Persæ quoq́ hac peste inquinatissimi, supplicijs tandem atrocissimis vtentes in Magos, capita eorum (vt narrat Plutarchus) inter duos lapides eliserunt. Sed legis diuinę promulgatio vires Satanę plurimùm eneruauit: & quicunque

[a] l. nemo aruspicẽ, eo. C.

[b] l. nemo aruspex, eod. C.
[c] l. multi eodem. C.

[d] l. itẽ apud Labeo. §. si quis astrol. de iniur. ff.

F iij

populi manserunt diu infideles aut adhuc permanent, ij grauissimè fuerunt infestati à spiritibus malignis, & adhuc dies noctesq̃ infestantur: vt fit in Norvuegia, Finlandia, Pilapia & alijs regionibus ad Boream sitis, & in occidentalibus insulis, vt in Olai magni Indorumq́ historia legitur. Inprimis verò in Bresiliæ regione & conterminis illius, vbi adhuc sacrificantur homines edunturq̃; Mirũ est (inquit historia) quantum ab omni malignorũ spirituum genere infestentur. Germania quoq̃, antequàm Paganismum ex ea Carolus magnus sustulisset, cir cumfluebat Magis, vt ex Salicis legibus, capitibusq̃ de Carolo magno, & ex Cæsaris commentarijs constat. Deniq̃ si quis diligenter caput XLI. Iobi expenderit & allegorias discusserit earum proprietatũ quæ de Behemoth & Leuiathane prædicant (hæc enim omnes de hostib. humani generis, corporis & animi interpretati sunt) is res multas abditas cōperiet ad proprietatẽ malignorum spirituũ pertinenteis. Primùm vires Behemoth dicuntur in lumbis ventre & cauda positæ, ad cupiditatẽ bestialemq̃ partem denotãdam, vt prisci Hebræi dixerunt Satanæ in voluptates brutas potestatẽ esse. Deinde dicit̃ facere vt Deus ipsum gladio suo, id est, verbo cædat: tum in palustrib. volutari, vitijs puta & impuritate in qua deliciatur Satanas: præterea montes ipsi suppeditare escam, quibus in Scriptura Principes arrogantes & superbi homines designantur, vt istos reuera Satanas plerumq̃ aucupatur: item sub opacis arboribus'

ribus & in falictis exultare: opacæ autem arbores in Scriptura hypocritas significant fola pietatis cõtentos vmbra, falices infrugiferos. Verumtamen dicitur idem vifu obtufo effe, vt oftendatur non ineffe Satanæ oraculis veram prophetiam: quamobrem Propheta Baleham populo Dei benedicens inquit, Beatum populum cui non funt magi & incantatores, fed cui Deus cùm opus eft res abditas vifionibus reuelat certifsimè. Poftremò beftia hæc dicitur facilè nafo infibulari poffe, vt difcamus nihil à Satana effe metuendum. De Leuiathane verò qui non contentus corporibus animas aggreditur, An cum eo pacifceris, inquit Dominus, vt femper vtaris eo? quod quidem ad eos fpectat qui familiares fpiritus fibi mancipatos putant. Quod autem dicitur Principes fuperbos & elatos homines Satanas appetere, iam olim exploratum eft, & videmus memoria noftra eos Principes qui Deum deferunt fe Magorum opera mancipandos miferè & rapiendos Satanæ exponere, ac multos quidem extare quos veterator ille deceperit, fciens quales principes tales ciues. Si enim Magiam princeps coluerit, primùm deliciæ principis aulici, deinde verò populares eodem, ac proinde in omnem impietatem pertrahuntur. Neronem quinque annos principem bonum fuiffe ait Sueton. itaq; dicebat Troian. procul diftare omnes Principes à Neronis quinquenio: fed ex quo fe rebus magicis addixit, idẽ autor eft famofiorẽ magũ neminem

neminem exstitisse, turpissimā fuisse illius vitam, & miseriorem finem quàm vllius ea tēpestate Princeps. Nam Plinius res magicas permultas narrans & vires quæ de illis prædicantur, ait, Quæ omnia ætate nostra Princeps Nero vana falsaq̃ comperit: primùm imperare dijs comcupiuit. Nemo vnquam vlli artium validiùs fauit. Deinde, Immensum & indubitatum est exemplum falsæ artis, quā dereliquit Nero: & paulo pòst, nam homines immolare etiam gratissimum illi fuit, de Magia & sortilegio loquens. At nunquam Satanas suos abire sine merita mercede sinit, nec desinit eos in omnē sæuitiam, incestas libidines, & parricidia impellere, vt Nerone fecit. Hūc enim Magi & diaboli docebant multas cædes, atrocia facinora, & parricidia committere, vt securior in sua dignitate viueret: vt hodie quoq̃ Principibus autores sunt Magi vt cædes & crudelitatem curēt, & improbitati cuiuis dent veniam. Verumtamē à Principibus ipsorum consultorib. plerumq̃ castigantur Magi, siue metuentibus vt plus effutiant, siue explorantibus an veræ sint eorum diuinationes. Sic Domitianus cùm Ascletarionem Magum, qui Imperatorē breui occisum iri prædixerat, sciscitatus esset q ipsum Ascletarionem maneret exitus, & is affirmauisset fore vt breui laceraret à canibus, Imperator eum interfici sine mora iussit, & post funus discerpserūt eum canes repentino casu, quo Domitianus fuit commotus vehementissimè. Prudentior ille Tyberij, quem Tyberius in altum lubricumq̃ præcipi-
tium

tium ducens rogauit an tempus quo ipsi moriendum erat cognosceret: ille respondit se in maiore quàm vnquam anteà versari discrimine:huc enim, teste Suetonio, si secus respondisset, Tyberius instituerat dare præcipitem. Vtcunq̃ se res habeat, diem mortis suæ & genus à magis sæpe videmus fuisse prædictum atq̃ confirmatum. Extant huius rei exempla innumera:sed nullũ aut recentius noui aut propinquius quàm Nouiodunensis Magi, cui intercesserat cum Nouiodunensi Episcopo ex Hangestana domo familiaritas: hic quo die fore prædixerat Satanas vt occideretur, se in domũ recepit Episcopi, indicans ei fore vt eodem die occidatur:cùm autem prandisset ad mensam Episcopi, aliquis tandem superuenit eum conuentum cupiens:iubetur ille ascendere, ascendit, & colloquẽdo inter duas ianuas occidit Magum. Hanc historiã accepi à D. Ludouico Castellano Legato Nouiodunensi, & multi alij confirmarunt. Quamobrem vt mala hæc vitari possint, legem Dei sæpe oportet prædicari, metum eius summis, medijs, infimis inculcari, & ante omnia fidem in eum imprimi:nam si Dei maximi, terribilis, & omnipotentis nomen bona fide ab homine timente Dei pronuntiatum Diabolorum & Magorum propellit turbas (vt sæpenumerò vsu venisse antè demonstrauimus) quanto magis eum spes erit procul fugiturũ, si prædicari, legi, promulgari, & sermonem haberi de laudibus operibusq̃ Dei audiuerit? Hic ergo maximus, hic pulcherrimus, hic facillimus omni-

G

no modus eijciendi è Repub. Magos, artes magicas, maleficia, & malignos spiritus: tantisper enim dum hic blasphemia illic ἀθεότης obtinet, nulla planè spes ostenditur malignos spiritus, magos, pestem, bella, famemq̃ depellendi. Non quò magi omnino possint eijci, quin subsidãt semper ex ijs quidã, vt bufones & angues in terra, in ædibus aranei, erucæ & muscæ in aere, quæ corruptione generatæ venenũ è terra & ex aere corruptionẽ attrahũt: sed bene culta terra, purgatus aer, putatæ arbores non ita his malis infestæ sunt, quæ si multiplicari siueris, nõ attrahũt sed gignũt corruptionẽ & inficiunt omnia. Sic beatus est populus cui sapientes moderatores, boni magistratus, & boni pastores præsunt, qui bene instituũt ipsum: non sunt in eo populo maligni spũs diu habituri sedẽ. Verũ optimè cauendũ est qui illusionẽ esse prædicãt q̃cquid de Magis fertur, vt doctor ille Magus prędicabat, quẽ antè perstrixinmus, p̃ut se à diabolo in hoc argumẽto informatũ fuisse cõfessus est. Quemadmodum aũt pestilentiã, bella, famem, malignorũ spirituũ ministerio (vt q̃ executores sunt iustitiæ eius) immittit Deus: sic etiam Magorũ opera vtit̃, maximè verò cùm Dei nomẽ dei blasphematr̃, vt hodie summa impunitate licẽtiaq̃ blasphematr̃ passim, & impia blasphemandi ars ex professo ab ipsis quoque pueruli exercetur. Atqui scelera omnia, parricidia, incestus, veneficia, cædes, adulteria, neque tam magna sunt, neque tantis digna supplicijs ex constante Theologorum omnium consensu ac suæ ac sunt blasphemiæ. Cætera enim maleficia in homines primò committuntur, vt ait Samuel, blasphemiæ verò honori Dei directè aduersantur & pertinēt ad contemptum eius: qua loquendi formula blasphemi ferè abutuntur. Cùm autē ista impietas regnante Carolo nono obtinuisset vt cùm maximè, Rex Henricus III. adueniēs sanctissimū edictum contra blasphemos promulgauit: sed neglecta illius executio est in maximā Dei contumeliā, & cōtinuata blasphemis impunitas, quorū plerisq̓ nō videt̄ satis audacissimè Deū abnegasse, ni se se optimo animo facere adiecerint, nōnulli etiā inter blasphemādū poetarū numeros aucupāt̄, vt Cāpanus ille Trecēsis, cui nomē fuit Bursario. Hic die Veneris antepaschali an. 1569. blasphemās fuit cōprehensus, sentētiaq̓ in eū lata vt labiū eius candente ferro finderet̄, honorariā pœnitentiā profiteret̄, & mulctā 500. librarū solueret, puocauit ad curiā, & è vinculis euasit: verū iterū post dies 7. capt⁹ & in vincula retractus est: Placuit Curię prius iudiciū impbare & in hanc formā corrigere, vt indusiatus honorariā p̄sitere͞t pœnitentiā, lingua cādente ferro perfoderet̄, & laqueo finereet vitā. Ex eo tēpore ne in decies quidē cētenis millib. suppliciū vnus perpessus est: etsi lex Dei præcipit[a] vt quisquis contumeliosè Deū nominauerit lapidibus obruatur, crudelissimo, (ait Moses Maymonis[b]) mortis genere. Hanc impietatem placuit attingere, vt quę in hoc regno grassatur latissimè & impunita permanet. In rebus omnibus gerendis olim maio-

[a] Leuit. 24.
[b] lib. 3. More nebocim.

res dixerunt, si Deo placet, confectis dixerunt, laudetur Deus: saluere aut valere iubentes, Seruet te Deus, pro eo quod χαῖρε dixerunt Græci, id est, lætare, Hebræi verò שלם לו pax tibi, quod salutationis genus apud Asiaticos & Afros obtinet, qui Turcico & Arabico sermõe ex Hebræo corruptione ducto pronuntiant *Schalama lec*. Itali & Hispani osculantur manus: sed omnium optima iudicio meo & maximi momenti est consuetudo nostra: prout tribus aut quatuor exemplis demonstrauimus eos qui imprudentes in sabbatha ab vxorib. perducti dixerunt, Deus mi, quid hoc rei est? vniuersum malignorum spirituũ magorumq́ cœtum abegisse. Ante omnes autẽ nequissima est blasphemia cùm Deus inuocatur ad sortilegiũ: quod nunquam Magi faciunt, nisi aut rebus creatis adiungentes eum, aut ad scelus implorantes, aut Poetas imitati quæ in rebus turpib. pro interiectione pathetica Dei nomine abutunt̃ blasphemia in dei nomen contumeliosissima. Atq́ hic vniuersè modus est preuertendis sortilegijs: sigillatim verò cuiusq́ munus est vt familiã doceat orare Deũ mane & vesperi, ante cibũ benedicere, à cibo gratias agere, & horam vnam aut alterã in legẽda scriptura sacra die certo hebdomadis præsente familia tota cõsumere. Priscus erat Regũ nostrorũ mos quẽ S. Ludouicus à puero optimè obseruauit, vt Rex è lecto surgens in genua procideret veniã peccatorũ postulans, Deo gratias agens de nocturna sui custodia, & orãs vt porrò in sancta hac custodia pergat: hoc

hoc facto, ex Biblijs, dũ se vestiebat Rex, legebat. Hac si ineat ratio, maximũ certè generatim Reipu. & sigillatim familiç cuicq̧ momentũ est allatura. Sẽper eĩ populus sequit affectionẽ principis, etiam exsecrãda quæcq̧ periuria & blasphemias eius imitatur: cuiusmodi fuit Princeps, q ad iuramenta singula nomẽ diaboli adhibebat. Sceleratiss. multorum consuetudinẽ, accersi & iurari diabolũ: quos propterea nonnuncq̧ diabolus adhuc vitæ plenos spirãtescq̧ tollit. vt an. 1551. in Germania Vvildstudiensi agro mulierẽ quę indesinẽter iurabat diabolum toto populo spectãte sustulit[a]: similitercq̧ hospitẽ crumenam hospitis qui ad se diuerterat furatum, & se in iure dedentem diabolo si res ita esset assumpsit diabolus, necq̧ ab eo tẽpore visus est. De puero aliud narrat Fernelius [b] repẽtè sublato cùm diabolũ accerseret. Hæc de familijs, vt non solùm oppidorũ portæ, sed ædiũ quocq̧ singularũ Magis & sortib. eorũ occludant. Alterũ quocq̧ remedium est, puta vt necq̧ à Satana necq̧ à Sagis vlla ratione metuat. Vix eĩ expeditior modus est q̃ se homo dedat potestati Satanæ cq̧ si eũ metuerit: nam etiã Deo fit iniuria cũ diabolus metuit: ideocq̧ in Lege Dei disertis verbis cauet sępius ne à dijs gentium, qui necq̧ bono possunt necq̧ malo afficere, metuat quicquam. Itacq̧ non raro cõpertum est & quotidie cernimus non posse ei nocere Sagam qui accusat ipsam, aut proculcat pedibus, cùm Sagam esse nouerit. Alium præterea modum confitentur Saga, cùm aiunt hominem in pauperes munificum

[a] *Vierius lib. de præstigijs*

[b] *lib. de abditis rer. caus.*

G iij

non posse à magicis sortib. offendi, quamuis alijs in rebus vitiosum. Scribit Vierius Sagarū protector libro quarto capite decimo Vvertanas moniales in Hornensi Comitatu amplius tres annos à malignis spiritib. fuisse vexatas, atq; hāc occasionem inter alias fuisse obseruatam, quòd libram salis Sagæ cuidam vetulæ (quam Sagam nesciebant esse) hac lege commodauerant, vt libras tres post duos menses redderet, q̃d effecit Saga: tum micas salis à monialibus in monasterio inuentas esse, & ipsas eodem momēto à spiritib. malignis obsessas. Necq; tamen hæc sola fuit occasio, sed cùm de vitijs permultis famosæ essent, hoc præterea fuisse compertum eas loco erogādę eleemosynæ fœnus pauperibus imperasse. Atque hæc causa est cur Magi, quibus à Satana aut malefaciendi, occidendi, & veneno homines pecoráque tollendi imposita est necesitas, aut dira indesinenter patiendi si inimicis quos vlciscantur caruerint, mendicant eleemosynam, & siqui facultate præditus demagauerit periclitatur ab eis, si Magum esse nesciuerit. Non enim amplius Magus in quemquam potest, quàm in eum qui stipem erogat homini quem Magum esse nouerit. Quinetiam cauendum est ne ijs detur quæ vulgi sermone Sagæ feruntur esse: qui autem Magos esse ignorans stipem non dederit, is offendi periclitabitur, vt persæpe compertum est. Sic cùm in magnis conuentibus essem Pictauij anno M. D. LXVII. inter vicarios Procuratoris generalis meas partes agens, accepi duos Magos squallidos

squallidos egentésq́ ad prædiuitem domum ſtipẽ
poſtulauiſſe: ea recuſata iniecerũt ſortes, & dome-
ſtici omnes in rabiem acti obiuerunt furioſi: non
quòd hanc ob cauſam Deus illos poteſtati Satanæ Magorúmque adminiſtrorum eius illos tra-
diderit, ſed quia (vt erant improbi & immiſeri-
cordes erga egentes) Deus non ceperat de ipſis
miſericordiam. Scriptura enim eleemoſynam
appellat צדקה, id eſt iuſtitiam, & pro eo quod eſt
date eleemoſynam, ait date iuſtitiam, quia hæc præ
cæteris ex improbo iuſtum facit: quò pertinet illud Scripturæ, Eleemoſyna liberat à morte. Tobiæ xij. & alibi hilarem datorem diligit Deus, &
Pſalmo cxi. Diſperſit, dedit pauperibus, iuſtitia e-
ius manet in æternum, vbi vox צדקה ſignificat e-
leemoſynam, q̃ LXX. iuſtitiam ſunt interpretati.
hoc conſilio Daniel ſuadebat Regi Nabuchodo-
nozori, vt animã ſuam redimeret eleemoſynis, & a-
libi dicitur non tam citò frigida ignem extinguere
quàm peccata extinguit eleemoſyna: his denique
documẽtis Scriptura plena eſt. Hoc igitur fortaſſe
inter maxima & pulcherrima arcana fuerit obſer-
uandũ quibus Satanæ Magisq́ omnibus poteſtas
nocẽdi adimitur: neq́ id ſolùm à viris bonis quorum certa eſt cuſtodia, ſed ab improbis quoque &
gentibus Deũ ignorantibus, vt in Actis Apoſto-
lorum ᵃCornelius fuiſſe dicitur. Verumtamẽ cer- Act.10.
tiſsimus omnium præſtantiſsimúſq́ modus eſt, vt
fidem in Deum habeamus, & de eo velut de celſa
& inuicta arce confirmemur: hoc (inquit Philo)
maximum

maximum & acceptissimum est Deo sacrificium, ex quo Abraham tot benedictionibus fuit cumulatus, qui credidit Deo, & ad iustitiam imputatum est ei. Omnes itaq; Magi, qui curationes & excantationes pollicentur, hoc primùm ab eo quem curaturi sunt postulant vt certò credat se curaturos esse fidemq; sibi habeant. Frequentissimũ hoc quidem, sed iniquissima tamen idolatria est, cùm fides ad Creatorem pertinens in rem creatam habeatur. Satanas etiam sua medicamenta omnia & vires confert, vt cum qui sibi aut rebus creatis fidit restituat: Quod Galenus de medicatione Homerica, & Ogerius Ferrerius Tholosanus medicus vir doctus admirantes aiunt, quo plus fidei habetur verbis & ligaturis eo citius valetudinem instaurari. Sprangerus tamen de Sagis quæstionem habens hoc in ijs demum accepit obtinere morbis qui ex sortilegiis acciderunt, necq; Magos à naturalibus morbis posse ampliùs liberare quàm possint medici sortibus exoluere. Fuit Lutetiæ veteramentarius sutor Magus, qui solùm attingens manu febri quartana liberabat: sed is minimè curabatur qui nolebat credere se curari posse. Alterum vidi Mirebellensem in Andino agro qui sic curabat dolorem dentium, & videns D. Carolum Carsium Lingonensem Episcopum Parem Galliæ ex quartana laborare dixit hominem sibi notũ esse à quo certissimè curari posset. Postridie hominem adduxit qui manum attingens illius petiit nomen sibi indicari: cognito illius nomine dixit Episcopo, fidem

dem habeto in me te curatum esse. Eram autem in cubiculo illius. Cúmq; ego & Faber medicus doctissimus audito hoc nouo sancto miraculis affluẽte subrisissemus, Non (inquit ille) si qui volet, sponsione cum ipso certabo hunc curatũ esse. Homine profecto dixi Episcopo hanc Magorum rationem esse, vt fidem hominum pellicientes à fide in Deũ auocent ipsos, ne quicquid boni aut mali sibi euenerit ad laudem illius referant. Sed non destitit Episcopus totum biennium ex sua febri laborare. Ille autẽ videns subinde febrim accedere, dixit erubescendo se tantũ fecisse causa Episcopi quantum vllius hominis: sed quid illud esset nõ exponebat. Sunt qui ab omni vetustate obseruauerint malignos spiritus in maleficia certo tempore magis incumbere, maximè verò de nocte potius quàm interdiu apparere, idq; ea nocte quæ inter diem veneris & Sabbathi interuenit potius quàm vlla alia, vt ex veteribus Lauaterus libro i. cap. viij. annotauit: quod ego quidem non animaduerteram: sed posteà obseruaui (vt idem autor annotat) legentes Grimorium quibus apparet Satanas, ea nocte inter veneris sabbathiq; diẽ legere: itemq; in libro qui cum priuilegio typis mandatus est diabolicũ documentum legi ad offendendum certis carminibus (quæ hic non placet adscribere neq; autoris nomen digni incendio) aut occidendum furem: atq; hoc die Sabbathi ante ortum Solis faciẽdum esse dicitur. In multis quoq; iudicijs comperi plurimum die Sabbathi sortes maleficas iniectas esse.

H

Cuius rei perquirēs rationē, in Hebrę̄is Abraham Aben Hesrę̄ commentarijs in quartum caput Decalogi Deum indicta capitali pœna legi mandauisse[a], vt cessatione sacra dies Sabbathi sanctificetur & benedicatur præ omnibus: deinde affirmat Deū spiritibus malignis dedisse facultatem castigandi & nocendi quarta septimaq́ȝ nocte: proinde summopere cauendum esse ne quod opus fiat die Sabbathi. Sed Astrologicam rationem plus miror ab eo adductam, Martem & Saturnum, quos Astrologi dicunt maleficos, duobus illis diebus præualere. Quòd si ita est, tertiam & septimā potius fuisset dicturus, nisi in numeris fuerit erratum: nā noctem die priorem esse omnes consentiunt (vt dictum est, Factum est vespere & mane dies vnus) eamq́ȝ noctem quæ inter diem Veneris & Sabbathi est posita noctem esse Sabbathi, vbi Saturnus planeta summus imponit primæ noctis horæ & diei sequenti nomen, qui planetes Hebrę̄is dicitur Sabthai, id est, quiescens, à Sabbathi, quietis appellatione. Et lege Dei quoque præcipitur[b] festum quietis diem statim ab occasu Solis celebrari. Quibus ex rebus fuit concludendum eam tertiam esse noctem quæ inter diem Lunæ & Martis interuenit, quæ inter diem Veneris sabbathique, septimam. Itaq́ȝ vidi acta forensia, in quibus dixerunt Magi se nocte inter diem Lunæ & Martis intercedente conuenisse. Sic fuit Logmanus Potezanarum cōuentus, in quo Sagæ se cum diabolis saltantes elatis sursum scopis fatebāt dixisse, har har

Sabbath

[a] Gen. 2.
Exod. 12.
Deut. 5.
Ezech. 22.
& 23.
Secretum & tesseram vocat inter Deum & hominem.

[b] Leuit. 23.
Exo. 21.

Sabbath sabbath: sic in altero cōuentu apud Biturigas. Sed an Magorum cœtus die quoq Sabbathi habeantur, nōdum didici. vt autem die potius tertio quàm quarto nocendi & castigandi improbos facultatem spiritib. malignis à Deo tribui ostendamus, in Leuitico scribitur Sacerdotes in sua consecratione purificari die tertio oportere, vt sanctificentē septimo: itē Num. xix. & xxxi. qui non fuerit purificatus die tertio, eum septimo non sanctificatum iri. Adde cp planeta Martis incipit post occasum Solis hora prima à die Lunæ desinētē, vt etiam Saturnus post occasum Solis hora prima noctis Sabbathi à vespera diei Veneris desinentis. Si enim à planeta omniū dignissimo Sole principiū fiat, & prima hora instituatur creati mūdi à die (vt appellatur) Solis, subductis horis xxiiij. Luna hora prima sequentis noctis die Lunæ obtinebit, & Mars nocte sequentis Martis. Ex ijsdem commētarijs in Decalogum accepi Deum benedictiones suas eo præsertim die impertiri, quem notauit antiquitas amœnum ferè ac serenum esse: vnde illud vulgo dictum, quod inter prouerbia popularia Iobertus medicus retulit, nuncq diē Sabbathi prętērijsse qn Sol fuerit cōspicuus: cp ad rē ego nō adieci animū. Necq verò sciscitari oportet curiosè cur diei 7. potius cp alijs Deus benedixerit, eūcp sanctificauerit: sed quemadmodū Iudæi ferianī die Sabbathi, & Mahometistę veneris, ita nos Christ. legē & priscas Eccl. cōstitutiones sequuti sāctificamus ac potius debemus sanctificare diem Dominicū:

H ij

qui tamen omni corruptionis dementiæcp genere quod homines comminisci queunt inquinatur maxima in Deum contumelia, qui nihil tam seuerè imperauit quàm vt quiete sancta dies quietis celebretur, idque indicta capitali pœna. Iam verò dicamus possintne Magi efficere (quod pleriq puatant) vt homines incolumes, alacres, diuites, potentes, victores, & honorati sint, suisque voluptatibus perfruantur.

An sit penes Magos valetudinem incolumium hominum confirmare, & ægrotos instaurare. Cap. II.

NON debet cuiquam videri mirũ quòd multi in orbe terrarum sunt Magi, cùm eis qui se vouerint & cultui ipsius addixerint magnificè promittat Satanas se eos diuites, potentes, & honoratos effecturum, & optata omnia daturum perfruenda. Quamuis enim prudentes viri fraudem vno momento retegant, & Magorum bona pars sit egentissima, rudis, & imperita, atq ab omnibus etiam contemnatur nisi bonis, honoribus, opibúsq affluant: sunt tamen quidam adeò miseri vt ipsi sibi certo deliberatócp consilio retia Satanę induãt, hi curiosa mente, alij vt magnificorum promissorum eius faciant periculum, præsumentes se inde cum primùm volent euasuros: ex quo autem illis fuerunt implicati, vix decimus quisque fortè se potest ex test expedire, & eorum plericg vbi se addixerunt Satanæ deserto Deo, exploratis fraudibus illius contemnunt quidem, sed non eo magis renuntiāt Satanæ & in gratiā Cum Deo redeunt. Quos homines lege optima tranquilleç̧ à Satana possideri nō est dubium, licet ab eis cerni omnino nequeat. Et quoniā secundum animam nihil est præstātius corporis valetudine, ægrotantes multi consuluerunt diabolum an possent reualescere, vt fecit Rex Ochozias, cuius legatis Elias factus obuiam dixit, abite renuntiate Domino vestro esse in cœlo Deū quem oportet consuli, & ipsum quia Bahalis oraculum consulit moriturum. Alij doloribus pressi diabolo se addixerunt ad recuperandam valetudinem, vt Parisiensis quidā causidicus, à me αἰώνυμ⊕, qui accusatus an. M.D.LXXI. dixit se cùm ægrotaret grauissimè, diabolo seipsum permisisse valetudinis ergo, & cautionem suo sanguine exaratam subscripsisse: quæ excusatio ad illud tempus, seu vera seu falsa fuerit, admissa est. Alij se non committunt diabolo, sed Magis se audent curandos committere, quorum vocem (ait Chrysost. in lib. de fato cap. vij.) vt pestiferam oportet fugere. Sunt autem in Hispania Magi artem medendi profitētes, quos illi *Salutadores* vocant: & fuit apud Andes vetula quædam Iala morbos curans anno M.D. LXXII. quæ cùm ab interdicto Iudicis, ne morbos curaret amplius, Curiam Parlamenti appellasset, disertè pariter ac doctè ipsius causa à D. Ioanne Baltruo causidico Parlamenti Matratium do-

H iij

mino collega & ciue meo fuit perorata: sed modos quibus curabat probatum est à natura abhorrere, vt felis cerebro quod venenatum est, capite, corui, & alijs consimilibus: quę res planè euincũt nõ prę statis olei aut salutaris vnguẽti virib. (quod multi viri boni & pauperũ amãtes faciũt) sed modis p̃ter naturã aut carminib. curationes fuisse factas. Scribit Iodocus Darmudanus in Praxi crim. ca. xxxvij Brugis in Flãdria exstitisse Magã in opinione maxima sãctimonię, quòd morbos curaret innũeros: sed illa hoc curabat primũ vt crederet se posse sanare, deinde ieiunia indicebat, mãdabátcɮ dici aliq̃ties Pater noster, aut Cõpestellas ad S. Iacobũ aut ad S. Arnoldũ iri: tandẽ verò multarũ sortiũ magicarum euicta meritócɮ supplicio affecta est. Sed Hebręus Philo in libro de specialibus legib. morbos sortilegijs immissos remedijs naturalibus posse curari negat, quod ex Magorum cõfessionibus Quæsitor Sprangerus se ait cognouisse, & Barbara Doræa Sanlisiana agnouit, q̃ ex decreto Curiæ an. 1574. cremata est. Magos quidẽ posse existimo interdum a maleficio morbó ue soluere quẽ Magi alij aut ipsi quocɮ immiserint: sed necɮ õẽs, necɮ semper possunt: nã etiã in iure fassi sunt ex more oportere vt in alterum traducãt sortes, alioquin nõ posse ipsos effugere qn sortes illę in ipsos recidant: A morbis aũt qui aliter cɮ̃ sortibus accidunt, fatẽtur Magi se nemini remediũ afferre posse Cognituros autem an sortilegiũ sit Sprangerus scribit Magos facere periculum, indendo plumbum liquatum
in vas

in vas aquæ plenum quod ægroto imponitur. Verumtamen idem autor est maleficia extare ab his importata, quæ illi delere nequeant, ac ne ipsi quidem maleficiorum autores: cuius rei documētum est certissimum in Ioanna Haruilleria, quę viua (vt antè diximus) fuit igni tradita. Hæc enim sortem à se iniectam confessa est, vt hominem qui filiam pulsauerat ipsius enecaret, alterum verò supergressum sorti repentè in lumbis sensisse malū & toto corpore: cùm autem (prout ipsa iamq̃ famosa erat istius artis nomine) homini fuisset dictū nō aliunde malum ei obuenisse, tum se promisisse facturam vt reualesceret & custodiam eius recepisse: ad eum finem precibus à diabolo cōtendisse, & multis modis (quos describi nihil attinet) de curatione eius laborauisse, quam fieri non posse Satanas responderit: dicenti itaque sibi ne ergo amplius veniret ad se diabolum respōdisse non venturum esse se: paulo pòst ægrotum obijsse, & Magā se abdidisse: sed vt abdita fuerit inuenta est. Ex his conficitur non esse in Magorū potestate vt eos semper curent qui ægrotant ex maleficijs, cùm eos semper curare nequeant in quos sortem coniecerint. Secundò si hominem sorti infestum Magi curauerint, teneri dicuntur sortis in alterum transferendæ: quod ex multorū Magorum confessionibus est vulgatissimum. Sic Aruernum quemdam Magum captiuū Lutetiæ vidi an. millesimo quingentesimo septuagesimo nono eq̃s & homines interdū curantē, apud quē permagnus liber inuētus est piest pilis equorum, boum, & aliarum bestiarũ coloris cuiusq́ plenus. Hic siquando sortem in equũ iniecerat consulebatur, & de p̃tio equi illius habēs ita curabat illum vt sortem alteri traderet, sed pecuniam non accipiebat, si acciperet non curaturũ esse affirmabat: itaq̃ perueter̃ sago ex pamunculis mille sufferto amictus ambulabat. Sed cùm semel in equũ nobilis cuiusdam viri coniecisset sortes, rogatus curauit traductis in seruum eiusdẽ viri sortibus: accidentibus iterum ad curandum seruum respondit ex nobili cognoscendum esse vtrum mallet, seruúmne an equum amittere: qua in re anxio hærente nobili & ad deliberandum cunctātē interijt seruus, & fuit comprehensus Magus. Illud autem obseruandum est à diabolo semper in commutationibus captari lucrum: itaq̃ si sortem equo adimat in meliorem equum transmissurus est eam: si mulierem à morbo liberet, recidet in virũ morbus: in adolescentem, si senem: Quòd si sortem aliò Magus non transferat, de vita periclitabitur: denique si diabolus corpus sanauerit, occidit animam. Huius rei duo exempla afferam. Vnũ à Domino Furnerio Aureliensi consiliario audiui de Hulino Paruo Aureliẽsi Materiario. Hic sorte magica affectus lethaliter, accersi curauit hominẽ qui omnes morbos depulsurum se pollicebatur, suspectum magicæ artis vt sanaret ipsum: is autem respondit se non posse sanitatẽ homini restituere, nisi morbum filio ipsius tum adhuc lactenti transdaret. Consensit parēs in paricidium filij, rem obseruanseruandam vt eo melius Satanæ malitia videatur. Nutrix re cognita aufugit cum puero, dum Magus patrem sanaturus attingebat. Sanato ex tactu patre, puerum Magus afferri postulat: quo nõ inuento, repentè exclamauit, Actum est de me, puer vbinam est? & vixdum abiens pedem ianua extulerat cùm eum diabolus interemit subitò, & cadauer eius tam fuit atrum quàm si quis de industria colore atro infecisset. Audiui etiam in iudicio Sagæ apud Nannetas, quę sortilegij in viciniam iacti accusabatur, imperauisse Iudices vt mulierem sorte affectam attingeret, quod à Germaniæ Iudicib. etiam in Camera Imperiali fit sæpissime, recusauit, & se cogi videns, exclamauit, actum est de me. Simul atq mulierem affectam sorte contigit, hæc reualuit, mortuaq Saga corruit: cadauer igni damnatum. Historiam ab vno Iudicum accepi, qui iudicio interfuit. Tholosæ quoq audiui Burdegalẽsem quendam studiosum amico suo grauissimè ex quartana laboranti dixisse vt febrim vni suorum inimicorum traderet: respondente illo sibi neminẽ inimicum esse, dixisse, da igitur seruo tuo: tandem cùm hoc illi religio esset facere, Magum dixisse, da mihi eam, tum annuente ægroto Magum febri oppressum obijsse, & ægrotum reuixisse. Hoc autem minimè nouum & inauditum est: nam apud Gregorium Turonensem libro vi. cap. xxxv. legimus Childeberti Regis vxorẽ, vt filiolum suum ex maleficio audiuit obijsse, muliebri rabie ingentem Sagarum numerum iussisse comprehẽdi, cremari, &

I

rotis imponi: quæ Regis filium à se enectum fuisse agnouerunt vt Mummonem magnum Magistrũ seruarent incolumem. Captus itaque Mummo & equuleo impositus certas pinguedines sibi potionesq́ à Sagis datas fuisse dixit ad conciliandam (vt putauit) Principum gratiam, & carnificem qui torquebat ipsum indicare iussit Regi nullum à se dolorem percipi. Tunc imperauit Rex eum distendi trochleis, stylosq́ ferreos vnguibus pedum & manuum interseri: prout est in Oriente ratio torquendi, qua sine membrorũ fractura dolor sit intolerabilis. Post dies aliquot ad suos Burdegalenses deportatus obijt. Hoc placuit annotare vt ostendamus Satanam lucrũ facere commutationibus, cùm Sagæ Regis puerũ quem parentes adorabant pro Mummonis incolumitate à se enectum dixerint. Ferè sit autem, vt quod impensius amatur citius amittatur iusto iudicio Dei castigantis eos qui res amatas pro diis habuerint, & plus in eos Satanas quàm in alios possit. Morbum autem naturali modo, non maleficio obtingentem confirmatur non posse à Magis tolli. Exemplum Quæsitor Sprangerus affert: cùm de Sagis Insprugensibus in Germania cognosceret, figulum Magum exstitisse, qui pauperem vicinam suam videns affligi grauissimè vt si intestina ipsius gladiis indesinenter peterentur, experiar (inquit) an sorte affecta sis & sanabote. Tum liquatũ plumbũ disco infudit aquæ pleno & mulieri ægrotæ imposito, & certis vocibus enũtiatis, quas reticere placet, imagines quasdam percepit

LIB. III. CAP. II.

cepit in durato plumbo ex quib. agnouit forte affectam esse muliere͂. Hoc facto, abducit virum illius mulieris, & respicientes vterq; sub lime͂ ianuæ imaginem ceream palmare͂ inuenerut͂, cui acus duæ ad duo latera hærebant fixæ, cu͂ alijs pulueribus, grauis, serpentumq; ofsib. quę omnia obiecit igni: mulier verò, cùm pignori dedisset animam suam Satanæ & Magis quos pro incolumitate sua adiuerat, suit restituta. Idem autor est Magum hunc cum Saga quæ maleficium vicinę intulerat familiaritatem supra æquum & bonu͂ coluisse itaq; potuisse Magum ex ea rem totã cognoscere. Verutamen an illius mali q; ex maleficio venit, alio deriuari sortem semper oporteat, no͂ possum statuere: Satana͂ quidem ea esse malitia puto vt bonum non patiat͂ fieri nisi grauius sit euenturu͂ malu͂: puta à Mago comperto & cognito petatur incolumitas, cum precib. eius communicet͂, superstitio aliqua seruet͂, dicantur verba, amuleta portentur, aut committantur alia quæ sine ididololatria committi nequeunt, eoq; spectant omnia vt homo à fide quæ in Deum solu͂, habenda est abducatur. Nam indubitatu͂ mihi videtur axioma istud, nunq; Satana͂ benefacere nisi vt grauius ex eo redundet malu͂: adeò naturæ Dei aduersat͂, qui nullu͂ malu͂ permittit fieri nisi vt maius consequat͂ bonu͂. Scribit Hippo. lib. de morbo sacro, suo tempore fuisse Magos qui pollicebãtur se ab eo morbo certis precibus & sacrificijs curaturos & sibi comparabant opinionem sanctimonię: sed eos ait detestabiles & improbos esse, Deuq; ab

I ij

istis blasphemari qui morbos istos à Dijs immitti doceant. Etsi Hippocrates apertè confiteri nolens nonnullos homines à Dæmonibus occupari, comitialem morbum esse dixit: cùm posteri omnes agnouerint epilepticorum alios esse qui remedijs curantur naturalibus, alios verò à Dæmonib. obsessos curari Magorum opera momento vno, aut conuentione facta cum satana, aut sacrificijs generibusq́; certis idololatriæ à Satana imperatis. Magos itaq́; statuimus ope Satanæ nocere posse non omnibus, sed ijs solùm quos Deus permittit secreto iudicio suo siue bonos siue malos, his castigandis, illis explorandis, vt electos suos quos stabiles constantesq́; viderit augeat benedictionibus. Mõstraturi autem Sagas maledictis suis execrationibus & nefandis sacrifijs vindictæ diuinæ administras esse, cùm manum suam voluntatémq́; cõmodauerunt Satanę, historiam admirabilem quę iam manauit in vulgus & recentis memoriæ exponemus, In Ducatu Cliuẽsi ad Eltanum vicum via publica verberabãtur equites peditésq́;, & subuertebantur plaustra, nec tamen aliud præter manum videbatur, quam vocabant *Ekerken*. Tandem verò cùm Saga quædã Sibylla Dinscops nomine in illo tractu habitans comprehensa & cremata fuisset nihil percerptum est. Hoc anno M.D.XXXV. gestum. Ex his ergo concludimus Sagas vtentes sua arte plurimũ mali ope Satanæ posse efficere, Deo iustè permittente & tanquam carnifices ad suum opus adhibente (semper enim sapientia & iustitia

tia Dei bene illud facit quod homo facit malè) Verùm illud videri quoq; nõ posse Magos alijs morbis liberare quàm quos maleficio suo intulerint, nec vnquam eos tollere quin lædant animam, aut aliud malum perpetrent. Posteà dicemus an istos adire liceat ad consequendam valetudinem: Sed illud videamus primùm an fauorem adipisci suo facto possint, & exoptatam illam à deformibus mulierculis pulchritudinem, voluptates, honores, & diuitias, quorum causa plerique sese in miserrimos casus præcipitant.

An Magi arte sua gratiam hominum, pulchritudinem, voluptates, honores, diuitias & scientias comparare possint, & fertilitatem dare. Cap. III.

Nihil tantopere miseros in præcipitem & lubricam perditionis viam attrahit vt se voueant Satanæ quàm hæc opinio improbissima, dari à diabolo pauperibus diuitias, afflictis voluptates, infirmis vires, formam deformibus, scientiam ignorantibus, honorem abiectis & fauorem gratiamq; procerum: etsi hoc contrà est compertissimum (vt supra ostendimus) homines miseriores Magis, egentiores, plus exosos, imperitiores, aut plus infestos malis nusquã existere. Reginam Olympiadẽ magni Alexandri matrem Plutarchus narrat de viro suo Philippo Rege Macedoniæ audientem, eũ

I iij

in sano amore nobilis cuiusdã adolescentulæ grauissimè conflagrare, illius conspectum cupiuisse: cúmcp mirandam illius formam, ven ustatẽ, & elegantiam contemplata esset(vt erat obstupefecta) nihil mali importasse, sed in hæc verba erupisse, Hæc illa est forma & gratia quæ virum meum fascinauit, & Deos quocp fascinare posset. Certè quecuncp pulchra conspiciuntur in toto hoc mũdo & singulis partibus illius, documenta sunt totidẽ ac velut radij diuinæ pulchritudinis, nec aliũ de quàm à Deo pulchritudo obuenit. At nunquã Saga coperta est quæ carminibus alióue pacto sic fucare faciem suam potuerit, vt visa sit speciosior, sed cõtrà vulgo dici solet, deformis vt Saga: & Cardanus quocp non postremus Magorum habitus nũquã Sagam à se testatur fuisse visam nisi deformẽ[a]: quod facilè crediderim. Nam etiam non negauit Cardanus sibi patrem fuisse Magum, & se cùm voluit agi ecstasin, qua ratione superior fuit parente artifex: addit præterea fœtere malignos spiritus, & locum quem frequentauerint: qua ex re factum arbitror vt veteribus *fœtentes*, & Vasconibus *fetilleres* Magæ dicerentur à fætore, quem illæ (opinor) ex consortio diabolorum contrahunt, suspensorum fortasse corpora aut eiusmodi alia ad Venereas & corporales actiones mutuantium: Vierius item fœtere dæmoniacos annotauit: & Hippocrates (qui tamen dæmoniacos ex morbo sacro putauit laborare) eos fœtere dicit: quibus ex rebus iudicari potest mulieres, quæ spirant suauius à natura

[a] *lib. de subtilit. 20.*

tura quàm viri, confortio Satanæ præter naturam horrētes, tetras, deformes, putidasq; effici. De expetita autem Sagarum amatorumq; voluptate, suprà demōſtrauimus pleraſq; captas, euictas, & cō-feſſas Magas dixiſſe Satanam rem ſecum habuiſſe nec ſine dolore, quia perfrigidum neſcio quod ſemen ab eo ſuſciperent ſibi (vt aiebant) ingratum: & confeſsiones earum annotauimus. Sprangerus ſcribit quæſtionem à ſe de Sagis quàm plurimis habitam, quæ omnes nec rogatæ fatebantur ſe cum Satana Venerem expertas eſſe. Eas, ſi darentur meliora, hæſuras iſtis amatoribus non eſt credibile, qui dies & noctes infeſtant ipſas, niſi in ſeruitute iſtius domini perſtiterint. Quòd ad gratiam hominum quam iſti ambiunt, vitari iſtos & in òdio capitali eſſe vident omnes. Triſcalanum Cenomannum memini artificio ſuo quod præſente Rege exercuit, animum Regis perculiſſe: nam orbes catenæ aureæ è longinquo eductos (vt videbatur) in manum ſuam acciebat, ſed catena tamen poſteà integra comperta eſt: Rex itaque ſtatim eum exire iuſsit, neque ex eo tempore ſuſtinuit eum aſpicere, adeò vt pro eo quod gratiam putabat promereri, iudicium fuerit conſtitutum, & ipſe artis magicæ à Præfecto prætorio condemnatus, vt ante diximus. Honores autem & dignitates quod attinet, videmus nō alios homines contēni magis & abominatiōi eſſe: & apud Samuele[a] legimus (q; Hebræi optimè annotarunt)[b] dixiſſe Deū, honorantē me honorabo,
& con-

[a] 1.Sam.2.
[b] libris Pirkeaboth.

& contemnentem me exponam contemptui. Nõ hominis vox sed Dei est illa, omnibus mundi demonstrationibus certior. O si ambitiosi homines istud arcanum agnoscerent: quantopere efferrent gloriam Dei vt laudem æternam compararent: quantum sibi à dedecore importando in Deũ metuerent, ne porrò exponerētur contemptui atque ludibrio: Neronem ait Suetonius Magorum facilè principem extitisse omnis religionis contemptorem: an verò quisquam tam contemptus, tam abiectus, tam crudeliter exagitatus est? Quem Deus non solùm florente ætate de honoris culmine deturbauit in quo antequam Magus fieret eum collocauerat, verumetiam fecit vt ab omnib. amicis, custodibus, & domesticis desertus ac dānatus baculis nudus ad mortem vsq; cæderetur, & ad necē tam sæuam vitādam ipse sibi violentas manus inferre cogeretur. Verùm qui cõtemptus, quod dedecus, quæ turpitudo magis horrenda cogitari potest, quàm illa Magorum, qui Satanam hirci fœtentis specie coguntur adorare, eaq; parte osculari quæ nec scribi nec dici honestè potest? Quod mihi quidem omnino incredibile videretur, nisi id legissem in confessionibus Magorum addictorum morti, & conuictionibus innumeris. Hic verò dixerit quispiam inde à Sylvestri secundo ad Gregorium septimum inclusiuè Papas omneis fuisse Magos, vt in Nauclero Platinaq; legimus. Respõdeo Benonem Cardinalem, qui Papas Magos annotauit, quinq; solùm comperisse, Sylvestrem secũdum bene-

Benedictum nonum, Ioannem vigesimum & vigesimum primum, Gregoriúmq; septimum. Quin etiã ex istis omnibus Augustinus Onophrius Papæ cubicularius (qui è Vaticano actisq; veteribus historiam Paparum cõposuit diligentissimè) duos refert solummodò, Syluestrem secũdum, & Benedictum nonum: quorum hic quidem sede (ad quã duorum Paparum, qui patrui erant, gratia peruenerat) posteà eiectus est: ille verò (cui prius fuit Gilberto nomẽ) Floriacensis monachus fuit ad Ligerim, qui tam nauiter operã dedit literis, vt Roberti Regis Francorum, Lotharij Ducis, & Othonis tertij Cæsaris Pædagogus effectus sit: quorũ operà, non autem Satanę (quod isti miseri arbitratur Magi) ad fastigium Papale euectus est. Resipuit verò Syluester tandem, & decessurus de vita postulauit linguã sibi & manus abscindi, quę diabolis sacrificauerant: se verò non antè diabolo fuisse addictum confessus est quàm Rhemorum fuisset Archiepiscopus. Quæ cùm ita sint, omnem potestatem, honorem dignitatémq; à Deo venire cõcludimus, verámq; illam voluptatem securitatem & tranquillitatem animi quam Deus suis fidelibus tribuit: cuius voluptatis ne minimã quidẽ scintillã spiritus à Satana possessi perceperũt, adeò crudeliter afsiduéq; ipsorum animę tyrannide illius opprimũt. Quod aũt diuitias attinet, omnib. notũ est atq; certissimũ magnos in terrę si nu thesauros esse abditos, eorũq; sedes Satanę esse cognitas: sed nunquam Magus exstitit q arte ista aureum vnũ cõpa-

K

rauerit, vt fatentur omnes: Imò quicunque diuites se addicunt rebus magicis vt diuitijs augeātur, ferè in paupertatem abeunt, egentes verò tota vita paupertatem perferunt. Bona enim dicuntur in Scriptura benedictiones, quia datur à Deo: vt Iacob munus de gregibus, quos fibi Deus iuftè dederat, Efau fratri offerens, accipe, inquit, de benedictione quam mihi dedit Dominus. At cur thefauros humi conditos fuis mancipijs non impertitur Satanas? cur fame finit emori? cur panem mendicari miferè? Certè nec aliter vult Deus, nec diabolus poteft: qui alioqui (vt videtur) in fuas partes plurimos fuiffet pertracturus. Ogerius Ferrerius medicus doctiffimus, cùm Tholofæ effem, elegantes ædes & bono loco ad Burfam fitas minimo conduxit anno M.D.LVIII. quia malignus fpiritus inquilinos earū infeftabat: quod ipfe non amplius curabat quàm Athenodorus philofophus,[a] qui defertam Athenis domum incolisq̃ propter fpiritum vacuam aufus eft habitare. Sed cùm illud audiuiffet quod nunquam crediderat, non poffe tutò adiri cellam, nec quietem interdū capi: monitus Lufitanum quemdam ftudiofum in vrbe effe qui res occultas in vngue pueruli videndas exhibebat, fecit vt ftudiofus ille fua arte vteretur: puella verò confulta dixit mulierem à fe videri ornatam accuratifsimè pretiofifsimis catenis & auro, quæ ad columnam quamdam manu geftabat tædam: itaque Lufitanus refpondit medico vt in cella ad columnam humi curaret fodi, thefaurum ab ipfo

[a] Plin. iun. in epift.

ab ipso inuentum iri. Gaudēs medicus fodi iussit: sed cùm thesaurum inuentum propè cogitaret, exsurgens turbo exstinxit lucē, & spiraculo cellę exiens, ad 14. pedes pinnarum fregit in propinquis ædibus, quarum pars in prothyrum corruit, pars in cellæ spiraculum, pars in mulierem ferentem aquam cuius hydria effracta est. Nihil posteà à spiritu auditum vnquā. Lusitanus postridie factus de re tota certior, thesaurum dixit à spiritu exportatū esse, mirari sese cp medicū non offenderit, qui post biduum mihi narrauit historiam. hæc die xv. Decembris anno M. D. LVIII. gesta sunt claro & sereno cælo, vt esse solet diebus Halcyonijs: & nos eodem tempore deiectas domus propinquæ pinnas prothyrumcp ad tabernam fractum inuisimus. Putauerunt Hebræi prisci, qui thesauros præsertim malè partos in terra defodiunt eos damnationem iustamcp suæ impietatis pœnam ad suos thesauros sustinere, & carere conspectu Dei, ac propterea in Ecclesiastico maledictionem exstare contra eos qui in ruina thesauros addunt. Affert Melanchthon historiam persimilem, homines decem Magdeburgi ruina turris oppressos esse cùm ad thesauros quos docuerat Satanas, reperiendos effoderent. Georgius Agricola in libro de spiritib. subterraneis scribit Annebergæ in ea fodina quæ dicitur Corona rosæ spiritum specie equi duodecim homines occidisse, & fecisse vt fodina plena argenti cederent quam Magi ope Satanæ repererant. A' quodam Lugdunensi accepi, qui posteà

K ij

in ęde S. Mariæ virginis Lutetię Capellanus fuit, se cum socijs magica arte Arcolii prope Lutetiam thesaurum retexisse: sed cùm cistam in qua erat cõditus habere cogitarent, eam fuisse exportatã turbine, in ipsum verò muri labem corruisse, ex qua toto vitæ spatio claudicaturus est. Et sacerdos Noribergẽsis nuper cum ope Satanę thesaurũ inuenisset, & iamiam scrimnium aperturus esset, ruina domus extinctus est. Non est autem nouum thesauros magicis artibus perquiri: nam etiam Lex ait [a] thesauros eorum non esse qui puniendis sacrificijs aut alia quauis arte prohibita scrutãtur, & ob eandem causam literas permissionemq̃ vetat à principe exorari ad effodiẽdum alienũ agrum. Ex Lugdunensi quoq̃ pragmatico (quem etsi magna voce in frequẽtia magna recitauit, nominare nolim) audiui ipsum de nocte cum socijs abiuisse, vt enuntiatis coniurationibus thesaurum peruestigarent: cumq̃ cœpissent fodere, velut hominis, qui rotæ impositus in propinquo fuerat, vocem audiuisse, horribiliter inclamãtem, ad fures: sic in fugam fuisse versos, malignos verò spiritus eodem momento persequentes cæcidisse ipsos ad eam vsq̃ domũ vnde prodierant, & tanto strepitu eam ingressos esse vt tonare hospes cogitauerit: atq̃ ex eo tempore iurauit se thesauros nunquam peruestigaturum esse. Ita malignos spiritus videmus nolle, ac potiùs Deum nõ ferre vt his rationibus ditescat quisquã. Hebræi dicunt eos qui suo ipsorum amore furentes de vita inuiti cedunt, infernum suum (vt ita dicamus)

[b] *l. vnica de thesau. C.*

camus)in sepulchro pati cadauerumq̃ suorum ambitu, vt per æternam Dei iustitiam in eo ipso quo offenderunt pœnas luant. Flatores etiam Chymici pleriq̃ animaduertentes se ad lapidem philosophalem(quem vocant) peruenire non posse, familiareis spiritus solent consulere. Sed ex Constantino (qui inter peritissimos Pyrotechniæ & artis metallicæ in Gallia numeratur, estq̃ in toto regno celeberrimus) audiui socios ipsius, cùm perdiu flantibus nulla spes speciesue boni ostenderetur, consilium à diabolo petiuisse recténe facerent, & rem optatã cõfecturi essent: illũ verò vnico verbo respõdisse, *trauaillez*, laborate: hoc exhilaratos flatores perrexisse & flauisse adeò strenuè vt omnia in nihilum multiplicauerint, etiamq̃ porrò flaturos fuisse nisi Constantinus dixisset ipsis hunc esse morẽ Satanæ vt ambigua responsa edat, illud autem verbũ *laborate* innuere abijciendam esse Alchymiam, & in laborem aliquem ac honestã artem vtilis. ad vitam scientiæ incumbendum: hominis purè dementis esse, siquis cogitauerit tam breui temporis spatio aurum effingere, in quo efficiẽdo natura annos amplius mille solet consumere. Itaq̃ illis hominib. qui scientias arte diabolica student comparare similiter oportet dici, *trauaillez*, laborate, siue (vt maiores nostri pronuntiabant) *tresueillez*, vt in versu Lucilij.   *noctes vigilate serenas*: & orandus Deus vt labori nostro (quod rei totius est caput) successum felicem tribuat. Quod in principio Sapientiæ Salomo admonet singulos inuitãs, arcanumq̃

K iij

maximum & germanū sapientiæ acquirendæ modum explicans, nēpe vt ex animo petat à Deo, in ipsum habeat fides, ac non tentet Dominus, quāobrem orationem adijcit quam apud Deū habuerat[b], Moses quoqʒ Maymonides hanc demonstrationem statuit esse certissimam, nūquam hominē sapientiam Dei coniunctam scientia virtutibusqʒ moralibus (vt ait Salomo ca. viij. Sapientię) adepturū esse nisi se ἀυνωκείτως abijciat humilietqʒ corā Deo. Nos aūt suprà ostendimus Magos esse omnium hominū imperitissimos, q rabie furijsqʒ plurimùm in morte agitant, nec vllo tēpore plus mente capti sunt qʒ cùm à Satana possidentur. Si quis autem cum Augustino dixerit Satanā scientissimū esse, eò qp vixerit diutissimè (vt certè diaboli quæcunqʒ hic geruntur explorant & recognoscunt singula, noruntqʒ sanctorum vitam ad minima peccata vsqʒ nō solùm obseruare, sed etiā calumniari) vt demus à diabolis teneri vires plantarū, metallorū, lapidum, animaliū, motumqʒ & facultatē astrorū, omnino tn eorū finis est & consilium propositū vt homines in errore fonte malorū omniū & ignorātia summa educent: quamobrē seruos suos aut mendacijs pascit semper, aut ambiguis vocib. Hic tyrānorū modus, vt in summa ignorātia & cæcitate alāt populareis, ne apertis oculis rationē videāt qua se ipsi explicēt à dominatu eiusmodi. Quas ob res si hæc ita se habēt (vt profectò se habet) si inquam diabolus neqʒ ditare pōt, neqʒ thesauros abditos, neqʒ hominū gratiā, neqʒ voluptatū fructum, neqʒ

scien-

[a] Sapien. 8.
[b] Sapient. 9.

scientiã p̄stare, sed vltionē solũ inimicorum, nec tñ omniũ, efficere: q̃ malũ, obsecro, grauius dici pōt q̃ pro tantilla remuneratiōe in hac vita incerta hominem sese mancipare Satanæ, & damnationē æternã in vita altera cōparare? Anteq̃ finem huius capitis facio, recentē historiã & memorabilē hoc loco placet apponere. Fuit Blesis insignis Magus natione Allobrox, mense Ianuar. ann. 1577. qui nomen Comitis sibi arrogabat, licet neq̃ seruũ neq̃ ancillam haberet comitē. Hic libellum supplicem (qui in priuatũ consilium relatus est) exhibuit Regi, promittens se effecturum vt terra fructus centenos ederet (cùm tñ optimus ager Galliæ non plus duodenis afferat) oblitis seminib, oleo q̃ erat demonstraturus, hac lege vt Rex ipsi decimam traderet, alteram sibi haberet, quæ domanio Regis (vt vocant) ita accenseretur vt nunquam alienari posset. Idem se Arithmeticã perbreui spatio docturũ pollicebat̄. Ego tum illic conuentib. maximis interfui. Postulatũ in priuato cōsilio acceptũ ad Curias cũ literis publicis fuit transmissum, vt res promulgaretur atq̃ in acta referret̄. Exemplum Laodunum attuli, & exhibui multis. Curia Parisiensis non maioris q̃ cæteræ Curiꝫ rem tota æstimauit. At potiùs, iudicio meo, fuit cōprehendēdus Magus, & de eo ex iure cognoscendũ: fuit eñ re uera Magus, vt Phisezius cōsilij Regij Secretari[9] vnus ex delegatis aperuit, quē ille ratiōe cognoscendi chartas lusorias etiã non visas docere voluerat: nã rogatus parietē versus obuertebat se nebulo, & cũ
diabolo

diabolo mussitabat vt chartarum puncta exponeret. Non est autem omittendum istud, Satanam sua compendia quæsiuisse ex fertilitate & abundantia quę anno M. D. LXXVIII. obtigit (nã ex toto decennio vberior annus non exstitit) vt fidē in Deum fertilitatis & sterilitatis autorem hominibus adimeret. Quo argumento etiam adducor vt credam diabolos ex præuisis procellis & sterilitate posse iisdem artibus persuadere Magis, procellas famemq́ per ipsos aduocari. Quapropter inquit Ouidius,

Carmina læsa Ceres sterilem vanescit in herbam.
Ilicibus glandes, cantataq́ vitibus vua
Decidit, & nullo poma mouente fluunt.

Dixerit quispiam, at forēt diuites qui ludo primæ & fluxus (vt vocant) ludunt, si ea quæ in chartis lusorijs latent peruiderent. Respondeo, quicunque scripserunt & quæstionem de Magis habuerunt, hoc indubitatum esse axioma tradunt, non posse Magos augeri vnico aureo ex artibus & agyrmatis omnib. quæ à Satana didicerunt: imò plerumque ex confessione ipsorum compertum esse in crumena gramen, cùm plenam auri & argē ti manū à Satana accepti eò intulisset. Risum quidem Magi, nec omnes tamen, commouent & spectatores efficiūt attonitos: vt Triscalanus ille Magus de Curione quodam præsentibus parochis dixit, Videte istum hypocritam, qui fingens se breuiarum ferre fert chartas lusorias. Tum Curio volens

LIB. III. CAP. III. 265

volens oftendere vt ferret breuiarium, vifus eft fibi habere chartas luforias,& quicunque aderant chartas fibi videre vifi funt, adeò vt Curio breuiarium fuum abiecerit & pudibundus abiuerit. Superuenientes verò paulo pòft alij breuiarium collegerunt nudatum illa chartarum fimilitudine : qua ex re fuit manifeftum multis in rebus Satanam illudere, nec tamen fingulorum oculos præftringere. Nam qui priori actioni non interfuerant cùm præftigias Magus adftantium oculis offudiffet, merum videbant breuiarium, cùm alij contrà fpeciem chartarum cernerent : quemadmodum etiam accidit vt viro bono timenti Dei & fidem in eum habenti Magus non pofsit fraudẽ in difcernendis punctis facere, aut præfenti illudere. Poftremò autem vt oftendamus quem exitũ fperare Magi teneantur, exitum folùm Magorũ qui vnquam exftiterũt principum oportet obferuari: vt Simonis Magi, quem elatum in aere præcipitauit Satanas, Neronis & Maxentij, qui duo fummi Magi inter Cæfares ille damnatus interfecit, hic demerfit fefe: Iezabel Regina infignis Maga à canibus vorata eft, Methotis maximus fui temporis Magus in Nouergia difcerptus à populo, vt fcribit Olaus: Matifconenfis Comes à Satana fpectante populo exportatus, Raziorum Baro crematus, vt alij quoque innumeri viui perierunt igne. Ex his itaq; ftatuit Satanam per fe nihil magnum præftare, permittente verò Domino nocere, offendere, cędere, & homines ac pecudes ene-

L

care poſſe: denique ſolam vindictam, idq̃ in certos homines, penes ipſum eſſe: quemadmodum ſuprà de Pragmatico quodam (vt vocant) annotauimus, cuius veſtigijs diabolus inſiſtebat & ab omni quiete animum auertebat: eum diſertè apud me fuiſſe confeſſum, neque ſcientiam rei vllius ſibi à diabolo datam, neque aurei vnius acceſsionem factam, ſed animum ſolùm ad vltionem inflammatum. Iam verò dicamus poſsint'ne Magi omnibus promiſcuè, & his amplius quàm alijs afferre damnum: nam hoc argumentum, ſententia mea, nondũ fuit ſatis illuſtratũ ad iuſtã ipſius intelligẽtiam.

An his plus quàm illis Magi nocere poſsint. Cap. IIII.

MVltas quidem Theologi quæſtiones nectũt, ſed tres ante alias extãt in Magorũ cauſa: Prima, cur ſua arte ditari non poſsint Magi: Secũda, cur Principes Magis q̃s habent comites non vtantur ad cædendos & fundẽdos hoſtes: Tertia, cur iis nocere nequeant qui ipſos perſequuntur. Primam proximè præcedente capite expoſuimus. Secundam quod attinet, Theologi dicunt Angelos quos Deus elegit ad regum regnorum'q̃ conſeruationem conatus maleficorum abrumpere, & victorias per Deum eſſe, qui magnus Deus Sebaoth vel exercituum appellatur, non ob eam poteſtatẽ ſolùm qua in aſtra & cœleſtes Angelos vtĩt (hos enim

LIB. III. CAP. IV.

enim Scriptura vocat exercitus) sed etiam in Principum copias. Imò tantum abest vt Principes opera Magorum abutentes superiores hostibus esse possint, vt illud veteres contrà pro indubitato annotauerint, Ex duobus Principibus inter se dimicantibus eū cadere qui Magos adhibet, & qui diabolum de sua suorumq; dignitate consulit, eū cum suis periturum miserè, videt enim Deus & vindicaturus est. Neq; dicendum vt ille interpres Psalmi primi,

Cumq; viri nunquam Domino sit cura scelesti,

sed ita potius sententia mea,

Cumq; viro nunquam Domino sit cura scelesto,
Impia mens, gressúsq;, atq; improba facta peribunt.

Cui translationi optimè cum Psalmo xxxiiij. cohuenit, vbi ait Psaltes,

Clara Deus semper defigit lumina cœlo
In scelus, vt nomen tollat ab orbe mali.

Sexcenta quidē possemus exempla adducere, sed duo in præsentia triáve suffecerint. A Cn. Pōpeio magno stabant Romanum imperium, Principes & Reges quicq; potētissimi cum legionib. triginta aduersus Cæsarianas legiones quincq; aut sex, eò angustiæ adductas vt interirent fame, & mari infesto atq; oppidis circumclusę essent quando præliū confertū est: verūtamen placuit Pompeio antè accersi Magos, & Arcas illa Erichtho peritissima illius ætatis Saga (vt apud Lucanum legimus) ad ipsum adducta est. Funestum verò illius qui statim obuenit exitum nemo nescit, cùm idem semper

L ij

victor in Europa, Asia, Africa, & in mari præcipuè
mediterraneo prius exstitisset. Ariouistus imperator Theutonum (quorum copiæ ex quadringentis fermè hominum millibus erant constitutæ, Sagas Germaniæ consuluit (nam eis semper Germa
nia abũdauit)& à Cæsare funditus euersus est qui
ridebat Sagas. Neronem, Domitianum taceo, &
alios innumeros, quib. hanc ob causam exitus obuenit infelicissimus. Nequeo amplissimum seculi
nostri principem silentio inuoluere, qui cùm expe-
tiuisset modis illicitis videre castra hostium, exi-
tumq́; prælij ex Mago cognoscere, anceps à Satana oraculũ reportauit, quo fretus miserè fusus est.
A certo etiam homine didici, cùm paruulus eiusdẽ
puer decũberet grauissimè, Magum de morbi euẽ
tu consultum esse: qui respõdit magistros peritiores è Germania accersendos esse vt euẽtus cognoscatur: nam inter diabolos & Magos alios alijs a-
ptiores ad eã rem esse : paulo pòst aduentasse Magos, sed vtcunq́; spem boni facerẽt puerũ tñ obijsse. Omnes deniq́; qui Magis vsi sunt, nõ eo minus
calamitosè periuerũt. Quòd si magis eorumq́; domino facultas esset omnib. nocendi promiscuè, lu-
dibũdi profectò Reges aut cereis imaginib. aut sa
gittis in aera missis, aut simplice verbo, aut vento
gladijs sui hostes cõficerent. Cõtrà verò oẽs docti
totius vetustatis experiẽtia vno ore tradũt nõ esse
penes Principẽ, licet ex toto terrarũ orbe Magos
adhibuerit, vt prĩcipes exteros aut hostes suos, siue bonos siue malos, sic afficiat morte. Amplius di
cam,

cam, hominib. ipſos perſequentib. nocere non poſ
ſunt Magi⁴. Ita Sprangerus & Niderus, qui Sagas
innumeras iuſſerūt cōcremari, teſtant vno conſen-
ſu Sagas nocere non poſſe iudicib. vel improbiſsi-
mis: & interrogatas de hac re dixiſſe omnia quidē
à ſe fuiſſe tentata vt Iudicib. afferrent mortē, ſed ni
hil effeciſſe. Sunt apud me quæſtiones propoſitæ
Ioannæ Heruilleriæ, vt qui iudicio illius interfui:
quarū vi. cap. fatet illa ex quo tēpore venit in manus Iudicū nihil in ipſam diabolū potuiſſe, neq; ad
liberandū ipſam è vinculis, neq; ad vitam ipſius cō
ſeruandam. Sprangerus tn̄ & Danęus ſcribūt diabolum in colloquio & cōmunicatione cum Magis pergere, & conſilium dare vt obmuteſcant corā iudice, adeoq; manus & pedes numellis eximere. Quod de Apollonio Tyanæo legeram apud
Philoſtratū principe Magorū ſua ætate habito, eū
Romæ in carcere ſpectantibus alijs captiuis cip-
pum artubus exuiſſe, ac propterea mandaſſe Do-
mitianū Cæſarem vt omni ex parte raderetur (vt
hodie facit Germania) & in iudicium adduceretur
nudus: Sed non poteram ſatis videre qui Magum
diabolus cippo exuere poſſet, nec carcere poſſet
eximere, niſi D. Ioannes Martinus vices Præfecti Laodunenſis agens confirmaſſet, dum quæ-
ſtio de Saga S. Probæ (quæ viua ex iudicio illius
concremata eſt) haberetur, quærenti ſibi cur non
euaderet, reſpondiſſe illam ſe è cippo quidem, at
non è carcere exire poſſe: eodémque tempore, cū
aliorſum ipſe reſpiceret, ipſam ſibi manicas exuiſſe,

Auguſt. li.
10. de ciuit.
Dei. Thom.
in ſecūda ſe-
cūdæ. q. 95.
art. 5. & tit.
de mira.

quod nulla ars humana potuisset. Quapropter Danæus scribit in dialogo Sagam in vinculis relinqui non oportere solam, ne cum diabolo comunicet, aut silentij fascinu accipiat à Satana, quo fascino permulti Magi homicidiorũ aliorumq́ criminum accusati ne quid faterentur abusi sunt. Execrandi huius fascini exemplum legi excusum typis cum priuilegio: sed hoc loco non placet apponere, ne cui occasio præberi vel minima videatur hoc argumento nostro abutendi. Mirabilius verò illud, non posse Magos, quocunq́ tandem dolore opprimantur, lachrymam vnicam oculis emittere: quo signo Germani Iudices, velut præsumptione certissima, mulierem Sagam esse arguunt. Nã procliues ad lachrymãdum esse mulieres nemo nescit: verumtamen Sagas cõpertum est nunquã lachrymari, vtcunq́ oculos sputis conentur madefacere. Ante omnia verò mirabile est q̃ Sprãgerus Quæsitor annotauit, Sagã, licet captiuã, Iudicis animũ ad misericordiã posse inflectere si prior oculos potuerit in Iudicẽ defigere. Idemq́ autor est nihil tantopere Sagas, de quib. ipse cognoscebat, à custodibus in carcere flagitasse, q̃ vt suos iudices ante cõgressum videre possent: itaq̃ omneis iudices qui priores visi à Sagis fuerant, quamuis iam ante plurimas longè minorum criminum affines condemnauissent, tum repentè à condemnatione earum abhorruisse. Constantissimus autem est consensus omnium, Magos administris iuris nocere non posse: quamquam lictores multi ponè adorsi at-
tollunt

tollunt è terra Sagas, alij verò intrepidè ad intimas vsq; ipsarum specus persequunt̃. Arcanum Dei mirabile, & à iudicib. optimè recolendum ipsos non aduersus humanas potestates solùm, sed etiam cõtra spirituũ malignorum vires à Deo protegi. Ac propterea in Lege dicit̃, Cùm iudicabitis ne metuatis ab vllo: nã iudiciũ est Dei: & Iosaphat Rex Iudæ cõmendans Iudicib. officium suũ*, videte, ait, quid sitis facturi, & mementote à vobis exerceri iudicium Dei. Et in Orientis partib. actores sine viatorum opera prehendentes oram vestimenti eorum quibuscum iure experturi sunt, dicere solent, adeamus iustitiam Dei. Hebræi veteres affirmabant Angelos Dei interesse iudicijs, & Franciscus Aluarezius scribit Iudices in Æthiopia insidẽtes subsellijs relinquere vacuas in editiore loco cathedras 12. & dicere has sedes Angelorũ esse. Dixerit fortasse quispiã, captiuas Sagas in ecstasin rapi (vt antè ostẽdimus) exortesq; sensus fieri posse: ego verò nõ posse cõfirmo, cũ suppliciũ non possint effugere. Exẽplum vnũ adhibebo: Fuit Cazereis ad Tholosam Saga, quę benedicto pane altari oblato ad submergendũ se abijt: cumq; retracta esset, benedictũ pane fassa est se veneno infecisse: canibus projcit̃ panis, moriuntur illi. Hæc in vinculis ecstasin horas ampliùs sex passa est omnis sensus expers, deinde exsurgens clamauit se valde defessam esse, & nuntios à multis locis retulit cum certis indicijs. Cùm autẽ damnata illa propè esset vt iudicatum fieret, diabolum aduocauit dicens eum

Deut. 1.

eum spopondisse tam vehemētes futuros imbres vt non esset ignem expertura: sed ea nihilo magis defensa est ab ignis violentia. Itaq; non est cur metuant iudices à conficiendis liberè sagarum iudicijs: prout sunt qui fugiunt trepidi, & Magos non audent in os respicere. Quamquam ne decimam quidem eorum quos vellent morte afficiunt Magi: vt Niderus scribit Magū quemdā in confessionibus dixisse, rogatum quidem se fuisse vt inimicū occideret, sed omnib. diabolicis facultatibus consumptis Satanam dixisse homini isti noceri non posse. Videmus itaq; ne improbos quidem à Magis offendi posse, nisi Deus permiserit: ecqui igitur ei nocere possint.

Psal. 91.

Qui sedet in latebris & celsi numinis vmbra?
Arx & perfugium, statuit mens conscia recti,
Et spes certa Deus: hoc vno freta quiescit, &c.
Nil metues vnquam, terrores nocte ruentes
Vt frendant, stridant volitantes luce sagittæ,
Lethiferum tenebris vt pestis virus oberret,
Vt clara de luce lues mortalia tundat
Corpora, mille ruant dextris & mille sinistris
Tela, nec attingent vnquam minitantia mortem, &c.
Cùm tibi perfugium Deus est tectumq́ue receptus,
Non te mica mali attinget, non vulnera tectum:
Angelicas etenim præcepit stare cohortes,
Sollicitáq; vijs te semper mente tueri.

Hebræorum Theologus Salomo, pro his vocib. *pestis virus* & *lues*, voces חטב & דבר interpretans, voce

Deber

Deber tradit significari dæmonem qui offendit noctu: eum verò quī interdiu poteſt offēdere, *Cheteb*. Verumtamen dies & noctes ſpeculatur Satanas, æquè interdiu ac noctu offendit: licet eum Veteres omnes conſentiant plus de nocte poſſe: quēadmodum in Ægypto primogenita hominum pecudumq́ noctu è medio ſuſtulit. Hoc innuit Pſalmus CIIII. cùm leo & agreſtes feræ dicuntur nocte ad prædā ex antris procedere, & die illuceſcente latebras repetere: & Zoroaſtes prouerbio ſuo, Ne exito cùm præterit carnifex. Non quòd ab affligendis electis ſuis abſtineat Deus, affligit enim ſæpenumero: ſed hoc fructuoſum eſt ipſis, vtile & honorificum, prout de Iobo diximus, nec vnquam fidem in ſe habentes deſerit: quemadmodum dicebat Iob, vt morte me afficiat Deus, ſemper tamen ſperabo in ipſo: & Salomo in libro Sapientiæ agens de improbis qui òccidūt bonos vt videāt ſit ne eos ſeruaturus Deus, iuſtos ait pauculo dolore ex hoc mundo liberatos vita æterna perfrui. Hęc annotare viſum eſt, qa Moyſes Maymonis [a] afflictionem niſi ex peccato negat accidere, pœnamq́ niſi ex culpa: quam ſententiam Baldad & Eliphaz in libro Iobi defenderūt, Deus improbauit iudicio & facto (qui Iobum illum quem virum rectum & integrum eſſe prędicauerat, affecit malis) & ipſe Eliphaz in libro Iobi damnauit: qd probè intelligi omnino neceſſe eſt. Sunt quidem raræ afflictiões iuſtorum: nam quotuſquiſq́ eſt Iobo ſimilis? quis iuſtus poſsit appellari? atq́

[a] *lib. 5. moreneboeim.*

M

hæ afflictiones amoris virgæ appellant. Nam etsi docet Ambrosius Deum peccata in hoc mũdo impunita nõ planè relinquere, ne quis aut Deum nõ esse aut fauere improbis putauerit, necq́ omnium pœnas exigere, ne quis post hanc vitam non credat esse alteram: hæc tamen ratio Hebræis [a] non satisfacit, qui axioma istud certissimum & indubitatum esse volunt, afflictionum quę bonis accidũt vsum esse, vt probetur ipsorum constantia, felicitasq́ geminet & benedictio, aut etiã vt in hoc mũdo purgentur ab ijs peccatis quæ vel sanctissimus quisque solet cõmittere, vt post hãc vitã felicitate perfecta frui possint: quod aũt voluptates improbis & diuitias interdũ largit́ Deus, id boni pręmiũ esse quod in hac vita fecerint (nemo enim est tã improbus quin Deus perficiat ex ipso gloriã suã, & ipse aliquid faciat boni) vt post hanc vitã luãt pœnas meritas: atq́ eo pacto & offésæ puniant, & benefacta recipiant mercedẽ iustã: hoc illud amplissimum sacræ Scripturæ documentũ esse, cùm dicitur Deus iustitiã, iudiciũ, & misericordiam exercere: Iustitiã, cũ verã mercede tribuit bonis operibus: Iudiciũ, cùm discernit pœnã ex iusto maleficij merito: & misericordiã, cùm pręmiũ virtute maius aut pœnã minorẽ peccato infert. Bonorũ igit́ afflictionem ipsis in bonũ permagnum cedere certo certius esse statuimus, improborum verò præmia in ruinam grauissimam: quod Stoici vno verbo dixerũt, nihil boni posse improbis accidere, nihil mali bonis. Interdũ eñ ad honores impbus tollitur ad

[a] *lib. Pirke aboth.*

tur ad eum duntaxat finem, vt gloriæ Dei (quod ait Salomo) in die vindictæ seruiat. Nunc postq̃; de modis licitis ad preuertenda & impedienda maleficia Magorum diximus, agedum videamus de modis illicitis, qui anticipandis maleficijs, aut si illata fuerint amoliendis adhibentur.

De modis illicitis, qui ad præuertenda maleficia adhibentur, morbósque & fascinationes auertendas.
CAP. V.

HÆC quæstio difficillima est omnium quæ in hanc causam afferri possunt, de qua nondum inter Theologos, Canonistas, & Iurisconsultos conuenit. Horum enim est sententia, licere maleficia superstitiosis modis depellere: sic Canonistæ sentiunt[a], nominatim verò Hostiensis, Panormitanus, Goffredus Humbertinus, & alij nonnulli etiam Theologi, vt Scotus subtilis Theologus libro quarto distinctione tricesimaquarta superstitionis esse dicens siquis statuat non esse maleficium superstitione depellendum. Cęteri verò Theologi ac pitissimi, ad idololatriã & apostasiã tradũt ptinere, si qs diaboloru̅ & Magoru̅ vtat̃ ope ad impediẽda depellẽdáue maleficia (sic decidit̃ hęc questio lib. ij. sentẽtiaru̅ distinct. vij. sic Aquinas in eandẽ distinctionẽ, sic Bonauentura, Petrus Albertus, & Durandus) siue maleficiu̅ per Magi

[a] *l. coru̅. de malefic. C. Raymundus de villa noua scripsit remedia cõ-tra malefi-cia.*

operam tollatur maleficio, siue is qui non est Magus supersticiosis modis eximat à maleficio & illud in alterum transferat, siue expressè aut tacitè diabolus inuocetur: omnesq́ honestam mortem anteponendam sentiunt. Atque hæc quidem sanctissima opinio est, altera damnanda & Lege Dei vetita, vt posteà demonstrabimus. Itaque D. Basilius in Psalmum XLV. eos detestatur vehementissimè qui Satanā vel Magos adeunt, & istis præstigijs valetudinis ergò abutuntur: & Chrysostomus homil. viij. in epistolam ad Colossenses, Citiùs, inquit, mors homini Christiano subeunda, quàm vita ligaturis redimenda. Sed hæc breuiùs secant Theologi quàm sit opus, iudicio meo. Nam summa tantùm attingunt artium magicarum capita, cùm tamen omnes viæ præcludendis malis, pesti, bello, fami, morbo, calamitatibus, siue vniuersè siue ex parte coniunctæ superstitione pro illicitis habendæ sint. Superstitionem dico, quia naturales & diuini modi quos ad præuertenda pellendaq́ mala nos docuit Deus, sunt fueruntq́ semper concessi atque laudabiles. Quoniam verò in Iobo legimus nullam esse in terris potentiam quam formidet Satanas, superstitiosum est superliminari ianuæ appendi squillam ad impediēdum fascinum: sed res creatæ cum precibus sanctis adhiberi possunt, vt Deus qui solus est in mundo omnipotens exoretur: quemadmodum legimus Angelum hepate piscis & suffimentis vti, precibusq́ malignum spiritum depellere qui septem illius puellæ viros

quam

quam Thobias duxit occiderat[a]. Et quauis salem perhorrescāt diaboli velut æternitatis symbolū, & Deus salē omnib. sacrificijs imperet adhiberi[b], vt populum fortasse auocet ne diabolis sacrificet: quicunque tamen salem circunferunt non propterea sunt exortes insidiarum Satanæ, nisi fidem in Deū habuerint: alioqui salem ferri aut politum dactyli nucleū (quod est apud Plinium lib. xiij. cap. iiij.) vt sine precibus impediantur aut abigantur maligni spiritus, illud est idololatriæ. Latini quæ ad amoliendum & præuertendum malum pertinent, amuleta vocant: quæ ad medicandum depellendumcp, remedia. Verùm & horum amuletorum & προβασκανίων administrum, autorem & inuentorem Satanam esse demōstremus, itémcp remediorum quibus sortes & maleficia depelluntur: veteres ac Romani ipsi puerorū collo solebāt pudendi membri speciē appēdere cp appellabāt fascinū, vt esset (prout aiebāt) præfiscine, & sortilegia auerteret, idcp ex electro maximè, q̃d Plinius innuit lib. xxxvij. cap. iij. turpē omnino modū & diabolicum animis ad libidinem inflammandis. Cùmcp ab Hispanis Occidentales insulæ subigerent, compertum est Pæderastiæ imaginem, Pædiconis inquam, & Cinædi, ab Insulanis suspensam collo gestari pro amuleto, turpissimo instituto. Etenim circumfluebant gentes illæ Sodomia, turpissimis & detestandis sceleribus, magicíscp artib. omnis generis: ideócp omnes ferè sunt ab Hispano profligati. Hoc diabolicum inuentum esse nemo sanus

[a] Tobiæ. 8
[b] Leuit. 1.

insitiabitur. Alia quoque amuleta exstant non æ-
què turpia quidem illa, sed æquè illicita, vt cùm il-
ligatę scripturæ chartulęcp gestantur ὡς περϕυλαξίας,
de quibus Augustinus libro de doctrina Christiana, Ad hoc genus, inquit, pertinent ligaturæ execrabilium remediorum, siue votis siue quibusuis
alijs rebus suspendendis & ligandis: quibus quãdo adhibetur fides, illicita est idololatria. Barbara Dorea (quæ decreto Curiæ sententiam Præfecti S. Christophoro ad Sanlisium confirmante cremata fuit xix. Ianuarij M. D. L X X V I I.) fatebatur
se ijs quos fascinauerat medicinã fecisse diffissa co-
lumba & ęgroti stomacho imposita cum his verbis, In nomine Patris, filij, & Spiritus sancti, D.
S. Antonij, & D. S. Michaelis Angeli curari possis ab hoc malo, & mãdauisse vt nouẽ dieb. missã
in templo illius vici curarẽt celebrari. Nemo tã ca-
tholicus est cui hęc ratio non probet ſummopere:
Ego verò (licet per se bona verba essent) confirmo id blasphemum esse cõtra maiestatẽ Dei, cùm
à Satana aut Mago discipulo Satanę fuerit traditum; preterea officium esse omnium vt orationes
istas à Satana profectas perhorrescãt: hęc enim remedium se fatebatur à Satana didicisse, vt apparet
ex quęstionibus illius quarum exemplum misit ad
me generosus Dominus Pipemontensis. Similiter cùm nuptę annulus accipitur ad nodationem
soluendam, & per eum sit illud quod horreo dicere, res illicita est: nã in hac re vir auersus à Deo auxilium esse statuit, nec dubiũ est quin diabolus ad
eam

eam manum porrigat. Sunt etiam qui nuptias eodem ritu repetunt quo antè celebrauerant, cùm alligati sunt, atq́ hoc pacto exsoluuntur. In Germania quoque sunt homines qui in olla feruefaciunt lac illius vaccæ quam Saga exhauserit, & certis vocibus (quas reticere placuit) enuntiatis ollam ictibus baculi feriunt, eodemq́ momento dicant diabolum Sagam dorso tot ictib. petiturum esse: & hoc illicitum. Sic enim mos consilio Satanæ geritur, qui eam quę Saga non est hac via ad idem facinus allicit, dum rem animaduertit adeò mirabilem. De antidotis Apuleij ad speciem asini amittendam idem iudicium, recentes rosas, anisum, aut folia laurina ex aqua fontana comedi oportere. Sprangerus ipse in hoc errore est, hominem in bestiam transformatum, si aqua per omni lauetur, figuram recipere. Naamanem quidem Syrum Eliseus curans septies iussit in Iordane profluente lauari: at eum non aqua purgauit, sed Dei gratia. Non dissimili remedio cognituri Germani q̄ Saga impotentem equū & languentē effecerit, ad certas ędes vsq́ trahunt alterius equi viscera, in non ianua sed cella ingressi aut specu subterranea, viscera illa consumunt igne. Tum malefica quę commisit malum, dolorem colicum in intestinis sentiens ad ędes contendit rectà vbi cremantur viscera, vt prunam candentem postulet, & dolor illius desinit: Quòd si non aperiantur fores, ędes offunduntur tenebris, tonitru personant horrendo, ruinámque minitantur nisi qui intus sunt aperiant: quod Sprangerus
scribit

scribit in Germania obseruatum, & à se visum. A' D. Antonio Lonanio generali Regis legato apud Ribemonteses accepi fuisse Magũ qui cribro Magum alterum pronuntiatis quibusdã vocibus retexerit. Proferebantur nomina omnium qui in suspicione erant, cumq́ viri illius nomen cui culpa inerat efferretur, indesinenter mouebatur cribrũ, & Magus affinis culpæ eodem aduentabat: quod vbi compertum est, fuit damnatus Magus. At illius quoq́ Κοσκινομαντίϑ constituendum erat iudicium. Hæc omnia ex arte sunt diabolica, vt quicũque isthæc viderint miracula audacius ad peruestigandas omneis Magiæ artes prouehantur: nam Magum iam nouit Satanas esse suum, venatur alios. Memini aliquãdo mihi narrare D. Bordinũ generalem procuratorem regis, cùm totum ipsius pecus in villa apud Meldenses moreretur, fuisse vxori dictum bestiam quandam occidendam esse quam hic non placet exponere, eamq́ pedibus sursumuersus sub limine stabuli suspendere oportere enunciando certas voces quas hic apponi nõ est opus: hoc facto, nullam ex pecudibus suis periuisse: Qua in re hoc lucri faciebat Satanas, quòd sacrificium fiebat ad placandum ipsum detestanda idololatria. Sprangerus ait vt Sagæ templum ingressæ prohibeantur egredi, moris in Germania esse vt puerorum aliquot calcei axungia suilla obli nantur: hoc facto, dum in æde morantur pueri nõ posse Sagas sine illorum venia excedere: idémq́ certis verbis quæ hic reticebo scribit præstari posse, Non-

LIB. III. CAP. V.

se. Nónne verò, dixerit quispiam, optimum institutum est Magos, qui pœnas luunt maleficiorum, reuelari? fateor illud quidem, etiam fures latronesque reuelari optimum: sed nunquam faciendum malum (inquit Paulus) vt eueniat bonum: idq́ in reb. magicis minimè omnium. Atqui hac in re duplex Satanę fit accesio, tum quòd Sagæ ab eorum locorum accesu auertunt̃ vbi Dei verbum auditur̃æ essent, tum q̃ his technis inuẽtus ad diabolũ de rerũ occultarũ veritate consulendũ pertrahit̃. Plurima antidota cuiusmodi sunt hæc ridiculáque amuleta in Plinio legimus,[a] vt nouas nuptas cum viris primùm congressuras postes lupino adipe solitas perungere, ne quid mali medicamenti inferretur. Sic libro xxxvij. ca. ix. Sapphirũ albam si Lunæ nomen ac solis scribatur in ijs atq̃ ita suspendantur è collo capillis cynocephali, resistere veneficijs & adesse reges adituris: sed Cynocephalos, qui nusquam extãt, oportet inueniri: & cap. sequente eiusdem libri, Antipathen coctã in lacte contra effascinationes auxiliari, sed eam nigram nec translucentem, in quo altera fraus est ineptisima. Antirrhinon quoque herbam[b] peruñctos venustiores efficere, nec vllo malo medicamento lædi posse aut veneno qui eam in brachiali habeat: Euplea peruñctos commendatioris esse famæ: Artemisiam aduersus mala medicamẽta prodesse: omneis fabulas certisimas. Sed non mediocriter miratus sum qua specie Christiani Cæsares legibus promulgauerint licere istis superstitioni-

[a] *lib. 28. cap. 19.*

[b] *lib. 25. cap. 10.*

bus tempestates & morbos propellere, cùm Romani eos capitali supplicio affecerint qui furem solùm magicis artibus retexerant, dum adhuc à fide Christi alieni essent, nec fidē istis artib. haberi voluerint. Extat l. item apud Labeonē. §. si quis astrologus, de iniurijs. ff. Hoc etiā insuper addimus, nefas esse in liminibus ianuarum perquiri ad tollendum cereas imagines, semina, ossáve quæ apposuerint Magi hominib. vt putant, & pecoribus enecandis (In hoc enim incumbit Satanas vt credatur has ab ipso vires indi cerę atq; pulueribus) sed Deum solummodò adiri oportere, & pro certo haberi quod in Cantico Mosi dato dicitur, ab eo solo mortem & morbos immitti, necq; malum aut afflictionem vllam nisi ab ipso obtingere. Cum itaq; hoc malo Satanas abutatur & delectetur plurimū sapienter eos Sorbona damnat hæreseos qui ab istis pulueribus venire putant maleficium : & D. Hieronymus de vita S. Hilarionis agens narrat Satanam in puella demoniaca quam obsidebat loquutum esse, dicendo se non exiturum nisi lamina ærea quam amator puellæ subdiderat ianuæ auferretur : hoc noluisse Hilarionem facere, & precibus apud Deū puellam liberauisse. Alij per flammam transmittunt puerulos præseruandos à malo, & traducunt igne, quam Amorrhæorum abominationem notauit Scriptura sacra : & huic persimilem stolidioribus mulierculis imperant Sagæ, vt liberos inter duas cruces gestent, sic eos beatos fore: quod nos in supplicationib. vidimus.

Opor-

Oportet igitur ad Deum solum cōfugere: ac propterea Sorbona definiuit hæresin esse planè, si quis maleficia maleficijs depulerit: idq́ in determinatione facta die xix. Septembris M.CCC.XCVIII. vbi non illud dicitur, non posse Satanam & administros ipsius maleficiū maleficio pellere, sed hoc impietatis esse si quis remedia ista quæsiuerit. Nā si corporis malum Satanas curauerit, semper animæ infligit vulnus. Exemplum producam, quod Ioannes Martinus vices Præfecti Laodunensis agens mihi exposuit: non enim aliunde veritas melius cognosci potest quàm ex Iudicibus in hac causa versatis & frequentibus quæstionibus habitis certissimam adeptis exercitationem. Cùm igitur ille de Saga S. Probæ in iure cogniturus esset (hec autem cæmentarium tanta affecerat inualetudine vt ipsius caput inter crura ferè propenderet incuruo corpore, quod malum ipse à Saga sibi suspicabatur importatū) vt consyderatus iudex, Sagæ renūtiari iussit ipsam non alia ratione posse vitæ suæ consulere q̃ si cæmētarium sanauerit. Fasciculum itaq́ à filia sua domo afferri iubet, diabolum inuocat, deiecto in terram vultu carmina quædam coram omnibus mussitat, & fasciculum tradens cæmentario lauari eum in balineo præcipit & illud quod fasciculo inclusum erat in balneum indere cum his verbis, abi per diabolum, hunc ait, non alium esse reualescendi modum. His factis curatus fuit cæmentarius. Verūtamen antequàm ea inderent balneo volētes nōnulli cognoscere qd in

N ij

fasciculo esset(quod illa fieri vetuerat)tres paruulos in eo lacertos deprehēderunt: Cęmetarius verò dum in balneo esset, quasi tres grandos carpiones sentiebat in eo: cùm excessisset ex eo, quamuis peruestigarentur diligentissimè, nec carpio nec lacertas inuentus est. Saga viua fuit concremata & & permansit ἄμε ϰμέλητῶ. Hic verò manifesta est idololatria blasphemiaq́ pariter, quādo res vlla in nomine diaboli & cum inuocatione illius perficitur. Astutiores & improbiores alij, nec ita impudentes Magi, qui loquuntur sanctè & ieiunia indicunt hominibus, vt nobilis ille Nortmannus fecit anno M. D. LXXII. Aliud legimus in horto Antonij de Turquamedia, lib. iij. de Mago quodam, qui homini rustico quem videbat à cane rabido fuisse morsum dixit se esse *Salutador*, seruatorem, *pero que no perdais la vita*, vt (inquit) non amittas vitam: cumq́ ter illius nasum ad missionem vsq́ sanguinis pupugisset, ille sanatus est. Videmus vt iste impostor se seruatorē dicat, qua blasphemia fides in Deum non minus abominanda voce eripitur quàm si inuocetur Satanas. Deus autem apud Esaiam, ego sum, inquit, maximus Deus æternus immittens vitam & mortem, sanitatem & morbum: necq́ alibi quàm in me vno est salus. Dum hęc à me conscriberent, Carolus Martinus Præfectus Laodunensis factus certior mulierem paupere in valle (id suburbij Laodunensis nomen) fuisse à Saga vicina fascinatam, misertusq́ illius, necem interminatus est Sagæ nisi morbum vicinæ adimeret.

Metuens

Metuens illa promisit se curaturam: itaq; ad pedes cubilis venit, vultum in terram demittit, manus iũgit, diabolum maximũ magna voce appellat, subinde preces renouat voces incognitas aliquot repetens, & frustum panis ægrotæ tradit, quæ eodẽ momento cœpit reualescere. Hoc facto Præfectus reuertens domum statuebat eam comprehendere, & igni quamprimum tradere: sed illa in his partibus ex eo tempore non fuit conspecta. Quo in facto illud est euidens, diabolum æquè ab ægrota atq; à saga inuocatum & adoratum esse: præstat autẽ mori millies quàm detestandum remedium corpus seruans animamq; occidens experiri. Gestum quoq; sagę vultum applicantis in terram animaduertimus ritum imitari prophetarum veterũ, Mosis, Iosuę, Elię, de ira Dei sedanda laborãtium. omnium autem sceleratissimę sagę & summè execrabiles in fossulas quas fecerunt capita inferũt, vt testificentur satanam à se non Deum inuocari, & clara voce aduocant satanã. Quò spectat illud Apuleij de Pamphila saga Larissana in horribileis suas coniurationes incumbente, cùm ait, Deuotionib. in scrobem procuratis. Alijs neq; inuocare libet, neq; diabolicis inuocationib. interesse, at non dubitant adire Magos vt valetudinem cõsequantur. Exemplum recens producemus, acceptum à Præside Vitriaci Franci honorato viro, qui ad conuentus maximos Blesis fuerat allegatus anno millesimo quingẽtesimo septuagesimoseptimo. Cùm indigeremus opera illius vt alij alios in communi onere iuuaremus, institi acerrimè ne antè loco excederet quàm Ordines dimissi essent: respondit sibi amicum esse quemdam qui ad mortem decumberet, ab eo se accersi & hæredem institutum esse: hunc inde ab annis quinq; aut sex ægrotum fuisse & membris factum: ideoq; parentem admonitum in Flandria esse hominem à quo filius curari possit eò statim abiuisse: Magum parenti morbum filij quem nunquam viderat explicasse, & in Lusitaniã vsq; ad Magum alterum (cuius indicauit nomen) in comitatu regio versantem ablegasse: Hoc ferentem æquo animo patrem in Lusitaniam abiuisse, vbi Magus pareti, antequàm solùm hisceret, Amice, inquit, filius tuus breui sanabit, abi in Galliam, inuenies Nouiodunum versus ad vigesimum milliare à domo tua quemdam M. Benedictum (sunt autem multi hoc nomine) hic filium tuum curaturus est: Miratum itaq; parentem peregrinationem tantam susceptam esse vt peruestigaret procul qd propè aderat, sumpsisse animum, & ad M. Benedictum iuisse: hunc autem parenti dixisse, plurimum laboris consumpsisti in Flandriam Lusitaniamque proficiscens vt restituatur filius tuus, abi, iube ipsum venire ad me, ego is sum qui curabo eum: ad hæc parentem respondisse iam ex annis amplius quinque cum lecto non exiuisse, ac ne tantillum quidem mouendi facultatem inesse ei: tandem verò maxima molestia ægrotum eò fuisse perductum, & ex parte quidem fuisse subleuatum, verumtamen non diu bene habuisse.

Non

Non debet autem videri mirum si aliquando imperiti remedia hæc conquirunt, cùm publicè permissa sint certarum legum specie & deprauatis Canonistarum opinionibus, quæ ex diametro cum lege Dei, sed non nouo instituto, pugnant. Etenim apud Suidam legimus inde à Minois temporibus homines exstitisse qui verbis & sacrificijs curabant morbos, & apud Homerum à profluuio sanguinis Autolycum liberari verbis. Scribit etiam Hippocrates libro de morbo sacro, multos fuisse planos qui se pollicebantur comitialem morbum curaturos potestate (vt inquiebant) dæmonum, infodiendo humi sortem expiationis aut in mare immittendo, horum plerosque nebulones esse: tandem itaque hæc verba subijcit, Sed Deus, qui sceleratissima quæque purgat, nostra est liberatio. Ethnici huius hominis (vt appellamus) verba placuit apponere, vt nos doceat quantopere teneamur hæc impietatis genera perhorrescere. Eodem argumento Iacob. Sprangerus Magorum Quæsitor scribit Episcopū à se in Germania visum q̄ aduersa vtens valetudine ex Saga vetula cognouit se ex maleficio ægrotare, nec aliam valetudinis recuperandæ viam esse quàm vt eadem Saga sortilegio pereat quæ sortem in ipsum coniecerat. Miratum Episcopum celeribus equis misisse Romam ad Nicolaum v. Papam vt veniam indulgeret huius curationis adhibendæ: Papā qui Episcopum deamabat vnicè, indulsisse hac clausula di-
spensa-

spensationi adiecta, *vt ex duobus malis fugiatur maius*: Sagam diplomate allato dixisse, cùm Papę & Episcopo placeat se illud effecturam: Sic media nocte restitutum fuisse Episcopum, Sagam verò quæ eũ fascinauerat in morbũ ex quo obijt incidisse. Sic à Satana videmus procuratũ vt Papa, Episcopus, & Saga in eodem facto homicidæ essent, quibus simul persuasit vt sibi seruirent & obsequerentur mandatis suis. Interea verò Saga illa quæ vita defuncta est nunquam voluit resipiscere, sed ad recuperandam valetudinẽ se indesinenter Satanæ cõmendauit. Hic verò horrendum videre est & ineuitabile iudicium Dei inimicos suos (quod ait in Ieremia) per inimicos vlciscentis: Magi enim plerumqʒ retegũt maleficia, & alij necem alijs inferũt: quandoquidem non curat Satanas quo pacto efficiat consilia sua, modò genus humanum perdat, conficiẽs corpus, animámue, aut vtrumqʒ simul. Huius rei exemplum accidit in Pictonũ agro anno M.D.LXXI. Carolus IX. Rex à prandio Triscalanum (cui veniam indulserat vt affines criminis deferret) ad se adduci iussit. Hic apud regem & frequentem procerum coronam confessus est modum quo exportantur Magi, saltationes, sacrificia Satanæ oblata, nefarios concubitus cum diabolis virilem & muliebrem formam habentibus: addebat à singulis pulueres acceptos esse quibus homines, pecora, fructúsqʒ enecarent. Hæc illius dicta singulis mirãtibus Gaspar Collignius Galliæ Amiralius (nam hic forte intererat) dixit adolescentem

lescentem in Pictonum agro ante aliquot menses fuisse comprehensum, de nobilibus duobus enectis accusatum: huc fuisse confessum vt seruus eorum fuerit, eosq́ viderit pulueribus in domos segetésque iniectis dicentes hæc verba, Maledictio in istos fructus, in domum, in regionem istam: se itaq́ hos pulueres nactum cepisse & in cubile iniecisse vbi duo illi nobiles recumbebant, sic vtrūque mortuum in cubili fuisse compertum, sed tumentes & atros valde. Puerum Iudices absoluerunt. Tum audiens Triscalanus istud permulta etiam narrauit eiusmodi. Credibile est autē si Rex (cuius alioqui corpus optima fuit compage & cōstitutione) hunc Magorum principem & alios asseclas iussisset concremari, Deum pro istis iudicijs fuisse ipsi diuturniorem vitam & beatiorem concessurum. Nam Dei verbum sibi semper constat, qui virum morte dignum absoluerit, hunc in seipsum meritam illius pœnam refundere: vt Propheta regi Achabo dixit ipsum, quia gratiam viro morte digno fecerat, moriturum. Id verò inauditum est ab omni seculo, Magis gratiam indulgeri. Factum quidem dicetur istud, vt ab illo indicarentur conscij: sed omnes nihilominus effugerūt. Verùm vt eò vnde discesserat reuertat̄ oratio, Sprangerus (qui Sagas innumeras adiudicauit morti, earumq́ secreta peruidit) maleficiorum scribit alia esse incurabilia, alia curari nō aliter posse quàm si in alterum sors transmittatur: alios curare in eū reiecta sorte qui prior iniecerit, alios ab vnico sa-

O

nare morbo, alios à plurib. alios nõ curare nisi ad
miliaria 2. in ambitū domº suę, idq̃ hoīes certos, a-
liosnunq̃ sortē nisi ex illiº cõsēsu q̃ īmisit eximere.
Ipsi aūt ex Magis sciscitāti causam respõdisse ꝓ ratiõe cõtractus cū Satana initi cõuentionū'q̃ ab ijs
expressarū q sese mancipant fieri oīnia. Atq̃ hoc in
Germania tā fuit frequēs illius tēpore (vt omnib.
seculis fuerat) vt idē scribat dn̄m vici Richtig haf-
fen in Constātiensi agro canonē ab ijs exegisse qui
effascinatiõis causa Sagā vici sui accedebāt: sic cō-
ueniebat optimè & reciproca erat obligatio inter
dn̄m illius vici & satanā: imperitū aūt vulgus delu
debāt à diabolo, cū loco deiquē (vt magnus ille E-
lias aiebat Regi Ochoziç) debuerāt accedere, adi-
rēt diabolū cõsulturi. Idē autor est multos nobiles
viros nundinatiõe istā in Germania factitasse, cu
ius tn̄ reos fuisse Magos nõ existimo. Cõstat apud
oēs Rupellæ hominē lethali vulnere affectū, de cu
ius salute Chirurgi oēs desperabāt, Magi cuiusdā
opera sic fuisse institutū vt incederet & dieb. aliq̃t
loquerēt: nēpe gestabat illū Satanas ac nõ alius, vt
Magis suis autoritatē cõpararet. Illud verò in primis admirandū ɋ scribit Petrus Mamorius, ossa
eq fracta impedimēto esse ne tollāt sortes, nec magnam habet veritatis speciē: nec illud similiter ɋ
ait Albert. magnus lib. de animal. esse volucres ad
effascinandū vtiles: qua ratiõe homines ad Ethni-
corū auguria facilè reuocarēt. Sed hoc totū nefas
esse cõfirmo, atq̃ hoc pacto ad idololatriā & cultū
lapidū hoīes adduci. Certissimus. n. est sermo Dei
dicen-

dicētis nõ eſſe poteſtatē in terra q̃ virib. Satanę poſsit obſiſtere, vt eſt in Iobo[a]: q̃ ſermone Deus proptereà vtit̄ vt ad ipſũ ſolũ ac nõ aliũ recurrat̄, vtq̃ res creatę & remedia ab ipſo inſtituta in bonis reb. adiũctis precib. (vt fecit Tobias) ac nõ aliter occupet̄. Amplius dicit Aquinas[b], oĩa remedia & περιερ-γακτικὰς medicinas q̃ veriſimili ratiõe malũ curare, depellere, aut impedire nõ poſſunt, p illicitis habẽdas eſſe: & Auguſt. lib. x. de ciuit. Dei contra Porphyr. & Iamblich. diſſerēs (q̃ cœleſtes virtutes reb. elemētarib. conabāt̄ attrahere) oĩa remedia amuletaq̃ aduerſus diabolũ ꝓhibet ꝑter orationē & pœnit. & medicamēta q̃libet in verbis, character. ligaturis, aliiſq̃ reb. vanis poſita Satanę retia cõfirmat eſſe. Eādē q̃cq̃ ſentētiā textus ipſe canon. oſtēdit, ne qs Scoti opiniõe aut Hoſtiēſis fallat̄[c], cũ ait, Vana vanis cõtundere licet, aut ipſius gloſſæ *vana* interpretātis ea q̃ nõ fuerint illicita: id. n. fieri nunq̃ poteſt. Dānandus eſt itaq̃, velut impietatis plenus, ſuperſtitioſus ille Ethnicorũ ritus, cũ ſp̃us abigerent certo legumine (q̃ indicare nõ placet) in os indito & retrorſum iacto, nudis pedib. certaq̃ precũ formula nouies repetita: ſic. n. adorat̄ omõ Satanas, ne q̃d importet mali. Id priſci latini mēſe Maio p̄ triduũ faciebant placandis (vt aiebant) Lemuribus ſiue Remuribus: quam inſtitutionem à cæde Remi dicebant ortam, quòd ſpiritus eo mortuo incolas loci infeſtarēt. Hęc aũt vanà eſſe atq̃ illicita demonſtrāt tũ ea q̃ antè diximus, tum ſeuerum illud interdictũ legis, ne per ignē liberi traducant̄.

[a] Iob. 41. & c. ſi quis per ſortiarias. 23. q. 1. & 26. q. 7. ca. admoneant.
[b] in ſecunda ſecundæ, q. 96. artic. 2.
[c] can. admoneant. 16. q. 7. & d. can. ſi quis per ſortiarrias. 23. q. 1.

Moses Maymonis, Hebræorum Theologorũ habitus præstantissimus, Amorrhæos scribit inter alia solitos per flãmam recẽtes ex vtero fœtus trãſmittere *, & credidisse liberos à calamitatib. plurimis vindicari: eandemq́ſuperstitionem nutrices adhuc obseruantes à se in Ægypto visas. Quòd si ab hac superstitione tãtopere abhorret Dominus, quanta detestatione putandum est ipsum ea carmina & remedia prosequi quæ aduersus maleficia adhibentur? De hoc argumento potest Mosem Maymonis lector consulere, qui plurimas superstitiones describit ab Amorrhæis frequentatas vt ex veteribus libris didicerat: quæ superstitiones in lege Dei nec reticentur planè, nec minutatim explicantur, ne id doceri videretur quod sepeliri opus est obliuione sempiterna. Verumtamen exẽpla quædam afferemus, vt neq́ſ improbi occasionem habeant, neq́ſ Iudices seipsos excusandi ignorãtiæ nomine. Fertur hæc superstitio & videtur passim, q́ pueri imponuntur vrsis vt aduersus pauores confirmentur, q́ arborib. alligatur stramen vt seruentur fructus, prout fit in Valesiorũ agro: hæ perniciosę superstitiões sunt, quib. semp inest auersio à Creatore, & in res creatas fides. Quãobrẽ Mahomed Aben Thaulon SãgiachÆgypti nup cremari iussit crocodilũ plũbeũ portę cuiusdã ædis in Ægypto subditũ, qa se hoc pacti incolæ à crocodilis tutos esse cogitabãt. Hęc de illicitis modis ꝗ q̃s sortileg. occurrit: Nũc etiã videamꝰ an aliqs extet modus malignos spiritꝰ ab hoĩnib. obsessis depellẽdi.

a 2. Reg. 21. *& 23. 2. Para.28. & 33. lib. 3. More nebocim.*

De

De ys qui obsidentur & vim patiuntur à mali-
gnis spiritibus, & an sit modus spiritus istos
depellendi. Cap. VI.

Diximus de iis qui volūtariè tacitis aut expressis conuentionibus cum spiritib. malignis cō
municāt: iam dicamus de obsessis hominibus qui
vim ab eis patiuntur, & an sit vllus eos depellendi
modus. Hic verò non disputo an sint homines q̃s
maligni spiritus obsideant, quibus plenæ sunt diuinæ atq; humanæ historiæ, & Euangeliorum ma
ximè. Sic in Actis Apostolorum capite xvi. ancilla
fuisse legitur adolescentula spiritum in se habens
quem Scriptura vocat ἐγγαστρίμυθον, res occultas euē
taq; prędicentem multis, denaq; mendacia vero v-
ni dicto connectentem (prout salutis viam à S. Pe
tro & Paulo dixit prædicari) quæ ita lucro nō me
diocri augebat herum, diabolus verò homines ita
perducebat vt se autorem mendacij de veritate cō
sulerent. Monasterij in Vvestphalia narrat Slei-
danus, cùm Anabaptistæ rerum potirentur, lege
de communione bonorum promulgata, necessitatem singulis fuisse impositam vt conferrentur in
commune bona: cumq; numos suos dissimularent
& celarent multi, puellas duas exstitisse quæ reue-
labant omnia. Certissimũ aut eorum quos diabolus obsidet argumentũ est, q̃ varijs linguis loquũ-
tur quas nunquam didicerint. Huius generis sunt
pauci in Gallia, vident tamen. Fuit ante annũ puer

O iij

nomine Samuel annos duodecim natus in pago Vuanteleti ad Laodunum, filius nobilis viri Landarum domini, qui post mensem à matris obitu occupatus à spiritu, infestatus plurimùm, colaphisq̃ cæsus est: etiam in corpus illius ingrediebatur spiritus, & si quis puerum volebat subducere, ille retrahebat violētia. Eum exorcizari pater noluit religionis quam profitetur nomine: an fuerit ab eo tempore liberatus nescio. Annus quoq̃ duodecimus vel decimus tertius agitur ex quo Veruinensis fœmina à maligno spiritu possessa hic Laoduni exorcizata est, quam historiam quia excusis compluribus libris fuit exposita præteribo. Iis abundant Italia atque Hispania, quos numellis opus est constringi: atq̃ hi Græcè, Latinè, & linguis alijs quas non didicerunt vnquam, nouerunt loqui, ac potiùs spiritus in ipsis loquit̃: nam si quando Veruinensis illa linguam valde ptruderet, spiritus disertè loquebat̃. Mulierē dæmoniacā Melanchthon scribit à se in Saxonia visā, nesciētē legere aut scribere, q̃ Grecè tn̄ & Latinè loquebat̃, & seuū illud Saxoniæ bellū predixit his verbis, ἴσται, ἀνάγκη τῆς γῆς, & ὁρμὴ ἐν τῷ λαῷ τούτῳ. Narrat Fernelius in lib. de abditis rerū causis se puerū vidisse dæmoniacū loquētē Grecè, cū tn̄ literas nesciret. Hippocrates libro de morbo sacro comitialē morbū putauit esse: discrimen verò posteri optimè annotauerūt etiā in Grecia, cùm obsessi auditi sunt varias linguas & diuinatiões proloqui, q̃d in comitialib. nō potest percipi. Signa em̄ atq̃ symptomata vident̃ differētia: & Ma-

& Magi ipsi, cū periculū facturi sunt, in aurem hominis affecti dicunt, Exi dæmon, quia Ephimolei tibi præcipiūt: statim dæmoniacus ruit in terram quasi λιποθυμῶν, deinde post tempus aliquod resurgens nūtios veros & ignotos è longinquo affert, atqɜ hoc facto à dæmone liberat̄: in morbo autem comitiali secus. Alij verò quorū corporib. diabolus inest, sunt Magi, quos ab eo vexari nō animaduerteris: itemqɜ illi qui religiōe ducti & putantes benefacere, à dæmonibus ad tempus occupāt, vt fuerūt in Græcia Pythiæ, quas possidere credebat̄ deus ac ͺppterea ἐνθουσιασμός dicebat̄, cū Sibyllę aut Pythiæ, q̃ in Delphica Deliáue specu iacuerāt sic occupabant̄ & per eas diabolus (quē vocabāt Deū Apollinem) responsa dabat, quo facto ab eis supersedebat Dęmon. Veri autem dæmoniaci nonnunquam certis superstitionibus liberabant̄, quarum Hippocrates in libro de morbo sacro meminit: Sed non rarò Magi (vt adhuc faciunt) dæmonas depellebāt. In primitiua Ecclesia Christiani precibus vtebantur, deinde catechumenos & energumenos coniurationibus ac exorcismis obstringebāt, licet is qui se baptismi causa sistebat matura ætate sapientia prudentiaqɜ instructus esset, nec vlla maligni spiritus in eo cerneretur species: qui ritus semper fuit obseruatus & adhuc obseruatur, cùm infantes in ea religione quæ dicitur catholica baptizantur. Hic enim de ijs solùm agitur qui Magi non sunt, & à maligno spiritu obsidentur. Contrà autem ex infantis iudicijs inter Magos cōuenire cōſtat, ſi qs ex profeſſo. Magus & cònuentione cum diabolo expreſſa obſtrictos in perpetuum ſeruituti eius renuntiet ipſum'cʒ pœnituerit facti ſui non inuocato Domino, eum malè multari, vexari, & cædi, niſi Deus ſingulari gratia ipſum conſeruauerit. Hominém à nobis viſum fuiſſe antè meminimus quem malignus ſpiritus ita perſequebatur vbicʒ vt eo non poſſet liberari, dormientem ſuauiſsimè vellicãdo naſum & aureis excitabat, & ſciſcitabaṫ numquid ab ipſo flagitare vellet. Sprangerus cōplureis Sagas à ſe condemnatas fuiſſe dicit quę ſibiipſis gratulabantur mortem, dicentes ſe à diabolo cędi niſi mores mandatis ipſius gerant, nec alia vnquam ratione quieſcere. Virum quoque nobilem ad Vellerios Coteretanos fuiſſe notauimus, cui Hiſpanus miles ſpiritum malignum cum annulo vendiderat, cum'cʒ ille nobili, prout exſpectauerat, non obſequeretur, annulum in ignem fuiſſe à nobili cō iectum, ex eo tempore à ſpiritu nobilem non requieuiſſe. Sunt etiam qui cùm fuerint Magi, Deo renuntiauerint, & cum Satana in fœdus iurauerint, technis eius cognitis contemnunt quidẽ, ſed à Satana tamen minimè infeſtantur, quia ſuos eſſe nouit eoc'ʒ contentos eſt. Sunt etiam alij qui videntur ſtulti, intempeſtiuè ridentes & exultantes, vt ille apud Philoſtratum quem Apollonius Tyanæus Magorum princeps demonſtrauit obſideri à maligno ſpiritu atque liberauit : etenim ita res habet, niſi hominis ſtultitia ex morbo naſcatur,

scatur, indicio est eum à maligno spiritu possideri. Sunt etiam qui non desipiunt quidem, sed ita dormientes incedunt ac si vigilarent: sed hic lethargus est, aut aliud malum cerebri quo etiam viri sapiētissimi nonnunq̃ opprimunt. Non treis ex isto malo & sine dolore laborantes vidimus, & se Galenus semel ex eo morbo fatet̃ laborasse cùm milliaris octauam obiret dormiens, donec in lapidem incurrens corruisset, eo'que casu expergefieret. Verumtamen sunt qui saepe clausis oculis de nocte ambulant, domos, templa, celsáque & inaccessa loca conscendunt, quò nemo peruigil, quantūuis saperet, ascēsurus esset: quòd si de nomine suo vocentur, repentè concidunt. Sprangerus hominem ita corruentem à se visum fuisse narrat Aurelijs. Fuit etiā vir hoc modo agitatus nocte, quem socius qui cum ipso cubabat prosequens cùm in profluentem ire animaduerteret nõ processit quidem vlterius, sed ne ille procederet nomine appellauit: sic ille repentè corruit dormiens & submersus est. Hunc pręsumptio est à maligno spiritu fuisse actū, verumtamen nõ possum confirmare: nam fieri potest vt quis audito suo nomine ex improuiso excitetur eoq̃ pacto corruat: vt verò inaccessa loca conscendat dormiens & periculosa praecipitia, & inoffenso pede per se reuertatur, nõ est probabile. Vtcunque sit, hominem obsessum & vexatum à maligno spiritu non abesse à salutis via credibile est, vt sancti homines putauerunt. Itaq̃ Paulus priore epistola ad Corinthios de eo loquens

P

qui rem cum socru habuerat, Expedit, inquit, hominem illum tradi Satanæ, vt spiritus saluus sit in in die iudicij: quibus verbis excōmunicationem, quæ hodie quoq; est in vsu, credibile est intelligi. Restat vt modos depellendi malignos spiritus ex hominibus, bestijs, ædibusq; videamus. Assentitur enim Thomas[a] Aquinas bestiam quoq; rationis expertem cogi adiuratione posse, velut à Satana hominibus offendendis actum, ac proinde malignos spiritus abigi. Quod autem modos eijciendi dæmonas attinet, Alexander primus Papa instituit aquam benedictam, Notæ sunt coniurationes[b], Exorcizo te N. per Deum viuum, &c. tum oratio, Deus misericordiæ, &c. pòst execratio, Ergo maledicte diabole, &c. deinde oratio altera, postremò execratio (tres enim adiurationes adhibētur) ac tum demum quæcunq; sortes maleficive puluerus in domo viri à dæmone obsessi deprehensi fuerint tradunt igni: q̄d S. Hilarionis & Hieronymi iudicio (vt ante diximus) planè aduersat̄. Cōfessiones etiā, Sacramenta, stolas, aliaq; adijciunt plurima: etsi non sæpe maligni spiritus his omnib. procuratis & effectis exeunt. Mulieris à maligno spiritu possessæ Menilij ad Dāmartinum commorantis suprà meminimus, quæ per spiritū indè à 18. ætatis anno ligabatur, nec alio afficiebat̄ malo. Hanc Picardus Doctor & cōplures alij exorcizauerūt Lutetiæ (vt diximus) an. 1552. sed tentatum frustrà. Alios verò audiui, cùm Diabolū vellent exorcizare, ipsos fuisse occupatos: prout in Actis Apostolorū

legi-

[a] *in secunda secūdæ q. 90*

[b] *lib. de ceremonijs Eccle-siæ Rom.*

legimus duos fuisse discipulos qui malignum spiritum ex humanis corporibus tentabant eijcere dicentes hæc verba, Adiuro vos per Iesum quē Paulus prædicat, &c. respondēs autē spiritus nequam dixit eis, Iesum noui & Paulum scio: vos aūt qui estis? & statim diabolus vtrumq; inuasit, eo dimisso quem antè vexabat. Similem historiam in primo Greg. dialogo legimus, Sacerdotē quendā qui mulierem à diabolo occupatam animaduertebat, stolam accepisse & imposuisse mulieri, statimq; diabolum relicta muliere in Sacerdotem irruisse. Ait etiā Niderus Monachū fuisse Colonię facetū Magum quem opinio erat malignos spiritus abigere. Hic rogāti diabolo quò iturus esset, abi, inquit, in latrinas meas: quod fecit diabolus, sed eum nocte latrinas adeuntē sic contudit plagis vt proximè à morte abfuerit. Interdum verò diaboli ex Magorū mandato abeunt, vt Apollonius Tyanæus dicitur eos abegisse, ac potiùs diaboli paruisse illi, vt opinionem deitatis (quam affectabat) cōciliarent ei: quo instituto discipulos tam multos adeptus est qui portentum istud anteponebant Christo, vt Eusebius octo libros contra Philostratum Apollonij Euangelistam coactus fuerit conscribere. Idem quoque Simon Magus fecerat: nulla enim fraus tam subtilis est quam nō cōminiscatur Satanas vt detrudat homines in idololatriā: quo non euertit, sed stabilit potentia eius. Exēplum Bohemi Sacerdotis Sprangerus Quæsitor narrat, Dachonis nomine, q diu possessus à diabolo Rom. deductus est

P ij

dicebat autem ea sibi odio capitali esse quæ Satanas diligit maximè. Magdeburgi quoque fuisse sacerdotem alterũ quem Diabolus possedit annos septem, qui rogatus cur sacerdotem illum inde à tribus mensibus cœpisset agitare, dixit se iam ante in corpore illius consedisse: quærenti autẽ exorcistæ vbi lateret cùm hostiam sacram Sacerdos sumeret, sub eram, ait ille, linguę: cumq́ inueheretur in eum exorcista dicens, cur non fugis à præsentia Creatoris tui? respondit diabolus, at dum vir bonus super pontem ambulat, quid obstat quo minus sub pontem illum transeat improbus? Hæc Sprangeri Quæsitoris verba. Queritatur etiã interdum diabolus tanquã si grauissimo dolore premeretur, dicens se huius animam aut illius esse, vt in errore homines detineantur. Historiæ hoc argumento exstāt quámplurimę. Petrus Mamorius in Gallia narrat Confollenti ad Viennam fluuiũ historiam accidisse in Caplandi cuiusdam ædib. anno M. CCCC. LVIII. diabolum, qui animam defunctę se esse prædicabat, gemitibus, clamorib. & querimonijs omnia compleuisse, monẽ tem habendas preces peregrinationesq́ obeundas, & res veras plurimas reuelantem: sed dicente ei quodã, si tibi vis haberi fidem, dic Miserere mei Deus secundum, &c. respondisse hoc à se fieri non posse. Tunc ludificantibus ipsum ijs qui adstabãt fremebundum aufugisse. Idem Nicolaæ Alberiæ Veruinensi accidisse narrat D. Bartholomæus Fayus Consiliarius Parisiensis Curię, Satanã huic ad fossam

sam patris oranti apparuisse tanquam è sepulchro prodeuntem, qui missas plurimas celebrari, certasque peregrinationes suscipi iussit, nec propterea miserã exagitare destitit: & quamuis seipsum priùs auum illius esse respondisset, tandem Beelzebubum esse confessus est. Diximus sæpenumerò q̃d est in Iobo, non esse potestatem in terris à qua metuat Satanas. Itaq̃ perniciosa est Iosephi historici Hebræi sententia quam anteà perstrinximus, cùm Iudæum è sua gẽte scribit à se fuisse visum, quo annulum indẽ te ad nasum hominis obsessi fugiebat diabolus illicò: sic enim homines ad reuerentiam rerum creatarum, lapidis, annuli inflectuntur. Neque tamen ait adamantem in annulo fuisse, etsi fuerunt in hac sententia quidam tantas esse adamanti vires & vana somnia & malignos spiritus amoliatur (quod obscuras quidam poeta dixit,

Et noctis lemures, & somnia vana repellit)
sed non definiũt quodnam sit illud adamantis genus. Sunt enim sex[a] illius genera diuersa maximè, in quibus numeratur sextus adamas Arabicus aceruis magnis compertus in Pyrenæis montibus, sic tritus viatorum pedibus vt centum põdo in loco tribus solùm aureis venale habeatur. Hic à natura tam bellè formatus & expolitus est vt omnia opificum mangonia & omneis artes dignitate superet, sex angulis æqualibus, duabus extremitatibus acuminatis, figura conoîde, multis etiã colore variantibus. Apud veteres credebatur gladiorum aciem à diabolis timeri vehementissimè: Pla-

[a] *Plin lib. 37. cap. 4.*

tò enim & cõplures Academici spiritus posse diui/
di arbitrantur. Memini anno M. D. L V II. malignum spiritum cum fulmine irruentem Tholosæ
in sutoris ædes Pudoti nomine Salino adiacentes,
vibrare lapides per singulas partes cubiculi, vnde
tam magnus lapidũ aceruus collectus est vt domi
na ædium ingens scrimniũ quod obserabat claue
lapidibus plenum habuerit:& quãuis ianuis fene-
strisq́ obditis, nihilominus tamen spiritũ sine cuiusquam damno alios lapides apportare. Quid rei
esset inuisit Latomius tum Præses quartus: sed ille
spiritus decussit pileum eius lapide, & in fugã vertit præcipitem. Iamq́ dies sextus agebat, cùm D.
Ioannes Morquæus Præsidialis Iudicis Consiliarius monuit me vt miraculum istud inuiserem, vbi
duabus tribusve horis consumptis non percepi
quidquam. Me autem ingrediẽte dixerat quidam,
Deus sit in his ædib. deinde cognita historia indi-
xit domino ædium vt serio ex animo oraret Deũ,
& gladium in cubiculi totius ambitum agitaret: se
cit, postero die mulier dixit nihil à se ex eo tẽpore
fuisse auditum, & dies septem sine quiete vlla trans
egisse. Horum spirituum λιθοβόλων plenæ sunt ve
teres historiæ: qualem Gulielmus Pariensis scribit
fuisse Pictauij in parochia S. Pauli an. M. C C C C.
X L V II. qui cyathos & vitreamina frangebat iniectis lapidibus, offendebat neminem. Dicitur prætereà malignos spiritus, cùm ejiciuntur, in certum
aliquem locum ablegandos esse. Sic Christus in
Euangelio dicitur ad porcorum greges diabolos
transmi-

transmisisse, & in Tobia Angelus abactum malignum spiritū vinxit in superiore Ægypto: ex quibus videtur Deus non potestatem modò, sed etiā loca circūscripsisse quibus maligni spiritus includuntur. Scribit in dialogo Cæsarius Coloniensis Sacerdotis filiam ab Incubo spiritu maligno agitatam ex phrenesi laborasse: monitum autem patrē illius effecisse vt filia trans Rhenū deportata migraret: sic diabolum à filia discessisse, verùm parentem adeò contudisse vt post triduum vitam amitteret. Illud quoque legimus, malignos spiritus frequentiores esse in pagis quàm in oppidis, & in desertis & aquosis locis quàm in pagis, vt in Iobo est XLI. capite: Quapropter maligni spiritus de nocte flammantes (stultos ignes appellant nostri) secundum aquas spectantur plurimùm & ad submersionem homines prouocant. Ac isti quidē spiritus vt propulsent, credo res creatas cum timore & verbo Dei coniunctas posse cōducere, sed nihil planè sine timore Dei efficere. Exēplo sit Musica, quę ante alia plurimū contra spiritus malignos potest, vt à Saule infestando scribitur malignus spiritus destitisse cùm Dauid pulsaret fides. Erat quidem tunc temporis Spiritus sanctus in Dauide, verumtamen Saulis cruciatus pulsatis demum fidibus desinebat: siue eo quòd Musica res diuina quædam est, diabolus verò nihil tantopere quam discordias diligit, siue quod harmonia cōspirans cū anima effugiētē rationē ad sua principia reuocat: prout annotabāt veteres à Musica interuentu animæ
sic cu-

sic curari corpus, vt interuétu corporis curaí medicamentis anima. Sic in Germania quoddam hominum furiosum genus instrumentis solùm musicis curaí, cũ modulos suos Musicus choreę furiosum accõmodat, & paulatim efficit vt furiosus sese pro cantione Musici leniter temperet: sic tandẽ quietè allata sanatur furiosus: hunc S. Viti morbo Germani dicũt laborare. Prophetam quoq̃ Michęam legimus ab Achabo Rege Samarię accersitum antequàm praelij exitum praediceret iussisse coram Rege vt instrumentum musicum pulsaretur, eoq̃ pacto occupatum à Dei spiritu prophetasse: Samuel item cõsecrato Saule, abi illuc, inquit, vbi inuenies Prophetarum turbam descendentium de monte qui pulsant instrumenta, tum Spiritus Dei incesset te: itaq̃ simulatq̃ ad Prophetas ludẽtes instrumẽtis accessit Saul, irruit in eum Dei spiritus, quo se mutari sensit. Etsi credibile est Spiritum illum Dei quo plena erat Prophetarum turba non Saulem modò igne diuino inflammasse, sed etiam omni ex parte malignos spiritus depulisse. Itaque dum Saul à Deo & Angelo ipsius relictus, & occupatus à maligno spiritu Dauidis necem quæreret, sicarios quidem bis in comitatum Samuelis misit qui illum interficerent: sed vt primùm accesserant, occupati à spiritu Dei benedicebant & laudabant Deum qui Dauidem occisuri venerant: q̃d Saul audiens aduenit ipse, & in alium repentè conuersus prophetauit & laudauit Deum. Non Hebræi prisci docuerunt, certissimamq̃ ἀπόδειξιν & indubitatam

tatam esse statuerunt, nihil tantopere Deo acceptu esse quàm laudes ipsius integro animo atq; hilari decantatas, quod ait Psaltes [a],   [a] *Psal.* 35.

Recti labra decet summum laudare parentem: nec exstare quicquã abigēdis spiritibus malignis tam aptum, aut potens cogendis: quod tamen nõ res creatę, sed laus Creatoris efficit. Qui ergo dixerit quispiam, Apollonius Tyaneus Magus ille potuit Dæmonas eiicere? quomodo nunc etiam Magi momento possunt malignos spiritus depellere? Respondeo quod anno M. CCC. XCVIII. Sorbona definiuit, Hęretici sunt qui putant dęmones maleficijs cogi posse, qui se cogi fingunt. Cùm itaque à Magis cernimus spiritus malignos extrudi, necq; extrudunt ipsi neque exire cogunt, sed colludunt inter se: vt apud Leonem Africanum legimus à Magis (quos illi vocant Muhazimim) post ductos aliquot circulos & characteras in fronte dę moniaci interrogatumq; dæmonem, dari mandatum ei vt exeat, & statim exire illum (quod item scribit Sprangerus de Germaniæ sortilegis) quo facto Satanas q̃ nihil nisi corpus tenebat antè violentia, in tranquillam animæ possessionem mittit. Item si quando superstitiosi ritus idolatriaq; adhibentur, malignus spiritus abscedit & cogi se fingit, vt imperitos protrudat in constantem & obfirmatam idolatriam. In Germania siquis dæmoniacus aut sortibus affectus suspicetur per Sagam aliquam malignum spiritum sibi maleficiúmue importatum, Iudices ipsáq; Imperii Camera coram

Q

homine affecto hæc verba à Saga pronuntiari iubent. Benedico tibi in nomine Patris, & Filij, & Spiritus sancti in tuis bonis sanguine & armento: & momento affecti homines restituuntur valetudini. At hoc si vir Germaniæ optimus eadem verba pronuntiauerit non effecturus est: vnde eruitur inter diabolum & Magum optimè conuenire, qua lege olim Magi è corporibus hominum diabolos leguntͨ exegisse dum Hippocrates viueret, vt idem in libro de morbo sacro testis est. Dæmoniaci autem inueniuntur quàm plurimi in Hispania, Italia, & Germania maximè, qui decem aut viginti annos sic à dæmonibus possidentur vt arceri nequeant. Sic Amsterodami pueri dęmoniaci triginta anno M.D.LVI. comperti sunt, à quibus nullo exorcismo dæmones potuere propulsari: id autem sortibus & maleficijs contigisse iudiciū fuit, quia ferramenta, vitrea fragmenta, capillos, acus, pannos, & similia excernebant, quæ solent ex sortilegijs homines affecti eijcere. Puellas dæmoniacas & mulieres lxxx. antè diximus Romæ à Benedictino monacho, quem Cardinalis Gondius Parisiensis Episcopus eò abduxerat, exorcizatus fuisse anno M.D.LIIII. sed nihil opera illius totis sex mensibus fuisse confectum. Huic percontanti à Satana cur miseras istas puellas occupasset, respōdit dit se fuisse à Iudęis missum indignè ferentibus ϙ istę quarum pars maxima ad Iudęam gentem pertinebat fuerint baptizatæ: quod à Satana credebatur dici, qa Theatinū Papā cogitabat ͛pcuraturum
Iudæo-

Iudæorum necem quibus erat infensissimus: sed Iesuita quidam coram Papa defendit non esse penes homines facultatem istam, ac ne penes Satanā quidem: hoc posse fieri si his aut illis Deus permiserit, consilium autem Dei à peruestigantibus non posse comprehendi. Quamquam non puto fuisse Satanam à Iudæis missum, qui homines potius religione fuisset possessurus, quàm eos qui participato baptismo legi illorum renuntiāt. In Kendorpiesi autem monasterio ad Marchiam Germaniæ, vbi monialeis maligni spiritus anno M.D.LII. mirificis tormentis cruciarunt, interrogati Magi & moniales Sagæ responderunt fuisse istud ab Elisabetha Kama coqua monasterij procuratum, quæ Sagam se agnouit esse, Satanam rogauisse, & sortilegia ad hanc rem exercuisse. Hæc viua cum matre incendio perijt. Efferebantur autem dæmoniacæ in aerem vnoquoque die, interdum horis singulis, & sine dolore in terram recidebant, tum planta pedum titillatæ sine intermissione ridebant: aliquando etiam inter se percutiebant ictibus. Quod si quis vir bonus aderat orationem habens serióue de Deo proloquens, vexābatur illæ: sin horas Latinè legerent aut ritus suos pronuntiarent, aut de ludis & ineptijs sermo haberetur, dolore carebant aut leuabantur plurimùm: omnes halitu erant foetidissimo. Eodem tempore in propinquis oppidis & pagis dæmoniaci complures fuerunt deprehensi: qua ex causa plurimæ Sagæ comprehēsæ & supplicio vltimo affectæ sunt. Similiter

in monasterio Nazareth Coloniensis diœcesis opera adolescentis cuiusdam Sagæ Gertrudis nomine (quam singulis noctibus dæmon iniuerat ex quo nata fuerat annos xij) moniales omnes à spiritibus malignis fuerunt obsessæ. Apud Fernelium in libro de abditis rerũ causis legimus ipsum ad inuisendum quemdam nobilem adolescentem dæmoniacum fuisse ductum qui literarum expers Græcè loquebat̃ tamen: hunc dixisse patri vt torquem ordinis equestris collo eximeret: rogatum autem spiritum quisnam esset, respondisse per hominem (cuius nomen nolebat exponere) fuisse factum vt in corpus veniret pueri. Hunc hominẽ fuisse studiosissimum satanæ clientem est verisimile: quamuis nec Satanæ nec Magis omnib. hæc potestas insit aduersum homines, nisi prout Deus permiserit: vt nuper in Flandria res admirabilis cõtigit quæ ab eo tempore toti Christiano orbi innotuit. Antonio Suqueto Eqti ordinis Vellerei Cõsiliario in priuato consilio Brabantię filius erat nothus, qui antequàm vxorem duceret familiaritatẽ cum altera quæ Saga credebat̃ esse coluerat. Hæc puellæ nobili quæ amatori nupsit inuidens. ita cũ Satana egit vt mulier iuuenis incesseretur à maligno spiritu, vexaret̃ in maxima frequẽtia & quamuis obnitentibus viris in altum attolleret̃ & huc illuc proijcererur. Instante partu dum accerseretur obstetrix, Saga quam metuebat oderatq̃ mulier grauissimè ingreditur, mulier defecta animo & soporata corruit, fœtumq̃ paulo pòst eiectum sentit.
Disce-

Discedit Saga, accedit obstetrix, puerperam solā offendit, partus nunquam ex eo tempore visus est. Creditum est vulgo Satanam in corpus fœminæ ab inuidēte Saga immissum esse: verùm hoc nō aliter quàm secreto Dei iudicio affectum est. Persimilis huic historia dicitur in Lotharingia fuisse gesta, de muliere quam Satanas ad fœtum habendū extulit: sed patrem affirmatur fuisse Magum, & Satanę vouisse fœtum. Nonnūquam vero bruta mulierum cupido efficit vt dæmon esse videatur qui in turpes actiones incumbit: quemadmodum in diœcesi Coloniensi anno M.D.LXVI. canis qui dæmon esse dicebatur, in monasterio fuit deprehensus qui monialium vestes attollebat vt abuteretur ipsis. Hic naturalis fuit (opinor) canis, nō autem dæmon. Comperta est Tholosæ mulier sic abuti cane, cui vim palàm canis afferre voluit: hęc rem confessa igni fuit tradita. Alia eiusdem criminis euicta anno M.D.XL. in vincula Lutetiā abducta est. Videtur autem in Lege Deo non fuisse satis vt istud propter abominandum malum, indicta nece caueretur, nisi etiam eodem in capite mercedem meretricis offerri Deo & pretiū canis prohiberet. Illud etiam potest fieri vt Satanas mittatur à Deo, prout omnes pœnas constat ab eo siue ordinarijs modis siue præter modos ad vlciscendum hoc turpe facinus proficisci. Sic in Monasterio montis Hessi in Germania erant moniales dæmoniacæ, & super earum cubilia videbant canes tentantes impudicè eas quæ in suspicione erant i-

Q iij

stius sceleris & mutum (vt vocant) peccatum cõmiserant. Cuius rei lectorem placuit commonefacere, vt caueant omnes ne qua vis voluntati puellarum quæ à castitatis voto alienæ fuerint asserat. Exorcismos autem à multis adhiberi miru'm, quibus nunquam sancti Prophetæ vsi sũt. Etenim horruissent illi Satanam interrogare, aut de re vlla consulere, aut imperata illius facere, sed præsentes sancti viri ad Dei vnius laudem malignos spiritus propulsabant. Itacq; in prisca Ecclesia dæmoniaci in cœtum adducebantur, & populus totus orabat Deum, vt apud Chrysostomũ ^a, Clementem ^b (qui orationem tradit elegantissimam) & Theodorũ anagnostem legimus ^c. Persarum Regem in prisca Ecclesia imperauisse legimus vt abigerētur dæmones, & precibus in Ecclesia habitis dęmonas fugatos esse. Apameensem Episcopum in Theodoreto ^d legimus vultu in terram demisso Deum interpellasse precib. & Dęmonē ex æde Iouis eiecisse. Ac propterea diserte Lex Dei imperat deleri templa vbi Gentiles dijs suis supplicabant, ne vllo pacto in eis pollueretur, contaminaretur, aut inuocaretur Dei nomen ^e. Augustinus ^f quoque & Sozomenus ^g scribũt nihil aliud Dæmonibus pellendis olim fuisse vsurpatũ quàm preces corã Deo, nullũ familiare colloquiũ, nullas facetias, nullus interrogationes Satanæ fuisse ppositas: prout in Germania quibusdã accidit, quorũ alij Satanæ verbis habuerunt fidem, alij mandatis paruerunt damnanda impietate & detestabili. S. Dionysius in Hierarchia

[a] Lib. de incõprehẽsib. Dei natiuitate
[b] Lib. 8. ca. 31.
[c] Lib. 2.
[d] Lib. 5.
[e] Deut. 12.
[f] Lib. 22. de ciuit. Dei.
[g] Lib. 6. ca. 28.

rarchia, & Theo. de sacra Synaxi, testantur dæmoniacis hostiam nunquam fuisse datam. Hieronymus in vita S. Hilarionis scribit iuuenem Magum qui puellę animum non potuerat pellicere, laminã ęream ianuæ subdidisse insculptis in ea quibusdã notis, itaq; paulo post obsessam à dæmone puellam furore agere cœpisse & loqui, dæmonem dixisse à puellæ corpore se non extiturum donec lamina adempta esset: Hilarionem verò vetuisse vt adimeret, & solis precibus sine hostia, adiuratiõe, aut quæstione vlla Diabolis proposita (nam à rebus istis abhorrebat) puellam eo liberauisse. Ioannes Vierius [a] narrat puellam dæmoniacam à se in Germania visam, & roganti exorcistæ Satanam respondisse fore opus vt puella Marcodurum Germaniæ oppidum religionis ergò petat terno quoque passu in genua procidens, & missam in altari S. Annæ celebrari curet, sic futurum vt puella liberetur: adeòque signum liberationis sub finem Missæ venturum prędixisse. Hoc facto sub finem Missę puella & Sacrificus albam quandam viderunt imaginem, & illa dæmone soluta est. Similiter in Locnensi pago Iuliacensis Comitatus anno M.D.LIX. die XVII. Decembris Dęmonem, à quo obsidebatur puella quędam, rogare ausus est Curio an bona esset Missa, & quare simulac datum fuerat signum puellam repentè ad missam cogeret, Satanas respondit sibi consilium de hac re capiendum esse: Ita reuocabat ille in dubium religionis suę fundamẽtum, cuius Satanam consti-

[a] lib.5.c4.14.

[a] *lib. 2. cap. 24.*

constituebat iudicem. De his quæstionibus ait Pylocrates [a], Mali dæmones faciunt sponte quod inuiti videntur facere, & simulant se coactos vi exorcismorum quos fingunt in nomine Trinitatis, eósque tradunt hominibus, donec eos crimine sacrilegij & pœna damnationis inuoluant. Extat exemplum aliud Philippi vuosolichij Coloniensis religiosi in Kuectana Abbatia, obsessi à Dæmone anno M. D. L. qui dæmon interroganti respondit se Matthiæ Durensis Abbatis præcedentis animam esse: eum pictori, qui Mariæ virginis tam accuratam pinxerat imaginem, non soluisse mercedem, monachum vero liberationem consequi non posse nisi religiosam profectionem Treuiros & Aquisgranum versus obiuerit: dictum factum, religiosus morem gerens liberatus est. Hæc historia Coloniæ typis excusa est. D. Bartholomæus Fayus libellorum supplicum in Parlamento Præses scribit cum Nicolaa Alberia Veruinēsis ad aui sui sepulchrum haberet preces, emersisse è terra hominem inuolutum linteo, qui mulieri dixit se auum ipsius esse, atq; vt à pœnis Purgatorij liber esset Missas cani plurimas, & profectionem in ædē virginis Mariæ à Lætitia dictæ suscipi oportere, tum seipsum retegens auus esse visus est: hunc ingentem missarum numerū procurauisse, cùm desinebatur ab earum celebratione mulierem exagitatā fuisse grauissimè, sed eū dixisse tandē se Beelzebubum esse. Sed hæc historia cùm per totā Galliam innotuerit, nihil dicam ampliùs. Ecce autem recen-

recentiorem aliam, notam Parisiensibus necdum mandatam typis, quæ Lutetiæ ad insigne equi rubri in vico S. Honorati accidit. Quidam metaxarius neptim suam quã esse videbat orphanam ad se receperat: hæc cùm propter Geruasij ad sepulchrum patris haberet preces, Satanas se illi soli procerí hominis & atri figura obtulit, eamq; prehendens manu dixit, Amica ne timeto, pater tuus & mater bono loco sunt, verùm Missę aliquot dicendæ sunt, eundum peregrinatione suscepta ad nostram dominã virtutũ, sic in Paradisum rectà ituri sunt: scilicet humanę salutis studiosus est Satanas. Roganti puellæ quis esset respõdit se Satanã esse, & ne consternaret monuit. Puella imperatũ fecit: quo facto eã iussit Satanas peregrinatione Copostellas ad S. Iacob. suscipere, cui illa, nõ possum ait, tam longinquũ iter cõficere. Ex eo tempore non desiuit Satanas importunè vrgere illã, & vacantē operi cũ sola esset familiariter cõpellauit dicẽdo, q̃ crudelis es? nollet ista ppter me forfices in sinum indere: quod illa cũ effecisset vt ei satisfaceret atq; ab eius importunitate expediret sese, rogabat ille vt sibi aliqd daret, puectusq; tandẽ eò est vt de capillis peteret illius, illa crinē rogãti dedit. Nonnũquam etiã tentauit psuadere vt illa se in aquã daret præcipitē, nonnunq; etiã vt se strangularet, & ipse indita in collũ reste eã fuit strangulatur⁹ nisi exclamasset: etsi auuculus aliquãdo volēs illã defendere verberib. ita exceptus est, vt dies amplius xv. ęgrotus decubuerit. Semel etiã tentauit Satanas cũ ea

R

concumbere & vim afferre illius pudicitiæ, illa verò fortiter obsistēs ita fuit affecta plagis vt sanguis
ex illius corpore manauerit. Inter eos qui viderūt
puellā, quidā Episcopi Valētini Secretarius nomine Choinius puellę dixit modū pelledo dæmonio
esse aptissimū, nę q̃d respōdeat ad dicta illius, quāuis Deū orari præciperet: q̃d nunq̃ nisi blasphe-
mans facit, aut ludificans nomen illius creatis reb.
coaptatū. Vidēs itaq̃ Satanas nihil à puella sibi
respōderi causáue sua fieri, prehēsam prostrauit in
terrā: ab eo tēpore nō est puellæ oblatū visū. Huic
D. Amiotus Altissiodorēsis Episcopus & Curio
parochię in qua puella habitabat mederi nequiue-
rant. Hoc remediū mihi probat valde: nā Satanas
(vt habet articulo xij. determinatiōis Sorbonę cōtra Magos factę an. M. CCC. XCVIII.) ieiunia,
preces, & orationes imperat, etiamq̃ hostia abutitur vt imperitos decipiat. Historiā Petri Mamorij
antè notauimus ex lib. de Sortilegis quē ante cxx.
annos in lucē edidit, Satanā in domo cuiusdā Ca-
plati an. M. CCCC. LVIII. Cōfollemi ad viennā
dixisse animā defūcti se esse, ingemuisse tanq̃ si dolores maximos perferret, monuisse vt missę quàm
plurimæ canerent, peregrinationesq̃ obirentur,
& non paucas res occultas vt erant reuelasse: Cùm
autem ei dixisset quispiam, si tibi vis haberi fidem,
dic Miserere mei Deus secundum magnam misericordiam tuam, renuisse illum, & fremebundum indigneq̃ ferentem sibi hac ratione illudi aufugisse.

IOAN-

IOANNIS BODINI
DAEMONOMA-
NIAE MAGORVM
Liber quartus.

De quæstione aduersus Magos. Cap. I.

Actenus de modis abigendorum spirituum malignorum diximus: sed
frustrà, si Magi reuocent cùm eos
expuleris. Semper enim obseruat Satanas, vt vocatus veniat, & non vocatus accurrit sæpenumerò. Suaues igitur modos
medicinasq́ faciles exposumius, nempe vt populus instituatur in Lege Dei, & ad cultũ ipsius per-
ducatur. Quòd si neque improbi his rebus contineri in timore Dei, neq́ Sagæ à detestabili vitæ instituto reuocari possunt, tum cauteria oportet adhiberi candentesq́ laminas, & putrefactas partes
resecari. Etsi reuera quocũq́ tandem animaduer-
sionis genere torreantur ad ignem lentum & cre-
mentur Magi, plurimum tamẽ abest hæc pœna ab
illius pœnæ grauitate quam in hoc mũdo ipsis im-
portat Satanas, vt pœnas æternas taceamus quæ
ipsis comparatæ sunt. Ignis ẽn ne dimidium qui-

R ij

dem horæ, nedum horam perdurat quin abſumātur Magi: ſed ex omnibus maleficiis quibus pœnæ contrahuntur, vt ſunt auaritia, inuidia, ebrietas, adulterium, & ſi qua ſunt eiuſmodi, ſola Magia virum ſuum vlciſcitur crudeliſsimè & diutiſsimè, corpus & animam conficiens pœnis. Quod enim Mediolanenſis quidam inimicum vlturus quem in manu habebat fecit (hic pugione faucib. admoto ſe iugulaturum eſſe minatus eum niſi renuntiaret Deo, ad renuntiandum compulit, nec ſemel ſe ciſſe contentus renuntiare iuſsit ex animo idemq̃ ſæpius repetere: quo facto eum, iugulauit dicens, Ecce vt de corpore animoq̃ vindictam ſumimus) id igitur facit diabolus ſubditis. Magos docuimus nec opes ſuis artibus, nec voluptates, nec honorē, nec ſcientiam adipiſci, ſed modos ſolùm faciēdi res turpes nefariasq̃ ad quas eos Satanas perducit, inuenire: Atq̃ hanc illam mercedem eſſe quam reportant in hoc mundo, quòd Diabolus cogit eos vt Deo renuntient, ſe adorent, & poſteriora ſibi figura hirci aut turpis alterius animalis oſculentur, & q̃ quietis loco mancipia ſua exportat noctu ad ea ſcelera perpetranda q̃ antè explicauimus. Quāobrem quod ſupplicium capitale in Magos decernitur, non eo ſit quòd res grauiores in ſupplicijs perferre poſsint quàm priùs tulerint, ſed vt ira Dei impendens toti populo ſedetur, tum etiam vt ſanentur affecti reſipiſcentia, aut ſaltem ſi noluerint pœnitere vt numerus eorum minuatur, improbi conſternentur, & electi conſeruentur. Itaq̃
ad ſa-

ad salutem pertinet totius Reipub. vt diligentia maxima peruestigentur & summo iure puniantur Magi: alioqui periculū est vt Magistratus & Magi à populo lapidibus obruantur. Sic Haguenonę ad Laodunum nostrum, cùm Sagęduæ ante annū ex iure mortem promeritæ, fuissent damnatę vnà vt cæderetur flagris, altera vt inter flagellandum assisteret, populus phrenesas Sagas magistratu eiecto lapidauit. Alia famosa Saga Verignĳ habitās (quę postremo Aprili vita defuncta est) obstetrix, cùm sortilegiorum aliquot accusata fuisset, fuit absoluta: sed posteà tam atrociter vindicauit factum, vt innumeros homines pecoráque nece affecerit, prout ex incolis audiuimus. Equidem sæpe miratus sum cur à multis Principibus quæstiones institutæ & iudices extra ordinem dati delegatiq́ fuerint in fures, quæstores ærarios, fœneratores, & viarum obsessores, per quos tamen turpissima & summè horrenda impiaq́ Magorum facta manserunt impunita. Hoc quidem iam olim compertū est, fuisse Principum alios magos, alios abutentes Magis, per quos ex honorum fastigio semper in barathrum calamitatum & ærumnarum omnium dati fuere præcipites. Nam si Magos de victoria consulunt, Deus facit vt victi abeant: si indicari à Satana successorem petunt, hostib. successionem largitur Deus: si Magos rogent an sint reuelaturi à morbis suis, Deus ipsos enecat, vt infinitis historiarum exemplis ostendimus. Sic Deus animaduertit in Magos Principes, in quos nihil magistra

tus possunt. Aliquando etiam autor est Dominus, vt in Magos Principes rebellent subditi: plerunq; punit ipsorum Magorum opera, eo quòd Satanas sacra sua opertanea de nocte exercet cum Magis, quorum signa in abdito latent, quorum facta digito monstrari nequeunt oculis'ue cerni, de quibus ardua est quæstio & probatio difficilis: hæc autem res inprimis Iudices impedit quominus sententiam ferant, aut homines esse euictos putēt tam horrendi sceleris quod maleficia omnia (quęcunque tandem excogitari possint) comitantur, vt supra demonstrauimus. In causis igitur huiusmodi, cùm tam execranda crimina sic fiunt abditè, vt per viros bonos nequeant retegi, per conscios & reos eiusdem criminis maleficos opus est reuelari, vt fit latronibus: & vnicus ad innumeros accusandos est satis. Demonstrauit modò illud factum Caroli ix. Regis, cùm Triscalanus conuictus ea fecisse quæ humana facultas non potest, nec speciosam vllam rerum à se gestarum rationem valens afferre, omnia ope Satanę fieri confessus est, veniamq; sibi à rege dare postulauit, plurimos se indicaturū pollicens. Rex ea lege indulsit postulanti veniam, vt conscios deferret affinesq; eiusdem criminis: fecit, multorumq; nomina & cognomina quos nouerat protulit: quos autem in cœtibus visos de facie solùm cognouerat, eos vt agnosceret, iubebat se in publicos conuentus duci, humerúmq; aut aliā corporis partem in ijs qui Magicam coluerant curabat inspici, vt deprehēderetur signum: eos verò
ex medio

ex medio oculorũ interuallo noscebat quib. signũ deerat, & quib. Diabolus tanq̃ fidelissimis subditis summopere cõfidebat. Verumtamẽ istorũ hominũ persecutio delatioq̃ statim suppressa est siue fauore & cõcussione, siue insano studio tegẽdi certos homines affines istius criminis de quibus nulla fortè vnquam fuisset orta suspicio, siue propter immanem istorum numerũ: & effugit index. Non secus etiã accidit, cùm cæcus ille è trecentorũ æde & alij criminis eiusdem rei fuerunt suspensi Lutetiæ, & rei centum quinquaginta fermè delati sunt: sed qui ex eis vitã laqueo finiuerunt hostiã sacratam ad suas sortes conuicti sunt nõ rarò adhibuisse. Ex eo tempore paulatim cœptũ est ad rem hanc attẽdi: maximè verò ab obitu Caroli ix. Regis nõ ita hæserunt in difficultatib. Iudices, vt eo regnãte fecerant, quas difficultates Henrico ij. regnãte nõ fuisse auditas cõstat: qua de re D. Bartholomæus Fayus Præses libellorũ supplicũ in operibus suis expostulat. Multæ sunt aũt de Magis cognoscẽdi viæ, vt pœnas luãt, siue per ordinarios iudices, siue per Commissarios (vt vocant) extra ordinem datos. Etem præter Iudices ordinarios vnũ duósue minimũ extra ordinẽ dari in præfecturas singulas necesse est: etsi nõ ppterea cognoscẽdi ius ordinarijs iudicib. velim adimi, siue præueniãt siue cõcurrant in eandẽ cognitione, vt alij ad rẽ tam sanctam alijs sint adiumẽto. Olim ad Ecclesiasticos iudices, nõ aũt ad laicos hæc cognitio pertinebat: q̃ in sententiã psequẽte Episcopo Parisiẽsi decretũ

Parla

Parlamenti factum est anno M. CC. LXXXII. Postea vero Iudicib. laicis cognitio attributa, Ecclesiasticis adempta est sancto Parlamenti eiusdē decreto, anno M. CCC. XC. Deinde Pullallerius Laodunensis Tribunus militū captis complurib. Magis cùm de ijs vellet cognoscere, impeditus est decreto Curiæ, quo tēpore sic architectabat̄ Satanas vt quicquid de Magis prædicabat̄ pro fabulis haberetur. Verùm ne forte expectēt Iudices dum fiat expostulatio aut instent Procuratores Regis, tenentur ex officio de suspectis inquirere[a]: quę ratio magis occulta est, atq; haud scio an omnium sit tutissima. Sed quoniā metuūt alij, & eò se alij inferre dubitant vt inquirant ipsi, Regios certe Procuratores & vicarios actionē opus est intēdere: atq; hæc secunda ratio. Horum enim propriū munus est, vt ante omnia in persequutionē maleficiorum incumbant studiosissime. Cumq; non raro Iudicibus ipsis Regij Procuratores negligentiores sint in suo munere, expedit vnumquēq; in hoc crimine ad accusandum admitti iuncto Procuratore Regis: quòd si renuat, à priuatis tamē hominibus audiri accusationem ad publicā vindictam istius criminis, ac nō quid huius intersit obseruari, prout in hoc regno ad omneis criminales causas fieri necesse est: si modò ea quę ex cōmuni iure solennia sunt, retineant, sicut scripta sunt l. qui accusare. de publicis iudicijs. ff. quæ tertia est nec incommoda quærendi via. Quarta ratio delationum est, cùm Regij Procuratores indicum nomina nō cogunt edere,

[a] Bar. in l. 2. § si publico. de adult. l. nullū. de tes. ff. l. si quis in hoc. de Epis. & cler. C.

edere, nisi aut calumnia sit euidentissima, aut accusatus in totum absoluatur, vt Molinnarum edicto cautum est: nam si reus conditione purgandi sui quousque reuocetur vinculis exeat, aut amplius fuerit pronuntiatum, ratio diuersa est, puta si indicia aut præsumptiones extent. Quia autem istud Magorum scelus in pagis & suburbijs frequentius est quàm in oppidis, itaq; imperitum vulgus plus sibi à Magis quàm à Deo & Magistratibus metuens neq; accusare audet neq; deferre illos, ad inquirendum tam horrendum crimen oportet laudabilem illam Scotorum consuetudinẽ quæ Mediolani est recepta (Indictum vocant) vsurpari: nempe cauum truncum in Ecclesia esse, quò liceat cuiq; chartulam iniicere, nomen Magi, rem gestã, locum, tempus, & testes exponentem, eumq; truncum præsente Iudice, Procuratore Regis aut fisci (quibus singulis vna clauis trunci bina sera occlusi futura est) quindeno quoq; die reserari, vt clàm de ijs inquiratur quorum deprehensa fuerint nomina: atq; hæc quinta est certissimaq; agendi ratio. Sextam fieri oportet monitorijs, quæ via est pernecessaria ad cogendum eos qui accusare, deferre, aut expostulare non audent, nec volunt. Septima est vt consortes istius criminis ad accusandũ alios eiusdem reos admittantur, impunitate accusatori promissa atq; præstita, si ipsum pœnituerit & Satanæ renuntiauerit. Hæc Ioannis Durandi Iurecoss. sua ætate præstantissimi [a] opinio in tit. de accusation. qui hoc priuilegium consortibus Magicę ar-

[a] *in speculo.*

tis irrogandum putat: quamuis communi iure non possint consortes accusare. Nisi illud forte legis Tulliæ de ambitu adducitur, competitoribus prærogatiuam eamdem tribui, si ad honores consequendos alter corruptionis alterum euicerit, cuius rei pretium dabatur victori, impunitas, & competitoris status qui cecidisset causa. Licet autē fuerit comprehēsus antequàm accusatus Magus, semper tamen & impunitas promittenda, & pœna eorum minuenda est qui sine quæstionis tormento fatebuntur & affines criminis accusabunt: quæ ratio certa & expedita est vt innotescant alij. Nihil enim tantopere veram criminis confessionem impedit quàm metus mortis: quod in hac causa manifestò vidimus, quando Rex Carolus ix. Triscalano morti ob res magicas addicto veniam hac lege dedit, vt consortes criminis accusaret, quorum (vt antè diximus) infinitum numerum indicauit. Quòd si hęc via non successerit, Sagarum puellas opus est comprehendi. Etenim non raro compertum est illas à matribus informatas & in conuentus fuisse perductas: itaq; tenella adhuc ętate facilè persuaderi poterunt & promissione erigi impunitatis, quam ab ætate & matrum sollicitatione ipsis iustum sit exòrari: sic homines, tempus, locū frequentatum conuentibus, & res quæ illic geruntur indicabunt. Hac via Boninus Castelli russi prę fectus resciuit omnia quæ gesta fuerant, ex puella adolescentula quam mater seduxerat: & apud Potezanos Lognianæ Sagæ (quarum anteà meminimus

nimus) puellæ operâ delatæ funt. Quòd fi rem ex veritate coram multis dubitabunt proloqui, Iudicis officium eſt vt duos aut tres certos homines poſt aulæum ſtare iubeat, qui dicta auribus non ſcripto excipiant, vt decerptæ confeſsiones deinde mandentur ſcriptis. Sed quia res grauis Iudicibus illis futura eſt qui nunquam de Sagis cognouerint, qui eas non viderint, qui nunquam earum cauſam tenuerint: debet Iudex ſimulatque potuerit prima occaſione interrogare Sagã: quod ad omnia crimina eſt inprimis vtile, in hoc pernecessarium. Hoc enim ſemper compertum eſt, ſentire Sagam cum primùm prehenſa fuerit ſe à ſatana deſcri, velut attonitam animo conſternari, ac tum fateri vltrò quod nulla vis vnquam quæſtioue expreſſerit: ſin autem aliquandiu in vinculis ſinitur torpeſcere, non eſſe dubium quin eam Satanas informaturus ſit. Quamobrem initia duci oportet à rebus leuioribus atque ridiculis, vt ſunt agyrmata, idq́ue ſine actuario, & diſsimulari cautè iudicij conſtituendi ſtudium (quod iſtis mulieribus allubeſcit maximè) denique ſenſim ad quæſtionem prolabi de parentibus, an artem iſtam coluerint. Sic de matre Ioannæ Haruilleriæ diligenter inquirendum eſſe iudicaui, cuius hiſtoriam ſuprà explicauimus: & certo homine Verberium in natalem vicum illius miſſo, compertum eſt matrem ante annos xxx. fuiſſe adiudicatam igni, filiam verò Ioannam adoleſcentulam ad flagra damnatam: Id enim eſt frequentiſsi-

S ij

mum filius à matribus seduci, & dicari Satanæ, id, que sæpe cum primùm natę sunt. Sic Ioannæ Haruilleriæ filia, quę effugit vt matrem prehensam vidit, eiusdem criminis posteà comperta est: Barbaræ item Doreæ filiæ statim effugerunt, cùm mater fuisset capta artium magicarum nomine, nulla accusatione, aut quæstiõe pressę: Magus autem quidam familiaritatem cum Dorea colens, pòst in iudicio dixit totum genus teneri isto crimine. Secundum caput esto de patria Sagę, & annon solũ verterit. De Sagis enim ferê comperies eas de loco in locum, de pago in pagum migrare, nisi bona certo in loco remorentur ipsas: quod retectæ solent facere metuentes ab accusatione. Cognoscenda itaque est occasio cur sedem mutauerint, & oculi studiosè in vultum earum configẽdi (non enim gẽs ista homines audent in os aspicere) omnes deniqʒ actiones, gestus, & sermones in acta diligẽtissimè inserendi. Exploratum autem illud est, nunquam lachrymari Sagas: presumptio validissima, quia fœmina tempestiuè & intempestiuè lachrymas & suspiria iaculatur. Paulus verò Grillãdus & Sprangerus Quæsitores scribunt se ne à Saga quidem vnica potuisse lachrymas exprimere. Dicta quoqʒ variãtia optimè animaduerti opus est, & per interualla easdem quæstiones subinde proponi. Necessarium etiam videtur illud, vt de criminibus singulis, si fieri potest, vno tenore inquiratur, ne eas deinde Satanas à vero dicendo auocet. Optimè itaqʒ Danæus in dialogo nunquam esse ferendum

scribit

scribit vt Saga in vinculis sit solitaria, quia sermonem habet cum diabolo, qui aut à dicēdo vero abducit eā, aut à rebus confessis iubet discedere, eámque semper non esse morituram pollicetur, vnde
multa accedunt incommoda: fuerunt enim quæ
putantes se in carcere (vt extra carcerem fecerant)
volaturas esse, sibi ipsi ceruices diffregerunt. Ex
D. Adamo Martino Procuratore Laoduni audiui Biebranam Sagam (quam adiudicauit & affici
curauit morte) sibi dixisse vt ad mortem damnata esset, & fore vt concremaretur viua: quod nemo præterquàm Satanas ipsi indixerat. Hoc enim
Iudices maximè sunt admirati, quòd eam strangu-
lationi primùm, deinde igni iudicio ipsorū addi-
ctam carnifex viuam concremauit, quia sententiā
ritè nō potuerat exequi. Sunt etiam quas post hāc
vitam Satanas fore beatas pollicetur, itaq; efficit
vt non pœniteat ipsas, sed in suo scelere obstinatæ
moriantur. Sunt quę sibi violentas manus afferūt
postquam damnatæ sunt, vt persępe accidit: sunt
quę res in quæstione equuleóue confessas perne-
gant, suosq; Iudices in eas cogūt angustias vt probatione competente defecti cogantur carcere eas
eximere. Sin autem infitietur is qui sine tormento
scelera confessus est, eum nihilominus oportet dānari, si confessionem præsumptiones aliæ indicia-
que adiuuerint. Sed quandoquidem aduersus inimicos scelera sua exercent Magi, diligenter perue-
stigandus est an is qui occisus aut fascinatus præ-
sumitur odium contra Sagam suspectam gesserit,

S iij

singulaq́; ex Saga capita inimicitiarum inquirenda
sedulò. Prętcrea vt ab accusatis aut suspectis Sagis
exprimat veritas, Iudices oportet commiserantiũ
speciem induere, nõ ipsas dicere, sed diabolum autorem esse & compulisse vt nęcem hominib. quę-
rerent, proinde ipsas videri innocentes. Quòd si
nihil fateantur Magi, tum mutãdæ vestes & pilus
omnis radendus est : ita ad interrogationẽ venien
dum : Sin probationis aliquid, aut violentæ præsumptiões habebunt, adhibẽdus equuleus. Nam
inter omneis cõuenit Magis pharmaca taciturni-
tatis esse: & quauis diabolus eos cõfirmet solus &
animos addat, isti tamen amisso pharmaco quæstionem à se ferri non posse putant, qua desperat-
tione plurim̃ ad dicendam veritatẽ sine tormẽ-
to adducũtur. Sic Inquisitorẽ Cumanum legimus
in Varniserano agro finium Mediolanensium, v-
nam & 40 Sagas anno M. CCCC. LXXXV. ad
ignem damnauisse, quæ omnes sine quęstione fue
rant confessæ abraso pilo & mutatis vestibus : q̃d
olim Domitianus Imperator Apollonio Tyaneo
Mago fecisse apud Philostratũ Lemniũ legit, eum
nudari planè & abradi iubens: nã inquisitor Sprãgerus ait si Magus penes se silẽtij sortẽ habuerit, eũ
ad tormẽta nihil doloris experturũ, nec veritatem
confessurũ vnquã. Huc pertinet quod Gregorius
Turonensis scribit Mummonẽ magnũ præfectũ
prætorio (de quo antè diximus) in tortura versantem iussisse nũtiari Childeberto Regi se omnis do
loris expertẽ esse; tunc mandasse Regẽ vt distẽ-
dere-

retur trochleis, & aculeis inter vngues pedum manuū́q́ pofitis ita in diuersū traheret̄ vt defetifceret̄ ex labore carnifices, quod genus quæftionis omnium valentifsimū apud Turcos obferuat̄: Nō em̄ difrumpunt̄ mēbra, fed nullo negotio ob dolores grauifsimos citò extorquetur veritas. Paulus Grillandus in tractatu de quæftionib. q. 4. num. 14. & Hippolytus Marfilius fcribūt fæpe fortē filētij in Magorū crinib. inuentā effe, qui alioqui in tormētis dormire, velut expertes om̄is doloris videbāt̄: itacǫ Paulus Grillandus, qui multos viderat, monitus eft vt diceret, Domine labia mea aperies, &c. fic dolores fentiri & veritatē pronūtiari: quod ego quidem nō effem facturus, nec rei veritatē perquifiturus carmine. Antequàm aūt ad quæftionē veniatur, fic oportet agi tancǫ fi magnus inftrumentorum numerꝰ & funiū præparet̄ & tortores ferui inftituāt̄, eacǫ ratiōe Magos aliquātifper terrefacere. Expedit etiā fi antecǫ reus introducat̄ in torturę locū, fubornet̄ aliqs qui horribili exclamet voce tancǫ fi in tormēto effet, tum reo dicat̄ hominē torqueri, & à cōfternato hac via exprimat̄ veritas. Iudicē videre memini tā atroce vtentē vultu & laqueum voce adeò terribili minitante nifi proderet̄ veritas, vt reos grauifsimè ita pcelleret, animocǫ abiecto omnia fateri compelleret. Hæc ratio aduerfus meticulofos, non autem præfractos vtilis futura eft. Exploratores etiā verfutos prudētescǫ fubmitti opus eft, qui fe ex eadem caufa contineri dicant carcere ex qua Magus fuit comprehenfus, vt

veri-

veritatem hoc modo eruant: sin fateri abnuat, vtile erit persuaderi ipsum à socijs criminis accusatū esse, licet nihil tale fuerit cogitatū: sic fortasse vlcicēdi animo par pari referet. Hęc omnia licet diuino & humano iure: quicquid August. in lib. de mendacio & Aquinas sentiant ab octo mendacij generib. quę exponūt copiosè[a], abstinēdum esse. Has opiniones nō amplectūt Iudices[b]: & Ægypti quoque obstetrices meretricemq̀ Rachabā legimus eo q̀ mentitæ essent mercedē à Deo accepisse. Nā cōtrà quidā ob enuntiatā veritatē digni sunt laqueo, vt si peruestigāti & sciscitāti grassatori indicabit innocens. Quod aūt Canonistę negāt Abrahamū vxori autorē fuisse mētiendi vt cędem ipsius auerteret, sed tantū hoc voluisse vt reticeret verum, friuolæ excusatiōis est: mentiri ēm (vt ait Nigidius Figulus) est cōtra mentē ire, & q̀squis alius dicit q̀ cogitat hūc mentiri cōstat, q̀d fecit Abrahā, Isaac, Sara, & alij innumerabiles. Quas ob res fateamur istud necesse est, bonū esse, laudabile & necessariū, si ad seruandā hominis innocētis vitā mētiare, dānandū si veritatē dixeris vt gladio exponat. Itaq̀ Plato & Xenophon magistratib. permiserūt vt ad Reipub. administrationē sic mendacia p̀ferant vt erga ægrotos & puerulos adhibentur. Sic ergo in iure faciendum, vt occultorū scelerum peruestiget veritas. Ex oīnibus autē scelerib. quæ in orbe terrarum extant nullū insignius esse aut detestabilius maleficio antè ostēdimus. Dicamus ergo de probationibus ad euincenda hęc scelera necessarijs.

[a] *cap. omne genus & ca. siquis ad te. dist. 22. q. 2. & c. quæritur eod.*
[b] *Can. vtilem. 22. q. 2.*

DE

De probationibus ad euincendum crimen Magia necessarijs. Cap. II.

PRobationum ex quibus legitimum est iudicia ferri, tres necessariæ planè dici & indubitatæ possunt: prima est veritas notorij & permanentis facti: secunda confessio eius voluntaria qui reus factus atq; peractus est: tertia certorum testium firmorumq; testimonium. Nam rumores publici, vi extorta confessio, præsumptiones iuris, & si qua sunt eiusmodi, sunt quidem hæ præsumptiones aliæ alijs grauiores, non indubitatæ probationes appellandæ. Ac veritas quidem notorij & permanentis facti omnium est euidentissima [a], Nam est quidem notitia euidens facti, est notitia iuris, est etiam præsumptionis violentæ: sed euidens notitia permanentis facti solùm ac propriè omniū est valentissima, omneis totius orbis testes, & voluntarias reorum confessiones superans. Verbi gratia, si testes quinquaginta exhibeantur Iudici, qui omnes vno ore pro testimonio dicant facto illius qui accusatur homicidij Petrum mortuum & fascinatum esse, Petrus verò coram Iudice viuus & incolumis compareat: tum nullam testium testimoniorumq; habebit rationem Iudex, licet reus non infirmauerit eos, sed eorum dicto sese permiserit: nam hi ex iure infirmantur, quod ius tenetur supplere Iudicis autoritas. Similiter plus valet hæc probatio quàm voluntaria ipsa accusati hominis in iure

[a] Bald. in l. De nobis. de episc. & cler. C. coll. 3. per cap. quod aūt. 27. q. & in no. c. proposui Ri. de probat.

T

confessio. Exemplum esto ex Valerij Maximi lib. viij. seruus vltro confessus hominem qui aberat à se fuisse interfectum, supplicio vltimo affectus est: ille verò posteà domum redijt incolumis. Ideóque Piso Consul non leuem subijt permagnæ crudelitatis notam seueritatis militaris specie. Nam cùm militem in castra sine contubernali reuertentem vt cędis illius reum adiudicauisset morti, quamuis eum sequi & mox venturum esse miles exponeret, Centurioni Proconsul mandat, vt eum damnatum necet. Cùm iam propè esset vt plecteretur morte, contubernalis aduenit incolumis. Tum Certurio à sententiæ executione supersedens vtrumq; militem sistit Proconsuli: hic autem indignè ferēs quòd adeò temere hominem ad mortem damnasset, simul enecari iussit & Centurionem eò quòd non paruisset, & damnatum militem quòd esset damnatus, & militem alterum quòd neci vtriusq; causam attulisset: ita ob vnius innocentiam tres viri damnati & trucidati sunt, vt narrat Seneca[d]. Standum igitur est veritati permanentis facti, quam videt, agnoscit, tāgit, aut percipit vno è sensibus Iudex[b]. Etenim hæc probatio nec edictis, nec sententia, nec consuetudine excluditur[c]: & quamuis nemo ad probationes afferendas admittatur postquàm commissa est iudicio publico inquisitio, huic tamē probationi locus est quæ facto

[a] *in lib. de ira.*
[b] *l. si irrupti. §. ad officiū. fini. regund. ff. Bal. in l.1. si aduers. libert. & in l. penult. fin. de peric. tut. C.*
[c] *Bal. in l. cōtra negantem, ad l. Aqu. C. & rub. de prob. C. Barbatia in c. euidētia, de accusat. excu. & in c. 1. de officio ordinarij, & cōs. 7. lib. coll. 4. Alexan. in l. cū qui §. vlt. col. pen. lib. 4. & cons. de iureiur. & cons. 116. fine li. 1. & cons. 186. coll. 4. lib. 2. & cons. 137. col. 4. 63. col. pen. lib. 4. Cursius Senior in repet. l. admonendi. coll. 89. de iureiurando. Carol. Ruinus consil. 138. lib. 5.*

perma-

LIB. IV. CAP. II.

permanente nititur, vt doctores aiunt^a, Quòd si edicto aut consuetudine vlla cauebitur ne qua admittatur exceptio, omnino tamen accipienda ac non repudianda est euidentis facti exceptio, vt ait glossa in l.1. §. hoc interdictum, verbo imperfectum, de tabul. exhib. ff. & Baldus in l. ex prædijs, de euictionibus C. Multo magis igitur in causis criminalibus, in quibus probationes nunquam excluduntur, semper accipietur euidētis facti probatio. Si ergo penes Sagam venena aut sortilegia fuerint deprehensa, si in conclaui aut cista illius, si limē effodiens stabuli, si venena submittēs videbit̄, si ea submissa, si pecudes mortuæ cōperient, factū in hac causa euidēs & permanēs dici potest: Itē si ea q̄ Saga dicit̄ reperit̄ instructa bufonibus, hostijs, membris humanis, imaginib. cereis quæ acubus transfixæ sint, ea in hoc crimine facta sunt permanentia: Si deprehendat̄ Saga suspectaue sortilegij infantē occidēs (vt quædā nō furiosa Saga die 2. Febr. M. D. LXXVII. Coparis duas puellas iugulans fuit deprehēsa)hoc factū dici potest euidens ad conuincendā Sagam cū furore vacet, quāuis non fateat̄(quod illa fecit)se eò furoris à diabolo perductā esse:nihil. n. Sagæ tam habent in more quàm infantū cædes. Illi fuit Catharinæ Areæ nomen. Si audiet̄ Saga inimico incolumi minitās, si tangens animaduertet̄, & ille repentè mortuus cō cidat, aut afficiat̄ elephantiasi, membrorū distortione, apoplexia, subitoue mōrbo, vt cōplurib. exemplis antè ostēdimus, euidēs factū est & pmanēs,

ᵃBaldus in l. si quis testibus, ad fin. de testib. C. & ibidem Salicet. coll. vlt. de testib. c. Roma. in repet. l. si verò. §. de viro. solu. matr. ff. Stephanus Bertrandi cōs. 337. de arbitrijs col. 9. Alex. cōs. 63. l. 3. Iason. cons. 21. coll. 2. lib. 1.

T ij

quando rumor de arte illius in vulgus manauerit. Si Iudex sortē fascinumq́ per Sagam diabolo voce clara supplicantē viderit eximi, factū euidens & notorium est: quod si Iudice præsente gestū est, is sine alia quæstione ad condemnationē mortis tenetur procedere: sin eo absente, sed corā testibus, recognitis ille testimonijs debet cū insitiante Saga testes cōmittere. Si instrumētū obligatiōis mutuiq́ inter Magum & diabolū pacti ab eo subsignatum reperiat in scrimnio eius (vt antè annotauimus) factū est permanēs, cùm manū suā agnoscit Magus. Hęc ergo euidētissima est firmissimaq́ p̄batio, quæ veritatē ἐκ τ͂ ἀιοθητ͂ perquisitā oculis exhibet[a]. Illud etiā euidētis facti exemplū afferri potest, si cū diabolo Saga sermonē habet, & ille quāuis nō cernat respōdeat, non em̄ auditus incertior visu, sed longè certior est, ac eo quidē certior quòd minus auditus fallit, visus frequētissimè. Euidens quoq́ factū est, si cubili domoq́ Saga momento aberit forib. occlusis, que vesperi incubuerat lecto suo, ac posteà in idē cubile reuertat, cuius rei satis multa exempla suprà congessimus. In omnibus istis factis euidentibus & consimilibus quæ sunt Iudici exposita, Iudex pro varietate facti iudicium ferre condemnationis potest (vt posteà demonstrabimus) quamuis omnia insitiante Saga: quanto magis si cum euidente facto confessio Magi cōcurrerit? eoq́ amplius si testimonia ἀπαρά-ϳιτα habebuntur? Euidens item certaq́ probatio est, si Magus oculos fascinat incātat'ue carmine: q̄

lex

[a] *l. si irruptiōe.*
§. ad officium.
fin. regund.
ff. Bald. in l. si
quis testibus,
de testib. C. &
in l. 1. si aduer.
lib. Azo in sum
ma ad l. Aquil.
C. Alex. in l. eū
qui. §. vlt. coll.
penult. de iure-
iur. & consil.
116. lib. 1. &
cons. 186. lib.
2. & cons. 35. l.
4. & cons. 39.
lib. 9. Carolus
Ruinus cōs. 138.
lib. 5.

LIB. IV. CAP. II. 333

lex Dei verbis expresſis notauit dicens[a], quæ præ-stigias oculis fecerit plectatur morte, & vtens propria voce *Mecaſpha*. Hanc enim probationem lege definit Deus tanquam certiſsimam, qua pacti cum Satana expreſsi Magus abundè conuinci poſsit. Ac proinde ſi quis homines, pecora, fruges incantauerit, in aerem aſcenderit, cani ſermonem indiderit, exectis membris ſanguinem eiecerit eademq́; denuò adunauerit, euidens probatio eſt. Secundus claræ & certæ probationis modus eſt, ſi complures teſtes ἀξιόπιϛοι res quidem αἰσθητὰς ex ſenſibus, quæ verò in ſenſus non cadunt ex certis argumentationibus rationibusq́; pro teſtimonio dixerint. Notorij enim facti euidentiam oportet Iudicibus alijsq́; præſentibus apparere, neq́; Iudici aut alijs ſolùm eam apparere ſatis eſt:[b] probatio autem ἀπαραιτήτως teſtium in tranſeuntibus actionibus, ex facto permanente notoria non eſt. Exempli cauſa, ſi teſtes dixerint Sagam à ſe fuiſſe viſam vnum pluráve Necromantiæ acta committẽtem, aut inuocantem Satanam, aut ratione occulta diſcedentem & redeuntem foribus obditis, hæ tranſeuntes ſunt actiones quibus haud ſæpe Iudices poſſunt adſiſtere. Eo autem firmior probatio futura eſt, ſi teſtes actiones complures teſtificati, de tempore, loco, hominibus, & alijs circumſtantijs conſenſerint, qui Doctoribus Conteſtes appellantur[c]: firmior etiam, ſi coram iudice & alijs diabolum Saga inuocauerit, quæ notoria eſt probatio facti & validiſsima vt ad condemnationem procedatur:

[a] *Exod. 22.*

[b] *l. reſcripto. §. ſi quis accuſatoré. de muncrib. & honor. ff.*

[c] *Bald. in l. ſuper. col. 5. de bono. poſſe. Inno. c. qualiter, de accuſ. Decius in l. quæ extrinſecus de verb. oblig. Alex. conſ. 47. lib. 2. num. 6.*

T iij

harum verò omniũ probatio est certissima, si cũ accusatæ confessione sermoni testiũ conuenerit [a]. Quamquam nihilominus certa est probatio hæc, si eas res quas antè diximus aut cõsimiles alias Saga infitiabitur. Non enim satis futurum esset, si testes cõplures dicerent post aliquod tempus quàm rea inimico interminata fuerat eum morbo correptum esse: hæc demum foret præsumptio iuuandis probatiõibus, quandoquidẽ siquis illicò mortuus conciderit postquam à Saga minis tactúve exceptus est, Iudices Sagam damnare dubitant, nisi qua alia probatio, præsumptio, aut confessio accesserit. Equidem in hoc casu ad alias corporales pœnas damnare ausim, ad mortem minimè: nam communi omnium populorum consensu receptũ est prout fuerint probationes ita grauari aut leuari pœnas oportere, & antiquatam esse maiorum formam reum absoluentium, nisi clara planè integráque extaret probatio [b]. Sed de pœnis posteà dicturi sumus. Quod autem complures testes ἀξιόπιϛυς dixi, Lex duos minimùm postulat [c]. Certè in tam detestandis rebus, & quę noctu in antris & locis abditis perpetrantur, iniquè magnum testiũ numerum desyderaueris. Quid ergo si tres testes tria diuersa facta pro testimonio dixerint? puta si hic dixerit se vidisse Magum sub limen ianuæ aut in compito fodientem (nam in hæc ferè loca iaciuntur sortes) deinde homines aut pecora moriantur, alter quemdam à Mago eodem tactum subitò morte oppressum esse, tertius vicinum elanguisse

[a] Cornæus cons. 149. lib. 2. 2. q. 1. c. prohibentur. cap. peruenit. cap. consuluit. cap. cũ speciali. de appel. l. qui sententiã. de pœnis C.

[b] l. qui accusare. de accus. C. l. si autem. de probat. ff.
[c] l. vbi numerus. de testib. ff.

LIB. IV. CAP. II.

guisse, ex quo idem fuerat comminatus. Ego tres istos ἀξιοπίστους testes adiuncta aliqua præsumptione alia satis esse iudico ad ferendam mortis sententiam: nec etsi horum singularia sunt de singulis factis testimonia, vniuersè tamen in sortilegij crimine consentiunt: inter Doctores autem conuenit[a] probationem istam sufficere in occultis criminibus, vt sunt concussio, grassatio, fœnus, adulterium, adeóq̃ sortilegia, & alia crimina, quæ semper q̃ad eius fieri potest clanculùm perpetrantur. Quòd si in hoc genere ad probandum fœnus, concussionem, aut adulterium tres testes dicuntur sufficere, quanto æquius est ijs haberi satis ad probandum scelus turpissimum, & omnium quæ excogitari vnquam potuerint criminum occultissimum? Neque hęc solùm probatio sufficit ex Doctorum omnium consensu, verumetiam Bartolus amplius asserit: nam in criminibus adeò abstrusis præsumptionem & coniecturalem probationem iudicat sufficere, quam in sententiã alij quoq̃ descenderunt. Atque hoc quidem ad iudicium mortis ferendũ non esset satis, sed ad quaslibet alias pœnas excepta morte irrogandas sufficeret. In hac opinione sunt non modo iuris ciuilis Doctores, sed etiam Canonici, & ipse Innocentius quartus iuris inter Papas consultissimus[b]. Huius autem sententiæ manifesta est ratio, quia de vniuerso capite & generali crimine inter testes omnino conuenit: quod itaque in hac causa singulare est alterum ab altero non euertitur,

nec

[a] Accurs. in l. ob carmen. §. vlt. de test. Specula. de inquisitio. §. 1. Iacob. Butrigarius in l. Arriani. de hære. C. Baldus. in l. actor. de probat. C. & in l. 1. de testa. Doc. in l. inter pares. de re iudic. ff. Alex. lib. 7. cons. 13. num. 24. & cos. 72. li. 19. in l. de pupillo. §. si quis ipsi. de ope. no. nun. q. 8. Alex. in d. §. si quis ipsi. n. 22. & Ias. nu. 10. & Bart. in l. si quis ex argentarijs, §. an verò. num. 3. de eden. & ibi Ias. sub §. prætor. n. 18. Alex. cos. 89. visa, per totũ lib. 2. Dec. cons. 577. viso. nu. 12. Soci. cons. 32. Hippol. cos. 61. post reditũ. nu. 31.

[b] Inno. in c. qualiter. de accusa. Immo. in c. cum oporteat. de accusationib.

nec obest alterum alteri, sed probationem adiuuat & firmiorem facit. Hoc probationis genus singularitatem adminiculatiuam vocauit Baldus [a], plurimùm differentem à singularitate contradictoria & sibi ipsi repugnāte quam obstatiuam nominat, cùm videlicet testis vnus probationem euertit alterius loco, tempore, similibusve circumstātijs ab eo disfidens: tum enim probatio est insufficiens, maximè vbi vita pœnaue corporalis agit, quo in genere firmior probatio opus est quàm in causis ciuilibus. Quamobrem in causis criminalibus iusiurandum non admittitur, quo tamen in ciuilibus suppletur probatio minoribusq́ litibus: & consimiliter repudiatur conuentio qua se testis vnius dicto permittit reus, quoties de honore aut vita iudicium oportet fieri, quod in ciuili tamen controuersia ex partium consensu frequentatur [b]. Cùm itaq imperfecta vna probatio dicitur cum altera imperfecta cōiungi non posse [c], id de probationibus, testibus, præsumptionibus, aut criminibus differentibus intelligat necesse est: veluti si testis vnus de homicidio, alter de adulterio, tertius de furto dixerit, hæc hominē quidem scelerosum esse probant, adulterum verò, homicidam, aut furem non ita probāt vt corporalem pœnam ex eis imperes. Nam neq́ lex Dei testimonium vnius satis esse voluit vt iudicio condemnetur reus [d], neq́ ciuilia iura ex ea pecuniariam condemnationem vel minimā fieri permittunt. Hac in re Doctores omnes tam ciuilis iuris quàm Canonici consentiunt, quacunque

[a] Bal. rubric. de controu. inuestitura. de vsibus feud. & in authen. rogati. C. de testib. & in l. de quibus. coll. antepen. Curt. in tract. de test. conclu. 46.

[b] Bar. in l. Theopompus de dote præleg. fin. Roma. & Alex. in l. 1. §. vlt. de verbo. obl. Bald in l. Iudices. de sentent. & interlo. C. Felin. in c. veniens. de testib. Ias. in l. iureiurandū, princip. de iureiur. ff.

[c] Panor. in c. penul. de prob. Alex. cons. 94. l. 7. m. 3. Dec. in c. vlt. de succes. ab intest.

[d] Deut. 17.

que dignitate, sanctimonia, & existimatione testis ille fuerit. ᵃEt quauis Ioannes Andreas & Doctor Alexander putauerint bonum testem & ἀξιόπιστον satis esse vt ad quæstionem rapiatur reus ᵇ, nemo tamen illis suffragatus est, idꝗ Rex Lodouicus xij. expresso edicto in hoc regno fieri vetuit. Satis quidem futurum illud est vt in omnib. alijs criminib. reo exhibeatur quæstio, aut si qua præsumptio ad testẽ fidem dignum accesserit, vt applicet̃ in ijs causis quarum pœna capite aut corpore luenda est: In hoc aũt horrendo & tam abstruso crimine, opinionem Alexandri & Ioãnis Andreæ sequendã censeo, vt ad quæstionẽ rapiat̃ reus sufficere vnius testimoniũ viri boni fide digni, cui nulla mali suspicio hæreat, ꝙ testimoniũ nitat̃ aut ratiõe certa aut sensibus. Viri boni appellatione nõ eos solùm accipio aduersus quos nihil adduci põt, & qui à Doctorib. omni exceptione maiores appellantur, sed eos etiã qui nullius infamiæ fuerunt damnati ᶜ: non autem eos qui ex homicidij, incestus, adulterij causa infirmati fuerint, aut aliorũ criminum comperti quæ infamia ex facto appellant̃. Verũtamen horũ testimoniũ alijs coniunctũ non est inutile ᵈ, prout in hoc regno obseruat̃: omissa istius infamię ex facto ratione, itemꝗ Canonũ qui hanc infirmandorum testiũ viam iniri iubent ᵉ: ꝙ certè non oportet fieri. Nã si exceptiones contra indemnatos testes à reis adductę admitterent̃, opus esset cognosci de singulis testib. in obiectis causis, itaꝗ improbi elaberentur, & viri boni persæpe calumnias subituri

ᵃ l. vbi numerus de testib. Doct.
ᵇ Ioan. Andr. in addit. ad Spec. tit. de præsum. §. species. versu violenta. Alex. cons. 77. libr. 1. num. 1.

ᶜ ex l. infamen. de publ. iudi. ff.

ᵈ l. Lucius. de ijs qui notan. infamia ff.
ᵉ Glos. & Pan. in c. sup. eod. 1. de testib. Felin. ibid.

V

essent. Quinetiā quamuis sit cōpertus testis, conuictus & damnatus non verbalis iniuriæ q̃ ex Canonico iure[a] (quod in hac causa obseruatur) non affert infamiā, sed publici criminis infamiam importantis: vtut ex lege infamis habeat[b], damnatus tn̄ & infamis testis ad testimoniū dicendum admittitur, si est prouocatio, necq̃ pendēte iudicio (ait lex) [c] ac non confirmato eam ob causam refelli potest. Verutamen reum nō debet Iudex quæstioni subijcere ob testimoniū viri infamis ex facto, licet non cōdemnati in iure, nisi hic testis aut alijs testib. aut præsumptionib. violētis adiuuet: alioquin vltimā de teste reiecto sententiā opus est expectari[d]. Qd̄ si quis dixerit à Iurecōsulto testimoniū mulieris q̃ accusata fuerit adulterij quauis absolutę, damnari: Puto notam obesse, ait Iurecos. idq̃ de mulieribus, quib. semper minus q̃ viris creditur[e]. Itaq̃ ex Venetiarum legib. an. 1524. latis & ex totius Orientis iure binę mulieres vnius viri, & quaternæ duorū æquant testimoniū, & Rom. legibus ad rem testamentariā aut corporalē obligationem muliere nō licet adhiberi testē[f]. Quinetiam ex iure Canonico mulieres in causis criminalib. testari non possunt, ob imbecillitatē & fragilitatem sexus[g]. At cùm Iurecoss. & Imperatores animaduerterent maxima quæcq̃ scelera impune abitura nisi his testimonijs daret locus, sapientissimè prospexerūt vt de crimine omnes homines testimoniū ferre possint[h], idq̃ ratione euidentissima: nam in legitimis quidē actionib. quos velimus testes prōptum est adhibere,

in cri-

[a] c. cū te. de senten. & re iud.
[b] l. 1. de ijs qui not. infam. ff.

[c] l. furti. de ijs q̃ not. infam. ff.

[d] Iacob. Butrig. Bar. & Cuneus in l. furti. de ijs qui not. infam. vult valere testimoniū etiam si sententia confirmata sit, q̃a non debet negligentia accusantis obesse procedēti.
[e] l. palā. §. quæ. de rit. nupt. ff.
[f] l. qui testamēto. §. mulier. de testament. ff. & c. foras. de ver. signif. & can. mulier. 32. q. 5.
[h] l. ex eo. de testam. ff. Nouel. Leonis Philosophi 48.

LIB. IV. CAP. II.

in criminalib. verò quoscunq; possumus. Quaobrem tũ in hoc regno, tum in optima quaq; Repub. in hoc argumento negligunt Canones, & ius ciuile obtinet. In hac certè causa opus est mulierib. haberi fidẽ, quamuis sint infames ex facto, vt loquũt Doctores nostri, aut etiã ignominiosę (vt Iurecos. & Latini autores aiũt[a]) cuiusmodi mulier impudica est. Iurecoss. n. mulierũ adhibent testimoniũ, ne impunita maneãt crimina, q̃ ratio (ait Iurecos.) maxima est & consideratione digna[b]. Ex hac igit̃ adeoq; grauiore causa hoĩes ex facto & iure infames ad testimoniũ contra Magos dicendũ oportet adhiberi, modò plures cũ indicijs concurrerint: alioq nulla spes est execrandã istam impietatẽ pœnas luiturã vnq;. Omnib. aũt notũ est[c] & à iudicib. optimè obseruatũ, ex alijs grassationis eiusdẽ cædisve conreis probationẽ in alios peti, cũ nõ aliter põt facti inuestigari veritas: necq; solùm in alios qui grassatione similẽ perpetrauerint, vt Petr. Anca. definit[d], sed etiã contra reos eiusdẽ criminis cuius testis conuictus est, maximè si testis in seipsum dixerit. Ita memini cùm D. Geleus Quęsitoris rerum capitalium vices Lutetiæ agens, de sententia Presidialium Iudicum in Castello Parisiensi (id carceri nomẽ est) tres grassatores accusatos & ex sua cõfessione deprædationũ cædiumq; multarũ cõuictos dãnauisset, quartũ ab eis accusatũ esse qui ne ad tormentũ quidẽ voluit quicquã agnoscere, nihilominus iñ ob præsumptiones certas & conreorũ testimonia fuisse damnatũ, affectũ morte, & rotæ impositũ: &

[a] *Festus & Nonius ex Cicero. lib. 4. de Repu. l. infam. §. quæ de ritu nupt. ff.*
[b] *l. cognitionum de varijs & extra. cog. ff.*
[b] *l. ita vulner. ad l. Aquil. ff.*
[c] *Doct. in c. qu. de testib. Butri. Panor. Felin. ibi. Aretin. consil. 61. Glossa in l. vlt. de accus. C.*
[d] *in consil. 24. & sequitur Gramatic. con. num. 15. & 16.*

V ij

quamuis (vt pleriq; faciunt) palàm exponeret se morti immerentem tradi & blasphemo ore nomen Dei assumeret vt suum honorem apud homines tueretur, confessario tamen suo declarauisse tam reum se esse quàm alij fuerint, sed ne indicaret cuiquam rogauisse: cõfessarium verò à iudice posteà accitum rem totam explicasse. Pessimus est mos ille Germaniæ, reum nisi confessum non multari morte, vt mille testibus peractus sit reus: etsi tam violentæ & sæuæ quæstioni deditur, vt membris captus langueat toto vitæ spatio. Quemadmodum autem his probationibus locus est in exceptis solùm ac non alijs criminibus, vt Doctoribus placet[a] (qui ne consortes quidem criminis testes cum præsumptione in alijs satis esse putant vt quæstioni dedatur reus) ita necesse est vt in exceptis criminibus (puta veneni, sortilegij, læsæ maiestatis, & grassationis[b]) testimoniũ ab affinib. eiusdem criminis audiat̃ & sufficienter probare iudicet̃, nisi peremptoria sit exceptio, veluti si eius quem fuisse accusat maleficij participẽ capitalis est inimicus qui dicit testimoniũ. Sed ne illud quidem animaduerti opus est, sit'ne pater aut filius q̃ pro testimonio dicit. Nam in his quidem testimoniũ alterius contra alterũ Lex iubet, excludi ad sanguinis reuerentiã[c], dum alia aguntur crimina, licet testes non extarent alij: hoc verò singulare est, itaque filiæ contra matrem est audiendum testimonium, in hoc maleficio, cùm ex infinitis iudicijs omnino constet filiam à Saga matre in perditionem

[a] gl. & Doct. in l. sīn. de accu. C. & cap. 1. de cõfes. l. quoniã liberi. de testi. C. l. 1. §. diuus. de quæst. Doct. in c. sunt. c. veniēs. ca. personas. de testib. Spec. tit. de teste. §. 1. ver. ite quod est so. Cynus, Petr. Salic. in l. si. de accusat. Alex. cõs. 89. li. 4. & cõs. 169. libr. 2. & conf. 128. lib. 4. Marsil. in practica. crim. §. diligenter. nu. 59. m sing. 209. Decius conf. 130. 175. 189.
[b] glos. in l. si. de accus. C. & in tit. de malefi. C.
[c] l. parentes. de testib. C.

tionem abripi sæpissime. Boninus Præfectus Castelli russi vnam ex triennio viuam cremari iussit quæ filiã in coetus deduxerat, cuius filię opera (vt antè diximus) omnia retecta sunt. Loguianæ item Sagæ in Potezanis per filiam quam mater eodem duxerat fuerunt accusatæ. Quòd si patri & filio in læsæ maiestatis crimine testari licet atcp inter se accusare[a], si præmium ei legibus decernitur qui parētem aggressum salutem patriæ occiderit (prout omnes constituisse lex ait[b]) quare non admitterentur dicturi testimonium alter in alterum in læsæ maiestatis diuinæ crimine, & in eo scelere quod longo interuallo cætera omnia superat? Quapropter in tam horrendo crimine nihil necesse est religiosè hærere quemquam regulis procedendi, aut refellendorum recipiendorúmve testium ordinarijs[c]. Verùm vt religiosæ mentes in hoc iudiciorum genere confirmentur, in Exodo habemus insigne exemplum[d], vbi Moses aureum vitulum à populo factum videns, Qui stant à Domino, inquit, accedant ad me, deinde accedentibus Leuitis imperauit vt arma induerent, & singuli occiderent fratrem ac proximum suum qui se in idololatriam & cultum vituli abiecisset: cùmque illi ad tria hominum millia occidissent, Moses dixit ipsos manum suam Deo consecrauisse vt benedictionem eius acciperēt. Deus itacp elegit eos quibus ius traderet primogenitorum, & prærogatiuam hanc, vt in perpetuũ starent coram Deo, populócp ius dicerent. Ex quib. apparet quantopere

[a] Doct. in d. l. parentes. & in l. quisquis. ad l. Iul. maiest. C.
[b] minimè. de religios. ff.
[c] l. 3. §. lege. de testib.
[d] Exod. 32.

displiceat Deo idolatria, qui ad vlciscendã iniuriam sibi factam noluerit rationem vllam sanguinis haberi & necessitudinis: quamuis non alio consilio (sicut in textu legimus) fecisset populus quã vt Deum qui eduxerat ipsos ex Aegypto adoraret, & aureum vitulum contra interdictum eius ad honorem ei habendum conflauisset. Quanto igitur magis odit Deus diabolũ adorari? Nihil ergo attinet insisti vijs ordinarijs, quæ filij in patrem testimonium, aut patris in filium audiri vetant, cũ ab hoc crimine cætera omnia superentur. Ex iure aũt certum est [a] sicubi aut periculum instat aut vrget necessitas, aut res se offert exorbitans, tum regulis iuris constringi non oportere, sed potiùs legitimè ex iure agi si ordo iuris omittatur, cap. tua nos, & cap. vestra, de cohabitation. clericorum. Itaq; testis qui non citatus sese obtulerit vt contra Magum dicat testimoniũ audiri debet, licet alijs in causis admitti non sit legitimũ. Hic verò solam obiectionem semper excipimus odij capitalis, quod aliũde quã à sortilegiorũ causa processerit. (Quis enim vir bonus inimicos Dei & humani generis non prosequatur odio iustissimo?) quia priuatæ & singulares inimicitiæ alia ex causa susceptæ hominem stimulare possent vt calumniam innocenti obtruderet. Quamuis etiã alijs in causis testis conuinci periurij eoq; refelli possit ac debeat, [b] in hoc tamen crimine cum alijs dicturus admittitur, nisi odio capitali prosequat̃ reũ. Imò cum aduocatus & Procurator ex iure nec possint nec debeant cogi vt

[a] Alex. & Iaſ. in l. de pupillo. §. ſi quis riuos, de oper. no. nũ. & ml. 1. & ibi Decius, de offi. eius cui. ff. & cap. pro necessitate. 1. q. & ca. cũ cessante. de appellat. & in l. quæ propter. de reg. iur. textus in l. casus. et ibi Bal. & Salicet. in l. notabili. C. de testa. vbi propter necessitatẽ dispositio iuris suspenditur. l. filio. §. hi autem. de iniust. rupt. ff. Ang. in l. nemo carcere. de exacto. trib. C.
[b] Bar. in l. post legatum. §. his. de ijs quib. vt indig. Alex. cõ. 72. l. 2. Bal. in l. 3. de testib. & in auth. si dicatur. eo. C. & ibi Salic. Innoc. in c. cùm Ioannes. de re iudic. Panorm. & Felin. in ca. quoties. in ca. de testib.

LIB. IV. CAP. II.

gi vt in clientium suorum causa testimoniū dicāt[a], eos tamē in isto crimine oportet cogi[b]. Hos tamē postulante aduersario cogi posse cùm in ciuilib. causis tū in criminalib. vt de clientiū suorū causa testimonium dicāt, permulti sentiūt. Quinetiā licet à cōreis in criminib. alijs probatio necessaria erui non possit[c], Magi tamē conrei socios eiusdē criminis accusantes aut dicētes in eos testimoniū, maximè verò si plures fuerint, probationē satis firmā afferūt ex qua damnēt rei. Nemo.n. est qui nesciat nō alios quā Magos testari posse vt illi cętib. quos adeūt de nocte interfuerint. Itaq3 Germaniæ Iudices apud Sprangerum legimus ex consortiū testimonio ad condemnationē reorū, licet obstinatè insistient accusati, procedere. Idem scribit Paulus Grillandus de Iudicib. Italiæ: idem omni tēpore in hoc regno factitarūt nostri ad miserū illud vsq3 tēpus quo data est opera ad quorumdā infamia tegeretur qui huius nefarij sceleris tenebātur. Necq3 obstat illud, quòd nemo ad proferendam & reuelandam suam turpitudinem admittitur[d]: hoc enim de ijs oportet accipi qui emolumentū suum ex eo captāt, non aūt de ijs qui contra suū emolumentū veniūt, cùm alij ab alijs accusānt. Quamq3 facti potius est quàm iuris quæstio quicquid est in causa testium vel dici de ea potest, quam fidem ipsis haberi oporteat, & quæ probationes sufficiant aut non sufficiant. Quam in sententiam notari oportet illud Callistrati[e], *Quæ argumenta probandæ cuique rei sufficiant, nullo certo modo satis definiri potest:* & paulo

[a] c. testimoniū. de testib. c. si sacras. dist. 90. Bal. & Salicet. in l. si ex falsis de transactio.
[b] ex l. mandatis. de testib. ff. c. Romana. eo. & ita iudicatū a resto Parisiorum. 1386.
[c] Bart. in l. deferre. §. idē. de iur. fisci. iudicatum Gratianopoli 1454. ca. vlt. de testib. Bald. in l. quoniam liberi. eo. C. & gl. in c. 1. in verbo ad testimoniū. Alex. cons. 120. li. 7. nu. 3. & cons. 69. lib. 2. & cōs. 89. li. 3. nu. 10. Soc. cō. 95. coll. 1. li. 3. textus l. vlt. de accusat. C. Bar. in l. 1. §. si seruū de quæstiō. Alex. cons. 160. lib. 3. nu. 8.
[d] l. cùm profitearis. de reuocand. C. & l. si creditorib. de seruo pign. C.
[e] l. 3. §. quæ de testib. ff.

paulo pòst. *Aliàs numerus testium, aliàs dignitas & atrocitas, aliàs veluti consentiens fama confirmat rei de qua quæritur fidem.* Ac proptereà dicebat Adrianus Cęsar credendum esse testibus, non testimonijs: Iudex enim exercitatus in suo munere, prudēs & cōsyderatus de testimonio iudicium faciet conspecto teste ex vultu, constitutione, & circunstantijs alijs, innumeris. Illud verò ante omnia obseruandum, non perinde cognosci de sortilegij crimine atque de alijs, sed aliam viam extra ordinem teneri oportere ob eas causas quas modò explicauimus. Hactenus de primo & secundo probationis euidentis genere: iam de tertio, quam confessionem diximus esse, videamus.

De voluntaria & coacta Magorum confes-
sione. Cap. III.

PErsæpe Iudices in Sagarum confessionibus animi pependerunt, dubitaueruntq́ue iudicium facere cōmoti miraculis quæ fatentur illę: eo quòd alij quæcunque ab ipsis dicuntur statuunt esse fabulas, alij metuunt vt isti homines acti desperatione nihil procurent quàm mortem, vt malorum suorum exitum. Volenti autem mori, ait lex, non est habenda fides [a]. Sic memini me apud Tertullianum legere, cùm ostiarius quidā Proconsulis Africæ in prætorio clara voce rogauisset an illic Christiani essent quos pœnis de more afficeret, plurimos il-

[a] *l. absentem. de pœnis. l. 2. cum glos. de ijs qui ante sent. mort. stbi consci.*

mos illicò sublata manu dixisse ex eo numero se esse, vt oppetentes mortem martyrium reportarent: Proconsulem verò eos ad mortem paratos animaduertentem sic loquutum esse, Ite proiicite vos in mare quod ante vos est, è montibus domibusq́ vos dare pręcipites, aut arboribus vosipsos suspendite: quærite qui vos condemnet. Iulianū quoq; Cæsarem, cùm fœminam Christianam iuuenem videret cum puero mammæ admoto procurrere ad supplicium martyrij consequendū, vetuisse ne Christiani plecterentur morte: non vt fœminam festinantem ad mactationē seruaret, sed quia illos post mortem ab alijs Christianis in Deorum numerum referri criminabatur. Sunt alij ex Magis qui mortem expetūt non quod honorem sperent, sed quia desperant summoq; dolore cruciantur: atq; hi non sunt audiendi, vtcunq; eos excuset Lex, & Plato honestū iudicet τὸ ἐξάγαγ ἑαυτὸγ & spiritum antequàm extrudatur emittere. Sprangerus autem Sagas se vidisse narrat quæ scelera sua confessæ vltrò orabant iudices vt se morte plecterent, alioqui se sibi ipsis conscituras mortem, quia se à diabolo nisi parerent vexari confirmabant. Qua in specie legi dicenti, in confitentem nullę sunt partes iudicantis[a], &c. locus esse non potest, nec tenetur Iudex istorum hominum voluntati obsequi. Nam opinio est Sagam quam vexat diabolus resipuisse & in via salutis esse: eam itaq; oportet in carcere contineri, institui, & modicis pœnis salutaribusq́ corrigi; sin percipiat̄ nihil ad resipiscentiam,

[a] l. 1. de confessis.

X

tum de condemnatiōe agere, quāuis se Saga morte roget asfici. Quæ autem confessæ resipuerunt antequàm accusarentur, de ijs Iudex non cogniturus est, nisi euidentia sint quę fatebitur homicidia, modò res sine fraude fiat, nec ea quam pœnitet facti accusationem à se effugi non posse prospexerit: vt Magdalena Crucia Cordubensis Abbatissa (cuius antè meminimus) cùm se infamem esse plurimumq́ suspectam animaduerteret, seipsam consortij cum Satana triginta annis habiti accusauit. Est autem duplex confessio, vna voluntaria, coacta altera, siue in iure, siue extra ius facta sit. Ac confessio quidem extra ius aut coram pluribus fit, aut coram vnico, amico, necessario, inimico, aut confessario. Has circumstantias singulas oportet obseruari, non quòd plus in iudicio quàm extra iudiciū vera sit veritas, aut plus coram populo quàm confessario: contrà enim pleriq́ palàm in ijs rebus su cum faciunt pudore aut metu quas confitentur clamculum, vt prædones sæpe videmus quod nunquam in iure dicturi fuerint, id confessarijs exponere. Verumtamē nō est tanti probatio ex confessione extra iudiciū facta quā ex iudiciali, neq́ ex violenta quàm ex voluntaria, & inter voluntarias confessiones plus illa potest quæ antè sit quàm rogetur reus: nam interdum Iudex reum circumuenit, interdum verò instituit & adornat eum, vt cùm adolescentem accusatum parricidij Augustus interrogauit his verbis, Certè non occidisti patrem: interdum facta duo tridue confundit Iudex, dit Iudex, è quibus vnum verum, cætera falsa sunt. Quia in specie Iuriscoss. certant ad factáne singula protendi confessio aut negatio debeat, prout quidam ex eis sentiunt[d]. Certum quidem est (vt agamus Dialecticè) cùm facta singula per disiunctionem, puta *aut*, &c. enuntiantur, si vna pars vera est, licet falsæ sint reliquæ, totum enuntiatum esse verum: cùm verò per copulam *&*, ex vno falso totum falsum esse. Cùm autem ij qui iuri dicundo præsunt in templo æquitatis & veritatis versentur, hominem de factis pluribus sibi cognitis interrogatum oportet alia ab alijs diuidere, & prout veritatem ipse tenuerit hæc confiteri, negare illa. Atque hæc Bartoli[b] & Panormitani[c] sententia Aresto Imperialis Cameræ confirmata[d] contra Comitissam Orientalis Frisiæ, quod Minsingerus Senator refert[e]. Prudentis verò & periti in sua functione est Iudicis, vt facta interrogando diuidat. Neque accipienda est eorum opinio[f], qui Iudicem facta ex accusatoris postulatione habentem cognita putant adijcere posse, ita confessionem exceptum iri vt si extra iudicium fieret: id enim abhorret à ratione, cùm interrogationes acta sint iudiciaria[g], ideóque extet titulus de interrogationibus in iure faciendis. Ipsa etenim partis confessio sine interrogatione facta coram Iudice etsi articulis factorum non comprehenditur, validior tamen est (ait Lex[h]) quàm si interrogatus respondisset: in causis verò criminalibus, ac in primis

[a] Ioan. An. ad Speculat. tit. de litis contestat. parte 2.

[b] in l. 1. §. si stipulati. de verb. obligat. ff.
[c] Panor. in c. 1. de plu. pet.
[d] lib. 2. cap. 55. anno 1554. octobris 27.
[e] l. qui iurasse. §. penult. de in reiur. & ca. ad hoc de testib.
[f] Inno. in c. cū Bert. de re iudic. Alex. in l. cui. de iurisdic. ff.

[g] l. si fine. §. 1. de interrogator. act. ff. c. quoniam contra de probationibus.
[h] l. ordo. de publ. iudic. ff.

sortilegij ordinariam accusationum teneri non oportet viam, quin potius Iudex quibuscunq̃ modis potuerit veritatem debet exprimere. Rei autem accusati responsio aut certa, aut incerta est: quæcunq̃ certa est ea aut affirmatur, aut negatur, aut deniq̃ accusatus quid illud rei sit se nescire dicit. Incerta responsio est[a] cùm per ambages dubiè respōdet reus, se credere vel putare, aut per voces æquiuocas. Sin autem accusatus rem falsam affirmauerit[b] aut veram negauerit[c], non equè reus est atq̃ is qui per ambages responderit. Hic enim responsionē æquiuocam legitimum est pro confessione haberi in damnum ipsius[d], quia vnusquisque factum suum nouit, nec ineptè respondenti in hac causa prodest erroris excusatio[e]. Sed difficilior est quæstio, an accusatū qui nihil respōdet pro confesso haberi oporteat. Si ergo in ciuili causa vir talis extet, non est dubium quin illius damno pro confessis habeantur facta in rebus interrogatorijs & scriptura agnoscenda[f]: aut quando caput hominis agitur, nec sic quidem facta pro confessis tenenda sunt nisi testes accesserint: à quibus si probatio habebitur, accusati hominis silentium effectū confessionis sortietur, vt pro rei conditione ad condemnationem procedatur. Quòd si ad probatiōem vnius testis siluerit, non ita futurum est, sed cum multis & carcere oportet cogi[g]. In eū verò qui magicarum sortium accusatus nihil responderit, Iudex quæstionibus primùm vsurus est pro qualitate personarum, si testem vnum aut præsum-

[a] vt l. sancimus. de iur. delib. §. 1. & l. vlt. de condict. indeb. C.
[b] l. si quis iure. & l. de ætate. de interrogator. act. ff.
[c] l. non alienū. eod.
[d] l. de ætate. §. nihil. eod.
[e] l. 1. §. 1. eod. cap. ab excommunicato. de rescriptis.
[f] d. l. de ætate. §. quibus ex. & l. si is. de sestor. eo. si. ca. si testes. §. item. 4. q. 2. & c. literas de præsum.
[g] l. vnic. si quis ius dic. ff. l. 13. igitur de ventre. insp. ff. d. l. ætate. §. qui tacuit. & c. quoniam. vt lite cōtest.

præsumptiones complures habuerit: si nihil quæstioni admotus dixerit, crimē dimidia ex parte cōfessum est: itaq; prout probationes erunt puniet, vt dicemus posteà. Similiter qui de industria respōsionem obscurat pro confesso habetur[a]: & quamuis responsio eiusmodi non sufficiat ex interpretatione iuris ad probationem criminum corporalē pœnam merentium, nisi testes adsint (quod in clara ac voluntaria confessione non est opus) tamen in tam occulto detestandoq; crimine præsumptionibus alijs coniuncta sufficit. Ac Doctores quidē inter necessarias probationes & indubitatas confessionem retulerunt, vt in ciuilibus causis verum est: sed insignis tamen confessionum est differentia propter locorum, temporum, personarum, criminū circumstātias. Differunt eñ confessio pueri, & viri ætate iusta, sapientis & stulti, maris & fœminæ, amici & inimici, in iudicio & extra iudiciū, iniuriæ & parricidij, in quæstione & sine quæstione: quam varietatem sapiens & consyderatus Iudex tenetur expendere. Neque verò l.1. de confessis, oportet accipi de capitalibus criminibus alijs, nempe confessum pro condemnato haberi[b], nisi de alijs præsumptionibus sufficientibus constet, si nulla probatio (ait lex[c]) religionem indicantis instruat: maximè verò si fiat confessio cùm reus in quæstionem datus aut etiam oblatus est[d], quia cōfessionem ad tormētum factam Lex similem ei cōfirmat esse quæ sit in tormento ipso[e]: quoddam enim tormentum est tormenti metus. In causa au-

[a] Accurs. in l. certum de reb. cre ff. Bart. in l. 1. de rela. C. Bal. in l.1. quomod. & quan. Iudex. C. Cæpola cautel. 123.

[b] l.1.de confes. C. nec reuocabilis est.l. si is.de confes.ff. sed nō in atrocibus. l. 1. §. si quis vltro. de quæstio. ff.

[d] l.1.§. Diuus Seuerus. de quæst.ff. argu. l. ex incendio, & l.padius. de incendio.ff.

[b] l.3.quor. appel. non recip. C.l. item apud. §. adiicit vers. quæstionem de iniur.ff.

[e] l. metum aūt. de eo quod met.ff.

tem sortilegorum qui expressa pactione cum diabolo inita fatentur se conuentibus & sceleribus alijs interfuisse, quæ aliunde quàm ex ipsorum aut consortium confessione possunt innotescere, hæc confessio quæ extra torturam fit vim probationis obtinet[a], si à reo præuento fiat qui in suspicione istius criminis aut existimatione fuerit, etsi non parebit eum homini pecoríve mortem intulisse: nam hoc scelus omni parricidio detestabilius est quod excogitari ab vllo possit. Quòd si dicatur confessionem rei contra naturam (vt loquuntur quidam) excludendam esse[b]. ergo ne impuros quidem Sodomitas peccatum contra naturam confessos plecti oportebit: sin autem contra naturam esse accipiant τὸ ἀδύνατον, id planè falsum est: nòn enim quicquid à natura fieri non potest, illud est ἀδύνατον. Nam eiusmodi sunt omnes actiones intelligentiarum & Dei opera quæ extra naturæ ordinem cernuntur sæpenumero: etiamq́ue morbi omnes epidemici (vt Hippocrates annotat) à Deo procedunt adeóque, vt idem loquitur, nescio quid diuini habent præter cursum ordinemq́ue causarum naturalium, ad quos cæciores talpis sunt medici. Sophisticum ergo illud est, hoc improbè factum à natura est impossibile, impossibile igitur: ac si quis de improbo dicat bonus cantor est, bonus igitur. Iam verò diuina & humana autoritate, vetustatis totius consensu, diuinis & humanis legibus, experientia, iudicijs, conuictionibus, commissis testibus, & confessio-

[a] l. qui sententiam. de pœnis C. Azo in summa de quæstio.

[b] l. confession. l. si cuius. de interrogator. act. ff.

LIB. IV. CAP. III. 351

fessionibus Magos exportari probauimus, eorũque operâ sterilitatem & procellas inferri: est igitur possibile. Cùm itaque lex dicit [a], vt admittat confessio, rem possibilem & veram ea contineri oportere, veram autem nequire esse si est ἀδύνατος, nihil esse ex iure possibile quin à natura idem possit fieri [b], sophistica vtuntur fallacia qui falsam ex eo assumptionem astruunt. Nam maxima illa & admirabilia Dei opera ex natura sunt impossibilia, re tamen vera sunt: spirituum quoque intelligentium facta & quæcunque sunt μὴ τὰ φυσικὰ natura sunt ἀδύνατα, ideóque Methaphysica scitè distinguitur, & re uera differt à Physica naturam solùm explicante. Spirituum igitur dæmonumque facta non sunt reuocanda ad naturalium effectorum legem. Quamquam si ex naturali demonstratione primum mobile momento vno milliarium amplius quīgenta millia dicitur percurrere, æquè profectò spiritus malignus potest Sagæ corpus exportare in ambitum terræ, quæ punctum quoddam est si cum amplissimo cœlo comparetur. Magorum itaque confessionem de exportatiõe possibilem esse verámque affirmamus, & (quod amplius est) homines & pecora à Magis occidi malignorum spirituum ope & inuocatione: vt in Ægypto sub mediam noctem primogenita hominum pecorúmque a diabolo momento vno fuisse occisa è sacra scriptura didicimus. Fuit autem Ægypti regnum (vt Strabo & Plinius consentiũt) latu ducenta milliaria

[a] *l. inde Neratius. ad l. Aquil.ff.c.sin.de cõfes.li. 6.Baldus in l.1. de cõfes. C.*
[b] *l.1. de conditionib. institutionum.ff. & ibi gloss.*

liaria magna, longum quadringēta, omnium quæ sub cœlo fuerunt frequentissimum & opulentissimum. Deus verò, teste Scriptura, noluit vt destructor Satanas populi sui ingrederetur domos. Hoc quidē natura est ἀδύνατον atqui tam verum est quā lucere Solem constat. Etsi Auicenna putat & Algazel spirituū actiones naturales esse atq; à natura possibiles: quæ sententia ferri potest si ea potestate pręditos esse spiritus intelligamus ex permissione Dei, vt ignis vrendi potestatē habet: sed illud (vt antè diximus) de causis naturalib. & ordinarijs nō potest accipi. Verū vt confessionū quas Magi faciunt probationem confirmemus, eas cū aliorum Magorum confessionibus oportet comparari. Etenim diaboli actiones semper sibi & vbicp constant, quemadmodum simia siue tela siue purpura induatur, semper est simia. Itacp Magorum confessiones Germanorum, Italorum, Gallorum, Hispanorum, veterumcp Græcorum & Latinorum similes esse animaduertimus, & Magi plurimùm alij ab alijs accusantur: vt de Lochiano illo diximus, qui accusans vxorem confessus est se illius suasu conuentum Magorū adiuisse, quæ postquàm omnia fuisset confessa igne viua absumpta est: cui persimile factum in Castello heraldino accidit, vbi vir & vxor à tertio quodam magicarum sortium comperto fuerunt accusati. Dicebat vir se Magorum cœtum semel tantùm adiuisse, vt quonam vxor scortatura proficisceretur posset rescisce-re, non iuisse illuc ab eo tempore; fatebatur mulier se

LIB. IV. CAP. III.

lier se ex eorum esse numero, eodemq́; iuisse virum suum. Hic verò difficilis quæstio oborta est, an viri confessionem ἀχώειστως, sine diuisione ad purgationem ipsius oporteret accipi: quemadmodū permulti Doctores [a] sentiunt integram confessionem sumendam esse ex qua grauetur aut leuetur confessi crimen, siue articulum vnum siue plures ea comprehenderit. Horum præcipua est ratio, quòd iurisiurandi sacramentum vnū ac indiuisum est: quę ratio planè est friuola. Nam eodem iure quinquaginta stipulationes ad vnum contractum (quem vnius iuramenti religio confirmat) pertinentes, vnius stipulationis loco ponerentur. Id verò falsum & absurdum esse inter omneis conuenit, cùm totidem in contractu stipulationes extent quot insunt clausulæ, & vicissim tot sententię quot stipulationum capita: quapropter etiam in prouocationib. sic possunt diuidi, vt de vno capite reliquis integris appellari possit [b]. Cōtrà verò bona pars Doctorum diuidi posse confessionem indicat: quæstionem hanc enim fuisse Iacobi Rauennatis tempore agitatam, & constitutum fuisse diuidi confessionem oportere [c]. In hanc sentētiam iudicia quàm plurimis arestis facta sunt [d]: itaq́; in causis ciuilibus & criminalibus obseruatur, adeò vt si reus fate-

[a] *Faber. in §. item si quis postul. princ. de actio. & in l. vna. ver. contra. de côfe. ex l. publia. §. vlt. deposit. ff. & ex l. si filius. §. vlt. de interr. act. Cynus in l. 2. q. vlt. de don. an. nup. C. Iaco. Rauen. Petr. bella perti. & Cy. in d. l. vna. q. 13. Alber. ibi q. 10. de côfes. C. arg. l. etiam. §. 1. de mino. Alex. côs. 22. ver. præterea. li. 2. de don. an. nup. text. in l. nemine. de lega. 2. & l. Pōponius. §. 1. & ibi Ias. col. 2. de acquir. posses. ff. Bald. in l. 2. transact.*

[b] *l. in hoc iudicio. fam. hercisc. Bald. & Florent. ibid. per l. Corne. de iu. patronat. Bald. in l. 2. de re iudic. C. Fel. in c. cùm inter. prima fallen. de re iudicat.* [c] *ex l. perfecta. de donat. C. & l. publia. §. vlt. depos. & ibi Accurs. Ang. Salic. Bart. Pan. in c. bonæ memoriæ, versic. extra. de postu. præla. Cæpola cautel. 184. si mutuam. per l. 3. §. 1. de iureiu. Fel. in c. cùm dilecti, de accus. fine.* [d] *Bœrius in decisionib. Burdeg. 243. num. 7.*

Y

bitur se quidem occidisse, verùm cùm prius inuasisset alter, prius illud confessionis caput pro vero ex indubitata probatione habebitur, posterius verò ad purgationē confessi pertinens, non existimabit̃ probatum, sed accusatus defensiones suas ad se purgandum probare tenebitur: si non faciet, subibit condemnationem,*a*. Propriè tamē hoc pacto non diuiditur confessio: si enim diuideretur & reijceretur, omnino accusatus excluderetur à purgatione sui afferenda. Vbi verò probatio deficit & probationis consequendę ratio, exempli gratia de nocturnis magorum congressibus, quæritur an tota confessio tanquā vera admitti debeat, cùm in eo quod pondus tū in eo quod leuamē causæ accusati affert. Nam in hac demū specie tota cōfessio vniuersè accipienda aut repudianda est, quā sententiā iureconsultus Alexāder defendit *b*. Iudici enim virū interroganti cur suam vxorē non accusauisset, respondit ille se voluisse honori suo & familię suæ consulere: vxor verò dicebat virum semel tantùm eò abiuisse. Verumtamen ne hoc quidem responso fuit excusabilis, cùm vxorem suam turpissima atq; inprimis horrenda scortatione q̄ vnquam excogitari possit contaminatam sineret permanere, atq; (vt ita dicam) lenocinij conuictus esset. Etenim Sagas omneis frequentē habere cum diabolo consuetudinem ante ostendimus; præterea constat inter omneis eum læsæ maiestatis cōuinci qui coniurationem cognitam nō reualuerit, dicet in coniurationem minimè omnium consenserit:

a l. si non cōuitij. de iureiur. C. & l. 1. de sicarijs. C.

b l. cōs. 80. coll. 2. vers. posse. li. 7. Rota decis. 408. fuit dubitatum. in nouis. Castrensis cons. 269. si. lib. 2. Steph. Bertrād. co. 1. 151. viso. li. 3. & cons. 148. ex themate. nu. 3. li. 4. Ancharan. cons. 208. Iudex. cōs. pen. & cons. 207. quæst. coll. 2.

serit^d: quãto igitur magis reus futurus est q̃ p̄ s̄pectũ læsæ maiestatis diuinæ & humanæ crimẽ ante oĩa detestandũ dissimulauerit^b? An vero hic vt Mag⁹ cẽseri, & qua pœna affici debeat, dicemus postea. Sed videamus q̃ sint Iudicis partes, si primũ Saga fateat̃, deinde inficiet̃ factũ. In hac causa distingui oportet, atq̃ obseruari an prima cõfessio corã Iudice cõpetente & sine q̃stione facta sit, cũ pũcta Saga & accusata est: tũ. n. cõfessioni primæ hærendũ & quãuis nõ alia extaret p̄batio, ad cõdemnatiõem p̄cedendũ (nã sæpenumero fuit exploratũ Sagas in vinculis p̄ Satanã informatas ab antegressa cõfessiõe discessisse (& q̃a hoc crimẽ supra oĩa turpe & detestandũ est, volũtaria Magorũ q̃ p̄uenti fuerunt cõfessio habẽda est certæ & indubitatæ p̄batiõis loco. Canonicũ Lauellẽsem memini an. 1569. veneni infusi in Lauallẽsis Decani calice accusari, q̃ nocturnã missam faciẽdo medicatã potionẽ hausit & in terrã prostratus est, deinde vero euomuit. Reus vnlũtarie & sine q̃stione agnouit factũ, condẽnatus Curiã Parisiẽsem appellauit, interea vero informatus id q̃ antè fuerat cõfessus p̄negauit. Placuit tñ Curiæ hominem igni dedi, eumq̃ vidi cùm ad supplicium raperetur: quod Curia, si cõfessionem extorsisset quæstio, non fuisset iudicatura. Quid vero, si confessio coram incompetente Iudice fuerit edita? an vim probationis obtinet? Statuunt plerique ne idoneam quidem præsumptionem esse ex qua torqueatur reus, nedum probationem iustam^c: Quinetiam Canonistarũ bona

^{a} Do.in l. quisquis. ad l. Iul. maiest. C.
^{b} cap. vergentis. de hæreti. & l. vlt. de malefic. C.

^{c} ex l. diuus. de custo. reo. vbi Bar. & D. in c. at si clerici. & Felin. de iudic. ext. Alberic. in l. Magistratib. de iurisdi. Ang. Arct. in §. sed siquis. instit. de suspec. tuto. decis. Capel. Tolos. q. 425. Soc. conf. 108. nu. 5. li. 4. Guido decis. Del. 120.

pars putat confessionem extra iudicium factā neque confitenti neque consortibus eiusdem criminis vlla ratione damnosam esse[a]: alij eam quæ coram Iudice incompetente fuerit, idem præstare quod præsumptiones & coniecturæ solent[b]. Hic autem error profluxit ex dicto Vlpiani in l. certū. §. si quis absente, de confessis. ff. vbi ait si quis absente aduersario sit confessus, eum pro iudicato nō haberi: verùm ex eo minimè sequitur confessionē siue in iudicio factam siue extra iudiciū, siue apud competentem siue apud incompetentem Iudicem probationis hanc, illam minus pro rei conditione non efficere. Itaque viri forensis administrationis peritissimi[c] putant confessionem absente aduersario factam nihil esse, si eum adesse postulet necessitas: Quòd si Iudex incompetens de facto cognitionaliter quæstionem habuerit & reus corā ipso fuerit confessus, etiamsi propter incompetentiam aliam've nullitatis causam cognitio fiat irrita, sua vis tamen constat probationibus. Alioqui multa crimina, multi fontes impunè abirent: cui malo occurri omnino præcipit[d], & ita prospici vt ab iniquitate & absurditate vindicet lex[e]: in primis verò ob incompetentiam Iudicis probationes intercidere foret iniquissimum in Magorum causa, vbi tam difficiles probationes & tam abdita sunt scelera, vt vix è millenis vnus supplicium perferat. Diximus de voluntaria confessione, quę tertia es-

[a] Felin. pro regula ponit cum 9. fallē. in c. olim. de rescrip. Cornæus conf. 12. lib. 1. Bald. conf. 122. verf. nam fama. li. 1. Castren. in l. transferre. ver. & licet. de trāsact. C. Salic. in l. et bonæ fidei, de iureiur. C.
[b] Immola in c. per inquisitiō. de electio. & in c. 2. de cōfef. Io. And. in c. qualiter de accusat. Ang. conf. 28. quidam. Romā. con. 28. viso. per tex. & gl. in l. 5. de adul. ff. & per l. ictus fustiū. de ijs qui not. infa. Panor. in ca. de hoc. de sinōia, & in c. olim. de rescrip.
[c] Ang. in l. Papinianus. §. meminisse. de inof. Bar. in l. cū facta. de iur. & fa. ign. lim. & Ant. Butrigar. in c. si cautio. de fide instrument.
[d] l. ita vulneratus. ad l. Aquil. ff.
[e] l. Saluius. de legatis præst. ff.

se prose probatio necessaria dicitur: nam quod ad confessionem violentam & extra ordinem quæstione extortam, probationem aliquã efficit si reus à quæstione remotus in confessione perrexerit: si destiterit, præsumptio magis est quàm probatio necessaria. Dicamus igitur de præsumptionibus quæ contra Magos haberi possunt.

De præsumptionibus aduersus Magos. Cap. IV.

Cùm tres probationes euidentes illæ deficiunt, factum permanens atcp notorium sermo consentiens testiũ ἀνεπιλήπτως, & volũtaria repetitácp confessio rei ante confessionẽ præuenti, tum præsumptiones oportet expedi quæ ad probationem & punitionem Magorum possunt conducere. Præsumptionem autem aliæ sunt temerariæ, aliæ probabiles, & violentæ aliæ. Ex eis postrema iure potest statui, estcp aliarum probationum omnium valentissima, cuius autoritate probationes cetera excludi omnes Doctores consentiũt[a]. Talis fuit præsumptio ex qua Rex Salomo litem diremit matrũ de puerulo inter se contendentiũ[b]: & Imperatoris Claudij[c], qui matrem ei iubebat nubere quem filium esse negabat suum. At errare Salomo & Claudius in ista causa potuerunt. Fateor: sed in causis quocp inculpatorum testiũ & confessionũ errari potest: quemadmodum suprà mancipium multa

[a] c. ad id. c. is qui. de sponsal. c. per tuas. de cond. appo. l. si quis adulterij. de adulter. C.
[b] in c. afferte. de præsump.
[c] Sueton. in Claudio.

tum fuisse morte ostendimus eo quòd hominem qui desyderabatur occisum à se fateretur, qui tamẽ posteà comparuit: ideóque lex dicit[a] non esse soli occisoris confessioni habendam fidem, nisi de occiso appareat. Sed præsumptiones iuris[b] & ex iure constitutæ, rationis naturalis nituntur fundamento[c]. Etenim præsumendum est matrem, quæ omnia tentauerit ad redhibẽdum filium præoptaturam vt adiudicetur alteri quàm vt tradatur morti: Similiterq̃ his qui factũ quod negat renuit eiurare, aut iuramentum deferre aduersario offerenti, se reum peragit. Alphonsum regem Neapolitanum legimus cùm pater filium suum negaret esse, mandauisse vt mercatori Afro vænum daretur filius, tum filium à patre receptum esse: ita præsumptione lis fuit sublata. Verumtamen si qua probatio euidens contrarij facti extabit, contra præsumptionem admittitur[d]: quicquid probationem multi excludi contendant præsumptione iuris[e]. Nam hominis acceptilationem exhibentis probatio admittitur[f], quamuis de solutiõe nec iurare ipse nec iuramentum deferre voluerit, eo quòd non satis meminisset facti, nec sciret an haberet penes se acceptilationem. Prestigias autem Magorum & miracula contra naturam haberi in præsumptionibus iuris est iniquissimum: nam Lex Dei hanc certam & indubitatam probationem statuit, mulierẽ præstinguentem oculos non sines viuere, quod illæ tamen propalàm faciunt: sic enim Lex Dei statuit, eos qui fascinant cum Satana pepigisse vt res contra

---

[a] l. item Mela. ad l. Aquil. ff.
[b] l. manifesta. de iureiur. & ibi Bart. l. si hi q̃ adulterij. ad l. iul. de adult. C. l. excipiũtur ad sc. syllan. ff.
[c] auth. non licet de liberis. præt. C. l. iura sanguinis de regu. iuris. ff.
[d] Alex. cõs. 158. li. 2. nu. 9. & gl. in l. si tutor. de peric. & cõmo. Tiraquel. in l. si vnquã. de reuoc. donat. nu. 133. C.
[e] Doct. in l. manifestæ turp. de iureiur. ff. Paror. in c. asserte. & in c. quãto. de præsump.
[f] cap. quanto. de præsumpt. Ioan. de Grassis in d. c. quãto. & Cynus in auth. sed id. cod. de donat. ant. nup. C. & §. 1. in auth. de æqualitate dotis.

contra naturam faciāt. Si igitur (vt ad prǽsumptiones cōtra Magos veniamus) liberi ad metris manum reperiantur occiſi, quamuis nemo præter ipſam ſit domi, non oportet preſumere cędem fuiſſe ab ea perpetratam, cùm aduerſet iuris præſumptio[a] iudicio abſoluitur illa, niſi probatione euidentiſsima cædis conuicta ſit. Sin autem Sagam eſſe rumore prædicabitur, eam ſuorum ipſius liberorum parricidam eſſe præſumitur, niſi probationibus ſe in contrarium probet. Catharina Darea Coparis die ſecundo Februa. M.D.LXXVIII. Duas puellas iugulauit, vnam ſuam, alteram vicinæ, cùm tamen rei magicæ non fuiſſet infamata: hęc diabolum confeſſa eſt hominis proceri & pernigri ſpecie curauiſſe vt id faceret, poſteà cremata eſt prouocare nolens quamuis Copararum Prefectus licere exponeret: nam agnoſcebat ſe hoc genus mortis eſſe promeritam. Sic conuictus Raziorum Baro ſe octo infantes confeſſus eſt occidiſſe & ſacrificaſſe diabolo, & ſibi Satanam indixiſſe vt ſuum ipſius puerum adhuc ſacrificaret auellens ab vtero matris, quæ rem ſubodorata eſt, itaque iudicium in eum conſtitutum. Manaſſem Iudææ Regem, maximum ſua ætate Magum, liberos ſuos diabolo ſacrificauiſſe legimus, qui promiſsis de ſumma amplitudine ab eo acceptis, ab hoſtibus comprehenſus & dignitate deiectus eſt. Magū ergo ex præſumptiōe diuini iuris parricidā eſſe præſumit[b]: & ſiquādo Magi hois infans deſyderabit, præſumendū eſt ab eo ſacrificatum

[a] *l. vlt. princ. de cur. furio. l. penult. §. de vno. ript. nupt. l. creationibus de Epiſcop. audient. l. humanitatis. de impub. & alijs ſubſtitution. C.*

[b] *Deut. 18. Leuit. 20. 1. Reg. 18.*

catum fuisse diabolo, nisi secus probauerit. Atque hæc iuris diuini præsumptio ratione nititur: nam qui omni pietate in Deum adiecta seipsum diabolo mancipauit, omnem humanā pietatem studiūq́ naturale & στοργὴν exuit. Eum ergo præsumendum est confecisse omnia quæ Magi solent: & quamuis facta errori potius quàm malitiæ æquum sit accepta ferri [a], nisi appareat secus [b], Magos tamen nihil errore fecisse, sed malitia & impietate semper præsumimus. Omnia improbitatis genera quæ Magi in vsu habent de mago homine præsumi necesse est: cùm tamen vir furti falsiue damnatus, alterius improbitatis nomine quàm furti aut falsi neque diffametur, neque præsumatur reus [c]. Siqua itaque Saga dānata fuerit sortium magicarum, Saga semper esse præsumetur, ac proinde omnibus impijs sceleribus inquinata de quibus notantur magi: & quamuis non processerit aduersus eam condemnatio, sufficiet tamen accusatio, rumor, & publicus sermo ad præsumptionem violentam infamiamq́ facti. Si enim lex mulierem accusatā adulterij, nec damnatam, nihilominus in vitam notari præcipit [d], quanto æquius ea notabitur & infamis habebitur quæ Magiæ nomine traducitur? Nam cùm mulierem Sagam esse fertur, eam Sagam esse præsumptio est vehemētissima, ex qua indicijs quibusdam coniuncta iure potest ad quæstionem rapi: etsi caueī edicto Lodouici xij. Galliarum Regis ne quæstioni dedatur quisquam nisi inculpatus testis cum indicijs exstiterit. Certè in alijs criminibus

[a] *arg. l. quòd si nolit. §. quia assidua. de ædilit. ed. l. sin. in fine. de fideiu. C. l. si prius. §. certè. de aqua pluu. Alex. conf. 129. li. 7. nu. 11.*
[b] *l. quoties. §. tantundē. de hære. instit. & ibi Bart. Bald. Ro. Castr. con. 203. li. 2. Immol. cō. 104. Bal. conf. 144. l. 1. Cumanus conf. 135. & 142. Dec. in l. si librarius. de regul. Cæpola cō. 21. col. 4. Curstus senior conf. 55. Alex. cōs. 53. li. 7. nu. 16.*
[c] *Canoniste in c. 1. de præsum.*
[d] *l. palàm. §. q̄ in adulterio. de rit. nupt. ff.*

LIB. IV. CAP. IV.

minibus ex iure non potest quisquam ob communem famam quæstioni subijci, vt inter omneis ferè Doctores conuenit[a]. Quamquam ex Mantuana consuetudine si testes quatuor communem famam à se auditam dixerint, in criminibus singulis capitalibus quæstionem legitimū est adhiberi: multo magis ad quæstionem rapietur ille de cuius arte magica communis rumor & constans increbruerit, cum fama constans legitimæ probationis vim habeat nisi contraria probatione refellatur[b]. Contra verò si mulier nunquam suspecta Magiæ mortis in vllum illatæ accusabitur, nisi manifesta fuerit probatio homicidij, non est in iudicio statuenda condemnatio[c], sed amplius decernendum, & illa intereà dū cognoscitur vinculis eximenda. Verūtamen si sermoni communi & famæ hæredum est, eam non ab aduersarijs sed ab hominibus fide dignis oportet nasci[d]. Hæc distinctio videt̃ necessaria, vt præripiatur improbis occasio appetendi bonos calumnijs. Neque verò illud necesse est, quod multis video placuisse[e], vt communis rumor à maxima parte populi definiatur: in magno enim oppido esse rumorem suffecerit à vicinis omnibus, quia res propinquorum suorū propinqui melius quàm longinqui alij cognouerunt. Itaq̃ viginti homines

[a] Io. Andr. add. ad Specul. tit. de probat. §. videndum. vers. 13. Bald. in l. milites. de quæst. Cynus in l. vlt. cod. C. Butrig. in c. veniēs. col. 4. de testib. Alex. con. 5. coll. 2. lib. 1. Ias. l. admonendi. coll. 15. de iureiur. ff. Marsil. in l. de minore. §. plurium. col. 5. vers. alterius. de quæst. Felin. in c. veniēs. 1. de testib. coll. 5. Marsil. in praxi criminū. §. diligenter. nu. 8.
[b] l. si mater. ne de stat. defun.
[c] l. 2. si seruus vel libert. C. c. transmissa. qui filij sint legit.
[e] c. cū in iuuēt. de præsu. extr. l. non omnes. §. à Barbaris. de re milit. ff. l. 4. & quando. de in l. ea quidem. in causa, coll. 6.

de suspec. tut. ff. l. 1. si quis imperatori maled. l. vlt. de actionib.   [d] c. qualiter accusat. Bart. in l. de minore. §. tormenta. de quæst. Alex. ibi in addit. Salice. de accusat. C. Textus. in c. iuuentute. extrà de purg. Canonic. Decius. cons. 37. nu. 9. & 10. & cons. 131. viso processu.   [e] gloss. in l. 3. §. eiusdem. de testib. Bar. in l. de minore. §. plurium. de quæstio.

Z

(hic enim iustus duarum turbarum numerus) satis futuri sunt ad rumorem comprobandum. Si quis autem dixerit vocem populi negligendam esse, eã que vanã existimari[a]: id quidem verũ est si contra aut sensus aut ratiocinatio iudicandũ esse euicerit. Sed in Magorum causa vix fieri potest vt vox popularis erret[b], maximè si qua species adfuerit, quã Doctores legitimã famam nominant[c]. Multo magis autem id oportet statui si præter communem famam indicia exstiterint, verbi gratia, si saga dum comprehenditur dicat, actũ est de me, aut ne morte afficiatis me, id quod res est enũtiabo: tum enim mutationem admirabilem cum animo suo sentit: vt fecit quædam Saga, cuius à Præfecto Tenalliarum fuit allatum ad me iudicium. Certissimũ profectò indicium maleficij, cùm quis se antè condemnat quàm accusetur (vt ille fecit, qui postquam parentem occidisset, nidum cernens hirundinum pullos occidit & attriuit pedibus, atque hoc facto crudelitatis reprehensus. Iamdiu, inquit, hoc mihi solùm exprobrant me parenti meo necem intulisse, ex hoc indicio (ait Plutarchus) comprehensus patricida in quæstionem raptus est & agnouit factum, aut si curationem afflicti pollicetur Saga & re infecta fugit, vt Ioanna Heruilleria (cuius antè meminimus) fecerat. Quisquis enim ab isto crimine purus est, calumnias à quibus in criminibus alijs metuit nunquã pertimescet. Verborum item cõiurationes & inuocatio Satanę qua ad maleficia

a l. decurionũ. de pœnis.

b Panorm. & Felin. in c. veniēs. 1. de testib. Parsi.consi.154. li.4. nu. 12. vsque ad 18.

c Bald. in l. dis famari. de ingē. manum. C. & in c. veritatis. de iureiur. & in l. proprietatis. si. de probationib. C.

eximen-

eximenda vtuntur Magi, præsumptiones sunt violentissimæ, quæ hominem Magicæ artis arguunt: Etenim exorcistas quoque ipsos capitali pœnæ lex subijcit, l. 2. & 3. de maleficis C. qui colebant artem eiurandi diabolos atque depellendi: hi enim fuerunt Magorum facilè principes, qui religionis prætextu (ait Hippocrates in libro de morbo sacro) adiurationes coniunctas precibus exercebant: & quamuis hominem qui hac ratione sanat affectos lex morti non adiudicet, Magum tamen lex Dei morte mulctari iubet. Hunc enim certum est pactione teneri cum Satana, & loco vnius quem sanat binos affligere, vt antè ostendimus: vt autem nihil interuenerit quàm quòd Deum abnegans obligauit se diabolo, hoc scelus meretur mortem omnium atrocissimam. Alia indicia sunt hæc, gestus Magi (nam ferè vultum defigit humi, nec in os audet aspicere) nutationes respondentium incertè ad interrogata [a], ante omnia verò si vno aut vtroque parente Mago natus est. Nam hoc caput si cum sermone publico coniunxeris firmissimum est argumentum: quia nullum est sacrificium quod ab istis hominibus tantopere diabolus expetat, quàm vt suos ipsorum liberos, simulac hauserunt lucem, voueant dicentq́ue diabolo ad cultum ipsius, vt exemplis commonstrauimus. D. Antonius Lonanensis vicarius generalis regis apud Ribemontenses nuper mihi narrauit se cognouisse in iure de

[a] l. vnius. §. testes. de quæst. c. literas de præscript. Bar. in l. vlt. de quæst. Ancharan. cōs. 288. Alex. cōs. 77. li. 1. Socin. consf. 15. lib. 1.

Z ij

Claudio Vvaterio quodam sortilegiorum multorum reo, cuius pater Nicolaus Vvaterius eiusdẽ impietatis reus in carcere vita defunctus est, & auia nomine Cathatarina (cathonem Picardi vocant) viua igni tradita. De Ioanna Heruilleria idẽ notauimus: matrem eius Aresto crematam fuisse viuam, eam verò iamq; dicatam Satanæ cùm prehẽnderetur mater: Barbaram quoq; Daream (quę pariter cõbusta est) Lognianas Sagas apud Potezanos, Valerianas in Sabaudia, & illã Castelli russi filias suas malis artibus imbuisse: ex quibus omnib. confici potest regula amplissima & exceptiones paucissimæ. Si enim Saga est mater, est etiã filia: quod in causa impudicitiæ dicitur filiã esse matri persimilem non semper verum est, de magis verò omnibus ferè certissima est regula, vt ex innumeris iudicijs compertum est. Alia quoq; præsumptio est, si non fleuerit Saga, quam præsumptionẽ Paulus Grillandus & Inquisitores illi quorũ opera crematæ fuerunt innumeræ annotant esse valentissimam. Regius ille vicarius apud Ribemontenses, cuius modò mentionem feci, vnam Sagarum (de quibus cognouit) in iure cõfessam narrabat Sagarum dexterum solummodò oculum ternas lachrymas eijcere: quod non omittendum esse putauimus. Item si Saga in domo aut stabulo alterius deprehendatur, & mors aut subitus morbus aliquem paulo pòst opprimat, præsumptio aduersus eam est, quamuis neque puluẽribus comperiatur instructa, neque sortem visa sit inijcere, quæ
probatio

LIB. IV. CAP. IV.

probatio futura esset euidens. Atque hæc postrema præsumptio vires habet maximas, qua vtuntur Cornificius [a] & Bartolus [b] aduersus eum qui insolens in loco visus est vbi crimen fuit commissum dum cõmitteretur, aut qui in propinquo deprehẽsus fuit cùm perpetraretur illud [c]. Extant recentes historiæ huiusmodi, vt apud Pedemontanos Cazalij quędam nomine Androgyna videbatur cùm intraret in alienas ædes, & paulo pòst homines interibant: Comprehensa itaq; Sagarum omnium consortium eiusdem maleficij retexit coniurationem (erant autem xl. fermè) quæ exteram ianuarũ manum ad enecandos homines perungebant. Id anno M.D.XXXVI. accidit. Geneuæ quoq; posteà idem effectũ est anno M.D.LXVIII. vbi ad septennium fuit pestilentia ex qua occubuerunt multi. Non absimile est quod de centum septuaginta Sagis legimus, quæ Romæ ex eadem causa sublatæ sunt Claudio Marcello & Valerio Flacco Coss. quo tẽpore pro veneficis adhuc habebant. Adhæc frequens cũ certis & conuictis Magis cõsuetudo, præsumptio est peruálida & obseruatione digna: similis enim simili plerumq; adhærescit. [d] Etiã hæc permagna fuerit præsumptio, si mulier suspecta soleat cõminari. [e] Impotẽs.n.natura mulierẽ incredibili vindictę cupiditate feruet, nec linguam à minis cohibere potest siquam nocendi facultatẽ habuerit: mors itaq; si minas sequit, maximè violenta est in criminib. alijs præsumptio f in hoc necessaria. Baptista Ziletus insignis Iurecos. cõsilio

[a] Rhet. ad Herennium.
[b] Bar.in l.vlt.in fin.de quæst. Sa lic.l.vlt.cod.C. Paris de Pulco in tract. Syndi. verbo viso, ex l. 1.§. qd ergo ad Sc. Syllanian.
[c] Bar.in l. furt. de furtis ff.
[d] arg.l.3.§. nullus, de excus.tu. l.item apud La beonẽ.§.addu xisse, de iniur. ff.l.nullus.§.1. de actio. empti. ff.l.ædiles.§. Pędius, de ædilitio edicto. ff.
[e] Bald. in l. pa cumenius, de hæ red.insti.ff.arg. l.si hi qui adulterij.de adulter. C.l. si verò non mandat.ff.l.3. de repudijs.ff.l. famosi.ad l. Iul. maiest.ff.
[f] Specul.tit. de præscript.§.spe cies.vers.sed põne. Albericus in l. metum. quod met.cau.C.Bal. & Im. in l.1.de seruis. fugit. C. Fel.in l.cũ oportet.de accusat.

Z iij

lxxix. cuiusdam Germani Antonij Zund exemplum adducit, qui necis Valentino cuidam illatæ accusatus est eo quòd paulo ante mortem illius dixisset non esse præteriturum annum quin ille tanquam baculus exaresceret, itaq́; ille obijsset. Fuit autem Magus in quæstionem raptus ob comminationem istam: hæc enim ad quæstionem sufficeret in omnib. alijs criminibus [a], in hoc verò præsumptio est violentissima. Sic confessio extra iudicium facta in alijs criminibus ad quæstionẽ sufficit, [b] in hoc ad condemnationem: Similiter si quãdo extra iudicium reus perpetrati homicidij veniam postulauerit, idemque in iudicio negauerit, quæstioni ex iure deditur : in hoc verò tam detestando crimine legitimè ad pœnam cõdemnatur, idq́ue pro conditione personarum. Omnes enim Doctores rerumq́; forensium periti consentiunt [c] reum conuictum esse si criminis cuius insimulatur veniam in iure postulet, quamuis id deinde abneget: similiterq́; confessionem extra iudicium factã, posteaq́; reuocatam, in criminib. alijs ad quæstionem sufficere [d]. Eadem mendaciorum [e] responsorumq́; variè nutantium est ratio : sunt enim violentissima indicia & præsumptiones aduersus Magos ex quibus torqueri eos legitimum est. Huius autem execrãdi criminis iudicium extra ordinem oportet fieri diuersa à criminibus cæteris ratione : in quo si quis ordinem iuris forensesq́; formulas obseruare voluerit, ius diuinum & humanum planè peruerterit [f]. Verumtamen non est temerè aduersus

[a] l. de minore. §. tormenta. de quæstio. Ang. Aretinus in sua inquisiti. in gl. super vers. cõparent.
[b] l. 5. de adult. ff. gl. & Bart.
[c] c. venerabilis. de elect. & Docto. in c. exhibita. de homicid. Io. Andr. Hostien. Butri. Cardin. Panor.
[d] Bart.in d.l. 5. de adult. ff. gl. l. ictus fust. de ijs qui not. infa. Bartol. & alij Doct. in l. quoniã. de infa. Alex. & Soc. in l. magist. de iurisdict.
[e] l. vnius. §. testes. de quæsti. & c. literas de præsumpt. extra.
[f] c. tua nos. c. vestra. de cohabitat. cleric. c. cũm dilectus. de consang. & affin.2.q.1.c. prohibent. §. vlt.

uersus Magos adhibēda quæstio. Hanc enim parui à Magis fieri Iudices annotant: itaque fieri posset vt impune abirēt Magi, propterea quod à quęstione, si præfractè inficiari potuerint, plurimùm soluuntur rei: quo instituto nullum grauius periculum potest accidere in quæstione istius criminis maiestatem Dei hominumq́ minuentis, & crimina omnia quæ homo comminisci potest continentis. ᵃNam etsi Magum Satanas è manu Iudicum nequit eximere: tamen compertum illud est, nisi resipuerint, à Satana non relinqui Magos, sed ipsius quoque aduersarij nomen ab ipso indicari reis. Ex D. Adamo Martino Biebrano Præfecto audiui persæpe Biebranam Sagam, cùm quæstio de ea haberetur, dixisse ipsi, Noui futurum vt me excipias malè, & amplius prædixisse ipso autore se igne perituram, cùm nondum lata fuisset sententia: Etsi hoc culpa euenit carnificis, qui eam ex sententia strangulare iussus nō potuit. Contrà verò dissuadet eis Satanas ne verū enuntient, & nonnunquam etiam torturę sensum adimit ᵇ, vt inquisitor Sprāgerus ait, qui Sagas nō temere quæstioni admouendas censet. Hæc mea tñ fuerit sententia, si puella ætate parua puerve fuerit, aut tenera mulier, aut delicijs assuetus iuuenis, si presumptiones fuerint violetæ, vt alijs cū terrore exhibeat q̄stio, & subdat̄ alijs: at Sagis vetulis minimè, quæ obfirmatiōis callū in nequitia sua obduxerint. Sed postq̄ ab hoīe torto veritas expressa est, eū studio se oportet asseruari ne cū eo diabolus colloquat̄,

deinde

ᵃ l. 3. 4. & vlt. de malefic. C. c. vergētii de hæ.

ᵇ Paris de puteo in tract. de Syndi. c. tortura. Syluest. Prieras in tract. de strigib. demōst. Mirand. li. 4. cap. 5. Paulus Grillād. in trac. de quæst. 4. q. Hippolytus. Marsil. in l. repetit. coll. 4. de quæst. vide suprà li. 4. cap. 2.

deinde post horas xxiiij. eandem confessionem iteratò repeti, vt Rex Ludouicus xij. edicto sanxit. Nam perseuerari in confessione opus est vt necessaria fiat probatio, vt edictum præcipit compluribus Arestis confirmatum ᵃ. Alioqui si extra quæstionem Saga reuocauerit confessionem suam, nõ potest hoc argumento ad mortém damnari ᵇ aliaue pœna corporali affici, nisi præsumptiones aliæ exstiterint. Diximus anteà Edictum Lodouici xij. (q̃ cauet ne ad testimonium vnius inculpati testis subijciat q̃stioni reus nisi alia indicia accesserint) non obtinere in isto crimine, vbi difficillimum est probationẽ inueniri. Etenim si ob læsæ maiestatis humanæ crimen ex sola presumptione legitimè in quæstionem rapi suspectus potest ᶜ. vt semper fuit obseruatum: prætereà si in alijs criminibus ex constantissimo Doctorum consensu ᵈ ob sermonem vnici inculpati testis quæstionem licet offerre reo, & ad condemnationem mortis, si duo testes idem pro testimonio dixerint, ex lege Dei & institutis humanis procedere: planè iustius multò futurum est, si reum promptè Iudices (vt Baldus & Alexander loquuntur) ad quæstionem applicauerint ob crimen tam abominandum ᵉ si vnus testis inculpatus dicat, aut violentæ vrgẽtesq́ grauiter præsumptiones extent. Nam vnus inculpatus testis dimidium probationis efficit. Exempli causa, si testabitur maritus se ab vxore in Magorum conuentus deductum esse, & negabit illa, torturæ debet subijci, nisi aut capitale odium aut periurium viri addu-
xerit.

ᵃ *año M. D. XXXV. mense Augusto.*

ᵇ *l. 1. §. D. Seuerit de quæst. ff. l. sicut. eod. C.*

ᶜ *Faber in l. si quis. ad l. Iul. maiestatis. C.*

ᵈ *Accurs. in d. l. si quis. & ibi Bald. & Salic. Matthæus afflictus in const. Neapolit. tit. de ijs qui sideiusso res. nu. 17. licet verba l. mariti. de quæstion. ff. repugnare videantur.*

ᵉ *Bald. in l. 3. de episcop. aud. C. Ang. in l. 1. de malesic. C. & in l. quicunque. de seru. fugit. C. Alex. lib. 3. cõs. 60. Afflictus in cõsuetud. Neapol. li. 3. de nox. cap. 2. c. testimonium. de testib. & c. sicut nobis. fine. Raphael Fulgo. conf. 173. & cõ. 107. & Decius cõs. 189.*

xerit. Hęc enim duo in teſtibus infirmandis capita ſemper admitti ſolent: inprimis verò periuri hominis teſtimonium nunquam admittitur ad præſumptionem aut indicium conſtituendum, niſi aut teſtis certus aut præſumptio violentiſsima eum adiuuerit; verbi gratia, ſi comperietur ſignatus Magus, quo indicio Triſcalanus retexit plurimos. Ego tamen cum Danæo ſentio principes quoſque Magos carcere ſigno', aut illud habere loco tam abdito, vt eos ſigno retegi ſit difficilimum. Nam à Valeſio quodam nobili viro accepi quoſdam à diabolo ſub palpebrarum altera, quoſdam ſub vno ex labijs, quoſdã in podice obſignari. Triſcalanus autem dicebat ſignatis Magis ineſſe quaſi veſtigium leporis, & quamuis ad oſſa vſque indatur acus, locum tamē ſenſus expertem eſſe. Firmiſsima quidem præſumptio hæc, & cum indicijs alijs ſufficiens vt procedatur ad condemnationem: quemadmodum etiam ſermo reſipiſcentis Magi conſcios in morte accuſantis præſumptio eſt cõtra alios vehemētiſsima: hoc.n. prę ſumi opus eſt [a], cùm pœnituerit ipſum & Deum inuocauerit, ab eo rem verè enuntiatam eſſe. Sed illius dicto fidem non conuenit adhiberi ſi mortē obſtinatus oppetat, vt plericp̄ faciūt ab auditione verbi Dei abhorrentes vehementiſsimè. Atque hæc circumſcriptio illius regulæ futura eſt quam veteres Doctores tradiderunt, morientem præſumi ex veritate dicere. Maiores itacp̄ ex ſermonibus eiuſmodi ad condemnationem procedebant,

[a] ex l. vlt. ad l. Iul. repet. & c. ſancimº.1. q.7. . cū quis decedens. §. codicillis. delega. 2. ff. auth. quod obtinet, vbi Bal. de prob. & in l.2. comm. de legat. C. Doct. in cap. quāuis. de re iudic. Alex. in l. ſi de do. de col. C.

Aa

vt obseruatum est in læsæ maiestatis crimine. Sic Nero intimos & familiares quosq; curauit interfici ex sermone morientiū, q tñ nihil aliud inter moriendum spectabant quàm vt de aduersarijs vltionem sumerent. Verū ista omnia ex prudentis Iudicis & considerati iudicio pendent, vt obseruet an vltionis studio loquatur moriturus,[a] & diligenter quærat an vllæ inimicitiæ cōtra delatos præcesserint. Saga quędā Berōda nomine Malbeci ad Bellomontium Lomaniense cremata est, quæ iamiam moritura cùm interrogaret an nobilis quædā fœmina quam indicauerat fuisset in eo numero, nobilis autem fœmina cum ea cōmissa pernegaret, his verbis respondit Saga, *No sabes tu pas que lo darrein cop que nos hemes lo baram a la crotz deu pastis, tu portaues lo topin deus posons?* id est, an nescis cùm postremò saltationem haberemus ad cruce artocreatis, te portasse pharmacorum poculum? ad hæc obmutescēs fœmina non respondit quicquā, ita se conuictā ostēdit. Sin autem Magus obstinatus moritur, eum certissimū Dei hominumq; aduersaríum esse præsumit, qui viuens omneis enecare cupiat: vt Nero facilè Magorū princeps dictū illius qui cœlū & terram in cineres abire optans dicebat, *me moriente*, illius ergo dictū volens corrigere dicebat ἐμοῦ ζῶντος, me viuente. Hęc illa est species in qua præsumptionem vnam euertit altera[b]. Nec tamen debet testimonium morientis Iudex contemnere: fieri enim potest vt ex veritate sit: vt suprà demonstrauimus non rarò Magos à Magis interire, & (quod ait Ieremias

[a] *Bald. in tit. de pace Const. ver. vassal. in si. Ias. in l.1.col.2. Olard. cōs.192. vi so: Hippol. Mar sil. in pract. §. restit. col. 12. & in rubr. de sideiuss. col. 7. 8. & seq. latiss. Bart. in l. si qs in gra ui. §. 1. ad Syllan. ff.*

[b] *l. diuus de in integ. restit. 22. q.2.c.1.est & c. ne qs arbitret.*

remias) deum inimicos suos opera inimicorum euertere. Sed si is quem obfirmatus Magus accusauit dixerit ad probationē sui se ita semper vixisse vt virum bonum decet, audiēda est illius defensio: sin autem eum cōtrà suspectum esse pareat, aut antè fuisse reum, sed neq; absolutum sententia neque damnatum, eum Magū esse presumitur. Sed etsi legitur probationē contra præsumptionem iuris admitti non oportere[a], & diuino iure in Sagā est homicidij & parricidij presumptio: ferenda tñ est Saga, vt exhibeat aut viuos demonstret eos de quorum nece accusat. Hæc enim defensio coniuncta euidentię permanentis facti plus potest q̄ probationes oēs & præsumptiones contrarię:[b] quemadmodum suprà ostendimus veritatē permanentis facti contra Sagam probationē esse omnium euidentissimam.   Regula autem iuris est[c], probationem minus legitimam in atrocibus & nocturnis maximè criminibus (quale istud est) sufficere, quoties probatio certa non potest obtineri.   Sapiens verò Iudex ad consequendum veritatem omneis presumptiones comportaturus est: modò ne id faciat quod multi Iudices in Germania solent. Hi enim aut magos alios conquirunt, vt per eos ad saltum cribri resciscant an reus sortes exerceat: aut puerulis templum adeuntibus nouos calceos axūgia suilla peructos curāt indui, vt Magæ inde

[a] l. antiquæ. ad Vellei. C. l. vltima ad Macedon. l. vltima. ar bitrium tutelę. C. l. à diuo Pio. §. si pignora. de re iudicata ff. Alexand. in l. inter stipulantem. §. 1. de verborum obligat. & consil. 47. & consil. 91. coll. fina. l. libr. 6. Roman. consil. 250. Hippolyt. Marsil. in l. 1. §. ad quæstionem. de quæstionib. Speculat. in tit. de præsumptionib.
[b] Felin. in cap. quanto. de præsumptio. Bald. in l. contrà negantē. eod. Roman. conf. 350. col. 8. Alexan. in l. vnic. vt quę desunt aduocatis. C. & consil. 118. col. pen.

[c] cap. prætereà. cùm glos. ext. de testib. Panor. in c. venerabilis. col. 2. eod. l. si ij qui adulterij. ad l. Iul. de adulter. ff.

nequeant egredi, nisi eis visum fuerit qui pingues calceos ferunt: aut ambos pedes, Sagæ & manus colligantes eam imponunt aquæ leniter, eámque si saga fuerit, in fundo mergi non posse putant. Hac enim via diabolus indicia, quæ sancta oportet seruari, commutat in scholam Magiæ. Similiter ne illud faciat quod in libro Coniurationum Romæ & Auenione impresso legimus, vbi ratio exponitur faciendi caseum mulieris Sagæ nomine, ex quo accusetur. Nobis verò neque illam formam, neque alias consimiles quas legimus, placet exponere. Verùm quæstio est si neque Magi extabit confessio, neque inculpatus testis, neque permanentis facti euidentia, sed violentæ præsumptiones erunt, puta à vicinis omnibus haberi pro Mago [a], aut bufones in ollis locisve abditis alentem deprehendi, quamuis nemini sit comminatus Magus, qui in hac causa statui oporteat. Ego violentã præsumptionem eiusmodi non sufficere statuo ad sententiam mortis ferēdam, ad alias pœnas sufficere.

Dicamus igitur de Magorum pœnis, quas pro amplitudine probationum maleficiorúmque prudenter augeri minuíq́ necesse est.

[a] *à vicinis veritas melius haberi potest. Barto. in l. dominus horreorum. locati. ff. & arg. l. si ita. §. mulier. & ibi Bart. de fid. instr. ff.*

De pœ-

De pœnis quas merentur Magi. Cap. V.

DVO sunt omnino modi quibus sua Respubl. amplitudo conseruatur, præmium & pœna: quorũ vnus ad bonos pertinet, alter ad improbos, & nisi iustè ex æquo & bono singulis tribuantur, nulla spes alia nisi ineuitabilis casus Reipub. maximęq; ruinę ostendit. Non quòd pœnas de omnibus delictis sumi necessariũ videatur: nam neq; Iudices reis iudicandis sufficerẽt, neq; plectẽdis carnifices: imò vix vnũ crimen è denis per Iudices castigat, sed tenuissimos solùm quoq; videris pœnas luere, qui gratia amicis aut pecunia valent eos pleruq; manus hominũ effugere: quamq; nec amici nec facultates vllæ eos à Dei manu vindicaturę sunt. Hi aut falluntur plurimũ qui non alia de causa pœnas institutas putãt, q̃ ad castiganda maleficia: At hic minimus est me iudice fructus, q ad Rempub. inde perueniat: Maximus .n. & summus omniũ est, q; sedat ira Dei, precipuè si directè peccatum fuerit contra maiestatẽ Dei, vt in hac causa est. Videmus itaq; ᵃ cùm Dei populus sese Moabitis adiungens ad Bahal pehoris sacrificia declinasset, viginti quatuor millia ex eis occubuisse, & longè plures fuisse perituros, nisi repentè Pinhas Eleazaris filius irã Dei cernens exardescere vnũ è ducib. populi cum Moabitide cubantẽ transfixisset. Tum mors desiuit peruadere: Deus aut Mosi, Pinhas, inquit, sedauit furorẽ meum ardente zelo quo zelotypus fuit honoris mei, & obstitit ne populũ

ᵃ Num. 25.

istum perderem: dicito ei me fœdus cum ipso ac posteris ipsius initurum, vt sacerdotio fungantur mihi. Posteà trecentos annos vixit, eiusque posteri ampliús bis mille annos sacerdotio honore amplissimo perfuncti sunt. Hic igitur primus punitionis improborum fructus, vt sedetur ira Dei, & vindicta eius in vniuersum populum auertatur. Ideoq́ Iudicibus fuit imperatum[a], si postquàm perquisiuerint autorem homicidij nō poterunt deprendere, vt sumentes vaccā sacrificēt in loco vbi cædes cōmissa fuerit, manus abluāt vt innocentes facti, & Deū orent ne ob effusum sanguinem ira sua populum perfundat. Secundus punitionis fructus est, vt in regionē totā accersāt Dei benedictio, prout in lege Dei scriptū est[b]. Postquā igni & gladio tradideritis oppidū è populo meo fratribusq́ vestris qui deserentes Deū idola coluerint, & omnem animā homines & bestias occideritis, aggerē è lapidibus trophæi loco accumulabitis: ac tum extendā amplas misericordias meas erga vos, & gratijs vos benedictionibusq́ cumulabo. Tertius fructus ex improborū punitione procedens est, vt metus & terror incutiatur alijs: sic enim lex Dei[c], vt alij videntes punitionem metuant peccare. Quartus fructus, vt caueāt ijs quos nondum infecit & corrupit improbitas, vt incolumes pestilētia inficit atq́ elephātiasis[d]. Quintus, vt improborū numerus minuāt: qua sola ratiōe vet Britanniæ consuetudo sancit suspendi fures, quia nimius eorum numerus futurus esset. Atque hęc verba

[a] Deut. 21.

[b] Deut. 13.

[c] Deut. 15. & 19

[d] Leuit. 12. & 13. & 14.

verba ineptæ illius consuetudinis, *cùm omnes regionis sylvæ non satis facturæ essent, mors autem gravior sit quidem puniendis furibus, sed furtis impediendis levior*: verũtamen consuetudo isto solo argumento nititur. Sextus, vt boni securè vitam possint transigere. Septimus, vt puniatur improbitas*a*. Hæc bona atque commoda ex improborum suppliciis proficiscentia placuit attingere. Si quis autem modus vnquam exstitit sedandi iram Dei, benedictionem eius obtinendi, alios perterrendi aliorum suppliciis, hos ab illorum corruptione conseruandi, improborum numerum minuendi, bonorum vitam confirmandi, & improbitates summè detestandas quas ingenium hominis excogitare potest puniendi, hic certè vnus est vt omni rigore castigentur Magi. Quamquam non satis respondet rigoris vocabulum, cùm nulla sit tam crudelis pœna, quæ puniendæ Magorum improbitati queat sufficere: omnia enim ipsorum scelera, blasphemiæ, & instituta inuehuntur in maiestatem Dei, vt mille artibus irritent & exacerbent eum. Plurimùm apud veteres fuit dubitatum quod genus mortis in eum institueretur qui patrem aut matrem occidisset: vt ex lege Pompeia in parricidas constat, cuius nouum & accuratum supplicium lenius posteà visum est. Quamobrem Tarquezium maiorem, qui parentem suum Pictauiensem Electum occidi curauerat, Curia Parlamenti voluit discerpi cadente forficè, diffringi artus ad rotam, ac postremò concremari:

a Deut. 19.

cremari: etsi ne hoc quidem pacto condignas pro merito pœnas is perferre videbatur, qui vitam ademit ei à quo acceperat. Altero quoque Aresto eiusdem Curiæ nobilis quædam fœmina quæ virum suum occidi curauerat, viua exusta est: q̃ illa satis patienter tulit, cruentã subuculã viri sui ante oculos habens. Quidã etiã Magos dubitant igni tradere, etiam eos qui pacto expresso se diabolo adiunxerunt. Horum enim præcipuè vindictam diligentissimè & summo iure oportet persequi, vt iram Dei amoliamur vltionemq̃ nobis superuenturam. Quoniam verò sortilegium autores nihil ampliùs quàm hæresin esse interpretantur (quamuis hæresis vera læsæ maiestatis diuinæ crimen est igne puniendum ex cap. vergentis. de hæreticis) ideò tenenda est istius criminis à simplice hæresi differentia. Primùm enim hanc professionem Magorum primam esse demonstrauimus, quòd Deũ omnemq̃ religionem abnegant. Hominem qui Deum verum deserit vt hæreat alteri Lex Dei iubet lapidibus obrui[a], quod supplicium tradũt Hebræi interpretes esse grauissimum[b]. Hoc verò ante omnia oportet obseruari. Mago enim (de quo dicimus) non videtur satis si Deum abneget vt religionem alteram amplectatur, sed omni religioni veræ ac superstitiosæ renuntiat qua homines in offensæ metu contineri possunt. Secundum Magorum crimen est, quòd vbi Deo renuntiauerũt, maledicunt, blasphemant, & prouocant eum despectu maximo, & quemcunque Deum aut idolum ante

Primum Magorum crimen.

[a] *Deut.* 13.
[b] *R. Maymon. lib. 3. morc hamebocim.*

Secundum Magorum crimen.

LIB. IV. CAP. V. 377

ante metuerint. Lex autem dei,ᵃ Quiſquis Deum,   ᵃ Leuit.24.
inquit, blaſphemauerit,peccatum eius manebit in
eo: & quiſquis maximum Dei nomen per contēptum pronuntiauerit, plectatur morte: qui locus
Philonem torſit, omneſ́ǫ Hebræos Doctores mirificè. Videtur enim prius legis iſtius caput ad eos
pertinere qui Deum ſuum quem pro Deo habēt
blaſphemauerint, & hos dici reportaturos peccatum ſuum. Alij interpretes dicunt ei qui blaſphemauerit Deum,nunquam condonari(quodcunǫ
tandem ſupplicium p̄ferat) niſi ipſum pœnituerit:& eum qui maximum Dei nomen audaciusex-   ᵇ Leuit.24.
preſſerit morte affici oportere.Ipſa Legis ᵇ verba
obſeruatione dignisſima afferemus, יהוה מות יומת
איש איש כי יקלל אלהיו ונשא חטאו: ונקב שם Quamobrem
Hebræi ſanctiſsimum Dei nomen neǫ ſcribunt
vnquam, neǫ pronuntiant. In priore autem legis
capite videmus nō dici יהוה propriam Dei appel-
lationem,ſed אלהיו,quod nomen Dijs omnibus &
Angelis tribuitur.Etenim videtur Deus innuere
ab ijs blaſphemari Deum qui id blaſphemāt quod
Deum eſſe opinantur. Sic Deus qui corda & voluntates hominum ſcrutatur, conſilia ipſorum re-
ſpicit:vt,cùm olim Magi crucifixorum, quos deos
putabant eſſe,manus & crura confringebant, aut
ſumpta hoſtia bufones paſcebant.Iam itaǫ dupli-
cem videmus & deteſtabilem Magorum impietatem eſſe,quòd Deum verū non dubitant blaſphe-
mare & quicquid diuinitate aliqua præditum eſſe
putant, vt omnem pietatis opinionem euellant &

Bb

offensæ metum. Tertium crimen amplius abominandum est, quòd dant fidem diabolo, adorant eū atq́ sacrificant: & eorum sceleratissimi facta fossa vultum humi abijciunt orantes ex animo & adorantes diabolum. prout de Pamphila Larissana Saga in Thessalia antè notauimuus ex Apuleij testimonio. Sed ne procul abeamus, fuit in Laodunensi suburbio cui nomē est à valle, Saga mense Maio M. D. LXXVIII. quæ idem fecit multis præsentibus. Istud autē abominandum scelus omnia supplicia quæ ab homine excogitari possunt grauitate superat, cùm disertissimo Legis contextu præcipiat Deus ᵃ vt qui inclinatione solū honorem imaginib. quæ Græci εἴδωλα vocant, habuerit plectatur morte: nam Hebræum *Tistaueb*, Chaldæum *Tisgud* nihil quàm inclinare denotat, ꝗ omnes Latini interpretes dixerunt adorare. At Magi nō satis esse ducunt si adorauerint solū aut corā Satana se inclinauerint nisi se dedāt ei, orentq́ & inuocent eū.

Quartum crimen præcedente grauius est, q̇d permulti Magi fuerūt conuicti adeóq́ confessi se progeniem suā Satanę deuouisse: qua impietate Deus se in lege adduci pronuntiat ᵇ ad vltionē in eos inflammandam qui Molocho dedicauerint liberos, quem Iosephus Priapum interpretaṫ, Saturnū Philo: vtut sit, Satanæ & spiritib. malignis offerebant.

Quintum prouehitur vlterius, Sagas ferè ex confessione ipsarum cōuictis esse quòd paruulos pueros necdum baptizatos sacrificabant diabolo tollētes in aera, deinde aciculam crassam in caput eorum

---

Tertium Magorum crimen.

ᵃ Exo. 20. et 32.
ᵃ Deu. 13. et 27.
Num. 25.

Quartum Magorum crimen.

ᵇ Leuit. 21.
Deut. 18.

Quintum Magorum crimen.

rum inferentes vt eos enecarent, crimine grauissimo. Sic Sprangerus narrat vnam se autore crematam esse, quę hoc pacto vnum & quadraginta ne-
cauerat. Sextum crimen horribilius superiore est, *Sextum Mago-*
quòd Magis nõ est satis suos ipsorum liberos dia- *rum crimen.*
bolo sacrificauisse & cremauisse sacrificiorum ritu
(aduersus quæ Deus lege inuehitur ᵃ, dicēs se po- ᵃ *Deu.18.*
pulos terrę ob istam abominationem exstirpasse)
sed eos inde ab vtero deuouent Satanæ. Sic Raziorum Baroni Satanas indixerat vt filium suum adhuc in vtero versantem sacrificaret, eóq̃ pacto matrem cum fœtu enecaret: quod ille fuerat facturus
nisi anteuertisset vxor, vt idem agnouit atq̃ confessus est. Duplex verò parricidium turpissima
coniunctum idololatria. Septimum ac frequen- *Septimum Ma-*
tissimum est, quòd iurati Magi promitttunt di- *gorum crimen.*
abolo se quoscunque poterunt ad cultum ipsius
perducturos : idq́ue reipsa præstant, vt antè
demonstrauimus. Lex autem Dei præcipit ᵇ, ᵇ *Deut.13.*
vt quisquis ita vocatur, eum lapidibus curet obrui qui animum ipsius sollicitauerit. Octauum *Octauũ crimē.*
crimen est, quòd honoris causa inuocatur & iurat̄
per nomen diaboli: nam Magi eum semper in ore
habēt, & per eum duntaxat iurant, nisi cũ abnegat̄
Deus. Sic apertè veniunt contra legē Dei, quę per
alium quàm per Dei nomen iurare vetat ᶜ: quãob- ᶜ *Ierem.5.12.*
rem Scriptura dicit, da gloriã Deo, quàm formulã
Iudices cùm à litigantib. aut testibus iusiurandum
exigerent, obseruabãt, dicentes, tribue gloriã deo.
Nonũ est, quòd Magi incesta colunt adulteria, & *Nonum crimē.*

Bb ij

eo nomine omni seculo infamati atq́ cōuicti sunt: nam eos docet Satanas neminem perfectū Magū aut incantatorē esse quin sit ex patre & filia, aut ex matre & filio genitus. Quò spectat Catul. distichō,

Nam Magus ex matre & gnato gignatur oportet,
Si vera est Persarum impia relligio.

Epiphanius contra Gnosticos & Athenagoras in Apologia incestum Magis frequentem esse annotant. Omnia hæc impia scelera directè in Deum & honorem ipsius committuntur, quæ summo iure vlcisci tenentur Iudices vt iram Dei à nobis amoliantur. Cętera Magorū crimina ad iniuriā hominibus factam pertinent, & quę illi cùm possunt vlciscuntur. At nihil tantopere odit Deus[a], quàm vt videat Iudices iniurias sibi aut alijs facta: vlcisci, horrendas verò blasphemias dissimulare quæ in maiestatem Dei euomuntur, qualeis à magis pronuntiari antè ostendimus. Alia itaq́ crimina persequamur. Decimum est Sagas homicidiorum artē exercere, adeóq́ infantium cædes committere, ac posteà elixare donec humorem & carnem eorum fecerint potabilem: quod Sprangerus ex ipsarum confessionib. scribit cognouisse, & Baptista Porta Neapolitanus libro de Magia. Neq́ omittēdum illud est, infantes priùs ab eis enecari quàm fuerint baptizati, quib. quatuor circūstantijs exaggeratur crimen homicidij. Vndecimum crimen est, quòd humanas carnes ac puerorum maximè comedunt Sage, & palàm bibunt sanguinem: quod scelus admirabatur Horatius, cùm diceret,

[a] 1. Sam. 2.

Decimū crimē.

Vndecimum crimen.

Neu

Neu pranſæ Lamiæ viuum puerum extrahat aluo.

Verumtamen iſtud eſt exploratiſsimum. Quòd ſi pueros habere non poſſunt, hominum cadauera è ſepulchris effodiunt, aut ſuſpenſorum eximunt è patibulis, prout perſępe compertum eſt. Huc pertinet quod Lucanus olim cecinit,

—*laqueum nodosq́ nocenteis*
Ore ſuo rupit, pendentia corpora carpſit,
Abraſit cruces, percuſſaq́ viſcera nimbis
Vulſit, & incoctas admiſſo Sole medullas.

Propterea ſe Apuleius narrat, cùm Lariſſam Theſſaliæ adueniſſet, ſex aureos lucratū eſſe ex nocturna corporis vnius cuſtodia, eo quòd Sagæ (per quas illa regio famoſa effecta eſt) niſi certa cuſtodia adhiberetur, veniebant intrò quacunqʒ forma videbatur, & oſsium tenus circumrodebant corpora. Hæc verò deteſtabilis perſuaſio à diabolo mentibus humanis inditur, vt alij alios cædant vorentq́ & euertant humanum genus. Hoc etiā addendū, Magos omneis plurimùm eſſe veneficos, quo vno crimine ad mortem damnari poſſunt ex Cornelia lege de ſicarijs, quamuis non fuerit venenum traditum. l. 1. in verbo, venenum confeceris. de ſicarijs. ff. Homicidium autem & lege Dei[a] & humanis legibus[b] capitale iudicatur: ſimiliter qui carne humana veſcuntur aut veſcendam præbent, morte digni ſunt. Sic Lutetiæ dulciarius piſtor è ſuſpenſorum carne faciens artocreata, viuus crematus eſt, domus euerſa, & interdictum ne ædificaretur denuò : ſic locus perdiu in icuncularum

[a] Deut. 19.
[b] toto tit. ad l. Cornel. de ſicarijs. C.

Duodecimum Magorum crimen.

vico desertus mansit. Duodecim crimen singulare est, quòd venenis & sortilegijs enecant ab homicidio simplice disparatis lege Cornelia de sicarijs & veneficis. ff. grauior enim offensa est si quem veneno quàm si aperta vi sustuleris, & grauius adhuc est necare sortilegio quàm veneno. Grauius est, inquit Lex[a], occidere veneno quàm gladio. Decimum tertium Magorum crimen est frequentissimum, quòd ab eis pecora enecantur. Ideò Augustanus quidam Magus anno M.D.LXIX. forficibus discerptus est, quòd redempto corio pecorum mortem eis intulisset. Decimumquartum est ordinarium expressum Lege, quòd fruges necant, & famem sterilitatemq́ue inuehunt in regionem totam. Decimumquintum est, quòd Sagæ cum diabolo rem habent, etiam dum maritis accubant, vt omneis confiteri suprà notauimus. Hæc detestabilia quindecim crimina, quorum minimum morte dignum est accuratissima: nõ quòd singuli Magi rei sint criminum istorum omnium, sed illud tamen compertum est Magos qui cum diabolo expressè pepigerunt, reos omnium istorum scelerũ ferè, aut certè plurimorum esse. Cùm autem multa crimina & multis actionibus ab homine committuntur, singulorum pœnas oportet repeti: neque vnum impunitum relinqui ex concurrente altero[b], sed plures pœnas (vt ait Bartolus[c]) distinctas imponi siue legibus & institutis, siue arbitratu Iudicis[d]. Si plura crimina in facto eodem cõmittuntur, idem iudicium est; nisi crimina sint vnius speciei,

[a] l. 1. de maleficijs. C.

Decimumtertium crimen.

Decimumquartum crimen.
Decimumquintum crimen.

[b] l. nunq̃ depriuatis delict. ff.
[c] ex l. 3. de termino moto. ff. l. prætor. §. si mihi plures. de iniur. ff. l. si adulterium cum incestu. de adult. ff.
[d] l. non est nouum. de acti. empt. l. qui sepulchri. de sepulc. viol. C.

speciei, vt parricidium in homicidijs quidem numeratur [a], sed eius sola parricidarum pœna tenebitur. lex autem Dei pœnam capitalem sanciens nõ distinguit minutatim Magorum scelera, sed Sagã viuere simpliciter vetat, מכשפה לא תחיה : quem in locum Hebreus Philo his verbis, *lo techaie*, significari dicit. Sagam eodem die q̃ euicta fuerit morte afficiẽdam fuisse, & ita à maioribus obseruatum. Sic ergo nõ solùm grauitatẽ criminis exponit Deus [b], sed etiam demõstrat quantopere expetat vt iustitiæ leges in istos homines exerceantur. Nominatim verò Lex morti Sagam adiudicat, ne pœna ob sexum minuatur: vt legitimè in omnibus alijs criminibus obseruatur. l. sacrilegij. de peculatu. ff. l. si adulterium. §. stuprũ. de adulter. ff. cap. sicut. de homicidio. Plus enim est offensionis in cæde fœminę quàm viri, ait Aristoteles in Problematis lib. 29. cap. 11. Itaq̃ si nihil aduersus Magum probabit̃ idololatrię, blasphemię, sacrificiorum, parricidiorum, homicidiorum, adulterioru, scortationumcũ Satana, & aliorum scelerum: cùm tamen probatũ fuerit Magum reum esse meret̃ mortem. Amplius Iura ciuilia [c]: nam non solùm ea cui expresso pacto cum Satana conuenit afficienda est Mortę, sed etiam is q Sagas cõsulit: hę. n. tantopere sunt abominatiõi ex Lege, vt ea modò hostes salutis communis [d], modò id facinorũ magnitudinẽ Magos maleficos [e], modò peregrinos naturę [f] (hos, inqt, tanq̃ naturæ peregrinos feralis pestis absumat) modò hostes humani generis [g] nominet. Augustinus etiã
in li-

[a] l. Senatus. de accusat. ff. & i- bi Bart. l. prętor edixit. §. 1. de iniur. ff.

[b] Exod. 22.

[c] l. nemo aruspicẽ. de malef. C.

[d] l. vlt. eod.
[e] l. nemo. cod.
[f] l. multi. eod.
[g] l. etsi. de malef. C.

in libro de ciuitate Dei Magos appellat maleficos ob maleficiorum magnitudinem. Quod autem ad Magos aulicos, quia istud malum quàm maximè potest accedit Principes, idq́ nō nostra solum memoria sed ab omni seculo, ad Rempub. totam euertendam (nam Principes eodem pellicit à quibus populares itidem pertrahuntur) hanc ob causam lex insignis extat[a], qua ita sancitur si quis Magus, vel magicis cantaminibus adsuetus, aut aruspex, aut ariolus, aut certè augur, vel etiam mathematicus, aut enarrādis somnijs occultās arte aliquā diuinādi, quibuscūq́ tandē præditus honorib. & potētia sit in comitatu Principis fuerit, vt præsidio dignitatis exut? cruciatus & tormēta nō fugiat. Hāc lege literis aureis in portas Principū incidi oporteret: peste. n. capitaliore in comitatu eorū nō inueneris. Vt aūt agnoscamus quantis laudibus Principes Ethnici digniores sint Christianis multis, apud quos faciunt stipendia Magi, mulierem Martham nomine, Marij temporibus in exilium à Senatu Rom. missam legimus[b], quæ se totius prælij aduersus Cimbros euentum prædicturam confirmabat: & Claudius Cæsar in Rom. equitem agi summo iure voluit, adeò vt morte multatus fuerit [c] & publicata bona, eo quòd galli gallinacei ouum circumferret (alij serpentis dicunt) vt eo pacto religionem falleret Iudicū, litemq́ gratia vinceret. Fuerunt homines imperante Tyberio ex minima opinione Necromantiæ ad mortem damnati[d]. Caracalla Imperator etiam condemnauit eos qui herbas &

[a] *d. l. et si.*

[b] *Plutarh. in Mario.*
[c] *Tacitus. Plin. li. 29. ca. 3.*

[d] *Tacitus.*

LIB. IV. CAP. V. 385

bas & alia id genus ad curandas febreis faucibus appenderant*: quod Deus lege prohibet, cùm ritus Amorrhęorum & Chananæorum abominat̄. Nam in eis Moses Maymonis ligaturas numerat, quas etiam Augustinus damnat, vt suprà demonstrauimus. Hoc iudicium Caracallæ Cæsaris oculis eorum proponi conuenit qui lege Dei abutentes condonāt execrabilia Magorū scelera, ex quibus tam multa mala perpetimur. Sed eos qui res istas præbent, non qui imprudentes accipiunt bona fide, eos inquam persequendos in iure censeo, (ista enim idololatriæ & sortilegiorum principia sunt) quo exemplo palàm demonstrabit̄ Magos qui expressæ cum Satana pactionis tenentur mereri mortem. Cumq́ sit ante omnia detestandum crimen, eo grauior pœna conuenit maleficio: nempe aut lapidationis, vbi hoc genus pœnæ receptū est, aut ignis atq́ incendij, quod supplicium ferè apud Christianos iam olim fuit obseruatū. In Belgico & multis Germaniæ partibus damnatæ mulieres immerguntur aqua: verùm Sagas colligatis artubus in aquam proiectas compertum est non posse mergi, nisi admota vi in aquam inferatur caput, vt suprà diximus. Quòd si pręter sortilegij crimen siue confessione, siue testibus, siue facti euidē tia probetur aliquem à Saga enectum esse, infantem verò maximè, crimen est grauius. Et quamuis forte quam Saga ad inimicum tollendum iniecerit alterum comperiatur enectum esse, digna tamē est morte: aut si philtrum cogitans mortem intule-

* Spartian. in Caracalla.

Cc

rit, etiam quæ Saga non est ex facto meretur mortem, ait lex ᵃ. Sed huius leniorem esse pœnam conuenit quæ non fuerit Saga. Nihil tamen plerumq̃ tam difficile est quàm probatio, & in ea maximè Iudices occupantur. Quamobrem si neque inculpati testes, neque reorum confessio, neque euidentia facti habebit (quæ tria esse genera probationum diximus ex quibus mortis iudicium ferri potest) sed præsumptiones solùm erunt, vtrum infirmæ sint an violentæ præsumptiones animaduertimus. Si præsumptiones infirmæ fuerint ᵇ, neque reum oportet vt Magum condemnari neque absolui, sed ampliùs dicere ad commoditatem quæstionis, & intereà è vinculis reum eximere. Sin autem violentæ fuerint, an ad condemnationem mortis procedi sit opus dubitatur, propter discrimen huius criminis ab alijs amplissimum. In alijs enim criminibus nemo ex presumptione licet violentissima damnari ad mortem potest ᶜ: ad alias verò pœnas, puta triremes, flagra, multam honorariam aut pecuniariam pro qualitate personarum ᵈ & probationum grauitate damnari potest. Itaque videtur in isto abominando crimine ad iudicium mortis ex violentis præsumptionibus procedi posse. Verumtamẽ ex violentis præsumptionib. statuendã non cẽseo mortis cõdemnationẽ, sed alias omneis pœnas excepta morte. Hoc nos in pari causa docet Lex Dei dicens ᵉ, Si quod ex oppidis popularium tuorum audiueris apud alios instare vt Deum æternum deserant

margin:
ᵃ l. si quis aliquid. §. qui abortiones. de pœnis. ff.
ᵇ Bald. in l. si. de probat. C. & in l. presbyteri. de episc. C.
ᶜ l. absentem. de pœnis. ff. l. vlt. de probat. C. l. singuli. de accus. C. Gand. in tract. malefic. sub rubric. quã do puniantur plu. Ancaran. con. 217. Alex. lm. cons. 15. li. 1. & cons. 14. li. 3. Capola cons. 41. Castrens. cons. 192. Alex. cõs. 81. li. 5. Angel. de malefic. in verbo, & An dream. nu. 22.
ᵈ l. capitalium. §. in seruorum. de pœnis. ff. l. vlti. de incendio. ff.
ᵉ Deut. 13.

LIB. IV. CAP. V. 387

orentq́ue Deos alios, veritatem rei diligenter peruestiga. Si eam certam esse cognoueris, tum incolas illius oppidi obsideto, perrumpito, igne cædibusq́ue misceto. Veritatem igitur teneri certò opus est, vt sententia feratur mortis. Hic verò dixerit quispiam, Aut absoluere, aut damnare opus est. Si verum crimen est, mors non suffecerit: sin falsum, oportet absoluere, aut certè ampliare donec amplius quæstione habita cognoscatur, reum verò hac lege vinculis soluere vt vadimonium eodem statu obeat, &c. non supplicio corpus afficere, aut honorem cuiquam ob præsumptiones adimere, ex prisca Rom. lege [a], apud quos tres erant notæ [b]: vna A. altera C. tertia N L. absoluo, condemno, non liquet. Respondemus hanc iudiciorum formam sublatam esse [c], & alteram extra ordinem inuectam, cùm Romani imperium obtinerent. Nam illud dictum legis, actore non probante reus absoluitur, verum est: sed ea demum probatio est non solùm quæ probat necessariò, sed etiam quæ ad indubitatam probationem accedit proximè. Inprimis verò eorum criminum quæ clàm committi solent probatio ex bonis certisque rationibus petita sufficit, quod Baldus [d] & Ioannes Andreas [e] hoc modo dixerunt, ratione difficilis probationis sufficit probatio præsumptiua: quam ob causam probatio quoq́ue domesticorum testium admittitur in rebus clàm gestis intra priuatos parietes, quam probationem alioqui fora excluderent [g]. Magorum autem scelus de nocte ferè committ-

[a] l. vlt. de probat. l. sciant. co. C. l. qui accusare. & D. ib idē
[b] Asconius in Verrem.
[c] l. ordo. de public. iudic. ff.
[d] in l. quicunq́ue de seru. fugit. coll. vlt. ver. & nota octau o & in auth. quas actiones, circa fin. de sacrosanct. C.
[e] in c. cùm dicecst. glos. super verbo, argumētis. & in c. illo vos. de pignor. & in c. ad nostra. de emptio.
[f] l. consensu. de repud. & ibi Bar. & in l. lex quæ tutores. de administr. tut. & Cynus. in l. parietes. de test. C. Not. in c. 3. loco. de proba. & in c. veniēs. 2. de testib. & in c. cū dilecti. de electio.
[g] l. omnibus, & ibi Doct. de testibus. C.

Cc ij

titur, deserto loco & ab hominibus remoto, ijsq̃ modis quos nemo præsumere vel cogitare possit. Violētas igitur presumptiones in causa tam detestabili haberi sufficit, vt supplicia corporib. quantumuis grauia, capitali solùm excepto, irrogentur, fustigationes, sectiones, notæ, perpetua vincula, multæ pecuniariæ, publicationes, & pœnæ consimiles, præterquàm exsilium, nisi in locum aliquem certum relegetur Magus. Solent enim plerumq̃ Magi solum vertere vbi retecti sunt, pestemq̃ importare aliò: sin vno in loco iubentur consistere vbi se obseruari & in suspicione esse viderint, nihil audent amplius. De perpetuo autem carcere, etsi ex communi iure prohibetur [a], melius tamē in Canonico iure prospectum est, maximè verò in presente causa. Nihil enim tantopere formidant Magi quàm carcerem, prout carcer modus est potentissimus ad veritatem exprimendam & afferendā resipiscentiam: sed alij comites expertes rei Magicæ semper sunt adiungēdi, quia dum soli sunt eos à diabolo in sua improbitate confirmari mōstrauit experientia, aut etiam vt ipsi mortem sibi conciscant adiuuari. Si igitur Sagas bufonibus, lacertis, hostijs, ossibus, pinguibus'ue ignotis instructa deprehenditur, & famosa est rerum magicarū nomine, p̃sumptiones sunt validissimæ: si aliquando reprehēsa in iure, nec absoluta est, vehemēs est pr̃sumptio: si ex stabulo inimici aut ouili visa fuerit egredi, posteaq̃ pecudes moriant̃, aut si ij moriant̃ vel lāguescant quib. interminatæ sint Sagę, siue v. nus si.

[a] l. mandatis. de pœnis. ff.

nus siue plures, violenta est præsumptio. Ex his præsumptionibus, vt neque vllius confessionis neque testium extet probatio, in pœnas tamen illas condemnari debent, præterquam ad mortem. Hęc nobis regula tenenda est [a], sublata mortis pœna & rigore legum mitigata, cùm præsumptionibus agitur: neque eorum probanda sententia, qui ex præsumptionibus licet violentissimis corporalem pœnam irrogari non posse putant [b], sequuti opinionẽ Alberti Gandini & Pauli Castrensis. Hic enim (vt gloriatur ipse) impedimento fuit ne corporali pœna afficeretur prædo [c], qui deprehensus fuerat stricto gladio è loco exiens vbi inimicus recens occisus compertus est, & cui etiam occisori pater imperauerat ne regrederetur domum quin rem confectam resciuisset, deinde verò post rem gestam eum pater admonuit vt fuga sibi consuleret: quod in iure fuit comprobatum. Humanus spiritus, ait Paulus Castrensis, non poterat dubitare quin is qui accusabatur cædem perpetrauisset, vtcunque inficiaretur: verumtamẽ non fuit affectus corporali pœna. Atque in hanc sententiam Bononienses Doctores consenserũt [d], freti quodãmodo antiqua Rom. opinione, absoluendum planè aut condemnandũ

[a] Ant. But. Fai. Felin. 10. Andr. in c. afferte. de præsump. text. in c. illud. de cleric. secundum Felin. in c. qualiter & quãdo.
[b] Gand. in trac. de malefic. tit. de præsum. col. 3. Specul. tit. de præsump. §. species. versu in summa. Oldr. cons. 192. viso. Bald. in l. præsbyt. col. 1. vers. & adde. de epis. C. & in l. non est verisi. quod met. ff. & in l. eius. §. 1. de testib. & in l. sciant cuncti. de probat. C. fin. vers. 6. vbi etiã. Castrens. Bal. in l. si. gitius. col. 2. & ibi Capola vlt. charta. de ser. fugit. C. Bal. in c. 1. fin. tit.
[c] Castrens. cõs. in l. . §. si quis 16. coll. 7. vers. ad vnum, si cer. consil. 2. post

quib. mod. feudum amit. Ancaran. in reg. semel malus. col. 10. de reg. iur. 299. visa. col. vlt. lib. 2. [d] Gand. in tract. malefic. tit. de præsump. Rom. in villa, si. ad Syllan. Franci. Aretin. in l. eius qui. §. si cui. de testam. Barbat. cõmodo, lib. 1. & cons. 22. sapientissimus. coll. vlt. lib. 2. Alex. in l. 1. coll. 8 versu pet. ff. & cons. 15. viso processu coll. 2. lib. 1. & cons. 115. in causa lib. 3. & princ. lib. 7. cons. 128. coll. vltima. lib. 7.

Cc iij

ex lege, aut amplius decernendum dimisso reo: cū tamen ex insignibus presumptionibus omnes semper multã pecuniariam committi censeant. Quid ita multam? inquies. Etenim si præsumptiões eas non esse iudicant ex quibus ferri sententia possit, non debent rei ad multam condemnari, maximè cùm homo damnatus criminis, si soluẽdo non est, ex diuinis & humanis legibus corpore pœnas luere teneatur[a]. Sin autem reum ex violentis præsumptionibus pœna dignum iudicent, quare dubitauerint in enormi crimine ad corporalem pœnam procedere? Iudices huius regni & fora non sequūtur Italicorum Doctorum sententiã, sed in pœnã corporalem damnant pro modo probationis, non solùm in hoc, verumetiam in omnib. alijs criminibus quæ ab huius atrocitate absunt longissimè. Nobilem virum Cenomannum noui (cuius nomen propter honorem necessariorum illius reticebo) qui postquàm certo consilio inimicū suum occidisset, cum literis ad patruum fuit comprehensus, quibus orabat ad se pecuniam mitti vt veniam criminis impetraret. Interrogatus negat manum suam esse. Simo Cornutus actuarius eū iubet scribere, sed ita scriptionem suam dissimulat vt nulla similitudo huic cum illa intercederet. Bienniū fuit in carcere sine alia probatiõe, tandem verò ad annos nouem fuit ad remigium relegatus (vt ipse mihi confessus est) cùm nihil nisi præsumptiones haberentur. Frequentia sunt in hoc regno iudicia eiusmodi, neglecta Doctorum Italicorū sententia.

a l.1.§.generaliter.de pœnis. ff.l. si quis id quod.de iurisdictio. ff.

In Bel

In Belgico & certis Germaniæ locis ratio diuersa est. Sunt enim (vt aiūt) consuetudines quædam & institutiones Caroli magni, quibus ex rumore & admodum infirmis præsumptionibus morte plectuntur rei: quod etiam nuper in Carinthia factum est, vbi ex præsumptione morti tradebatur homo, ac postea instituebatur capitalis quæstio. Sic improbè iustitiæ illudebatur. Sed vbi ex violentis præsumptionibus quales supra exposuimus iudicium fuit constitutum, iudicium corporalis supplicij opus est pronuntiari. Alioqui impunita semper manebunt scelera si ea demum crimina quæ in oculis, ad manum sunt commissa puniantur: quod malum Iureconsultus adduxit [a], vt eo casu ad condemnationem procedatur, quamuis ex offendentium multorum numero quis pœnæ debeat subijci dubitetur. Nam etsi illic de damno agitur, quæ tamen est multæ pecuniariæ in causa ciuili ratio, eadem est suppliciorum corporalium in criminali causa, inprimis verò enormium criminum, cuiusmodi illud est quod agitur. Quamquam non obscurè demonstrat Baldus [b] ex præsumptionibus ad corporaleis pœnas instituendas procedendum esse, cùm ait mitius agi in pœnis corporalibus quando est dolus præsumptus & non verus, & citat l.1.ad legem Corneliam.de sicarijs. ff. Præstat quidem, fateor, absolui sontem quàm innocentem damnari: sed eum qui præsumptionibus certis conuincitur innocentem non esse contendo, vt fuit is qui

[a] l. ita vulneratus.ad l. Aquil. ff.l.si in rixa. eod.l.item mola. §. sed si plures.
[b] in c.l. in fine. tit.quib. modis feudum amitt.

qui prope occisum solus cum gladio cruento fuit deprehensus, & alijs coniecturis oppressus quas modò annotauimus. Quamobrem Henricus ij. in hoc regno edictum salutare sanxit promulgatum & relatum in acta anno M.D.LVI. quo mulierem eo loco haberi iubet ac si fœtum occidisset ac morte affici, quæ grauiditatem partumq́ celauerit, eũ sine baptismo siuerit emori, necq́ testimonium cuiusquam adhibuerit: fidemq́ haberi vetat dicenti mortuum fœtum ex vtero prodijsse. Hoc multis decretis ab eo tempore fuit obseruatũ. Perditæ.n. & deploratę mulieres necabant fœtũ, easq́ Sagæ ad illud facinus instigabant. Hæc iuris p̄sumptio ex quo edictum latũ est: edictum verò ex humana præsumptione natũ eaq́ vehementissima, sed non æquè valida ac præsumptiones illæ quas antè diximus: & tamē ex ea non solùm ad corporale supplicium, sed etiam ad mortem proceditur. Verumtamen fieri potest vt mulier ad integrum suum honorem conseruandum, fœtum suum grauiditatem partumq́ celet, & fœtus quem studiosè fuisset educatura in doloribus expiret puerperij: sed quia hac specie nõ rarò animaduersum est parricidia plurima perpetrari dum puer mortuus nasci dicitur, sapienter fuit institutum præsumptionem istam sufficere, vt vindicando sanguini innoxio ad capitalem pœnam procedatur. Nam ex vno incommodo quod rarò contingit, non est committendum vt bona lex & salutaris omittat[a]. Ac propterea mulierē Mureti ad Suessiones morti ad-

[a] l. 3. & 4. de legib. ff. Sic Cato dicebat nullam legem omnibus satis commodam esse.

ti adiudicandam censui, quæ celata grauiditate & partu infantem humi in horto condiderat mense Martio anno M.D.LXXVIII. Quinetiam in causa non perinde graui, si qui accusati adulterij, deinde absoluti, si ergo coniugiũ posteà iniuerint, prout ipsis à repudio licuisset[a], eos Lex summo iure puniri præcipit velut adulteros[b]: hi autẽ ad mortem damnantur lege. Item si cui ter maritus denuntiauerit ne cum vxore versetur, si eos sine crimine simul versantes offenderit, huic lege permittitur vt eos interficiat sine vlla forensis cognitionis formula[c]. Et, quod grauis est, Nicolaus Palermitanus Abbas licere negat Iudicibus pœnam Legis minuere, quæ tamen præsumptionibus solùm humanis nititur. Etenim legum præsumptio nihil est aliud quàm humana eorũ præsumptio qui ob prę sumptiones tulerunt legem: imò ex præsente facto lex præsumit pręteritum, atq; ex præsumptionib. procedit ad condemnationem mortis, vt antè demonstrauimus. Hoc verò accuratè opus est obseruari, quod ea de causa solùm fuit institutum quia difficillimè possunt adulteri in facto deprehendi. Quãto igitur magis necesse est procedi ad corporaleis pœnas, cùm violẽtæ præsumptiones aduersus Magos extant? Sed si qua inest facti euidentia, tum veniendum est ad capitalem pœnam: verbi gratia, si quis rei magicæ accusatus deprehẽdatur humana membra, maximè verò puerulorum habens, oportet liberè ad condemnationem mortis procedere. Inest enim permanẽtis facti euidentia,

[a] l. si qui adulterij. de adult. C.
[b] l. quãuis eo. C.
[c] auth. matri & auiæ. §. his quoque. Pano. in c. accedens. verst. nõ obstat. de accus. Mathes. in singul. 116.

Dd

si quis magicarũ sortiũ accusatus ad curandũ alterũ clara voce diabolũ inuocauerit, aut summissa voce in terrã postratus magistrũ paruũ (vt vocãt) orauerit: itaq́ capitalis pœna est intrepidè decernẽda. Sic M. Ioan. Martinus viuã cremari Sagam S. Probæ iussit sentẽtia lata, quæ structorẽ S. Probæ accusabat̃ impotentẽ & tonicũ effecisse. Hæc balneũ fieri mãdauerat & trib. lacertis in sudario datis iusserat eos cõuolutos in balneũ à structore proĳci cũ his verbis, abi in nomine diaboli. Nã diaboli inuocatio est detestabilis idololatria, qua sola conuinci poterat licet nihil fateret̃, neq́ de infirmato structore extaret ṗbatio: multi. n. fascinũ morbũq́ ab alĳs Magis immissũ eximũt. De his aũt cognosci in iure opus est, si neq́ à natura esse neq́ conuenire remedia videbunt̃ (vt tres illi lacerti q̃ nunq̃ posteà in blanceo cõperti sunt, & sicut Andina Saga, cuius meminimus, ad curationes cerebro feliũ, veneno certissimo, corui capite, alĳsq́ sordib. vtebat̃) & adhibitis alĳs præsumptionib. ac quæstionib. ad corporale suppliciũ pueniri. Qd'si diabolũ inuocet aut appellet Saga, tũ ob antegressas rationes sine cũctatiõe dãnari ad mortẽ debet, nec mortẽ quidẽ vulgarẽ: sed viua cremari hęc portẽta debẽt, pvt cõsuetudo publica iam olim à Christianis recepta est: q̃ consuetudinẽ & generalẽ legẽ non põt legitimè Iudex omittere, de ea derogare, pœnam ve minuere, nisi qua grauissima ratio & maxima exstiterit. Nã perinde esse ait Lex [a] si pœnã minueris aut omnino sustuleris; imò verò Iudicẽ reũ esse

[a] l. seruos. ff. de vi. pub. C. Lucas Pen. l. 1. col. 8. verbo distinxerit, princ. de sort. l. iib. 12. C.

LIB. IV. CAP. V.

esse statuit qui legitimam pœnam condonat aut minuit[d] : Et si Iudex inquit, non vindicat repertum, tegere vt conscius criminosa festinat:& quod amplius est, iudicem eo nomine notat infamia : Atcp hoc in iure est extra omnem cōtrouersiam [b]. Quin etiam eum qui pœnam legitimam remiserit aut diminuerit, lex modò bonorum publicatione[c], modò exsilio[d], modò alijs pœnis pro ratione peccati multari iubet[e]; nonnunquam etiam eousque inuehit vt iudicem eadem pœna castigari velit, quā reus conuictus fuisset perpessurus, quemadmodum his verbis innuit, *nisi ipse pati velit quod alijs dissimulando concessit*[f]. In hanc sententiam Andreas Iserinus narrat Carolum Francum 1. eius nominis Regem Neapolitanum iussisse vt suspenderetur Iudex, qui certo occisori pœnam hanc solùm indixerat vt ei præscinderetur manus. Quòd si Iudex qui supplicium maiestatis læsæ remiserit aut etiam minuerit, reus est, suppliciúmque læsæ maiestatis subire tenetur lege, quanto æquius est teneri iudicē qui supplicium viro dimiserit minueritve læsæ diuinæ maiestatis reo? Commodissimā iudicij istius rationē Tullius affert his verbis. Nō istum Verrem maius in se scelus cōcepisse cū fama

[a] *l.1.fin. de cōmerc. C. & ibi Baldus. c. sicut inquit.cap. negligere.2. quæstione 7. & ca. error. 80. dist. l. 1. de carcer. priu. C.*

[b] *d.l.seruos. Hostiens. & Ioan. Andr. in nouell. in verbo eadem. Panor.fine, & Dec. col. vlt. in c. de causis.de offic. deleg.Rom. sing. 77. Ioan. Plat. in l.1. de deserto C.*

[c] *text. in d.l. 1. de deserto. Panormitan. in l. si veri. §. de viro. 26. fall. soluto matrimoniu.*

---

[d] *text. in authent. vt neque milit. neq; fœde.*

[e] *l.1.fin. & ibi Bald. vlt.not.de monopol. C.l.si quis sepulchrum. de sepulch. violato. C. & l. præter. §. diuus. eodem tit. & l. 1. publ. lætit. C. Bartol. & Bald. in l. mancipia. de seruis fugitiuis. Cod.*

[f] *l.nulli.fine, ne sacrum baptisma C. Andr.Iser.in cap.1.tit.quæ sunt regul. Castr. in l. etsi seuerior.col.1.10. And. in c qualiter.col.7. de accus. Bart. in Clem. in verbo salutem, col. 13. vers.13.l. Christianis fin. de paganis C. Faber. in d.l.nulli.*

Dd ij

spoliaret, cùm tot homines innocentes necaret, cū ciues Rom. morte, cruciatu, cruce afficeret, cū prędones accepta pecunia dimitteret, quàm eos qui istum tot, tantis, tam nefarijs sceleribus compertum iurati sententia sua liberarent. Idem quoque de iudicibus Sagas, licet conuictas, absoluētibus dici potest, qui se hoc solùm excusant nomine se id non posse credere quod de Sagis dicit̄, easq́ mortem promereri. Sic enim vocantur in dubium lex Dei, humanæ leges & historiæ, & executiones innumeræ & annis bis aut ter mille hac de causa factæ, & tribuitur Magis impunitas. Si quis autem in hoc regno supplicia criminum esse arbitraria dixerit, fateor illud quidem, nisi edicto aut consuetudine pœna definita sit: antiquissima autem consuetudo in tota Europa obtinet, vt viui concrementur Magi. Hactenus de ijs præcipuè Magis diximus, qui iurati pacto & societate cum Satana cōstringuntur. Sed alij quoque sunt Magi de quibus libro secundo egimus, non perinde quidem detestandi, sed tamen actionibus diabolicis cum diabolo communicāt. Eiusmodi sunt qui nodant ligulas damnabili scelere: ex quibus etsi nonnulli sunt qui hoc sine expressa conuentione aut societate cum diabolo inita faciunt, actio nihilominus est diabolica & supplicio capitali digna [a]. Nā quisquis artem istam colit, Dei legem omnino ac natura violat, impediens effectum matrimonij quem Lex Dei imperat: cùm hac de causa aut matrimonia solui oporteat [b], aut sine prole conuiuere, quod planè

---

[a] *Lucas Penna ad hoc litus l. 1. de priuat. carcer. C. & l. 2. de sepul. viol. & l. vlt. ad l. Iul. de vi pub. & l. præcipit̄. C. de cau. larg.*
[b] *c. vlt. de frigid. & malefic. c. si per sortiarias. 33. q. 8.*

planè est sacrilegum. Neque verò negari potest quin sit homicida: tam enim homicida est qui liberorum procreatiōem impedit, quàm qui alium iugulat. Tertiò mutuam matrimonij amicitiam tollit sanctissimum naturæ & societatis humanæ vinculū, odiumq́; Vatinianum affert. Quartò eodem momento fit ista nodatio quo sanctas voces minister pronūtiat, & dum quicq; debet ad Deum attendere, nodator voces interserit mysteriaq́; diabolica, impietate execrāda. Quintò causam affert scortationibus & adulterijs ex eo consequētibus: nodati enim cùm simul versantur vruntur cupiditatibus & ruunt in adulteria. Sextò multæ eam ob causam committantur cædes hominum à quibus id procurari suspicio est, quamuis ne in mente quidem habuerint. Hæc igitur quinque aut sex crimina nodatores perpetrāt, quæ modò annotauimus vt iudices (quorū autoritate saccularij vel crumenisecæ suspenduntur) istud capitale scelus impunè non sinant effugere: quod Iudex quidam Niortanus fecit, qui postulato præpeditorum coniugū mulierem, cuius facto vicina nubens sic fuerat impedita à coniugali officio, egit in vincula, & nuncq̃ egressuram. interminatus est nisi impedimentum eximeret. Sed cùm hæc elapso triduo nouis coniugibus indixisset vt simul concumberent, soluti coniuges certiorem fecerunt iudicem, & ille impunem dimisit maleficam eo quòd plurimi etiā pueri hāc artem colerent. Cùm itaque hoc crimen pullulet, atque hæc Magorum principia & fundamēta sint, omnino capitali pœna in istud crimen (quod ex diametro Legi Dei & naturæ aduersatur) oportet animaduertere. Quòd si quis dum nodare capit in facto deprehendatur, aut nodationem fecisse comperiatur sed eo irritam quòd timētes Dei nodari nequeant, is flagris primùm ferróque candente dignus est. Si enim is qui venenum miscuit, quamuis consilium non assequatur, tenetur homicidarum subire pœnas, vt lex diserte [a]Doctorúmq; iudicia statuunt: si vir cum veneno deprehensus, aut illud emisse aut vendidisse compertus, in eamdem pœnam condemnatur[b]: si denique is qui monialis attentat pudicitiam [c], licet re infecta damnatur ad morte, quibus tn in rebus est crimen vnicum: certè multo æquius est nodatores istos qui facultatem suam eò contulerunt vt genituram auerterent, grauiùs quàm flagris castigari, cùm maxima sit criminis atrocitas, & Doctores vno ore statuant [d] conatum licet irritum in atrocibus maleficijs capitali pœna plectendum esse: adeóque studium & voluntatem (vt ferè obseruatur) capitalem esse in læsæ maiestatis crimine[e]. Nunc igitur læsæ maiestatis diuinæ crimen esse demonstrauimus, cùm sacramenta aut preces sacræ carminibus diabolicis inspurcantur: licet in alijs criminibus conatuum minor sit quàm effecti pœna[f]. Quod autem de nodantium conatu diximus, ea-

[a] l.1.§.præterea.l.eiusdem.de sicar. D. in l.si quis nō dicam. de episc.C.
[b] D.l.1.codē.
[c] D.l.1.& l.vlt. de cupreß. C.l. vlt. de indicta viduit. C.

[d] D.in l.si quis non dicam.

[e] l.cogitationis. de dœnis, & ibi Doctores.

[f] l.1.prin. de extraor.crim.ff.l. quamuis, de adult.C.Bald. in l.1.§.hæc aūt.quod quisq; iur.ff. Alex.con.ponderatis li.1.col.pen. Bal.con. 443. Machus. lib.3.gl. in §.in summa.de iniur.instit.Florian.in l.item si obstetrix, fin.ad l. Aquil.ff.Cæpo. in repet.l.sugit.col.12. Fel.in c.ex literis.de constit. Bald.cons. 34.casus talis. lib.1.sinc.

dem

dem ratione ad Magos pertinet qui iniecerunt sortem aut ianuas inunxerunt, quamuis nullius mors consequuta sit: maximè cùm lex ei pœnam homicidarum irroget qui cum veneno comprehensus fuerit, aut illud emerit, etiam nullo effectu consequuto.[a] Cætera Magiæ genera quæ noscendis rebus futuris exercentur, puta Geomantia & alia eiusmodi quæ libro secundo notauimus, cùm diuinationes diabolicæ sint commentáque diaboli omnia verbo Dei vetita, ea quicunq; coluerint & conuicti fuerint colere primùm pecuniaria aut honoraria multa oportet affici, secundò flagris & candente ferro, tertiò suspendio. Qui autẽ sese medicinam facturos pollicentur dempto (vt aiunt) carmine, aut diabolicis artibus procellas arcent, imbrésve & grandines auertunt, hos quidem Lex puniri non sinit[b]: sed istos tñ medicos interrogandos esse & peruestigandos confirmo, vt cognoscatur an sint Magi: quòd si nulla probatio habebitur, ipsis nihilominus indicta corporali pœna interdicendum ne medicinam exerceant, & studiosè quid agant obseruandum. Chiromantiam verò (qua ex lineamẽtis manuum ferè audent quidam futuros successus prædicere) quicunq; exercuerint, ijs primũ sub pœna arbitraria volumus interdici illius vsu: libros verò Chiromãtię & Geomantię, qui vbiq; venales pstant, cõcremari, & typographis librarijsq; interdici ne porrò excudãt aut vendãt, cõstituta in eos q secus faxint, 1. pecuniaria multa, 2. honoraria. Ne quis verò

[a] l.3. de sicar. ff

[b] l.3. de mal. C.

se no-

se nomine ignorationis excusari putet, necesse fuerit autorum nomina speciatim exprimi, & in man
datis Iudici cuiq; dare vt libros Magicos qui faci-
undis inuentarijs deprehensi fuerint comburat illico. Hæc enim Iudices Ethnici factitarunt, necq; in
rerum diuidundarum numero censuerunt ista ᵃ, vt
Ephesi quoq; in primitiua Ecclesia fuisse legimus
obseruatum ᵇ. Sic impia ista scelera quæ Christiani dissimulant, ab antiquis capitali supplicio legimus fuisse vindicata. Ab Apronio Romano Præ-
tore Hilarium quemdam ad mortem damnatum
fuisse legimus ᶜ, conuictum Mago filium suum instituendum tradidisse, eumq; ex Ecclesia ad necem
fuisse raptum: hæc enim legis verba sunt ᵈ, culpam
similem esse tam prohibita discere quàm docere.
Valetem quoq; Cæsarem ᵉ, cùm resciuisset Iambli-
chum Alectryomantia scrutatum esse quis ab ipso
Imperator futurus esset, foueam Iamblicho ante
obitum curauisse, & omnes conscios aut suspectos
enecasse suprà annotauimus. Præterea Bassiani cuiusdam bona publicata sunt eo quòd de vxore diuinos consuluisset ᶠ, vtrum ea filium filiámve esset
paritura. Alius Lollianus ᵍ nomine iuuenis admodum in exsiliū missus & bona fisco annotata sunt,
quòd librum magicum exscripsisset; & præstigia-
tori cuidam Sicitidæ adstantium oculos fascinan-
ti oculi sententia lata fuerūt eruti ʰ. Præstigiatores
autem & fascinatores, & quicunq; Necromātiam,
Psychagogiam, Goetiam, & improbatas artes a-
lias exercent, pactione expressa teneri cum Satana
est

ᵃ l.cæteræ.fam.
hercisc.ff.

ᵇ in Actis Apo.

ᶜ Ammia.Mar-
cellin.lib.26.

ᵈ l.4.de mal.C.

ᵉ Socrat.lib.4.
ca.29. Sozom.
lib.6.c.35.Nice-
phor.lib.11. ca.
45. Zonaras li.
3.in vita Valen.

ᶠ Ammia. Mar-
cell.lib.29.
ᵍ Niceph.li.10.

ʰ Nicetas li. 4.

est compertissimum. Naturalem verò Astrologiã & cognitionem eius quod attinet, quia per eam admirabilia Dei opera, coelestium luminũ conuersatio, anni, & tempestates noscunt̃, estq̃ ad medicinam & meteoricorum instrumentorum vsum necessaria, hanc certè cum alijs non oportet confundere: sed eorum abusum auersari qui conditionem vitamq̃ hominum se prędicturos ex ea pollicentur, instituto diffidentię Dei & impietati maximę coniunctissimo. Itaq̃ præstantissima hæc scientia fuit infesta criminationib. adeò vt his appellationibus, Astrologus, Mathematicus, Chaldæus, in legibus sæpe intelligantur Magi [a]. At nõ abusus nomine decet præclaras explodi scientias: alioqui artes scientiasq̃ omnes & ipsam legẽ Dei necesse foret condemnari. Sic permagni viri cùm rectum vsum Astrologiæ & abusum non separauissent, in errorem plurimos induxerunt: Ioannes Franciscus Picus Mirandulanus Princeps eã præter modum criminatus est, Philippus verò Melanchthon plus satis diuinatrici Astrologiæ tribuit. Ægyptij cũ neq̃ abusum possent tollere neq̃ scientiam prohibere, hominibus Astrologos diuinos consulentibus indixerunt canonem, quẽ Blaseunomion velut scrutinium stultorum appellabant: quemadmodum memoria nostra quidam illos fures & prædones consulunt quos vocant Ægyptios, maxima ex parte Magos, vt iudicijs plerisq̃ compertum est. Deniq̃ quibuscunq̃ in rebus mens humana superstitioso metu consternat̃

[a] *l. 2. de malefi. & mathem. l. item apud. §. si quis astrologus. de iniur. ff. l. vl. de malef. & mathem. C. Valerianus lib. 1. c. 4. ait Chaldæos ex Italia exire iussos intra 10. diẽ Coss. Popilio Lenate, & Lucio Calphurnio.*

aut à fiducia in Deum vnicum reuocatur vt vanitati cuilibet hæreat, illis Deus offenditur, eaq́ȝ demum vera est idololatria: proptereà pœnas grauissimas in istos homines Ethnici decreuerunt, [a] quēadmodum in constitutione M. Aurelij hæc verba legimus, [b] *Si quis aliquid fecerit quo leues animi superstitione terreatur, D. Marcus in insulam relegandum hunc rescripsit.* Accuratè igit̄ animaduertenda est sortilegiorū distinctio, vt rectè turpitudo est grauitas magicorum scelerū dijudicari possit, tum quæ homines conuentione expressa cum Satana iuncti cōmiserint, tum que nodatores aliorumq́ȝ sortilegiorum artifices. Sunt enim quædam eiusmodi quæ à magistratu nec tolli nec puniri possunt: vt cōmunis illa multorū superstitio à qua Ethnici metuebant, in agro nendum non esse, inauspicatum esse si è sinistra nare sanguis effluxerit, aut si ante prandium mulieri grauidæ occurratur. Verùm longè grauior eorum est superstitio qui chartaceos orbiculos de collo pendentes, aut consecratam hostiā in pera circumferunt (vt penes gentilem Præsidē deprehendit hostiam carnifex, qui in patibulo mōtis falconis suspendit eū) & superstitiones aliæ cōsimiles, quæ à Scriptura sacra & Rabbi Maymoni de inter vias Amorrhæorum numerantur, & seuerissimè in lege Dei ac Prophetis ob diffidentiam à Deo & insanam erga res creatas idololatríam prohibentur: quod malum non aliter potest quàm Dei verbo corrigi. Agyrtas verò & nugiuendulos circumforaneos Magistratus castigare tenet̄,

& in

[a] *l. si quis aliq. d. depœnis ff. l. sacularij. §. sunt quædam. de extraord. crim. ff.*
[b] *l. si quis aliquid. depœn. ff.*

& in exsiliū relegare. Si .n. Cęsares Ethnici exsilio multauerunt eos qui exercebant ista quò leues animi superstitione terrerent [a], qd Christianos eis oportet facere?& eis pariter qui, vt Aurelijs & Bernæ, spiritus effingunt? Hos certè mortis reos esse constat, vt Bernę effectū est, quid eis qui flentē inducūt crucifixū? qd Mureti ad Tholosam, in Picardia,& Aurelijs in ęde S.Pet. puellaris factū est: sed hęc omnib. tentatis impunè abierūt. Hęc verò duplex est in sacerdotibus & pastoribus impietas: multo maioris, inquam, impietatis sacerdos tenetur aut pastor, qui pactus cum Satana detestabile sortilegium ex sacrificio facit. Etenim omnes Theologi vno ore docent à Sacerdote non consecrari, nisi consecrandi intentionem habuerit, quauis Sacramentalia verba pronuntiet. Itaqȝ Lugduni Curio S. Ioānis minoris viuus crematus est anno millesimo quingentesimo quadragesimooctauo eo quòd dixisset (prout in iure confessus est) se in missa non consecrare hostiam vt damnationi parochos suos subijceret, quia sibi (vt aiebat) lis cum ipsis erat: etsi iustam miseri popelli ignorātiam excusabat Deus. Quanto grauius igitur supplicium meretur Sacerdos Magus, qui blasphemat horribiliter consecrationis loco? Quamobrem princeps Plato in legibus [b] scripsit, Sacerdotem magum sine exoratione morte plectendum esse: turpitudo enim Magicarum sortium in eo qui procurat sacra est atrocissima, cùm ea quę sanctificare debuit polluat, inquinet, ac execrabilibus

[a] d.l. si quis aliqd de pœnis. ff.

[b] lib.11.de legi.

Ed ij

blasphemijs obruat. Itaq; Suessionū Curio, Froissardo teste, qui bufonem baptizauerat hostiamq; sacratam ei ministrauerat, viuus exustus est, neglecta autoritate Canonum qui Sacerdotes Magos solùm excommunicari iubent[a]: etsi hoc potest regeri, non preiudicare pœnam Ecclesiasticam quin magistratus laici supplicia sua irrogent. Quemadmodum autem ex proportione iustitiæ harmonicæ grauior pœna, & atrocius crimen est pro personarum de quibus agitur qualitate, vt si medicus veneficio vtitur, si tutor pupillæ vim facit, si Iudex iniuria afficit, si aurifex monetam adulterat, si vassallus prodit dominum, si patriam vendit ciuis, si principem suum occidit subditus, si Princeps fidē non præstat, hi grauiores merentur pœnas & ij omnino qui contra suum officium venerint[b]: sic etiam Sacerdos Magiam colens non istis solùm omnibus peior est, sed etiam Magos omneis alios execratione vincit qui non funguntur sacerdotio: hic enim Deum suum deserit se expositurus diabolo[c], & res sacras prodit quas sanctas & inuiolatas debuit ante omneis conseruare. Quisquis itaq; Sacerdos aut minister conuictus fuerit speculis, ānulis, securibus, cribris, & rebus consimilibus quæ etiam sine expressa diaboli inuocatione adhibētur magicas sortes exercuisse, mortis supplicio dignus est, cæteri verò exsilij. In criminibus alijs, præter sortilegia & sacrilegia, iniquum foret Sacerdotem puniri grauius, ob cuius dignitatem supplicia oportet minui: & qui Sacerdotes aut ministros Dei offen-

[a] *c. si quis clericus. ex concil. Aurelia. & c. aliquant. ex conci. Agathensi. et c. si quis Episc. ex conci. Tolet. 26.q.5.*

[b] *l. quis decurio. de falsis. l. quædā de pœnis. ff. Thomas prima 2.q.7.artic.vlt. Dinus, Bal. Sal. Iacob. Arena in l. nemo. de sum. Trinit. C.*

[c] *l. presbyt. de Episc. C. l. qui. de pœnis. Rom. sing. 476. & 669. Bal. in c. si quis vero. de pace iuram. Fel. in c. pastorales de iureiur.*

offenderit eum oportet puniri grauius quàm aliarum offensarum nomine, quia maior est ipsius dignitas propter quam ipse inuiolatus & sacer manere debet ᵃ: Si quando verò eo dementiæ venit vt Satanæ seipsum voueat, satis magna pœna infligi non potest. Ex innumeris enim iudicijs sæpe compertum est Magos aut sacerdotes esse, aut conscijs vti Sacerdotibus, qui siue pecunia siue gratia adducti Missas pro Magis canunt, hostias subministrãt eis, puram membranam consecrant, annulos, notatas characteribus laminas, & alia eiusmodi imponunt altaribus aut subdunt linteis, prout non rarò compertum est. Sic nuper deprehensus est Curio: sed impunè abijt fretus autore optimo qui ipsi annulum dederat linteis altaris, dum caneretur missa, supponendum. Secundum Sacerdotes & administros Dei, Magistratus iustitiæ custodes & depositarij sunt peruestigandi, & si qui deprehendantur summo iure puniendi. Nam si quis magistratu fungens in eo numero fuerit, præbebit effugia Magis, eoq̃ pacto regnum Satanæ promouebit. Primaria verò in Magistratum præsumptio est eum magũ esse, cùm ludificatur sortes: sic enim risus specie virus lethale obtegit. Vt autem Areopagitas legum custodes mandauit Solon, si leges infregissent, auream sui ponderis statuam persoluere, Plutarch. teste:ᵇ sic Magistratum magum qui pœnas de Magis tenetur reposcere, si viam euadẽdi eis aperiat, castigari opus est seuerissimè: fecit enim Iudicum dissimulatio vt hoc malum in infini-

ᵃ *Philo in lib. de sacrificijs.* Leuitic. 2.

ᵇ *in Solone.*

tum propagaretur, cùm Triscalanus Regi Carolo ix. dixerit in hoc regno esse ampliùs trecenta Magorum millia. Aulicos item Magos promiscuè sine conditionis discrimine, vt Lex ait, *a cruciatibus exponi est æquissimū. Nec immeritò lex seuerè Magos aulicos iubet pœnas luere: vnicus enim in comitatu Magus omnibus viris fœminisq́ principibus corrumpendis sufficit qui sequuntur aulam, adeóq́ summo principi peruertēdo: quia principes curiosè student præstigias Magorum videre & cognoscere, tanquam si hac via aliquid magni effecturi essent. Satanæ verò nihil antiquius quàm vt eo principes attrahat, quia simulac immersi sunt, nihil procurant aliud quàm vt voluntati illius pareant, omnem religionem ludificentur, exemplum popularibus adulterij, incestus, parricidij, crudelitatis. exactionumq́ præbeant, & seditiones inter subditos bellaq́ ciuilia moueant ad spectandas cædes exhibendaq́ diabolo sacrificia sanguinis innoxij, quæ ei sunt acceptissima: prout improborum conseruationi consulit. Hos ex ordine sequuntur matres, quæ filias suas in diabolicos cœtus deduxerint. Ac filiæ quidem, si matres suas antè indicauerint quàm in iure cognitio de eis institueretur, duobus nominibus merentur veniam, tum quia factū accusarunt, tum quia ipsas pœnitet: Sin post cognitionem susceptam, minores ætate & resipiscētes virgis cædi suffecerit, deinde verò honestæ alicui matronæ instituendas cōmitti. Nā etsi in castigandis delictis ætati minorū veniā iniquum est dari

*l. nemo aruspicè. de malefi. C.

dari, aliquid tñ, ait lex a, de rigore legũ oportet resecari, præsertim si reus minor fuerit ann. 18. b Sin autem neqɜ expressa pacta neqɜ magicorũ conuetuũ aditum fateri voluerit, sed aliorũ vincat̃ testimonijs, morti adiudicandus est: sic. n. firmũ statumqɜ consiliũ cum diabolis initũ à se fuisse ostenderit. Si enim lex impubem puerum c, qui dum occidebat̃ herus non exclamauerit nec occisores accusauerit, addicit morti (vt puer vndecim annos natus qui puellam ictu lapidis occisam abdiderat, decreto Curiæ anno M. C C C. X C I I I I. sirpicula ad patibulum tractus vitam finiuit laqueo) multo æquius est puerum magum qui pubertatem attigerit capitali supplicio affici, nisi diabolicos coetus indicauerit, maximè si præoccupatus in iure & conuictus infitiabitur. Nam etsi parentes Magi liberos suos diabolis dicare solent, hi simul atque ex vtero processerunt, illi antequàm in lucem fuerint editi: tamen diabolos expressè cum pueris sibi dicatis non antè pacisci demonstrauimus quàm pubertatem attigerint, vt ex interrogationibus Ioannæ Haruilleriæ didicimus, quæ se quidem à matre Sataneɜ fuisse dicatam exposuit, sed non antè nuptui traditam ei, neque de concubitu à Satana, & de abnegatione Dei & omnis religionis compellatam quàm duodecimum ætatis annum attigisset. Similiter Magdalena Crucia Cordubensiũ in Hispania monialium Abbatissa confessa est Satanam rem non antè secum habuisse quàm duodecimum annum ageret. Sed supplicium ignis, cui maio

a. l. si aduers. delict. C. l. auxilium. de minor. ff. b auth. si captiui, cum glos. de Episc. & cle. C. Iacob. Are. Sal. in l. si quis in tantum, vnde vi. C. Philipp. Corn. cons. 247. lib. 1. c l. excipiuntur. ad Syllan. ff.

maiores annis adiudicari oportet, mitigari potest. In hac autem causa tam execrabili supplicium ob imbecillitatem sexus foeminei non debet minui, nisi seria poenitentia ductæ Deum ex animo inuocabunt: qua in specie supplicio ignis sublato poenitentem præfocari aut strangulari æquū est. Quisquis autem in pactione cum diabolo perstiterit *ἀμετανοήτως*, vt pleriq; faciunt, cum supplicio ignis oportet subijci, ac non poenam (quæ ex iure & lege Dei capitalis est) minui, siue baptismi nomine siue poenitentiæ: quæ poenam aliquatenus imminuit ^d nulla enim poenitentia supplicium istud abolere potest ^b, cùm Ecclesiæ potius & canonici iuris consilium sit iustitiam coli ^c. Quamobrem Canonistæ omnes consentiunt eum quem poenituit sui criminis in foro laico accusari & puniri posse: nam Ecclesiæ absolutio, inquit Baldus ^d, nullum præiudicium brachio seculari facit. Pleriq; etiam Doctores & ciuilis iuris & Canonici ^e poenitentiā aiunt quamuis amplissimā nihil de grauitate supplicij legibus imperati deminuere. In hanc sententiam scribit Decius se iudiciū contra Iudęum pronuntiauisse, qui ad supplicium criminis à se commissi minuendum Christianus esse voluerat: sed magistratum Paduæ de sententia doctorum omnium nihil de poena derogasse. Idem quoque iudicium Theologorum est ^f, & lex ipsa Dei hominem

lib. 4. sentent. & c. quod aũt. 32. q. 1. & c. vlt. de poenis. item dist. 7. & c. 2. si. de consecr. dist. 4. Cald. Anto. Butrig. Imola, Fel. in c. de his. d accusat. glos. vlt. 49. dist.
^b *l. 2. §. si quis à pr. ne quid in loco pub. ff. & c. super co. de off. deleg. & c. ex tu arũ, de author. & vsu pallij.*
^c *c. 1. de alien. seu. & cau. vlt. 29. q. vltima.*
^d *in l. placet. de sacrosf. ecc. C.*
^e *in c. admonere ver. poeni. 32. q. 2. & glos. Inno. & Hostiens. in coll. vlt. fine. Io. Andr. Ant. But. Panorm. in c. gaudemus. de diuort. Marian. et Franc. in d. c. de his. de accusat. Card. in Clem. 1. §. sanè. de vsur. Lucas Penna in l. si apparitor. constit. & con. sentent. dist. 2. artic. 1. coll. vst.* coll. penult. de cohortib. C. lib. 12. Decius in c. quæ in Ecclesiarum. coll. vlt de constit. & con. 132. ^f Alex. Ales. in 4. sentent. q. 20. mem. 1. artic. 2. Bonauent. in d. 4. sentent. dist. 2. artic. 1. q. item Thomas in 3. parte sum. q. 68. art. 5. Astesanus li. 4. tit. item. 4. artic. 1. coll. vst. Ant. Florent. in 1. parte 3. p. princ. tit. 14. cap. 13.

qui cerqui certo consilio alterum occiderit à sacro altari necandum iubet abripi, ne fortè religionis, libertatis, aut pœnitentiæ velo se obtegant improbi vt supplicia legibus instituta queant euadere, sed potius quocunque modo meritas pœnas luat improbitas: quem ad scopum omnes Iurecoss. animum aduerterunt maximè *a*. Atque hæc respôsio ad eorum dicta qui specie pœnitentiæ Magis effugia nituntur comparare. Nam si homicidam cùm respuerit nihilominus morte iubemur afficere, cur effugiat Magus millies sceleratior? De ijs autem hęc volumus accipi quos anteuertit cognitio Iudiciũ, & qui se posteà ingerunt in monasteria, non alio consilio quam vt domus dicata sanctimoniæ spelunca parricidarum atque Magorum sit. Non est igitur quòd eorum Magorum persecutionem Magistratus differat, qui se in monasteria iudicijs pręuenti conferunt, sed eorum supplicium exemplo esse alijs opus est neglecta amictus priuilegiorumquę ratione: quibus (vtcunque alij statuerint *b*) non debet esse in hac causa locus. Nã si homicidã Lex Dei ab altari sacro rapi ad supplicium iubet, quid Magum parricidis omnibus deteriorem reclusum monasterio à iustissimis pœnis iure eripuerit? Si verò præuentus quidem, sed nõ conuictus Magus fatebitur verum & consortes criminis indicabit, non alienum à ratione fuerit, se pœnitebit eum, supplicium ignis mitigari *c*, cùm quia minus

1.q.7. *&c. non dicatis* 12.q.1.glos.not.in l.non omne.§.vlt.de re milit.Panorci,& ibid.Felinus coll. 2.l.edicto princ.de iure fisci.l.3.§.vlt.de al.iu.

a l.ita vulneratus.fin.ad l. Aquil.ff.l.conueniri, de pactis dotalib.l.si maritus.§.legis. versu cæterũm. de adulter.ff.
b Oldrad.cons. 4.quòd l.i. us. Bar.in l.de vonis.Bald.in l.fine.an ser.ex fac.sup. Cæpola cautela 9.lasi in l.pen.princ. vlt.not.de iurisdict. Bar. Guillelm. Iacob.Butrig. & Bald.in l.vlt.qui satisfd. Ioan. Andr. in c.1.de oblat.ad ratio. Cynus in auth.causa quæ sit. de Episcop.
c l.1.ne tut. vel cur.C.auth.sed nouo iure.C.de pœna iud. qui malè iud.c.vlt. & ibi glos. de furt. & c. inter corporalia. vel sic. sanè de trãl epise. & c. vlt. & ibi glos. so. dist. & cap. si quis omnē fin. in c. at si clerici.

[a] Exo. 22. &
Nam. 5.
[b] Pan. & Felin.
in c. at si cleri-
ci. col. 2. vers.
nota. de iud.
extr. glos. in c.
3. 50. dist. per c.
vlt. 14. dist.
[c] Pan. in c. de
hoc. de si mõia.
[d] Bald. in l. ea
quæ de cõd. in-
deb. C. q. 10. c.
vlt. de iuram.
calũ. lib. 6. Bal.
in l. contra ne-
gantem. col. 1.
de l. Aquil. C.
& in c. vassal-
lus, ibi coll. 3. st
de feudo suæ. c.
controuer. &
in 1. §. porro.
col. 4. tit. quæ
su. prima cau.
seu. Ang. in §.
ex malef. col. 8.
Barbat. cõs. 28.
[e] l. id quod ser.
§. 1. de pecul.
leg. & ibi Bar.
& l. palam. §.
vlt. de rit. nupt.
ff. Bald. in l. ea
quæ. q. 2. de cõ-
dic. indeb. C.
Pet. Ancarā. in
c. perpetuæ col.
bo deducta 4.

reus est, tum quia cæteri hac via ad confessionem veri & resipiscentiam adducuntur. Athenis etiam, ait Plutarchus in Alcibiade, reus absoluebat qui necdum conuictus fatebatur: sed lex ista non obtinuit, quia consequebatur ex ea maleficiorum impunitas. Imò verò ex diuina lege [a] qui furtũ suum sacerdoti fatebatur, furtum restituere & quintam superaddere tenebat præter oblationem peccati: multo igitur minus lenienda pœna est si confessus euinci potuerit [b]. Si quis verò neque accusatus, neque præuentus neque reus actus fatebitur qui conuinci non potuerat, & facti pœnitentia ductus conscios accusabit, hic venia dignus est: non quòd istud capitale non sit adorauisse Satanam & Deum abnegasse, sed vita huic permittenda est, cùm vt sit delationis præmium, tum vt hac arte alliciantur cęteri. Alioqui confessio [c] quæ pręuentionem sequuta ante probationem facta est vllam've probatiõis speciem, minuere quidem at non tollere supplicium potest [d]: nisi forte edicto aut lege diserte caueatur ne Iudices pœnam lege constitutam minuant: ita enim voluntaria confessio accusationem antegressa [e] nec absolutionem nec leuamen vllum afferret supplicij. Hic enim legis interdictum plus potest, quàm Magistratuum omnium autoritas. Quæstionem aliquis forte iniecerit si princeps vassallũ dominus subditum, herus seruum, pater filiũ, aut mater filiam coëgerit cùm Magis facere, adire cœ-

1. de elect. lib. 6. Florian. in l. 2. ad l. Aquil. Ang. Aretin. in tract. malefic. in verbo parte. Bald. in l. vlt. coll. 2. de excc. rei iudic. C.

tus,

tus, abnegare Dominum, an ij legalibus pœnis teneantur. Equidem quæstionem hanc nihili esse duco, cuius species nec vera est nec verisimilis, qa plenam assensionem liberamq́ hominum voluntatem Satanas postulat, prout exemplis antè commonstrauimus. Quod si quis pater aut dominus tanta improbitate esset qui filium suum eò compelleret vt abnegaret Deum, non continuò magus aut supplicij in Magos constituti reus hic dicendus esset: nam peccatum nisi voluntarium non est peccatum. Augustinus inquit. Atq́ in hac quidem causa ij legibus absoluuntur ᵃ quos necesse fuit obsequi: eorum verò qui potuerunt non obsequi, sed reuerentia aliqua ducti paruerunt, pœnę summo iure non repetuntur, sed lenius cum eis agitur. Verùm hoc ad atrocia crimina pertinere non potest, ad istud verò inprimis detestandũ minimè: cùm in hac causa Lex Dei occidi mandet ᵇ quisquis facinus solùm suaserit tam execrabile. At puellæ erga matrem, pueri erga patrem, seruuli erga herum obsequium pœnam mitigari flagitat, si antè confessio & pœnitentia quàm conuictio pareat ᶜ. Huc accommodari potest illud Senecæ in Thyeste, *quem peccasse pœnitet pene est innocens*, si vera fuerit ac non ficta pœnitentia. Et quàuis Principis aut summi Magistratus preces plus possint quàm violentia ᵈ obsequium tamen in tam execrando scelere caret excusatione:

Bartol. in tract. de tyran. q. 7. Castren. con. 70. col. 4. li. 4. innocent. in c. & iureiur. Soc. in c. conf. 263. cau. rogo. 11. q. 3.

ᵃ *l. sed & si vi- uus. §. si iussu dom. in. de iniu. ff. & l. vlt. fine & ibi gl. de bo. dan & l. seruus & ibi. de actio. & oblig. ff. l. liberorũ. §. ex- cusantur. de ijs qui not. in fa. ff. l. liber homo. ad l. aquil. ff. l. ad eã. de re- gul. iur. ff. aub. sed nouo iure, de custo. reor. l. si seruus, de sepulc. viol. C. & ibi Faber Gellius li. 2. c. 9*

ᵇ *Deut. 15.*

ᶜ *l. seruos, & ibi Bal. & Sali- cet. ad l. Iul. de vi pub. C. & in l. 2. & ibi glos. Faber & D. de sepu. viol. C. gl. in c. dixit Do- minus. 14. q. 5. & in c. quod quis. de regul. lib. 6.*

ᵈ *l. 1. quod ius- su, & ibi glos. petitio princi.*

nam neque Principi imperium est in subditum cõtra legem Dei, neque vlla subdito ad obsequendũ necessitas. Iubet tamen æquitas supplicio adhiberi modum si confessio facti pœnitentiaq́; aderit: sin autem aperta vis iustusq́; mortis metus presserit immorigerum (etsi mori præstat quàm obsequi) hic tamen obsequium ad euitandam pœnam corporalem præstitum quodammodo accusatione dignum est [a], etiamsi Magus sortilegio quo fuit impulsus hominem enecauerit: quemadmodum si indicta capitali pœna cogeretur hominem occidere, non esset propterea homicidarum pœnam subiturus [b]. Doli enim & fraudis non potest accusari, modò præcisa fuerit (vt dixi) indicta morte aut cruciatu impulsio [c]. Sed quid de eo dicturi sumus qui Deum & suam religionem abnegans se dedit Satanæ lege mancipij, vt reualescat à morbo, vt à metu mortis hostis ve liberetur? quo supplicio dignus est qui seipsum vouet Satanæ, vt curetur à morbo incurabili? etsi anteà ostendimus vix fieri vt vnus ex denis, idq́; à sortilegijs solùm reualescat. Certè imperitus aliqs in hac causa quodammodo à supplicio capitali excusatus esset, non autem literatus quispiam: licet in isto crimine nullus sit ignorantiæ locus. Nemo enim ausit bona fide dicere per errorem factum vt Deo Creatori suo renuntiaret & se Satanæ permitteret: præterea ex omnibus iudicijs constat voluntatem liberam Satanę acceptã esse. Error verò hominũ in illicitis demum sortilegiorum formis est excusabilis, quæ nõ

habent

[a] D. in c. sacris. de ijs quæ vi metusve cau. & c. presbyteros. 50. dist. Alexand. Ales in 3. parte summæ. q. 41. membro 4. artic. 7.
[b] Bal. in §. iniuria. tit. de pactis iuram. firmandis. & Petrus in l. scientiam. §. qui cũ aliter. ad l. Aquil. Cynus & Faber in l. 1. vn de vi C. Bar. in l. 2. noxali. ff.
[c] l. metum autem. de eo quod met. ff. l. vani. de regul. iur. ff.

habent conuentionem cum Satana iuramento cōfirmatam, vt sunt annulorum, speculorum, cribrorum, & similium sortes, in quibus multi (vt antè diximus) aliorum exemplum imitantur. Sed hæc tamen actione prima non oportet impunè abire, quin potius aliquo pacto multari, secunda corpore pœnas luere, tertia ad mortem damnari: cùm saccularius tertiò conuictus ex generali consuetudine vltimo supplicio afficiatur plurimùm [a]. Quid autem fiet illis qui malignos spiritus inuocarunt, eisque pelliciendis suos ritus mysticos obseruarunt, licet non aduenerit Satanas (quamquam semper aduenit) neque responderit? Imitatur enim scorta callidissima quæ rogari expetunt. Horum profectò non tentamentum solùm est, sed detestabile sortilegium, idq; perfectum atq; absolutum. Hic est igitur pœnæ capitali locus, neque in hac causa æquum fuerit de pœnis minui quæ in conatus irritos ac non effectos constitutæ sunt [b]: nō enim conatus simplex, sed gestum scelus atq; perfectum dicendum est [c], cùm inuocatus fuerit & oratus Satanas, quod certissima Dei renuntiatione coniūctum est. Is ergo diuinis legibus & humanis abutitur qui ea specie ignoscit pœnitenti Mago, quòd hæretico pœnitenti leges [d] & Canones [e] iubeant condonari: etsi magistratus permultis locis antehac ita prospexerint, vt quisquis die Veneris edebat carnes viuus igni traderetur, nisi hominem pœniteret (sicut apud Andes anno M. D. X X X I X. factum est) si pœnitebat, per commi-

[a] Angel. de maleficijs, verbo etiā vestē. pag. cxcviij. Cādin. in tract. de malefic. rub. de siribus, & lege Friderici de pace Constantiæ. bl. 1. §. diuus & ibi Bart. ad l. Corn. de sicar. ff. & in l. si in rixa. col. 1. cod. Bal. in l. si quis non dicam, de episc. C. & l. is qui cū telo, & duab. seq. de sicarijs. C.

[b] Bal. Alex. Sa-licet. in limitat. l. si quis, non dicam. de epis. C.

[d] Manichæos, de hæretic. C.

[e] c. ad abolendam. §. pœnitēti. de hæretic. lib. 6.

ferationem vitam finire laqueo iubebatur. Quisquis enim rem legi Dei aduerfantem credit, vt sit hæreticus, tamen opinione mutata conscientia integra permanet. Qui verò Satanã adorat Deũ ve abnegat (quæ duo funt coniunctifsima) is rem effecit quę non poteſt non eſſe facta: prout in iure dicitur, factum infectum eſſe non poteſt. Si qui autem Deo non renũtiauerint, fed characteras, circulos, & inuocatiões vfurpauerint prout in libris vetitis fcriptas inuenerunt, nec familiaris (vt vocant) fpiritus aduenerit, perfonarum difcrimen oportet obferuari. Si imperitus fecerit, nefciens iſtos fpiritus è numero diabolorum eſſe, huic honoraria & pecuniaria multa imperabitur: Nam etſi voluntas effectu carens pœnas non luit in Gallia[a], eſt tamẽ aliquis effectus in hac caufa, puta inuocatio. Sin autem literatus vir & iudicio valens vtať inuocatione, reus eſt mortis: fciens enim prudens Satanam inuocauit, vt vident omnes. Quòd ſi vir in multam honorariam damnatus maleficij iſtius nomine recufet contumaciter iudicatũ facere, hũc morti adiudicari neceſſe eſt, quemadmodum ex decreto Curiæ die xvij. Aprilis M.D.XXIX. Ioanne Berquino factum eſt, qui honorariam multam hærefeos nomine recufans fubire, damnatus eſt ad ignem viuus, & ſtatim iudicium effectum. Quod tamen in Gallia conatus irritus pœnas dicitur non luere, non femper verum eſt: cùm in atrocibus criminibus conatus effectu carens puniatur[b], & qui venenum præbuit, re nõ fequuta

quam-

[a] *Bar. in l. ſi ri-xa & l. 1. §. diuus. de ſicar. ff. Ang. de maleſic. verbo in platea, nu. 31. Doct. in l. ſi qs non dicam. de epiſcop. C. & ibi Baldus.*

[b] *Bal. Salic. in l. ſi quis non dicam. de epiſ. C. & in l. cogitationis. de pœnis. vbi Bart. l. is qui cum telo, de ſicar. C. & Bart. in l. generaliter. §. 1. de calumniat. ff.*

quamuis non æquè grauiter, puniatur: quod in omnibus delictis obtinet. Non est autem in potestate Principum vt crimen condonent quod lex Dei capite plecti iubet, vt est sortilegium. Principes certè Deo permagnam iniuriam faciunt, si tam horrenda maleficia directè in maiestatem ipsius commissa condonauerint, cùm minimus quisque Princeps iniurias sibi factas capitali pœna vindicet. Quamobrem quicunque Magis effugia comparant, aut eos summo iure punire nolunt, ij pro certo habeant fore vt Magorum arbitrio à Deo permittantur: similitérque regionem quæ eos tolerauit, peste, fame, bellis afflictum iri: & qui vlti fuerint, eos benedictionem Dei percepturos eiusque furorem sedaturos. Atque hæc causa est cur virum magicarum sortium accusatum nunquam planè absolui conuenit, nisi accusatorem indicémve calumniatum esse luceat meridie clarius: horū enim scelerū probatio adeò abstrusa & difficilis est, vt ex centenis Magorum millibus ne vnus quidem accusaretur aut pœnas lueret si defecti probationibus aduersarij ad ordinarias iudiciorum leges cogerentur: ac propterea in causis criminalibus Edicto prohibentur Iudices ne id sinant fieri, nisi res comparatæ sint: quamuis Lacedæmonios Plutarchus scribat de more nunquam planè secundum reos iudicasse, sed carcere solùm liberauisse ad reuocationē vsq; in omni crimine. Cùm Sibylla Dinscops Saga in Ducatu Cliuēsi cremata esset, suprà annotauimus

manum

manũ quę viatores infectabat momento deftitif-
se: cremata quoqɜ Biebrana ad Laodunum Saga,
lues quæ veneficijs homines & pecora infeſtabat
fuit fublata. Nec illud omittendum est quod ex D.
Adamo Martino illius iudice accepimus, cùm illa
mulieri cuidam comminata dixiſſet eam nunquam
puerum lacte vberum ſuorũ alituram, exaruiſſe
vbera: & quamuis multos ex eo tempore pepere-
rit, nihilominus lacte caruiſſe, donec Saga iudicio facto cremaretur viua Deo iudice iuſtiſsi-
ſimo, contra quàm Iudices (quibus ſtrangulari eã
placuerat) conſtituerãt, & cogitabat carnifex. Et
ſi grauius eſt obrui lapidibus (quod lege Dei pre-
cipitur) quàm viuum cremari, vt Moſes Ramban
annotat[a]. Memini me in Malleo maleficarũ legere, peſtem de vico Germaniç in agro Conſtantienſi non abiuiſſe, donec Sagam quamdam humo e-
ruiſſent & in cinerẽ redegiſſent corpus. Sic Veri-
gnij ad Cucium fœmina quædam fuit accufata &
traducta multorum maleficiorum nomine, qua li-
berata ex probationum defectu pecudes innume-
rę & homines enecti ſunt, vt ex incolis audiuimus.
Hæc menſe Aprili M. D. LXXIX. deceſsit de
vita: ex eo Verigniani homines & pecudes quie-
uerunt ab hoc malo, nec amplius vt ſolebant mo-
riũtur maleficiſs. Ex his facile cognoſcitur ceſſare
effecta cauſis præcipuis eorum deſinentibus:
quæ tamen Deus pro voluntate ſua ſo-
let immittere ad eos quos viſum fuerit affligendos.

OPL

[a] lib. 3. more nebocim.

OPINIONVM IOANNIS VVIERI CON-FVTATIO.

SVB finem istius operis, cùm propè esset vt excuderetur, Typographus cui mandaueram misit ad me nouũ Ioannis Vvieri Medici librum de Lamijs, in quo defendit Magos & Magas supplicijs affici non oportere: hoc impressione operis distulit. Iamdiu fuerat Vvierus in hac sententia[a]: quia verò leui brachio firmamenta opinionis illius attigerant quidam, nec ei valde obstiterant, sic ille respondit vt si victoriam adeptus esset. Hęc mihi data est ad respondendum occasio: non quòd abripiar odio, sed primùm ad tuendum honorem Dei, contra quem se armauit ille: secundò vt quorumdam Iudicum opinionem eximam, quorum iste mutatam sua opera sententiam fuisse gloriatur, & tantum suis libris effectum vt iam lege optima è vinculis liberentur Magi, Iudices alios quorum calculis damnantur illi, vocans carnifices. Hoc ab vllo homine dici non mediocriter miratus sum, cùm opinionẽ istam ab homine aut imperitissimo aut improbissimo necesse sit proficisci. Ex libris autem Ioann. Vvieri animaduerti-

[a] *lib. de præstigijs.*

mus eum non imperitum, sed medicum esse. Verumtamen in libris suis mille sortilegia damnabilia edocet*, etiamq; voces, inuocatiōes, figuras, circulos, characteras apponit Magorum principum qui post omnem hominũ memoriã extiterint, vt execrabilia mille scelera, q̃ sine horrore non potui legere, perpetrent. Preterea singulos autores Magos seculorum omniũ adducit & celeberrimos, vt à legentibus consulantur: & (quod grauius est) in fine libri de p̃stigijs excusi Basil. M. D. L X X V I I I. Monarch. diabolicę indicē conscripsit, nomina & cognomina 72. principũ exponens & diaboloru̅ 7405926. saluo errore calculi. Nam diabolorum plebem in legiones refert, quibus singulis sexies millenos sexcentenos sexagenos senos attribuit, addens eorum conditiones, proprietates, & quos ad vsus inuocari possint. Postquam verò doses diabolorum docuit religiosissimè, hæc verba subijcit, sed hoc nefarium est. In l. 1. 5. medicos. de varijs cognitionib. ff. dicitur eum vocari medicum non oportere qui incantauit, qui imprecatus est, qui (vt vulgari verbo impostorum vtar) exorcizauit: non sunt ista medicinæ genera. Id verò Lex Dei non imposturam simplicem, sed detestabilem impietatem esse dicit. Is igitur dici Impostor potest cui non satis est exercere, sed qui etiam libris impressis scelera docet eiusmodi, eaque vt fucet, aliquid de Deo & lege ipsius nonnunquam interserit: qua fraude Satanas & administri eius semper abutuntur, vt obducto

lib. 3. & 4. de præstigijs.

CONFVTATIO.

ducto rerum sanctarum velo impietatis genera quælibet venditent. Fernelius inquit[a] Magum à se fuisse visum, qui orationes & voces sacras cum barbaris confusas enuntians, quicquid placuerat in speculo videndum exhibebat: idem narrat Origenes & Græcus interpres Synesij[b]. De V. viero autem & similibus illud merito prædicari potest, quod Dionysius ad Sosipatrum de Apollophane, Diuinis aduersus Deum nefariè vtitur. Itaque fatetur Vvierus se Ioannis Tritemij Steganographiam exscripsisse quam in musæo Magistri sui Agrippæ repererat, librum orationibus dæmonumq; inuocationib. plenum, & supra oēs libros (vt ait Carolus Bouillus) detestabilem. Lollianum quendam iuuenem multatū exsilio, & bona eius publicata legimus[c], q̃ librum magicum descripsisset: quid igitur ille mereat̃ qui defendit eā, adeoq; scriptis & sermone docet? Nō est igitur Vviero cùm Dei meminit habēda fides, in cuius libris blasphemiæ tam horribiles offendũtur. Vt enim nullum venenum tam capitale est quàm illud quod ex saccharo aut cōdimentis suauibus infunditur, quia auidiùs sorbetur & difficiliùs egeritur: sic nulla est maior impietas quàm cui pietatis species prætexitur. Satanæ fuisse Magos omnis generis antè ostendimus. Fuerunt complures Papæ, vt Cardinalis Beno, Nauclerus, & Platina scribunt, fuerunt Reges, Principes, Sacerd. Concionatores, Iudices, & Medici permultis locis, fuerunt deniq; in omnib. opificijs.

[a] lib.1. de abditis rerũ causis.

[b] in lib. περὶ ἐνυπνίων

[c] Niceph. li. 10.

Gg ij

OPINION. IO. VVIERI

Sed gratiores certè administros non habetijs qui alios efficiunt Magos, eosq́ue in sua retia sermone aut scriptis pertrahunt, & qui impedimento sunt ne pœnas luant meritas. Guilhelmum Luranum Theologiæ Doctorem Concionatorem celebrẽ [a] antè notauimus ob crimen Magiæ Pictauij damnatum esse anno M. CCCC. LIII. die 12. Decembris, testimonijs & confessione propria conuictum (quæ adhuc in actis Pictauiensibus extãt, vt ex Saluerto Pictonum Præside cognoui) quòd mutuo obligationis instrumento cum Satana confecto (hoc autem penes eum fuit deprehensum) renuntians Deo & sacrificans diabolo promisisset se prædicaturum (vt fecit) fabulas esse quicquid de Magis dicitur, crudele factum esse ad mortem damnari Magos: hoc pacto, inquit ille, Magorũ punitio cessauit, regnumq́ Satanæ augescente in infinitum Magorum numero fuit confirmatum. Nondum omnes socij Concionatoris istius perierunt. Etenim nuper Sacerdos extitit Motanus nomine famosus Magus, qui agebat exorcistam: diabolus verò nullius causa se exiturum quàm istius prædicabat. Vuierum diem scribentem legimus quod ille Diabologię Doctor prædicabat. Neque verò leuiter illud omittendum, quòd Vuierus confitetur [b] se fuisse Agryppæ discipulum Magorum sua ætate facilè principis, nec discipulum modò sed administrum & seruum: bibisse, comedisse, & cubuisse cum eo (vt fatetur ipse) postquàm Agrippa diuortium ab vxore fecerat. Quod autem

Paulus

[a] Petrus Mamor. in flagello maleficor.

[b] lib. 2. cap. 5. de præstigijs.

CONFVTATIO. 421

Paulus Iouius [a] & alij scripserunt nigrum Agrippæ canem, quem vocabat Dominum, postquàm ille in Xenodochio Gratianopoli vita defunctus est, se coram omnibus in fluuium dedisse præcipitem, nec fuisse visum ab eo tempore: hunc scribit Vuierus non fuisse canis specie Satanam, sed verum canem quem ipse loro post Agrippam duxerit, eumquè medium inter Agrippam & ipsum cubuisse. Cum verò Magi recordatur magistri sui, fidelis memoriæ Agrippa, inquit [b], aut venerandi præceptoris mei Agrippæ: quamuis nemo sana mente præditus non confiteatur lectis Agrippæ libris eum inter Magos principatū obtinere. Manifestum illud est ex epistolis quas adiecit ad finem libri tertij de occulta philosophia, vbi ad Italum quemdam ordinis Augustiniani scribens clauem occultæ philosophiæ à se amicis solùm dicit asseruari: is autem liber quartus est, discipulorum & amicorum Agrippæ opera post magistri obitum mandatus typis, qui liber tanquam clara luce detestabile Magiæ venenum retegit, omnes dæmonū inuocationes, circulos, characteras, & sacrificia Satanæ oblata. Hactenus qui vir fuerit Agrippa placuit ostendere, ne cui videatur mirum si Vuierus tantopere ad defensiōem Magorum exarserit, vt Magistratus sęuos carnifices & lanios non dubitet appellare. Quinetiam legem Dei conať corrumpere [c], vbi sic dicitur, *Præstigiatricem non sines viuere*: arripiens enim Græcam interpretationem affirmat legis sensum esse vt venefici ac non Magi

[a] *in Elogijs.*

[b] *lib.3.cap.35.*

[c] *Exod. 21.*

Gg iij

tradantur morti, & fretus voce equiuoca Hebraicum textum præterit, cuius maxima est euidentia. Atqui hæc Legis verba sunt מכשפה לא תחיה. Hebrę́um vocabulum fit à כשף quod est præstigias oculis offundere: vnde מכשפים dicuntur præstigiatores in Exodo ᵃ & alijs scripturæ locis ᵇ quos annotauimus, vbi vox non alios designat quàm Magos. Sed quoniam Magi hominibus mortem plurimùm afferunt, & pulueribus, ossibus, ac venenatis animalibus abutuntur, eos Græci φαρμακείας, φαρμακὸς, & φαρμακεύτας dixerunt, fœminas verò φαρμακίδας & φαρμακευτείας, prout pars Magorum maxima Medicos solet ac Exorcistas agere. Vuierus autẽ fucũ volens legi Dei facere verbis Hebra. scriptæ, obducta specie Græcæ interpretationis turpiter lapsus est cùm ait Veneficos φαρμακεύους appellari, quod vitio typographi non accidisse accentus arguit: nam etiam itidem scriptum est in præfatione libri de præstigijs, & lib. iij. cap. xxxviij. & lib. vi. ca. xxij & lib. de Lamijs ca. iiij. cùm φαρμακίας aut per crasin φαρμακᾶς fuisset dicturus. Sed in rebus lapsus longè est grauior. Nam Hebræus Philo & septuaginta duo interpretes commodiore Græca voce destituti sic interpretantur Mecaspha, qua significant̃ sage. Græcũ autem φαρμακᾶς & seplasiarios seu pharmacopœos, & veneficos, & infectores, & herbarios, & Magos denotat, & eos qui olim purificabant impurata templa, & qui eijciebãt diabolos (hos lex impostores & exorcistas vocatᶜ) quod Eustathius in librum vigesimum secundum

ᵃ Exod. 7.
ᵇ Habac 3.
Miche. 5.
2. Reg. 9.
2. Paralip. 33.
Esai. 47.
Ierem. 27.
Dani. 2.
Nahum. 13.

ᶜ L. 1. §. medicos, de varijs cognitionib. ff.

CONFVTATIO.

dum Odiſſeæ annotauit ſub finem. A Græcis aũt plerumq; ac non ὁμωνύμως Magos appellari φαρμακὺς non aũt veneficos, demõſtrat Dioſcorides cùm de Rhamno inqt. ἀφαιρεῖ τὰς τῆς φαρμακίας κακεργίας, & Ariſtoteles agens de hippomane lib. 6. cap. xviij. de hiſtoria animalium, Magos οὖν πολίτας φαρμακείας vocat, cùm Hippomanes tradit vſui eſſe Magis: quod tamen non venenum eſſe vſus Magorũ indicat, qui ex eo conficiũt amatoria. Theocritus etiam Hippomanes herbam eſſe narrat in Theſſalia naſcentem, hoc eſt, Theſſaliæ pharmacum. Hęc in Ecloga Sagæ (φαρμακὀντείαν nominat) quæ carminibus, votis, precibus, & inuocationibus omnibus vtitur apud aſtra & dæmonas, adhibita volucri quam Gręci ἴυγγα, Latini Motacillam, Galli *Mouette* nominant, non ad tollendũ veneficio, ſed ad pelliciendum amaſium qui procul aberat: nam motacillæ non eſt inſuauis cibus. Quamquam Seruius voce ἴυγγε ait ſignificari fiſtulã ſonandis Magorum criminibus accõmodam: itaq; oſtẽdit nihil veneni eſſe, vtrauis ſignificatiõe acceperis. Ariſtoteles [a] etiam de Sippe volucri loquẽs eodem ſenſu φαρμακέαν accipit, cuius hęc verba ſunt, Σίππη τὸ μὲν ἦθος μάχιμ⸌, τὴν δὲ δίαιταν ἔθισος, καὶ εὐθύμως καὶ εὐεἰδὸς καὶ λέγεται φαρμακέα εἶναι διὰ τὸ πολυίδεις εἶναι. Et in Hippocrate [b] legimus πεφαρμῶνς dici quos ſortilegijs affecerunt Magi : totus enim liber de morbo ſacro in Magos ſcriptus eſt (μάγυς, γόητας, φαρμακὺς, ἀγύρτας vocat) qui ſe gloriantur, inquit, Lunam deducere, Solẽ obſcurare, tempeſtates ciere, Deos ſubijcere.

[a] Lib. 9. ca. 17. de hiſtoria animalium.
[b] Lib. de morbo ſacro.

Nemo

Nemo autem est qui nesciat Magos sine veneno enecare, seu pomum dantes, seu manu aut virga attingentes: vt Patauij Sagam à se visam Cardanus scribit, quæ puerum enecauit illicò, dum virga leniter dorsum illius contingeret. Medea Saga zelotypa quòd Glauca Regis Creontis filia Iasoni quem deperibat nuberet, coronam auream misit ei nuptiarum die, cumǫ eam capiti suo imposuisset Glauca, exarsit flamma ex qua repentè obijt, vt Euripides in Medea scribit φαρμάκων τῆς σῆς ἄπο, inquit, hoc est, non venenis tuis, sed pharmacis. Medea enim suos ipsius liberos dicitur sacrificauisse, vt Glaucæ mortem inferre posset: quod è sacrificiorum genere oportet accipi l. ex senatuconsulto, de sicarijs, ff. Ex Sc. eadem legis Corneliæ pœna tenetur qui mala sacrificia fecerit, habuerit, puta detestabilia Magorū sacrificia, non autem Paganorum (vt Accursius in glossa tradidit) cùm autor ipse legis Paganus esset: vnde apparet Senatū ad legis contra sicarios latæ interpretationem decretum addere in eos qui scelerata Magorum sacrificia fecerint, habuerint. Verùm vt optimè differentia constet veneni à sortilegio (quod vtrumqǫ sonat φαρμακεία, vt Latina voce veneficij & naturale venenum & sortilegium designatur) Platonē lib. xi. de legibus oportet consulere. Alterum enim ab altero distinguens capitalem pœnam in Sacerdotes & aruspices decernit qui sacrificijs, ligaturis, incantationibus, aliisve sortilegijs (ἀπὸ τῶν τοιούτων φαρμακείως ὧντινωνοῦν, inquit) hominē enecauerint. Atque

CONFVTATIO. 425

que hæc legis illius inscriptio, λόγος ὅδε νόμου περὶ φαρμακείας: in qua ligaturas eiusmodi nominat ille-cebras & incantamenta τ᾽ ἐπιῳδὰς, ἐπαγωγὰς, ἐπῳδὰς. Tũ verò alterum legis caput subijcit de eo qui veneficio ἄνευ μαντικῆς vtitur: deinde Magos adijcit mirabilibus modis operari, & qui incredibiles planè viderentur nisi obseruauissent alij, cùm cereas suas imagines in compitis, ad parentum sepulchra, sub ianuis ponerent. Ex quibus manifestũ est iam Platonis seculo & ante illud in vsu fuisse cereos typos, quos Magi nostri (licet Platonem non legerint) imitantur, & quibus ope Satanæ mortem hominibus afferunt. Quamobrem Azo in hęc verba l. 1. de maleficis & mathematicis, plus est occidere veneno quàm gladio, addit, venenũ arte magica datum: & in l. venenum. ad l. Corneliam de sicarijs, & l. venenum. de verb. signif. ff. vox veneni vtrumcɜ complectitur. Sed quoniam Vuierus ambigua Iosephi interpretatione nititur, agedum, ne legę Dei amplius corrumpat, τὸ ὁμώνυμον ei detrahamus. Philonem igitur Hebr. consulamus socium Iosephi & familiarę: hic caput illud legis Dei Hebręis verbis conscriptum Grecè interpretans in libro de singularibus legibus, lex Dei, inquit, à Magis & veneficis abhorret (μάγους κỳ, φαρμακεύτας vocat) qui modis artibusc̨s damnandis mille mala perpetrant, & eos quo die fuerint intercepti morte multari iubet: quemadmodum sancit l. vltima. de malefic. C. vt qui magum retexerit illicò ad publicum pertrahat. Tum explicatis magorum & maleficorum sceleri-

*lib. περὶ τ῀ ὤν φερομένων οῖ ἀναλυόμων.

Hh

bus Philo naturalem Magiam, id est, Physicam ab incantatorum magorum præstigiatorumq́ magia distinguit exorcismis & incantationibus abutentium, odia capitalia amicis ingeréntium, aliaq́ scelera incredibilia committentium. Et his itaq́ euidens Io. Vuieri calumnia tenetur manifestò, defendentis legem nolle vt mulieres Magæ, sed veneficæ solùm multentur morte. In hac quæstione omnium maxima diutius hæreo, vt cognoscatur an tot innocentes, vt Vuierus loquitur, absolui oporteat, & vtrum præstet calumnijs hominis insistere quàm autoritati legis diuinæ obsequi, quæ præstigiatricem die vnico relinqui vetat superstitem. Et quis, obsecro, Hebręam linguam & Dei legem meliùs quàm Hebræi & Prophetę intelligat? Elias autem Leuites omne ὁμώνυμον sublaturus vocem Mecaspha exponit Lamiam, qua voce Horatius [a],

[a] *in arte poetica.*

Neu pransæ Lamiæ viuum puerum extrahat aluo.

Hesychius λαμιώδεις γυναῖκας nominat: etsi Eustathius in Homerum scribit [b] voce Lamiæ significari dæmonem specie muliebri, eodemq́ sensu ait Philostratus Lamiam pueros deuorantem Corintho ab Apollonio Tyaneo expulsam esse. Vuierus dicit Scripturam sacram nusquam Lamiarum meminisse: certè, nam vox Græca est, at testamentum vetus scriptum Hebraicè: Esaias verò ob sortilegia Babylonem detestatus ait non esse mansurum lapidem vnum alteri impositum, prout re uera effectum est (iamdiu enim non potuit quisquam lapidem vnicum è ruderibus ostendere illius oppidi, cu-

[b] *in Odyss. 13. num. 33. vide Dion. Chrysostu. in Lyb. fabu. in vita Apollonij.*

di, cuius ambitus fuit milliarium triginta, siue itineris tridui, vt narrat Herodotus) sed illic Satyros & Dæmonas saltaturos esse, & ibi commoraturam Lamiam. Hebraicè vocatur ליליח, lxxij. interpretes ἐμπούσαις vertunt, Latini Lamiam eodem sensu. Cùm autem plerumq; Dęmones spectentur in desertis locis, prout est maxima ex parte Africa, Lamiam in historia Africana describit Dion similem feræ habenti vultum fœminę elegantissimũ, mammas & pectus pelliciendis viatoribus regenti, modestis & gratis oculis: cæterùm loco pedum habere serpentis caput, & squamigerum serpentem esse, qui hominem cum primùm accessit vorat auidissimè: quò referri potest illud Ieremiæ, Lamiæ nudarunt vbera, Threno. 4. ideóque isti spiritus voratores appellantur siue Lamiæ παρὰ τὸ λέλαμμαι, aut à voce λαμός, id est, ingluuies, vt ait Porphyrio[a]: & eodem iure piscis omnia deuorans, etiam homines integros, teste Nicandro Colophonio[b], appellatur Lamia: cumque Sagæ humanum sanguinem hauriant auidissimè, eas Apuleius nominat Lamias. Sic ea nominatur quæ sectis faucibus Socratis (id sodalis Apuleij nomen) accubantis ei atque dormientis sanguinem excepit vase & obduxit plagã: q̃d experrectus Socrates se nõ sentire dicebat ludificabaturq; & postridie tñ vita defunctus est. Huc illa pertinet Salomonis allegoria, Aquilã pullos sanguine pascere, id est, Satanã isto cibo subditos suos educare:& à dæmonibus spiritibusq; malignis amari sacrificia scribit

[a] *in illud Horat. neu pransæ L.*
[b] *apud Eustath. in Odyss. 13.*

Porphyrius libro περὶ ἀρχῆς τῆς ἐμψύχως, nõ indigno qui latinus fiat. Quamobrem Deus populũ suum à sacrificijs dęmonum auocare volens, sanguinem super altare & ad dexteram eius effundi iubet: atq̃ vt omnes intelligant id à se iuberi vt populum suũ ab impijs illis scelerib. abstrahat, sic ait, Nec vobis vnquam deinceps accidat vt euntes sacrificetis diabolis & Satyris, quos sequuti commisistis idololatriam & adulteria. Solebant enim (ait R. Moses Maymonis[a]) dæmonib. sacrificare sub arboribus & collibus, partemq̃ sanguinis in fossam iniicere, ad cuius ambitũ conuiuabant cum malignis spiritibus. Sic accipimus illud legis diuinę caput[b], Ne comedatis super sanguine, & præstigiatores ne sitis. Hebræa verba sunt על הדם, quę interpretes vertunt *cum sanguine* præter naturam præpositionis על significantis super, quia videlicet morem illum non animaduerterant quem R. Maymonides scribit à Chaldæis profectum esse. Itaq̃ Propheta Nahum[c] scortum Babylonis metropoleos Chaldæorum detestatus, dicit Babylonem præstigijs potentem esse, & omnes populos terræ pręstigias suas docuisse: vbi Propheta vocibus ijsdem vtitur בכשפות ומכשפים, quæ R. Dauid Kimhi interpretatur בעריתם pari Magorum significatione, & Chaldęus Paraphrastes Ionathan Vrielis filius exponit חרשיו, id est, sortilegia. Hic enim & tollit homonymiam, & verum illustrat Scripturæ sensum. Id autem foret ineptum, si quis venena populis & Regib. terræ à Babylone subministrata diceret, cũ

[a] *lib. 3. more ne bocim.*

[b] *Leuit. 19.*

[c] *Nahum. 3. 4.*

CONFVTATIO. 429

sit vbique veneni copia, vt Plinius expostulat: Babylonios verò Magorũ principes exstitisse apud omneis constat, & inter Græcos Latinosq́ conuenit eam ob causam Chaldæi nomine sortilegum significari, diuinum, magũ: Sic Hesychius, χαλδαῖοι, τὸ γένος τῶν Μάγων: sic sæpe Tullius [a], sic leges nostræ [b], sic etiam Scripturæ sacræ [c]. Nam cùm in libro Regum dicitur Iezabelæ Reginæ Samariæ sortibus inquinata fuisse terra, legitur vox illa מכשפים, quia non possunt venena intelligi: cùm Prophetas Dei (quos odio capitali oderat) & Nabothum aperta vi, non autem venenis tolli curauerit, & ex quo Saga in Samariam inuexit Magos (vt Medea Regina in Thessaliam) sexcentos annos Samaria hoc modo referta manserit, adeò vt vulgo diceretur, Samaritanus es, diabolũ familiarem habes: quam calumniam aduersarij impegerunt Christo [d]. Hinc Simon ille cognomento Magus, magister Menandri. Vuierus autem caput istud diuinæ legis, *Præstigiatricem ne sinas viuere* [e], petens calumnijs, non animaduertit quid causæ fuerit cur lex nõ dicat præstigiatorem: quod tamen non eo consilio dixit vt Magis, medicis, & Pharmacopœis ignoscat si fuerint uenefici, quib. notiora sunt venena quàm mulieriqus, sed eo pacto Lex Dei innuit hoc malo nõ perinde inquinari viros, & pro viro vnico quinquagenas mulieres ex eo laborare: vt in prouerbio Hebræorum est [f], quo plus mulierum, eo plus magorum est, רב מכשפים רב הנשים. Quamobrẽ scribit Plinius [g] fœminarum scientiã in veneficio præ-

[a] Lib. de diuinat.
[b] l. nemo de malefic. & mathe.
c.
[c] Daniel. 2.
Esai. 47.
1. Reg. 18.

[d] Ioan. 8.

[e] Exod. 21.

[f] Libro Pirke aboth.
[g] lib. 25. ca. 11.

ualere: quod vocabulū de veneno accipi nō oportere idē autor demonſtrat exēplo Circes homines in beſtias transformātis, q̃d omnia mūdi veneficia nō eſſent effectura. Quintil. etiā hāc præſumptionem affirmat eſſe [a], Latrociniū in viro facilius, ait, veneficiū in fœmina credā. Legant omnes eorū libri qui de Magis ſcripſerūt, fœmin̨ quinquagen̨ cōperientur Sagæ aut d̨moniacæ vnius viri loco, vt antè diximus. Hoc aūt mea ſent̄etia nō ex ſexus fragilitate accidit: nā inexſuperabilē peruicaciā in plerisq̃ cernimus, easq̃ ferēdo quæſtiōis tormēto ſæpe viros antecellere: vt cōiuratione in Neronē fuit exploratum [b] & poſt mortē Hippiæ Athenarū tyrāni (cū fœminæ ſibi ipſis linguas præciderēt vt omnē veritatis conſequēd̨ ſpē tortorib. eriperēt) & plurimarū q̃q̃ fœminarū martirijs. Illud maiorē veri ſpeciē habuerit, ſi dicamus iſtud vi brutæ cupiditatis effici q̃ eo fœminā redigit vt perfruat̃ ſuis cupiditatib. aut ſeſe vindicet: qua ex cauſa videtur Plato inter virū & animantē brutā, fœminā collocauiſſe. Etenim grandiora eſſe videmus fœminarū viſcera quā virorū, qui nō perinde feruēt cupiditatum violētia: hominū verò capita craſsiora, q̃a pl9 cerebro prud̄etiaq̃ valēt q̃ fœmin̨. Hoc illud eſt q̃d poetæ olim figurabāt, cū Pallad̄e ſapiētiæ Deā è Iouis cerebro natā ſine matre dicerēt, vt oſtenderent nunquam à mulieribus manare ſapientiā, qų naturam brutarū animantiū accedunt propiùs: nā etiam fœminam quæ ſeduxit virū, Satanas primū aggreſſus ēſt. Pr̨etereà ſic Deo viſum fuiſſe ſtatuo in ordi-

[a] in declamatione.

[b] Tacitus li. 14.

in ordinem cogere & debilitare Satanam, cùm facultatē plerumqʒ ac inprimis ei concederet in creaturas indigniores, puta serpentes, muscas, & alias quæ lege Dei immūdæ dicunt̄ esse, deinde in alias similiter expertes ratiōis potius quàm in homines, tū in fœminas potius quā in viros, postremò in eos potius qui vitam more pecudū brutarum transigunt quā in cęteros. Adde quòd Satanas fœminarum opera viros & liberos eodem pertrahit. Stabit itaqʒ diuinę legis constitutio, præstigiatrices statim morte multari oportere: & Vuieri calumnia cōtra legem Dei & magistratus probè officio fungentes repudiabitur. Vuierus enim assentitur ᵃ Sagis communicatiōem cum diabolis & pactum intercedere, easqʒ ope diaboli nō pauca scelera committere: idē verò libro de Lamijs modò pactionē interuenire negat, modò probari non posse ait, modò Sagarum confessioni non esse habendā fidem, falli quę putant ea fieri à se quę pro confessione dicunt, eas morbo melancholico infestari. Atqʒ hūc prætextum imperiti & Magi adhibent, vt effugiū paribus afferant, regnumque Satanę adaugeant. Quicunque antehac dixerunt id esse à melancholia, non esse dęmonas putauerunt, nec fortasse dęmonas Deum've vllum crediderunt subsistere. Vuierus autem Deum fatetur esse, fatetur etiā diaboli (vt in Scriptura legimus) & de potentia illius contremiscunt: fatetur etiam omnibus scriptis bonos & malignos spiritus existere, quibus cum hoīe societas pactumqʒ interuenit. Et quare Magorum expor-

ᶜ *lib. 2. de præ-stig. cap. 4. & 8. & 34. & li. 4. cap. 14. & lib. 5. cap. 9. & sæpe alibi.*

exportationes, maleficia, actionesq́ mirabiles oportuit acceptas ferre melancholiæ? quare (id q̃d est incredibilius) fœminas melancholicas efficere? nam id esse admirandum notauit antiquitas ac inauditum potiùs, cùm nunquam fœmina ex melancholia aut vir gaudio moriatur, sed contrà fœminas complures summa lætitia enecet[d]. Certè Vvierus, vt est medicus, non potest ignorare humorē fœminæ planè aduersari adustæ melancholiæ vnde furor nascitur, siue à bile flaua adusta oriatur, siue à succo melancholico, vt inter omneis medicos conuenit: Vtrumq́ enim procedit à calore & siccitate nimia, vt Galenus scribit libro de atra bile. At fœminæ frigidę à natura & humidæ sunt, vt idem autor, omnes Græci, Latini, & Arabes vno cōsensu docent. Ideoq́ Galenus [b] scribit virum calida & sicca constitutione in regione calida & sicca per ę́statem in melancholiæ morbum incidere: cùm tamen Olaus magnus, Gaspar Peucerus, Saxo Grāmaticus, & Vvierus ipse cum Germanicis omnib. Magorum Quæsitorib. assentiantur sub Arcton vbi congelascit mare, in Germania, per Alpes, & apud Allobrogas omnia Sagis circumfluere. Populos autem Borealeis constat tam abesse à melancholia, quàm absunt à pituita Afri. Illos enim albos esse videris, virentibus oculis, rufis & tenuib. capillis, rubicunda facie, hilares & loquaces: quæ omnia humori melancholico planè aduersantur. Quinetiam Hippocrates libro ἐπιδημιάδος primo & Galenus ibidem confirmant fœminarum in genere cer-

[a] Plinius lib. 7.
Valerius Max.
Solinus.

[b] lib. de atra bile.

re certiorem esse quàm virorum valetudinem ob profluuium menstruum quo ab innumerabilibus morbis vindicantur. Nunquam fœminę, ait Hippocrates, podagra, nunquam pulmonum exulceratione, Galenus inquit [a], nunquam epilepsia, aut apoplexia, aut phrenesi, aut lethargo, aut conuulsionibus, aut tremore infestatur dum menses profluunt. Et quamuis dicat Hippocrates [b] comitialium & dæmoniacorum morbum (quem vocabant sacrum) naturalem esse, hunc tamen piitutosis solùm ait accidere, biliosis nunquam: quod Vuierus medicus non potuit ignorare. Fœminas autem ferè dæmoniacas potiùs esse quàm viros suprà demonstrauimus, & Sagas sæpe corpore exportari, sæpe ἐκ σαρκὸς abripi modis diabolicis, animaq́; à corpore separata, & corpore rigente experte sensus. Illud verò magis ridiculum, quòd Sagarum morbus dicit à melancholia procedere, cùm morbi ex melancholia nati periculo semper coniuncti sint [c]. Verumtamen videmus Sagas in arte ista quadraginta annos aut quinquaginta versatas inde à duodecimo ætatis anno (vt Ioanna Haruilleria, quę viua cremata est die xxix. Aprilis M. D. LXXVIII. & Magdalena Crucia Cordubensis Abbatissa in Hispania M. D. XLV.) familiaritatẽ coluisse, & consortium cum diabolo habuisse, illã quadraginta, hanc triginta annis. Necesse est itaq́; Vuierus fateatur insulsum esse, indignũ medico, & crassissimæ ignorantiæ vitium (etsi ignorantiã quid dico?) si melancholici morbi fœminis tri-

[a] lib. de venę sectione.

[b] lib. de morbo sacro.

[c] Galen. lib. de atra bile.

buuntur, quibus illi non magis competunt quàm laudabilia effecta temperatæ melancholiæ, quæ virum (vt prisci omnes philosophi & medici annotarunt) sapientem, modestum, & consyderatum efficit [a] : nam affectiones istæ non mulieri ampliùs quàm ignis aquæ cohærere possunt. Salomo [b] quoque ante omnes temperamenti muliebris peritissimus se vidisse ait de millenis viris sapientem vnum, sed ex omnibus fœminis ne vnam quidem. Nunc igitur lymphatorum hominum errorem omittamus, qui fœminas statuunt esse melancholicas. Etenim Vvierus ipse videns suum illud velum melancholiæ certissima demonstratione sublatum esse & euidentissima veritate tot diuinarum humanarumq́ legum, tot gentium omnium & populorum historijs, tot confessionib. voluntarijs aut vi extortis, tot iudicijs, conuictionibus, condemnationib. executionib. ab annis ter mille toto orbe terrarum editis: alteram technam sed obesiorē cōmentus est, vt Magorū supplicia impediat: cùm Sagas dixit [c] à diabolo seductas esse, eiq́ persuasum esse quod ipse fecerit id ab eis effici. Itaq́ in speciem se vehementissimè Satanæ aduersari simulat, re cōseruat Magos, id est (vt paucis explicemus) colludit verbis cum Satana, reipsa verò amplitudinem & potestatem illius stabilit, cùm non ignoret magistratui neq́ iuris dicūdi, neq́ diabolos prehēdendi facultatē esse. Atqui hoc argumento absoluunt nō solū Magi, sed etiā occisores omnes, latrones, incestuosi, parricidę, & qui-

[a] Arist. in problem. sectio. 30. princip.
[b] Prouerb.

[c] cap. 4. & ca. 8. de lamijs.

quicunque ab hoste humani generis ad maleficia committenda impelluntur. Deinde verò laudibus effert mirificè ᵃ multam in Papali Camera imperatam, quæ ad veniam consequendam binûm ducatorum est in quamcp pœnitentem Sagam: tum dicit alibi ᵇ si defenderet non solùm ex lege Dei non esse mortem Sagis irrogandam, sed ne vllam quidem Sagarum mentionem extare in Scriptura sacra, ipsum non facilè conuictum iri. Hic ego testē appello Deum & legem ipsius ad istum hominem euincēdum, appello sexcentos Bibliorum locos ᶜ. Imò verò vt cernamus oculis nihil esse coram Deo tam abominabile, nihil frequentius in Scriptura sacra prohiberi, Baleham à Deo inspiratus, quamuis summopere instante Balaco Moabitarum Rege ne faceret, populo Israelis benedixit, & tanquam Propheta rationem reddidit: nam neque incantator est, inquit, neque Magus in isto populo, sed Deus ipsi cùm opus est exponit voluntatem suam: Cúmque Deo placuit ostendere quantopere à magicis sortibus abhorret, inquit, Cauete vobis pro vita vestra, ne sequamini consuetudines abominandas istarum gentiū quas excidi è terra propter sortilegia, magicas artes, & diuinationes, atq; ibidē nouē recēset genera quib. reliqua continent ᵈ. Sed illud inprimis oportet obseruari, non homicidij, parricidij, incestus, tyrānidis, idololatriç noīe Deū dicere populos illos à se exterminari, sed ob sortes magicas: & q̄ niā populi suos liberos diabolo Moloch cōsecra-

ᵃ *lib. de lamijs cap. 24.*

ᵇ *lib. 3. de præstig. cap. 15.*

ᶜ *Exod. 7. & 8. & 9. & 22. Leuit. 19. et 20. Deut. 18. 2. Reg. 9. & 21. & 23. 2. Paralip. 33. Esai. 8. & 34. & 47. Daniel. 2. Miche. 3. & 5. Ezech. 13. Iere. 19. 23. 27. & 50. Actor. 16. Nahum 3. Num. 23.*

ᵈ *Deut. 18.*

Ii ij

bant ad facienda sortilegia sua, Deum præcipere vt quisquis rem istam abominandam commiserit lapidibus obruatur[a], morte omnium (vt R. Maymonides ait[b]) crudelissima: tum verò Deum adijcere se furorem suum immissurum contra populũ qui impune scelera ista abire siuerit. Itacʒ volens Samuel grauitatem peccati regi Sauli exponere, peccatum, inquit, tuum æquè magnum est ac magorum crimen: Similiter vt demonstretur quantopere Manassem Regem Deus exhorruerit, scriptũ est Manassem suis execradis sceleribus prouocasse Deum, atcʒ subijcitur eum fuisse magum, & conuentionem cum diabolis iniuisse: itacʒ spoliatum fuisse regno, & numella in carcere fuisse coercitum. Et quamuis eum posteà pœnituerit, eo tamen exstincto post annos quinquaginta Ieremiæ dixit Deus[c], Igne & cædibus delebo istud oppidũ propter execrabilia scelera Manassis Regis: de loco verò Topheth vbi Satanæ sacrificauerat dicitur is fore locus cædium ad vindictam iræ diuinæ (vt contigit) exercendam. Similiter libro IIII. Regum cap. xvij. dicuntur decem tribus exterminatę & in exilium raptæ, quòd in res magicas & sortilegia incumberent. Atcʒ hos quidem locos apprimè conuenit obseruari: nititur enim hoc vno crimine decem tribuum captiuitas: de duabus autẽ reliquis tribubus, dicitur Deus (qui ad vltiones est tardissimus) post annos quinquaginta sortilegia Manassis vindicasse, cùm igne cędibuscʒ permista fuerunt Hierosolyma & duæ tribus deportatæ.

[a] Leuit. 20.
[b] lib. 3. more ne bocim.
[c] Iere. 19. et 15.

CONFVTATIO.

tatę. Alibi verò dicit[a], Gladius ad diuinos, gladius ad Chaldęos: & apud Micheā [b], delebo è terra magos diuinosq́;: Et cū Esaias euersionē Babyloni minat̄, cædes & incēdia, omnes hę calamitates, inqt, euenient tibi propter amplitudinē scelerum tuorū execrabilium quę commisisti cum Magis tuis. Denique infinitum esset omneis sacræ Scripturæ locos minutatim expendere: vt missos faciamus Doctores, Legislatores, Philosophos, Historicos exēplis circumfluēteis, ex quibus apparet magos post omnem hominum memoriam Deo & hominibus visos fuisse execrabiles. In hanc quoq3 sententiam suprà annotauimus ab Augustino scribi, supplicia contra Magos ab omnibus sectis decreta esse: vt demōstraremus Vvierum quidem legisse optimè & intellexisse pœnas diuinis & humanis legibus cōstitutas, sed de industria appetiuisse cauillis atque calumnijs, cùm eas non de Magis dixit, sed de veneficis solùm agere. Iam igitur videamus quid Lamiarum nomine intelligat: in hoc enim vertitur tota disputatio. Hæc Vvieri definitio [c]. Lamia est quæ ob fœdus præstigiosum aut imaginarium cum dæmone initum, propriè ex suo delectu, vel maligno dæmonis instinctu impulsu've, illiusque ope qualiacūq3 mala vel cogitatione, vel imprecatione, vel re ludicra atq3 ad institutū opus inepta designare putatur: id est (vt paucis contraham) Saga est quæ putatur fœdus habere cum dæmonibus, & id quod non facit ope eorum facere. Hic verò nemo non videt, si multum Vuierus ab arte

[a] Ierem. 50.
[b] Miche. 5.

[c] lib. 7. de præstig. cap. 1. & lib. de Lamijs, cap. 5.

medica aberrauit cùm de melancholia fœminarū ageret, eum iterū errare in ratione Dialectica & lōge grauiùs, cum definitionem in imaginatione ponit: proprium enim definitionis munus est vt tanquā digito pertingat & cōmonstret oculis germanam rei naturam siue essentiā cuius est definitio. Id verò magis est ridiculū, ϙ in definitione sex disiū- [a] *lib. 6. Topic.* ctiōes coaceruat: cū vitiosa sit definitio, ait Arist. quæ vel vnicam disiunctionē continet, velut si dixeris, occisor est is qui percutere putatur, aut occidere, aut ludificari alterum. Huic persimilis est Vuieri definitio. Atqui si ea Saga est quæ putat̄ esse, & non est Saga aut Lamia, certè nec fuerunt de Lamijs scribendi libri, nec peruestiganda rei quę nō est definitio. Primùm. n. quęritur vtrū id quo de agitur sit in rerū natura, nécne. i. an sit, tum quid sit, deinde quale sit, postremò cur sit. Librum igitur Vuieri de Lamijs deleri oportuit, non aūt rei quę nusquam est definitiōe poni: qui lapsus in re phi- [b] *lib. 2. de præstig. cap. 2.* losophica est vitiosissimus. Vuierus tn̄ sortilegū, quem magum infamem vocat, definit eum qui conatur accersere & inuocare diabolum, vt se exhibeat & ad postulata respondeat. Hęc paucis placuit annotare: nam Vuieri definitio paginam propè continet, ac disiunctiones duodecim. Non ita facilè conuinci Petrus de Appono potuit, qui Dęmonas existere non audebat confiteri, tum vt eleuaret opinionem vulgi (nam magus habebat̄ vulgo) tū vt alios eodem perduceret: at Vuierus post quam confessus est esse malignos spiritus, etiamq̧

indicem

CONFVTATIO.

indicē eorū conscripsit ad fin. lib. de præst. Magis præterea cōfessus est cōmunicationē cū Satana & fœdus intercedere, mirū est profectò q̃ idē negat Sagā cū Satana fœderatā esse, id q̃ totū imaginariū asserit, cùm diserte lex Dei Sage cū maligno spiritu fœdere iunctę meminerit. Quia verò Inquisitores quinq̃[a], qui summatim infinitum Sagarum numerum conscripserūt quę in Germania ipsis autorib. fuerūt neci traditę, cōpererunt ex confessione omnium eas cum Satana fœdus cōsertis manibus pepigisse, hic Vvierus[b] adducit fieri non posse vt cōserātur manus, quia dęmones, inquit, nō carnea sed spirituali cōcretione cōstāt. Atqui vox cōcretionis naturæ spirituū omnino aduersatur: nihil est, ait Tullius[c], in animis cōcretū, nihil mistū: id q̃ ex Aristotele[d], qui intellectum vocat ἀμικτὸν ϟ ἀπαθῆ. Quòd si in spirituū natura concretio admittiť, id quoq̃ fatēdū erit eis esse corpora: vt fecit Augustinus sequutus definitionē Apuleij, qui dæmonas vocat natura corporeos, itē Philoponus Peripateticus[e], Porphyrius, Iāblichus[g], Plethō, Psellus, Plotinus Academici, & Gaudentius Merula hoc vno argumēto freti quòd res incorporea non pōt quicquam à corporea perpeti. Itaq̃ Basilius ipse æquè Angelis ac Dęmonib. esse constituit corpora, eadem q̃ occasione veteres dixerūt dęmonib. diuisionē cōtingere. Cōmunis verò Theolog. opinio, ac nominati Ioan. Damasc. Greg. Nazian. Thom. Aquinatis[h] & Magistri sententiarū est dęmonas & Angelos eadem natura esse, omnes formas puras
& sim-

[a] *in malleo maleficarum.*
[b] *lib. de Lamiis, cap. 7.*
[c] *in Tuscul. qu.*
[d] *li. 2. de anim.*
[e] *lib. de anim.*
[f] *lib. περὶ ἀνωχῆς τ̃ ἐμψύχων.*
[g] *lib. de myste.*
[h] *lib. 3. sentent.*

& simplices: quàuis in eam quoq̃ rem consentiūt, bonos & malignos spiritus sibi cùm opus est, formare corpus aspectabile, vt id σωματικῶς efficiant q̃ volunt. Plena est Scriptura exemplis, vt visionis Abrahamo oblatæ, Iacobo, Mosi, Elię, Manohę, Abacucho, Tobiæ, alijsq̃ innumeris: pleni sunt libri Iamblichi de mysterijs Aegyptiorum, Plutarchi ᵃ, Procli, Porphyrij, & Plotini, denique omnes totius antiquitatis libri ad nostrum vsq̃ seculum: vt Oalus magnus scribit frequentissimè in regionibus singulis ad Boream sitis spiritus spectari humana forma, qui tangūt hominū dexteras, posteaque euanescunt. Verūtamen ponamus nec naturę concretionē in dæmonib. esse, nec eos corpus vllū assumere, sed naturas esse puras, simplices, & planè disparatas, vt de Angelis siue intelligētijs loquitur Aristoteles: Vuierus tamē negare nō potest quin velit illudere, cū argumēto isto abutiť vt ꝑbet nullum pactū hominib. nullam conuentionē cū Satana intercedere. Etenim ad conuentionē simplex cōsensus sufficit, qui cōsensus sine stipulatiōe, sine verbo, sine scriptura, oculo & nutu solo, ait lex ᵇ, fieri potest. Imò Vuierus ipse annuit Magos pacisci & conuentionē inire cū Satana, & hūc eos alloqui & respōsa dare: Cur verò Magos potius quàm Magas? nam lex Dei de Magis fœminis disertè loquitur & nos fœminas exemplis innumeris infestiores hoc malo quàm viros esse suprà commonstrauimus. Amplius etiam Vuierus assentitur ᶜ, dęmonas sibi corpora hominum bestiarumq̃ assumere:
adeò

ᵃ lib. περὶ τ̃ ἔκλειποντων χρηστηρίων.

ᵇ l. nutu. de legat. 3. ff. lib. 2. de præstig. cap. 2.

ᶜ lib. de Lamijs, cap. 16. & lib. 3. de præstigijs, cap. 12. & lib. 4. cap. 14.

adeò vt ex scriptis ipsius iudicari queat contradi-ctio, & ἀνακόλυθους conclusionum ipsius vinci. No-biscum enim in eo conuenit, quòd Dæmonas tra-dit exportare homines & in aera efferre sine corpo
re: cuius rei plurimas adducit historias [a], & visas à
seipso narrat. Ridet quoq; Vuierus [b] suauiter Ma-gorum cum Dæmonibus copulationem, quam omnis antiquitas omnes'q; populi certissimam es-se duxerunt & Theologi confirmarunt: Augusti-nus ipse libro xv. de ciuitate Dei, magnę impudē-tiæ scribit esse si quis hoc negauerit. Hæc illius ver ba, Dæmones creberrima fama est, quos Latini Incubos, Galli Dusios vocant, mulierum attenta-re atq; peragere concubitus: & hanc assiduè immū ditiam & attentare & efficere plures tales'q; asseue rant, vt hoc negare impudentiæ esse videatur. Cō stat apud omneis nō esse moris vt fœminæ de scor tationibus suis glorientur: qui ergo faterentur illę rem sibi fuisse cum diabolis, nisi ita se habuisset? Omnes autem Germaniæ, Hispaniæ, Galliæ, Ita-liæ'q; Iudices monumentis literarum consignarūt, & nos legimus Sagas omneis iudicio ipsorū con-demnatas, fuisse confessas & in suis confessionib. ad mortem vsq; perstitisse, complureis etiam qui-bus venia data est dixisse copulationem sibi fuisse cum dæmonibus, & frigidum illorum semen ex-pertas esse, vt ex libro Quæsitorum quinq; [c] (per quos innumeri fuerunt ad mortem damnati) & ex Paulo Grillando [d] didicimus. Demonstraui suprà multis singularium iudiciorum exemplis quæ ad

[a] lib. 3. & 4. de præstigijs.
[b] lib. de lamijs.
[c] malleo male-ficarum.
[d] lib. de sortile.

me perlata sunt, id optimè cùm factis ἀξιοπίστως confessionibus, tum conuictionibus certis comprobari: neq́ʒ dubium est quin scortationis corporeæ cupiditas fœminas presertim ad spiritualem scortationem pertrahat. Huc referri potest abominanda illa & execrabilis inipietas expressa Lege *a*, qua omnes qui diabolo Pehoris sese coniunxerant, miserè dicũtur perijsse. Cumq́ʒ lex Dei *b* prohibuit ne Saga sinatur viuere, paulo pòst subijcit, qui animãti brutæ concubuerit plectatur morte. Verborum autem in lege Dei series obscurè perstringit turpia & incredibilia scelera. Sic vbi dicit, nõ offeres Deo mercedẽ meretricis aut pretiũ canis, scortorũ coniunctio cũ canib. ostendit, quã insignibus exẽplis antè demõstrauimus: & L euitici xvij. dicit, nec eũtes ampliùs sacrificabitis Satyris vestris diabolis, post quos scortati estis. Sed cũ Vuierus medicus animaduerteret neq́ʒ oppilationẽ hepatis, neq́ʒ lieteriã sanis & incolumib. fœminis adscribi posse, atque hũc morbũ dormiẽti solũ accidere, à tota verò antiquitate nõ solùm dæmonũ (q̃s Græci Ephialtas, Latini Incubos vocãt) cũ fœminis copulationem, sed etiã virorũ cũ dæmonib. specie muliebri, Hyphialtas vocãt aut Succubos, eamq́ʒ inter vigilandũ fieri, & in quibusdã 30 aut 40 an. perdurare, vr ipse Vuierus agnoscit: proptereà nõ dixit hunc morbũ esse in Magis, sed negauit, dicẽs fœminas esse melancholicas quę id se putãt facere quod nõ faciũt. Atqui nunquã eæ eis cremant furiosæ *c*: sed fraus in eis cernit, discretio, iudiciũ, quo negãt constanter

a Deut. 4.
b Exod. 22.

c l. diuus. de officio præsid ff. l. pœna. §. sine de parricid. ff.

ſtanter factum, vt quædam faciūt, aut excuſant veniamq́; poſtulant, vt aliæ, aut ſe abdunt & proripiunt fuga, quæ actiones furioſorū non ſunt. Adde quòd conuictiones, teſtimonia, comparatiões teſtium, & cōfeſsiones gentium omniū ad Indos occidentales vſq; maximā inter ſe habent conuenientiam & ſimilitudinē, item Dæmonū cum fœminis copulationes: vt in hiſtorijs Indicis legimus, & ſuprà annotauimus. Vnū ex Vuiero libenter quæſiuerim, quiſnā iſte ſit Sagarū morbus quo puerulos qui deprehendunt occiſi putāt ſe occidiſſe, quo elixant & liquant eos vt pinguedinē ex eis habeant, vt fatentur illę & ſępe compertæ ſunt. Imaginant (ait Vuierus [a]) ſed id totum effeciſſe, falluntur tamen: Cui verò in tam execrando ſcelere fides habebitur, niſi oculis habeatur? niſi ſenſui? niſi tactui? niſi inculpatis teſtibus? niſi confeſsionibus voluntariè aut ad quæſtionis tormenta factis? niſi denique euidenti & permanenti facto, vbi fuerint deprehenſæ? Sprangerus ſcribit [b] obſtetricem v̄nam quæ frequēter aderat puerperijs, in Conſtantienſi agro fuiſſe morti traditam eo quòd XLI. pueros recentes ab vtero necauiſſet, inditis clam in eorum capita grandibus aciculis. Eadem parricidia à Medea Saga legimus fuiſſe perpetrata, cū modò fratrem, modò ſuos ipſius liberos occideret. Sortes quoque Magicas Canidiæ apud Horatium legimus [c], Erichthonis apud Lucanum, bufones, angues, oſſa, quæ Sagę noſtræ plerumq; ferunt & quibus comperiūtur inſtructæ. Nulla ſors

[a] *lib. de Lamijs cap. 8.*

[b] *in maſleo malefic.*

[c] *lib. Epodon. odes.*

magica est quam Orpheus ante annos ferè ter mil
le non descripserit, & Homerus ex parte, quam lex
Dei ante annos ter mille quingentos non annotauerit. Suprà ex Ammiano exemplum Magi adduximus, qui mulierem grauidam execuit vt haberet
fœtum, Valente imperium obtinente. Ante annos
c. Raziorum Baro conuictus est quòd post multas puerorum cædes vxorem suam prægnantem
conatus sit discindere, vt satanę sacrificaret filium,
idq́ edoctus à Satana, cui nihil gratius potest accidere: non autem vt pingue haberet ad res detestabiles consumendum. Ista Satanæ est persuasio,
vt Magos adducat ad parricidia: nam pingue infantis defuncti ex natura lege ineptum esse suis rebus prædicant. Demonstrauit modò id exemplũ
quod adducebamus pueroru xli. quos interemit
Saga, necdum baptizatos, sed Satanæ cõsecratos.
VVierus autem simulans se nihil eorum credere
quæ tam bene quàm magister ipsius Agrippa nouit, ausus est scribere ac potiùs fingere se Baptistæ
Portæ Itali opinionem sequi, eumq́ summopere
laudibus euehit. Scribit tamen iste Sagas sibi con
fessas esse vnguentum à se ex pueris elixis & liqua-
tis fieri, & pharmaca quædam adhiberi, quæ hic
dissimulari præstat: Sic reipsa docet parricidia ista
committere, idq́ ex falsa diaboli persuasione, hoc
vnguento fieri vt homines huc illuc transuolent.
Sagæ autẽ Gallicæ nec agiliores nec leuiores sunt
Germanicis aut Italicis: verumtamen pars earum
maxima (vt in Cenomanis, Verberianis, Lognia-
nis a-

nis apud Potezanos quas antè obſeruauimus) ſcopis ſolùm quos inter crura ponebāt & verbis quibuſdam vtentes in aera ſubitò attollebant: & Paulus quoq̢ Grillandus earum plurimas quas in Italia necari vidit confeſſas narrat hircum ipſis præ foribus adeſſe, quem conſcendebant exportandæ ſine pingui vnguentóve vllo. Baptiſtam Italum in libro de Magia, id eſt, ſortilegio, & Vvierum in id videmus incumbere, vt iſtud vnguentum eſſe doceant facultate naturali & ſoporifera, ne quis periculum dubitet facere. Etenim herbæ ſoporiferæ ſunt mandragora, papauer, ſolanum mortiferum, hyoſcyamus, cicuta: at nūquam medicus Græcus, Arabs, aut Latinus extitit, qui dorſo, brachijs, cruribus vnguenta impoſuerit quibus eo vſq̢ hominem ſoporaret vt planè careret ſenſu. Sin aūt quid extrinſecus adhibuerit, frontale fortaſſe fuerit ex ſeminibus frigidis quæ miſtionib. & infuſionibus emendantur. Pingue verò (vt medicorum placitis exponitur) calidum eſt & inflammat natura ſua. Quo igitur pacto afferret ſomnū, ſiue dorſo ſiue brachijs adhibitum? ſomnum enim faciunt venæ carotides ſanguinem à corde ad cerebrum exportantes, & lenis humorum fluxus (qui vt vapores in aerem, ſic in cerebrum aſcenderunt) ſuauiter in partes cordi adiunctas recidens. Verùm vt doceamus animam à Satana extra corpus abripi, tanquā ſi vitę & ſenſus expers relictum eſſet (quemadmodum in capite de ecſtaſi diſſeruimus) neq̢ id ſommo ſimplici adſcribendū eſſe, omnia ſimplicia ſoporifera manifestum est impedire non posse quin homo, quáuis soporatus & sepultus somno, igné cuti admotum sentiat: magos vero in ecstasin abreptos nec ignem sentire nec dolorem vllum est exploratissimum, vt suprà demonstrauimus, in locum Virgilij agentis de Saga,

—*quæ se promittit soluere mentes.*

Alio quoq; argumento quod nullę machinæ labefactare possunt, confirmamus neq; id vnguentum efficere, neq; somnū esse, sed veré animā extra corpus abripi: nempe quòd omnes qui sic rapiūt post semihoram redeūt, aut simulac videt ipsis: hoc vero homines narcoticis soporati nō possunt, sed vnum duos've interdū dies obruti somno permanent. Vsus praeterea comprobauit homines ecsta- [a] si abreptos (vt antè ostendimus [a]) veritatem rerū ad centesimum milliare gestarum annotare. Illud vero notari conuenit, vnguenti illius confectionem quam autor Magiæ naturalis docet, non ex simplice vllo soporifero constitutam esse, sed ex periculosis venenis compluribus. D. Augustinus de hac ecstasi (quam certam esse & indubitatā affirmat) loquens, & vires diaboli admirans, Serpit, inquit, hoc malum dæmonis per omneis aditus sensuales, dat se figuris, accommodat se coloribus, adhæret sonis, odoribus se subijcit. Si ergo dæmones iustissimè annuente Deo animam à corpore separare possunt, ecqui non possent eos corpore exportare? Illud enim multo plus habet admirationis, si soluta anima separabitur à corpore atque eodem

[a] *in c. de ecstasi.*

eodem reuertetur, quàm si corpus animaq̃ simul à diabolo auferatur. Equidem istam ecstasin siue aphæresin secundum legis diuinæ testimonia validissimum esse argumentum iudico, quo demonstremus animas immortales esse, & Aristoteleam illam decidamus hypothesin [d], animam si quid potest sine corpore immortalem esse: corpus enim Magorum principes (qui id experientia, vt Orpheus, cognouerãt) carcerem dicunt animę, Empedocles & Zoroastes nobilissimi sua ętate Magi sepulchrum vocant, Plato σῶμα, corpus, tanquam σῆμα, monumentum, appellari putat, quod Socrates animæ cauernam appellabat [b]. Ad argumenta & rationes istas, quas Vuierus non soluit, adest clarorum virorum omnium ab omni seculo autoritas Plutarchi [c], à quo plura & numerabilia exempla afferuntur, Plotini [d], Plinij [e], Augustini [f], Thomæ Aquinatis [g], Doctoris Bonauēcturæ [h], Durandi, Theologorum deniq̃ omnium, item Syluestris Prieræ, Pauli Grillandi, [i], & quęsitorū quincq̃ Germaniæ [k], qui de innumeris Sagis iudicia habuerūt, & acta earum breuiter in librum vnum retulerūt. Cùm itacq̃ præter autoritatem hominum tam multorum, ordinaria quocq̃ ex infinitis iudicijs habeatur experientia, in quibus extant testimonia, repetitiones, comparationes testium, conuictiones, & confessiones ad mortem vsque stabiles, non isthæc pertinacia est Vuieri quòd sententiam contrariam defendit, sed maxima impietas est studiū quo rapitur vt Satanæ regnum amplificet. Visa
enim

[a] lib. 2. de anim.
[b] lib. 7. de Repub. Plato.
[c] Plutarh. in Romulo.
[d] Plotin. lib. de anima.
[e] Plinius lib. 7
[f] August. li. 10. et 21. de ci. Dei.
[g] Thom. in secunda secūdæ, q. 95. art. 5. tit. de superst. & in tract. primæ partis q. 8. & tit. de miracul.
[h] Bonauent. in lib. 3. sent. dist. 19. q. 3.
[i] Grilland. li. 2. de sort. ca. 7.
[k] in malleo malefic.

enim est sagarum probatio, quæ cùm de nocte abfuissent, confessæ verum causam absentiæ suæ indicarunt. Tempus quoq; visum est, cùm ij qui recentes in illos coetus venerãt, ope Dei implorata aut earum rerum quas videbant metu aut horrore cõcepto se procul à domo abesse compererũt ad milliaria quinquaginta aut centum, & eò reuerti maximis itineribus vnde ipsos Satanas momento ex portauerat. Exempla recentis memoriæ notauimus, Lochianum, Lugdunense, Cenomãnicum, Pictauiense, Castello russanum, Lognianum, aliaque innumera apud autores à nobis adductos exposita, qui omnia simul Vuieri argumenta resecãt dicentis Magos esse melancholicos: istud enim de duobus saltem non potest dicere, qui domum itineribus maximis reuerterunt. Quamquam Vuierus [a] sibi ipsi contradicens passim assentitur Simonem Magum, cui Nero honorariam statuam dedicauit, in aerem volauisse: quod prisci etiam Doctores[b] nec pauci consignauerunt scriptis. Summę igitur dementiæ istud est, Vuierũ confiteri Simonem magum per aera volitasse, & nihilominus cõtrariam sententiam affirmare, falli nempe Magos cæteros qui se per aera exportari in coetus Magorum putent. An minus virium iam habet Satanas quàm tum habuerit? hæc enim post mortem Christi gesta sunt. Quin etiam Vuierus ipse[c] narrat histrionem magum à se in Germania visum, qui spectante populo coelum versus ascendebat clara luce, cumq; vxor pedib. eũ prehenderet pariter sublatam

[a] lib. de lamijs, cap. 3.

[b] Ambrosius in Hexamero, Irenæus, Eusebius, Clemens in itinerario, Hegesf. lib. 3. de excid. Hieros. c. 2. Niceph. lib. 2. hist. eccl. c. 27. Fulg. lib. 8. cap. 11.
[c] lib. de præst.

latam esse, hac item comprehensa ancillam sursum abiuisse: ita multo tempore in aere versatos esse, corona populi attonita & miraculum admirante. Simile exemplum in Hugonis Floriacensis historia legimus, Matisconensem quemdam Comitem maxima voce clamantem, amici adiuuate me, abreptū in aera & delatum esse, nec deinceps visum: sicuti nec Romulus apparuit ex quo presente exercitu in aerem fuit sublatus. Quamquam ex contextu Euangelij discimus Christū à Satana ad templi verticem, deinde ad cacumen montis fuisse exportatum: vnde Aquinas conficit id dubio procul esse consectarium, nihil minus Satanam ex permissione Dei alijs quoq̃ transferendis posse, cùm certissimè apud omneis sanos constet verum hominem ac non imaginarium fuisse Christum. Ego verò satis habuero, si Vuierum ex sermonibus ipsius & scriptis vicero. Idem enim [a] qui se homines vidisse scribit à diabolis in aerē sublatos, eam que rem non esse absurdam dicit: qui rem falsam ibidem scribit, quæsitum fuisse in Germania Magum qui se pollicebatur liberos Francisci 1. Regis Madrico ex arce educturum & ex Hispania in Galliam per aerem deuecturum esse, at nihil fuisse effectum, quòd metueretur ne hoc duce ruerent & ruentibus ceruices diffringerentur: qui amplius lib. iiij. cap. xix [b]. scribit diabolum causidici specie agentem causam, cùm audiret aduersarium diabolo sese dedere si ab hospite pecuniam accepisset, dimissis confestim subsellijs periurium spectantibus

[a] li. 2. de præstigijs, cap. 12. pag. 6.

[b] de præstigijs.

omnibus exportasse, eamque historiam re uera in Germania confirmat accidisse: qui multis exportatorum à diabolo virorum accumulatis exemplis, id omnino certum nullaq̃ ex parte absurdum concludit esse: idem ergo nihilominus in libro de Lamijs rem planè contrariam asserit, eoq̃ pacto leuitatem sui cerebri & confusam instabilitatem omnibus vbique testatam facit. Ac multorum quidem historicorum & Theologorum repudiat fidem a, verumtamen Legenda quoque aurea vtitur, ex S. Germani vita producens historiam, S. Germanū ad visendam Sagarum saltationem abiuisse, inde repentè ad cubilia virorum aduenisse in quibus illæ compertæ sunt, tanquam si leuior Satana S. Germanus extitisset, ac non eadem celeritate qua deuexerat eas potuisset reuehere. Quod autem Vuierus ait non esse in propria Sagarum facultate vt tonitru immittant aut grandinem, accipio lubens: ac ne homines quidem cereis imaginibus aut vocibus enecare posse. Sed illud negari non potest, & ipse Vuierus annuit homines, bestias, fruges à Satana perdi nisi seruet Deus, idq̃ sacrificijs Magorum, votis & precibus, iustaq̃ Dei permissione inimicos suos operâ inimicorum vlciscentis. Itaque Magi ante alios supplicijs mille digni sunt quòd Deo renuntiauerint & Satanam adorauerint: & quidem grauioribus digni supplicijs quàm si suis ipsorum manibus parentes occidissent & segetes incendissent. Hæ enim offensæ contra homines sunt, ait Samuel b, illa directè petit maie-

a *lib. 2. cap. 13. de prǣstig.*

b *lib. 1. cap. 2.*

tit maieſtatem Dei. Multo igitur magis ſupplicia merentur illi qui & Deum ipſum nõ obſcurè prouocant offenſionibus, & homines ſortibus ſuis enecant,& fruges perdunt: ac proptereà xij. tabulis in eos conſtituebantur pœnæ qui fruges incantaſſent: quod Vuierum ludificari non miror,cùm ipſam Dei legem petat calumnijs. Atqui hoc poteſt regeri, debuiſſe Vuierum de colore & hypoſtaſi vrinæ & rebus conſimilibus iudicium facere, non res ſacras attingere & in diuinas humanasῷ leges attẽtare. Etſi enim à Satana Vuierus illud fatetur fieri, minimè tamen negaturus eſt eum à Magis incitari, pelli, pertrahi,adiuuari, itemquè à Satana Magos, vt ea quæ perpetrantur ſcelera perpetrent: quemadmodum id etiam dici nec iniuria poteſt, populos ardentibus Moſis, Eliæ, Samuelis, aliorumquè ſanctorum votis ſeruatos eſſe, cùm Deus ad preces eorum inclinans manum ſubduxerit & ab accenſa ira conquieuerit. In eam ergo ſententiam Magi dici poſſunt abominandis precibus & ſacrificijs in cauſa eſſe cur tam multæ calamitates accidant. Fatetur Vuierus ipſe [a] cùm famoſę illius Sagæ Cliuenſis meminit ad Eltanum pagum, Sibyllæ Dinſcops nomine, ſtatim vt cremata eſt illas viatorum infeſtationes deſtitiſſe, qui manu aſpectabili (nihil enim ampliùs conſpicuum erat) atrociſsimè cædebantur : ex quo manifeſtum eſt hanc primariam illius vexationis cauſam extitiſſe, cùm effecta repentè ceſſauerint ea cauſa expugnata. Hoc enim commune in

[a] *lib.6.de præſtigijs,cap.15.*

omni scientia axioma obtinet, cessante causa cessare effectum [a] : quemadmodum ex contrario dici potuisset istam non fuisse causam [b], si infestationes illæ perstitissent. Nihilominus tamẽ apud omnes constat iudicium aduersus Satanam à Iudicib. non fuisse latum, sed eo vim ac potentiam illius imminutam esse, quòd Sagam illam sustulerint quæ manum suam ei commodauerat, eum orauerat adoraueratq̃, eiusq̃ conatus adiuuerat. Biebranæ Sagæ suprà meminimus, quæ ad Laodunum cremata fuit anno M.D.LVI. Hęc infirmabat homines, mirificeq̃ distortos reddebat, eosq̃, bestias, & fruges perdebat. Sed vt primùm fuit exusta, cessauerunt hæc omnia, vt ex Iudice qui de ea quæstionẽ habuit cognouimus. Idem mihi prętereà narrauit, cùm ista cuidam fœminæ comminata esset eam nunquam lactaturam, ita accidisse & lac eius subitò exaruisse, & quamuis multos liberos pareret, tamen vbera semper aruisse: Cremata verò Saga statim copiosè lacte abundasse, quamuis non propterea Satanas viuere destitisset. Ex quodam nobili honorato viro cognoui vxori sųę ab amita impedimentum fuisse factum ne pareret (sic illa moriẽs confessa est) vt successionem liberis acquireret: Illa vt mortua est, hanc breui grauidam factam peperisse semel atq̃ iterum, cùm annos iam vndecim cõiugati vixissent. Satanas verò (quem Vuierus solum in causa fuisse dicit) non erat mortuus. Hebræis coram Bahal pehore procumbentibus & orantibus eum, exarsit ira Dei in populum totum, & occu-

[a] l. adigere. §. quamuis. de iure patronat. ff.
[b] l. conditionis. §. pupillus, prim. de cõdit. & demon. ff.
l. pen. ex quib. cau. maiores. ff.

& occubuerunt breui tempore viginti quatuor hominum millia. Populum autem ad iſtam idololatriam à Satana fuiſſe prouocatum nemo negauerit: Verumtamen Pinhas Sacerdos zelo honoris Dei percitus transfixit ducem cuidam Madianitidi concumbentem, quæ ad iſtam idololatriã eum pellexerat: itacp repentè ira Dei ſedata eſt, qui Pinhaſo benedicens amplis benedictionibus, furorem ſuum accenſum contra populum ab eo extinctum eſſe pronuntiauit. At Satanas tamen non erat mortuus, quẽ Vuierus, planè excuſans Sagas, fuiſſe & eſſe autorem aſſerit iſtorum malorum omnium. Ex his igitur concludimus Sagas (συνεργοὺς & impellentes cauſas eſſe morborum & necis hominibus pecoribuscp illatæ, cùm illis affectis morte omnia iſta deſinant: atque hoc reſponſo argumenta ſingula euertunt quæ adduci ſolent, & quæ Vuierus deprompſit è Doctorum quorũdam ſcriptis.[a] ſimiliter vt ipſe diſputantiũ, id eſt, Phyſicè de Metaphyſicis, inſigni errore innuameracp abſurda pariente. Nam ſi Phyſicè agetur ex naturę lege, dicendũ erit Sagas nec fruges nec animalia enecare poſſe, quia præditus eſſe potentia oporteret: vt autem potentiam habeant tria ſunt opus, vis & facultas agentis, apta conſtitutio rei patientis, & conueniens quæ poſsit fieri commodacp rei vnius ad alteram applicatio. At mulieri non ineſt facultas conſtituendi de elementis, nec verbis alia facultas quàm illius qui ea pronuntiauerit: ſi autem ne illa quidem poteſt, certè nec illius verba (quicquid

[a] Alex.cõ.128. lib.1. Alciatus.

Ioannes Picus in positionibus magicis asserat) vt supra demonstrauimus, adeo quamuis Sagæ inesset potentia, ineptus tamen modus quo vtitur, verborum pronuntiatio, eam carere potentia arguit. Hoc argumentum ratione nititur. Quòd si negabitur Saga id cum Satana non posse facere quod sola per se nō potest, vt Vuierus ait, id verò falsum est. Hoc argumentum captiosum est, & elenchus sophisticus à simplicibus ad composita. Est enim certo certius, quemadmodum nec solum corpus sine anima quicquā potest, nec sola anima corporeas actiones præstare, puta bibere, edere, dormire, digerere, & quæcunq; naturalia sunt animæq; coniunctè & corporis communia, sed alterū cum altero suis actionib. optimè defunguñt: eadē quoque ratione dici id posse fieri vt nec sola Saga, nec Satanas solus ac seorsim possit quod alter cū altero coniuncti possunt. Fundamentū rationis huius est naturalis causarū demōstratio ad vnū effectum concurrentiū & inter se adiuuantiū, vt progenies est à mare & fœmina iunctis, ad quam nihil disparati possunt: & apud veterē quemdā Rabinū memini legere corpus & animam subire pœnas, quia coniunctè peccauerint. Istorū itaq; à rebus disiunctis ad cōiunctas excusatio tam probabilis est, quā illa cæci & pedibus capti quos accusabat holitor ingressos fuisse hortū & fructº eius comedisse. Respondenti cæco, at nihil video, nec hortū, nec arbores, Capto pedibus diceti, nō sunt mihi pedes quibus iuerim, Regessit holitor, cæcus captum pedibus babus baiulauit, hic duxit illum : sic coniuncti fecerant quod nunquã seorsim potuissent. Quinetiam in hac causa maior est veritatis species, cùm solus Satanas res admirabiles (vt antè diximus) possit efficere ᵃ, cædere, necare, fruges perdere, ventos a ᵃ Iob 1. gere, ignes, grandines, fulmina disijcere, vt Deo permittente castiget tanquam carnifex & summæ illius iustitiæ administer: ac proinde multo magis si iuuetur, rogetur, adoreturq̧; à Sagis vt id faciat, cùm sine precibus earum, inuocatione & adoratione infirmentur vires illius, debilitetur potentia, & ita nocendi occasio præcidatur vt sæpe mortuis Sagis loripedes videas erigi, curari morbos, luem desinere, quod suprà demonstrauimus. Istud autem argumentum, Sagas pœna indignas esse si eis Satanas ad efficiendos conatus suos abutitur, nec posse actionem simul & perpessionem eidem rei incidere, sophisticum & captiosum est. Nam actionem simul & perpessionem certissimum est posse eodem tempore concurrere, sed respectu vario, vt siquis hominem deijciat in terram qui alterum sibi adstantem prosternat ruens. Alterum argumentum quo Vuierus adstruit (vt passim nititur) Sagas pœna indignas esse, quia Satanas earum opera abutitur, non modò sophisticum est, sed impietate plenissimum. Etenim si huic esset argumẽto locus, maxima quęque hominũ impietas abiret impunita: nã etsi homines aut vindictę studio ad occidendũ feriendũ've adducunt̃, aut bruta impotẽtia ad pudicitiam alterius tanrius tentandam impelluntur, non sunt tamen ex officina hac scelera grauissima, sed commissa cædes de industria (vt sunt Magorum homicidia & veneficia) puerorum cædes, parricidia, & consimilia crimina quæ homines etiam à re magica alieni faciunt, à Satana procurantur, itaq; impunita forēt. Ne plura si Vuieri & Doctorum à quibus sua tela habuit argutiæ obtinerent, semper grassatoribus latronibusq; esset effugium vindiciæq; à diabolis, in quos nec iurisdictionem habent Iudices, nec prehensionis facultatem : itaq; omneis diuinas & humanas leges de supplicijs criminū oporteret cācellari. Hoc argumēto quidā Academicus aduersus Possidonium Stoicū vtebat̄ vt absurditatē illam demōstraret qua efficiebat planè fatalis necessitas Stoicorū omīa ex necessitate fieri confirmantiū. Iu

[a] l. si stuprū. de adulter. ff. cum similibus.
[b] Galen. lib. de placitis Hippocratis.

reconsultorum .n. axiomate [a], quod disertè in lege Dei confirmat̄, ille absoluit̄ cui vis facta est, & qui ad faciendū aliquid coactus est, quia necessitas (q̃ aiunt) non habēt legē, nec subest discretioni legū. Itaq; hanc absurditatem vt effugeret, à sentētia sua discessit Possidonius [b]. At hæc nostra causa est potior : nam inter omneis Magos conuenit non cogi à Satana quemquam vt Deo renuntiet, aut se diabolo voueat, sed contrà puram liberamque voluntatem à suis subditis exigit, & cum eis contrahit liberis conuentionibus. Fatali ergo Stoicorum necessitati non est hic locus, nec edicto Deo quod metus causa. ff. eum enim edictum restitui iubet quem metus mortis aut tormentorū oppresse-

presserit d: alius metus quicunq; fuerit, doloris, in-[a] *l. metu. de co-*
famiæ, bonorum amissionis, non excusatur lege [b] *quod met. cau-*
sed eas actiones voluntarias lex esse iudicat. Itaq; *sa.ff.*
multo magis contractus, conuentiones, sacrificia, [b] *l. mulier. e. ff.*
adorationes, & detestabilia Magorũ cum Dæmo
nibus consortia non solùm voluntaria oportet di
ci, sed liberæ ac spontaneæ (vt philosophi nominant) voluntatis effecta, & sponte ἑκουσίας καὶ αὐτομά-
τως (vt Græci loquuntur) facta. Illud ergo minimè
dicendum est, quod Vvierus rationem sequutus
Doctoris cuiusdam dixit, si Satanas Magis vt instrumẽtis vtitur, non esse plectendos Magos, quia
ab instrumentis non æstimantur actiones, sed in [c] *l. diuus. ad l.*
quæstione de suppliciis ad finem solum attendi o- *Corn. de sicar.*
pus est [c]: quæ rationes è medio iure petitæ [d] Do- *l. aut facta. de*
ctoribus istis ex diametro aduersantur. Saga enim *pœnis. l. verum.*
malignos spiritus veluti instrumenta ad malefaci- *de iniur. ff.*
endum & nefarios suos conatus efficiendos adhi- [d] *arg. l. q mihi.*
bet, cùm nec pulueri, nec verbis, nec carminibus fa *de donat. ff.*
cultas vlla sit. Nam Magos communicantes cum
Satana antè ostẽdimus orare Satanam vt hunc in- [e] *cap. 22.*
terimat, infirmet illum, prout id permissione Dei à
diabolis præstari posse Tertullianus doctè expo- [f] *l. non solum.*
nit in Apologetico [e], & in singulis quoq; Magorũ *§. nec mandatu.*
iudiciis videmus confessiones ipsorum istis rebus *de iniur. l. qui*
abundare. Quamobrem longè grauiora supplicia *mihi bona. §.*
promerentur Magi quàm ij qui certo condicto q; *quir. hæred. ff.*
pretio locant prædonum operam vt inimicos in- *& ibi Bart.*
terimant: quos sine spe veniæ iura addicũt morti [f], [g] *l. si quis nõ di-*
quamuis homicidium prædo non perpetrauerit [g], *cã rap. de episc.*
C. & ibi Bald.
Angel. Salicet.

Mm

& quotidiana iudicia condemnant. Quáto igitur est capitalior Magus, qui in reb. istis Satanā occupat? qui orat? qui adorat? Nõ est igit quod Vvierus & boni eius Doctores expostulēt Magos pœnas dare de Satanæ maleficijs, aut indignè calumnientur legē Dei[a] quæ hos vetat illorū pœnas luere: nam tota scriptura Sacra documentis istis plena est, Deū à Magis summè abhorrere, eosq́ plus quàm parricidas, incestuosos, atq́ Sodomitas abominationi esse, imò tantopere eos detestari vt q́ties eorum meminit toties æstum, furorē, vltionē pronuntiet: q́ nusquam in alio scelere fit præterq́ in causa idololatriæ[b]. Eodem responso argumentum alterū refellit quod Vvierus à bonis suis Doctorib. mutuatur, confessionib. stari non oportere nisi veræ sint atq́ possibiles: fateor. Sed assumptio qua dicit nihil esse ex iure possibile quod à natura nõ sit possibile, hæc ergo assumptio falsa est & impietatis plena: tollit enim singula Dei miracula operaq́ contra ordinē naturæ facta, adeoq́ ipsa religionis & pietatis omnis in Deū fundamēta: imò si huic axiomati daret locus, omnes articuli fidei delendi essent. Verùm vt in argumento iuris consistamus, Hermaphroditas aliaq́ monstra contra naturam esse nemo negauerit: ea verò admittit atq́ agnoscit lex[c]. Nec verò negari potest id cōtra naturam esse quod se Vvierus oculis suis vidisse narrat, cùm homo feras ita sistit verbo vt tandem ad se pertrahat. Etiam contra naturam est diuinare quis furtum fecerit; capitali tamen supplicio afficitur

[a] Ezech. 21.
l. crimen patron. num. de pœnis.
C. l. sancimus. e.

[b] Exod. 15. 32.
Leuit. 20. 26.
Num. 11. 25.
Deut. 29. 33.
Iosue 7. 23.
1. Sam. 24.
2. Reg. 13.
2. Paral. 12. 28.
29. & 36.

[c] l. Hermaphroditus. de statu hom. ff.

CONFVTATIO. 459

tur^d quisquis Magos de furto consulit, & quisquis ex hac præsumptione furē in ius vocauerit. A natura fieri non potest vt homines grandinē tempestatémve cieant, frugésve carminib. enecent: at id leges accipiunt tanquam certissimum ^{b}, quamuis natura ἀδυνάτοις, & supplicium capitale vtentib. hac arte irrogant. Non iura solùm igitur gentium, sed diuinæ leges quàmplurima agnoscūt natura quidem impossibilia, sed possibilia contra naturæ ordinem & legē: sed has leges Vvierus & consortes eius è Pandectis & Codice ipso lubentissimè eximerent: etiam Dei lege animus esset idem faciendi, dum aiunt si quarum legum causę non ampliùs comperiuntur veræ, eas leges corrigi oportere. Scilicet id pro confesso habent quod est totius disputationis caput, & principium, τὸ ἐξ ἀρχῆς petunt, vt dicitur in re sophistica, id assumentes quod fuerat concludendum, errore in Dialectica grauissimo. Atqui tantum abest vt assumptionem istius argumentationis eis concedamus, & res post omnem hominum memoriam ab annis quater mille de Magis exploratissimas nunc demum Vvieri & Doctorum eius seculo dicamus falsi compertas esse, vt contrà Augustinus ipse (quod ante diximus) annotauerit omneis philosophorum & religionum quæ vnquam extiterunt sectas Magiæ pœnas decreuisse. Plutarch. etiam in Apophthegmatis à Persis scribit supplicio omnium crudelissimo affectas fuisse Sagas, quarū caput inter duos lapides elidebant. Multos scripturæ Sacræ locos

^{a} l. item Labeo.
§. si quis astrologos. de iniur. ff.
^{b} l. eorum. l. mult ti. l. nemo aru. & toto titul. de malefic. C.

Mm ij

annotauimus quibus hoc ipsum inculcatur, & gra
uissima mortis supplicia aduersus Magos in lege
Dei decernuntur. Platonis quoq; leges annotauimus capitali supplicio addicentis Magos. Hifto-
rias complureis adduximus (at ne centesimã quidem earum partem) iudiciorum in Magos capitalium, & in eos pariter qui libris magicis vtebãtur.
Erroris igitur & ignorantiæ totam antiquitatem
necesse est condemnari, deleri omneis historias, di
uinas & humanas leges antiquari, vt falsas ludi-
cras & falsis nitētes principijs: atq; his omnib. op-
poni Vvieri & aliorum aliquot Magorum senten
tiam, qui inter se ad stabiliendum & confirmandũ
regnum Satanæ consociati sunt. Hoc Vvierus infitiari non potest, nisi verecundiam omnem abie-

[a] lib. 5. cd. 4. 5.
6.7.8.9.10.11.
12. 14. 15. 17.
18.21.25. de præ
ftigijs.

cerit, qui in libro de præftigijs [a] plus execrabilium
magicarum sortiũ promulgauit quàm magister i-
psius Agrippa vnquã fecerit. Ille enim libros suos
de occulta philosophia planè retractauit ca. xlviij.
de vanit. scient. hic verò discipulus illius cõmon-
strat digito & ante oculos ponit qcquid Satanas
principes Magos docere põt: sed multas Dei voces sanctorumq; Doctorum interserit, vt venenũ
cum melle infundat animis, prout hic est semperq;
fuit cõmunis stylus Satanę. Quamquã isti homini
mentem sic ademit Deus, vt nõ ampliùs aquæ ad-
uersēt ignis quàm ipse sibi. Fatēt enim locis quàm-
plurimis non Sagas, sed eum qui artem magicã ex-

[b] lib. 6. cd. 24.
de præftig.

ercet capitali supplicio affici oportere. Confiteor,
ait[b], magicas artes capitales esse, sed Lamiæ nõ cõ-
tinentur:

tinentur: vt si quis dixerit homicidas suspendi oportere, sed grassatorib. cō donari. Innumera sunt dicta eiusmodi. Alibi autem dicit [a] non eo supplicium mereri magos cum Satana pepigerint & Deo renuntiauerint, quia decepti sunt & causam præbuit contractui dolus: ideo contractum esse irritum, & hominib. deceptis, ac non decipientib. ignoscendum. Hæc ridicula sunt Doctorum Italicorum argumēta, qui tam strenuè in ista arte prouecti sunt vt ista lues Italiam totam peruaserit & infecerit Galliam, vim facientes legib. vt istud malum induant aliqua probabilitatis specie. Nemo autem tam stupidus est aut demēs, qui insulsum istorum argumentorum non videat ἄτοπον. Si enim à subdito facta conuentio suasu alterius qui eius principem odit capitaliter, sine vlla spe veniæ punitur morte, quo tandem iure cōuentio facta cum Satana excusari posset infensissimo Dei & piorū aduersario? Etenim vt nunquā Magus homines, pecudes, fruges nece maleficióve affecerit, sed homines sortibus infestos semper sanauerit & tempestatem propulerit(vt quidā Magus Curio Sauilla ci ad Tholosam tēpestates semper à parochia sua abarcebat) cùm tn̄ Deo renuntiauerit & cum Satana pepigerit, dignus est qui viuus pereat incendio. Nam conuentio hæc longè est capitalior quā si igne gladióve fruges homines aut pecora enecet, quia hoc maleficium in res creatas intenditur, quibuscum iniri potest cōuentio [b]: qui autem cum Satana paciscit̄, maiestatē Dei oppugnat palàm &

[a] *libr. de lamijs cap. vlt.*

[b] *1. Sam. 2.*

Mm iij

contemnit eum. Itaq̃ lex Dei mulierem Sagam statim necari iubet, non adhibita distinctione vtrum fruges an pecudes perdiderit: quem in locum annotauimus Legem vti voce מכשפה, id est, præstigiatricis, oculos fascinantis, vt Doctor Abraham Aben Ezra, & interpretes omnes consentiunt. Atq̃ hoc quidem apprimè oportet obseruari (nam lex Dei ita se habet vt nulla vox emphasi sua careat) vt illud neminē fugiat, Magos nō eam ob causam præcipuè castigandos q̃ homines pecoráve necauerint, sed quòd Satanæ pactum iniuerint. Vt verò noscantur ij qui cum Satana pepegerint, Lex vnam speciem oculis exhibet digitoq̃ monstrat, puta illius qui sic oculos præstinguit atq̃ fascinat vt id quod non est sæpe videndum præbeat, aut qui incantat carmine: itaq̃ statuit certissimā hāc & indubitatam inter alias probationem esse existimandam pacti cū Satana initi, si quis oculos fascinet, incantet carmine, aut alia cōmittat eiusmodi: Hæc enim Magi persæpe faciunt, vt risum moueant, & industrij homines habeantur. Sic Vuieri & sociorum dicta radicitus exsecantur, & Iudicibus materia præciditur amplius quærendi vtrum Magus cum Satana pepigerit nécne, quid, quando, quomodo pepigerit, aut an nociturus alicui fortē vllā maleficiúmve immiserit: harū enim rerū probationes penè forent ἀδώϰατοι, quia non nisi in tenebris & desertis locis, & modis ρ̃pè incredibilibus ijs qui factum non audiuerint, plurimùm cōmittuntur. Non quod alienum sit ab æquo & bono, si de his

rebus

rebus quæstio habebitur: sed Deus lege docere voluit illud sufficere si Magum probabitur carmine fuisse vsum, aut oculos fascinasse: quod præsente Rege Triscalanus fecit, orbes catenæ aureæ quã gestabat nobilis quidam ad manum suam pelliciens intactos, cùm tamen integra ad collum nobilis illius catena permaneret: itemq́ alibi Breuiariũ Sacerdotis ita dissimulans & chartarum ludus esse videretur. Ista probatio sufficit vt ad condemnationem Magi procedatur, quia res istas quæ non vllo diuino miraculo fiunt sed contra naturam veniunt, à Satana pręstari constat certissimè, idq́ expressa conuentione cũ eo facta & iuramento confirmata. Hæc eò dicimus vt ad istos magistros sortium artificesq́ probè attēdatur, & tempestiuè ac seriò animaduertatur. Sic fuit Iudæus Magus nomine Sedechias qui (vt narrat Ioan. Abbas Tritemius) emittebat hominē in aera, in membra discerpebat, eaq́ recollecta adunabat, vt Simon magus Nerone præsente fecit: currũ etiã onustũ fœno cũ equis & agitatore corã toto populo absorbebat. Vvier. ipse[a] non auditũ à se in German. sed visum tradit fuisse hoiem q cœlũ versus ascēdebat, & trahebat post se vxorem atq́ ancillam hęrentes pedibus hanc herę, illam viri, cum maxima populi admiratione, vt suprà meminimus. Atque hoc quidem pacto & Vviero & Doctoribus illius respōderi potest, id credendum esse negantib. quod natura est impossibile, cũ à se Vvier. ipse[b] res eiusmodi confiteā̄ visas quę natura tñ sunt impossibiles:

[a] lib. de præstig.
[b] lib. 1. cap. 12. de præstig.

vt i.

vt idem se oculis suis vidisse autor est cùm puella Henrietta nomine à diabolo sine quiete vlla per aerem ferebatur in arce Laldebrocensi Ducatu Geldriæ: quæ historia, vt sola esset, labefactandis omnibus Vvieri sociorúmque argumentis sufficeret. Quamquam totus liber eius exemplis abundat rerum quæ contra ordinem & facultatē naturæ acciderunt, & quas fatet̃ idem spirituum malignorum opera effectas esse: vt de cultro extracto è ventre puellæ cui nullum vlceris vestigium inerat, quod se in maxima virorum frequentia vidisse narrat, & & cultrum adhuc in rerum natura esse: similiter ϙ se vidisse ait[d], cùm Vlrici Nussenseri fascinati corpus secaret̃, ex eo educi cultros quatuor, baculum crassum, clauos multos, & fili plurimū, multis medicis alijsϙ præsentib. spectaculum illud admirantibus. Falsus igitur sermo & impietatis plenus, ϙ natura fieri non potest id credi non oportere. Verūtamen vt miraculosas istas actiones & fascinationes contra naturā venientes omittamus, id præcipuè agitur vt summo iure puniantur ij qui Deo renunciauerint & se Satanæ permiserint, quam actionem esse impossibilem Vvierus non affirmauerit. Quoniam verò difficilis est istius impietatis probatio, lex Dei multari morte fascinatores iubet oculos phantasiámϙ præstinguētes, idϙ cūctatione: nimirum pro certo habens fascinatorē esse magum pactionis cum Satana expressę tacitæ've reū. Multò igitur magis summo iure cum eo agi opus est, si aut confessionib. aut testimonijs aut scripto

[a] lib. 4. de præstig. cap. 9.

pare-

parebit conueniſſe cum Satana, aut maleficia exercuiſſe quæ natura committi nequeunt. Illud enim notari (vt dixi) & ſępe inculcari conuenit,legem Dei,cùm de Magis & pœna eorum capitali loquitur, diſertè non meminiſſe necis pecorum hominúmve aut maleficiorum fruges infeſtantium (nã hæc minima ſunt mala quæ Magi perpetrent) ſed eorum qui faſcinant & carminibus oculos præſtinguunt,qui mortuos conſulunt,qui denique res faciunt cæteras quarum interpretationem antè attulimus. Nam quia θαυματουργòι iſti contra naturam venientes ludibria perſæpe exhibent, molliuntur Iudicum animi & nihil eis ineſſe mali omnes exiſtimant. Sic vir quidam magnus & autoritate valẽs, qui poſt mortem incuſatus eſt magicarum ſortiũ, ſolebat ſeueritatem iudicum ad riſum flectere vt Magos eriperet. Sic eleuando impietatis cumulo Satanas riſus excitat: ſic carminibus indulgent Sagæ, & procurãt vt denis ſortilegijs vnum aliquod factum agyrticum illabatur,vt quicquid faciunt agyrticę ſubtilitatis & agilitatis eſſe videatur. Quãobrem Deus nominatim cauit vt qui oculos faſcinant plectantur morte,& (quod grauius eſt) præcipit ne ſinant viuere,vt ſtatim eo ipſo die (inquit Hebræus Philo [a]) dedantur morti: quod idem autor eſt fuiſſe obſeruatun. Quibus ex verbis apparet iudicia non laborauiſſe de inquirendis alijs magorum maleficijs, ne probationis grauitas ſupplicia retardaret. Vuierus autẽ vt euertat leges in magos latas omneisq́ hiſtorias in dubium vocet, in

[a] *lib.de ſpecia-lib.legibus.*

refutanda opinione Lycanthropiæ operam consumit, id meram esse illusionem prædicans. At ne eo quidem pacto respondet ad legē Dei, quæ præcipit vt qui sic illudunt plectantur morte: necʒ hic quæstio agitur sit'ne vera mutatio corporis humani in lupum ratione integra permanente, an plena corporis & animæ transmutatio, an verò simplex illusio & fascinatio eorum qui spectant corpore animoʒ integris. Amplius tamen Vuierus audet[4], nihilʒ nisi illusionem defendit essę. Id verò nec Mathematici hominis nec philosophi factū est, id temere affirmare quod non intelligas: sed in hac causa ad effectum attendi necesse est, idʒ obseruari q̃d dicit ὅτι καὶ, causam verò, id est, τὸ διὸ, π, permitti Deo. Omnia autem Vuieri argumēta nitūtur caduco & putri fundamento, cùm de spiritibus, dęmonibus, & actionibus eorum perinde disputat ac si de reb. naturæ ageret, cœlum terræ miscens, & in præfatione operis demonstrauimus. Historiam Iobi veram confitetur esse, à Satana excitari ventos, fulmina, ignem, inimicos, quibus euertit & consumpsit domos, liberos, familiam, pecoraʒ Iobi momento vno, hunc quoʒ opera illius à vertice ad pedes imos vlcere incurabili afflictum esse, quæ omnia factu difficiliora sunt, quàm in lupum transfiguretur homo: at permagnam istam potentiam Satanæ Deus tradidit. Nabuchodonozorem quoʒ Monarcham Assyriæ Vuierus non negaturus est in bouem mutatū esse depascentē herbam annos septem, versa pelle, pilo, vnguib. formaʒ tota, deinde figu-

[a] August. li. 18. de ciuit. Dei, cap. 18. & li. de spiritu & litera cap. 26.

CONFVTATIO. 467

de figuram pristinā recepisse, vt Danielis Prophetæ historia docet. Quòd si mutationem istā Regis Nabuchodonozoris non fabulosam illusionē, sed veram historiam esse cum sacra Scriptura dixerit, fateatur ergo æquè posse fieri vt homines in lupos alias & feras transfigurētur: Sin Magorum mutationem in lupos & alias feras affirmet fabulas illusionem esse, certè historiā quoq; sacrā fabulosam illusionem esse concluserit: Nam si factū est in vno, in alijs etiam potest, cùm potentia Dei minuta nō sit. Hoc argumēto vtit̃, vt ostēdat re vera Magos à Satana deportari, exēplo veri hominis Iesu Christi super templum & montem à Satana exportati. Quòd si Deus Satanæ in Iobum & Iesum Christū hanc facultatem dedit, quis dubitet in Magos atq; impios etiam ampliorem dari? Etenim Vuierus assentit̃ in libro de Lamijs Nabuchodonozorem à Satana in bouem mutatum esse: Rem pudendā planè, Vuierum in Nabuchodonozore confiteri (nam infitiari qui posset?) transfigurationē in bestiam in Satana effectā esse, negare in alijs. Nā Canon Episcopi[b] & cōsimiles alij de transformatiōe eos spectant solummodò qui facultatē efficiēdi res istas Magis aut Satanæ per se inesse putāt. Illud verò dementiæ foret atq; hæreseos, si quis facultatē istā, cùm videt̃, Satanę dari à Deo nō putet improbis castigādis: blasphemiæ, si terminos potentiæ Dei præfigeret: capitalis temeritatis, si de secretis eius iudiciū faceret. Nam, vt apertè dicam, potentia rerum creatarum est potentia Dei, nec minus

[a] lib. de Lamijs. cap. 16. & li. 1. de præstig. cap. 24.

[b] 26. q. 5.

Nn ij

elucet Dei gloria in potentia quam tradit Satanæ, quàm in omnibus creatis quę in terra degunt, cùm in Iobo dicatur non exiſtere in terra potentiã quæ cum potentia illius comparetur: quibus ex verbis cognoſcimus actiones ſatanæ ſupra naturam eſſe, nec eas ad legem cauſarũ naturalium metiri oportere. Magos quoq̃ Regis Aegypti legimus baculos in ſerpentes exẽplo Moſis conuertiſſe: Moſem verò nequaquam illuſiſſe certum eſt: fuerũt igitur ſerpentes veri, quod longè eſt difficilius quàm vt natura vnius animalis in alterum transformetur. Verum quidem illud eſt Deum creauiſſe omĩa, nec alium creatorem eſſe quàm Deum ſolum: at illud non dicitur, nec vſquam legitur à Satana aut Magis omnibus creatam nouam ſpeciem vnicam aut formatam eſſe. Sed ſi poteſtatem hanc Deus Moſi contulit, eam certè potuit & adhuc poteſt Satanæ & Magis tradere: ea enim ſemper eſt potentia Dei, ſiue ordinaria, ſiue extra ordinẽ, ſiue ἀμέσως ſiue per res creatas, vt Aquinas [a] & Scotus conſentiunt, & nos antè demõſtrauimus. Sed Vuierus fallit, cùm creationem pro generatione, & generationem pro tranſmutatione accipit. Prima eſt de nihilo, Creatoris propria: Secunda ex eo quod ſubſiſtit, diciturq̃ γένεσις in formarum generatione: tertia non eſt motus, ſiue κίνησις, ſed ἀλλοίωσις ſolùm & μεταβολὴ, mutatio & accidentalis alteratio eſſentiali forma remanente [b]. Quod itaq̃ ſemel à Creatore creatũ eſt, id creaturę generant ſucceſsione, & transformãt proprietate ac potentia quam dedit ipſis Deus. Hanc
Aqui-

[a] lib. 1.

[b] Ariſtot. lib. 3. & 5. φυσικῆς ἀκροάσεως.

CONFVTATIO. 469

Aquinas a virtutem naturalem vocat, de spiritibus ᵃ *dist.7.art.1*
sic loquens, Omnes angeli boni & mali habent ex
virtute naturali potestatem transmutandi corpora nostra. Veteres autem inde ab Homeri seculo,
& quicunq; de Magis mutationē istam expertis co ᵇ *lib.3.*
gnouerunt, consentiunt (vt suo loco diximus b)ra
tionē formamq; essentialem manere immutabilē.
Hæc ergo simplex accidentalis formę & corporis
est alteratio, nō vera transformatio. Sed Vuierus
Physicè de rebus metaphysicis disserens, ad funda
menta & principia Physicæ impingit pasim: cūq;
se infinito diuinarum humanarumq; historiarum
numero de transfiguratione hominum in bestias
oppressum videt, dicit corpora à Satana soporari.
Atq; id quidem in horam posset diem 've fieri: sed
hominem incolumem amplius sex dies sine cibo à
natura viuere est impossibile. Id Plinius autor est ᶜ ᶜ *lib.11.ca.54.*
explorauisse veteres in ijs omnibus qui sententia
lata necabantur fame, iuuenesq; magis quàm senes
fame affici: quamobrē fame in obsesis locis prio- ᵈ *lib. de carnib.*
res, teste Hippocrate ᵈ, moriuntur. Sed in Liuonia
dies minimùm duodecim homines in lupos versi
manent, alij treis menses: etiam veteres annotarūt ᵉ ᵉ *Plinius.*
qui decem annos transformati fuerint postquàm
fluuium quendam traiecissent. Illud verò obserua-
tu dignum, non extare exemplum vllum ferarum
versarum in humana corpora, vt Peucerus scribit.
Prætereà iudicio in Parlamēto Dolensi lato xviij.
Ianuarij. M. D. L X X I I I I. contra Aegidium Garnerium Lugdunensem cōtinetur ipsius confesio:

Nn iij

nempe puellas duas puerumq́; vnum ab ipso vora
tos esse, primam die S. Michaelis ad Serranam syl
uam in vico Castenoij, dimidio milliari ab oppido, eamq́; occisam & vnguibus specie lupi fuisse la
niatam, vt suprà copiosius diximus [a]: quæ confessio puerorum morte, loco, tempore, forma, & testi
monijs eorū qui superuenientes facto specie viderunt lupi fuit confirmata. Certè aut corpus in figu
ram lupi versum oportuit, aut humanā animam in
corpus lupi transmeasse, vt omnia tā accuratè obseruare posset. Quamuis ex posteriore hac sentētia
fatendū esset duas simul formas in vnum subiectū
concurrere, quod ex diametro principijs Physicę
aduersat [b]: Vuierus aūt qui de rebus Metaphysicis disceptat Physicè, fatet̄ sexcentis suorū librorū
locis diabolos (hi aūt sunt intelligentes formę) in-
gredi corpora hominū q̄s ea de causa veteres δαιμο-
νῶντας appellabant. Quamobrē nuncq̄ Aristoteles
in libris Physices de spiritib. & intelligentijs dispu
tauit, sed reiecit in libros τῆ μετὰ τὰ φυσικὰ, ab ijs incōmodis rebusq́; absurdis metuēs quib. se priores
implicauerāt qui Mathematicas quæstiōes cū Phy
sica confundebāt, eoq́; nomine reprehēsionē ipsius
subierūt [c]. In eundē errorē Vuierus labit̄, & quicū-
que adhæret̄ eius argumētis. Nā Aristoteles Phy-
sicū axioma statuit, formā physicā separatā à naturali corpore interire, in Metaphysicis verò anima
humanā excipit, q̄ in libr. de partib. animantiū ait
θύραθεν ἐπεισιέναι. i. θεόθεν οὐρανόθεν, ὑψόθεν, extrinsecus ad hominem venire, & corrupto humano corpore sub-
siste-

[a] li. 2. cap. 6.
[b] Aristot. lib. de ortu et interitu.
[c] lib. 1. φυσικῆς ἀκρίξις.

CONFVTATIO.

fistere. Vuierus etiam qui actiones spirituum Physicæ conat exponere millies in libris suis asserit diabolos migrare de loco in locum: & ita res habet, prout in eis cernimus quos obsident exportant ve dæmones: nihilominus si vera sunt principia Physicę quę statuit Aristoteles, à natura fieri nõ poteſt quin res omnes mobiles quę locum occupant sint corpora: id aũt spirituum naturæ planè aduersat. Idẽ verò Aristoteles Theologicè, id eſt, Metaphyſicè disputãs ait *separatos spiritus motionis auto res eſſe corporib. cœli, & per accidens motũ quoq̃ excepto primo mouente perpeti. Et Deus ipſepuriſsima ſimpliciſsimaq̃ natura Angelos omeis superans de ſeipſo dicit, Cœlum & terrã ego impleo, ac propterea appellatur םוקמ id eſt, locus, quia mũdus in ipſo eſt, non autem ipſe mundo includit̃, vt Hebræi Doctores in illud Eſaiæ tradunt, Cœlũ mihi ſedes eſt & terra ſcabellum pedum meorum. Quòd ſiquis cũ Auguſtino dixerit ex Apuleiana definitione dæmonũ quã Academici acceperunt, Dęmonas eſſe corporeos: id verò admirabilius, & à conuenięntia naturæq̃ lege alienius futurũ eſt. Nã corpus vnũ in alterũ penetrare poſſet: itaq̃ tota penè Phyſica euerteret̃ hoc principio nitẽs, nõ poſſe in dimenſiones penetrari, cũ dæmones in hominũ corpora penetrēt, quod Vuierus ipſe confitet̃ paſsim. Ineptũ igit̃ fuit fundamēta argumētorũ de Magis & actionib. dęmonũ ex principijs & hypotheſibus Phyſicis petere, ijsq̃ peſsimè (vt diximº) intellectis. Hæc ita ſe habere videbit manifeſtò quiſqs

*lib. 8. τῶν μετὰ τὰ φυσικὰ.

Philo-

Philosophorū libros serio legerit & intellexerit: illis enim, inprimis vero Academicis, in causa Dæmonum, bona ex parte cum Theologis conuenit. Nam cœlorum motus & cœlestiū luminum æquè a Scriptura sacra atq; à Philosophorum grege Angelis tribuit, vt videmus apud Ezechielem & Psalmo lxviij. versu xviij. vbi ait Chaldæus interpres esse vicies mille luminaria, & eis mouendis Angelos totidem. Thomas item Aquinas (quem recentiores Grçci pro philosopho tanto habuerunt vt librorum illius præstantissimum fecerint è Latino Græcum) singulas spirituum Magorumq; actiones veras esse putat, vt antè demonstrauimus: nec mirum esse asserit[d], quòd Simon Magus diabolorum opera fecit vt loqueretur canis. Sic Magi quatuor qui Pictauij anno M.D.LXIIII. fuerunt concremati, dicebant hircum quem adorabant de nocte secum loqui solitum: & Paulus Grillandus [b] scribit Sagam à se Romæ fuisse visam cùm illic esset, Franciscam Sienensem nomine, quæ coram omnibus faciebat vt loqueretur canis. Atq; hæ quidem actiones omnes & similes aliæ mirificæ, quas Vuierus fatetur, cõtra naturam fiunt. Hic ergo necesse est ceruices corā Deo demittamus, & tenuitatem confitentes nostri ingenij principia naturæ rationesq; negligamus: quibus toties profectò fallimur quoties ex eis volumus spirituum actiones, dæmonumq; societatē cum Magis expendere, eoque pacto παρασυλλογισμὸς istum conficere, actiones istas veras esse non posse quia contra naturā sunt, & quic-

[a] *Clemens in itinerario.*

[b] *lib. de sortilegijs, section. 7. num. 24.*

CONFVTATIO.

& quicquid à natura fieri non potest id esse impossibile. Purū certè parasyllogismum & elechum sophisticū: vt si quis de scelerato homine dixerit, bonus Ianista est, bonus igit: nam à coniunctis ad simplicia nō valet consequētia. Vvierus aut[d] omnino volens quacunq; ratione Sagis prębere effugium, eas à diabolo possideri & vim pati narrat. Atq; nemo tam oculis captus est qui nō videat quantū sit discrimen inter eas Sagas, q̃ se vouerunt, dicarunt addixeruntque Satanæ, & eas quas malignus spiritus obsidet: cùm illas pstibulis impurissimis, has pudicis virginib. vim passis cōparandas constet. pręterea quis Satanā erga suos fideles subditos credat tā inconsyderatè agere? Idem posteà cōfirmat fieri nō posse à natura vt Sagę tā breui tēporis spatio in cætus suos trāsportent. Nos aūt ad sermonē istū copiosè satis respondimus. Hic verò Vvierus demonstrat q̃ parū sit Mathematicus, quē perpusillum Physicæ degustauisse suprà ostēdimus. Nā 8. cælū cū astris omnib. horis 24. videmus cōuersari, cuius ambitus est supra q̃ 133000000. milliariū, vt bis mille passus Geometricos milliari assignemus. Etenim licet Archimedes & Ptolemæus interuallū Solis à terra solùm demōstrauerint 1209. semidiametra terræ cū dimidio capere (est aūt semidiametrū milliariū 1800. vt milliarib. bis mille passus tribuas, ambitus aūt terræ semidiametrorū 6. cū 7. parte semidiametri, vt collectis Hipparchi obseruationib. Ptolemęus demōstrauit) Arabes tñ Alphragā, Albategni, Tebit, Campan vlte-

[a] *lib. de Lamiis.* cap. 16.

Oo

rius prouehentes scripserunt distare terram ab o/
ctauo cœlo 20081. terræ semidiametris, & minutis
viginti octo, quæ efficiunt milliaria 36145800. R.
MosesRamban lib.iij.More nebocim amplius esse statuit, quia demonstrationes Astronomicæ ex
sensu fiunt. Verumtamen vt minimum ex omnib.
numerum retineamus, certa est illa Ptolemæi de-
mostratio, tantã esse proportionem semidiametri
cum arcu quanta est 52.ad 60. ex Euclidis autẽ demonstratione in lib.3.sex semidiametra vnius circuli præcisè faciunt hexagonum:itaq; semidiame-
trum à centro terræ ad cœlum octauum vsq; sexies
planè comperietur in octauo cœlo. Intersunt igit̃
sexies 6146800. milliaria, cum dimidio circuli gra/
duum 48. Quòd si octo gradus ad vnumquenque
arcum hexagoni circuli assumpseris præter sex illa
semidiametra, cõficientur mil. amplius 28916690.
adde quæ omisimus minuta 28. milliarium 800. to
tus ambitus octaui cœli futurus est 245991440.
milliarium quæ horis xxiiij. percurruntur. Longè
ampliora sunt nonũ decimumq; cœlum. Optimè
enim Ptolemæus in Almagesto monstrat totam
terram (cuius ambitus est 11160. milliariũ) cum So
lari tatùm circulo comparatam qui longè octauo
minor est, tam exiguum punctum, esse vt sensu ne
queat percipi. Quòd si horis viginti quatuor sit o-
ctaui cœli conuersatio, certè minuto horæ (sexage
na aũt minuta constituũt horã) emetit̃ octauũ cœ-
[a] Leo Hebræus lum 1706155. mill. motu Angeli diuinitus hac facul
lib.2. tate prediti, quẽ Hebrei[a] vocant Cherubinũ versantem

CONFVTATIO.

fantē rotam flammantis gladij.i. cœleſtiũ luminariũ: an igĩt non poſſet Satanas, quẽ Deus tanta in terram poteſtate inſtruxit, horæ ſpatio hominẽ ad cẽtum ducẽtá ve mill. tranſuehere? Manifeſtũ eſt igit non eſſe hunc motũ à natura ἀδυνάϐον. Ioanna Haruilleria (q̃ viuã die April. vlt. 1578. crematã fuiſſe ſupra meminimus) ſe poſtremò in lõginquiſsimas partes fuiſſe exportatã, multumq̃ tẽporis antequã perueniret ad cœtũ cõſumpſiſſe fatebat, reuerſam verò defatigationis plurimũ ac laſsitudinis expertã eſſe, vt ex iudicio illius didici q̃ mihi Claudius Fayus Procurator Regis apud Ribemõtenſes attulit. Illa verò ſpectata eſt Vvieri malitia, cùm ſcribit cap. 8. de Lamijs confiteri Sagas id ſibi negotij à Satana mandari vt dum monſtrat hoſtia aut terrã inſpuãt, aut crucẽ terant pedib. Quã occaſionẽ Vvier. arripit vt eos decipiat q à miſſa defecerunt, dicens rem eſſe ridiculam. Sprang. etiam ſcribit ſe quæſtionem de Sagis habentem audiuiſſe multos expreſſo cum Satana pacto recipere ſe artus diffracturos Crucifixis, idq̃ preſertim die antepaſchalis Veneris. Hoc Vvier. totum ſtultitiæ imputat. Hic verò nõ placet queſtionẽ aggredi de religiõis merito, q̃ multi Theologi copiosè explicauerũt, neq̃ eſt præſentis argumenti: ſed technas Satanę affirmo eſſe incredibiles niſi optimè attendat, q̃ ille nõ fecit qui puerilem admodũ conſcripſit librũ de Satanæ ſtratagematis. Iſtud enim eſt conſilium Satanæ, vt ipſius ſubditi ad contẽptũ abnegationemq̃ Dei ſolũ adducant, ſed etiã ois religiõis & earum

Oo ij

omniũ rerũ q̃ putant esse Dij & metu à maleficijs absterrere possunt, & ad satanã omnino auertãtur. Inter Magos itaq̃ cõuenit, id primũ Satanã à tyronib. nouitijs'cq̃ Magis exigere vt Deo & omni religioni renuntiet, pro certo habēs quisquis religioni cuius renũtiauerit cũ ad omnē impietatē & scelus proiectũ fore. Etenim Romę in nocturnis etiã Bacchi sacrificijs innumeri Magi cõperti sunt, qui mille incestos & nefarios coitus exercebant, innocētissimos quosq̃ mactabãt: quamobrē per totã Italiã in perpetuũ fuerunt vetita, & Magi quãplurimi affecti morte[d]. Sic in primitiua Eccles. (vt Epiphani[9] testis est) insinauit Satanas damnabilē Magorum Gnosticorũ sectã, qui religionis specie sacrificabant infantes ex incestis congressib. ipsorũ natos, tundebant in mortarijs cum farina & melle, factasq̃ ex eis placentas suis sectatorib. vescendas dabant, atq̃ hanc suam cœnã esse prædicabant. Hi veri fuerũt Magi edocti à Satana, cuius hic præcipuus est scopus vt omnēm religionē ex humanis mentib. eximat ad stabiliēdum potentiã suam, aut etiã vt superstitiosã religionis specie tegat omnia scelera quæ fieri possunt ad contēptũ Dei vel eius qui putat̃ Deus. Nã quisquis aliquid cõmittit ad contēptum lapidis materięu'e alterius q̃ habet pro deo, hunc tantundē penè cõfirmo offendere, quãtum is offendit qui Deum verũ æternum quē nouit blasphemauerit: vt olim Caligula[b] Iouis assumens imaginem in aurem eius insusurrabat contumelias, & statuam cõminuebat Vestę quam vestales oscu-

Liuius.

Sueto. in Caio.

les osculandam ei præbuerant. Non quòd à natura sit maleficium cōminui Vestalium statuā: sed in Caligula blasphemum fuit & impium facinus, cuius istud fuerat propositum vt eum contēptu prouocaret quem habebat pro deo. Deus enim ad animum semper mentem(que) hominum respicit, & gestus negligit, ideóq; scrutator cordiū appellatur. Sciens itaq; Baruc populum in Babylonia captiuū eò impelli vt corā imaginibus è metallo, ligno, lapide procideret, scribit in hanc formam, Cùm imagines humeris portari videbitis vt reuerētia ipsis habeat, dicite cū animis vestris, ad te, ó æterne Deus, hic honos pertinet. Idem in prisca Ecclesia factitabant multi, qui vi aut metu intererant gentium sacrificijs, aut ad præuertendum scandalum ne existimarentur Athei, & quamuis in genua coram imaginibus prociderent, Deū orabant tamen vt se ab omni pollutione & idololatria integros conseruaret, bonumq; ipsorum animum & conscientiam ac ignari rudisq; populi accipiat equo animo & probet. Ex his igit(ur) concludimus cuiuscunq; actionis seu bonæ seu malæ fundamentū esse voluntatē & intentionem hominis in omneis partes: adeò vt si voluntas cōtra id venerit quod bonum esse ratio iudicat: etiam decepta ratione offendat deus. Hęc decisio Thomę Aquinatis, in tractatu de bonitate [a] *in prima secun(da) de, q. 19. ad 5.*
actus interioris voluntatis, vbi sic ait, Quando ratio errans ponit aliquid vt præceptum Dei, tunc idem est contēnere dictamen rationis & Dei præceptum: quod item August. sensit [b]. Quapropter [b] *Libro retractation.*

videns Satanas Deū. ad intentionē attēdere, vim, metum, iustamq̃ ignorantiā excusare, tentat non veram modo religionē euellere, sed etiā omnē diuinitatis opinionē ex humanis mentib. eximere: itaq̃ nullū lapidem non mouet vt qui vnicum adorat Deum plures ei adhibeat socios, tum à Creatore ad res creatas auocat, à creaturis intelligentibus ad eas quas sensus percipit, à nobilib. cœlestibusque creaturis ad elementareis, ad immundas vsq̃ animantes, serpentes bufonesq̃, & à creaturis Dei ad hominum opera. Est. n. abominabilius si idolis quæ fabrefecerint homines honor habeat̃, q̃ si ante bufones & crocodilos, quos adorauerunt Ægyptij, creaturas Dei atq̃ opera procidat̃. Quamobrem procurat Satanas vt secundum has humanis operib. honos habeatur, puta imaginib. & statuis quas Græci idola, Hebręi Pesilim appellabant: neque hoc contentus eò tandem homines perducit, vt imaginib. ipsis (quarum metu ab offensionib. quodāmodo absterrent̃) renuntiantes adorent ipsum: atq̃ vt impediat suos ne redire in gratiā cū Deo possint, eos obstringit maleficijs insignib. & horrēdis blasphemijs ne vnq̃ veniā sperare audeant. Verbi gratia, autor est eis vt ad Dei contumeliā sacratas hostias prębeāt bufonib. comedendas, instituto execrabili, q̃ ab eis solùm seruari iubet q̃ pro certo habent hostiā esse Deū, vt supra docuimus: similiter vt ad despectū dei sagittis configant crucifixos, altero non minus detestando scelere, q̃ Magos Sagittarios in Germania dictos antehac

Sata-

CONFVTATIO. 479

Satana duce fecisse notauimus: iam verò desiuerūt isti ex quo bona pars Germaniæ credidit nihil in crucifixis diuinū esse. Vt. n. animos scrutaī Deus & consilia hominū introspicit, sic imitatus Deum Satanas se coli ꝑ Deo curat, ꝗ maximi quicꝗ Magi factitant eum demissa in terram facie adorātes, idꝗ adhibitis etiam ceremonijs & ritib. honorificis qui Deo putanī grati, vt cùm oscula iungūtur reliquijs, & lucernæ accendunī. Sic cultū sibi Satanas exhiberi iubet, vt in iudicio compertum est Magorum quatuor qui apud Pictonas viui cremati sunt anno M. D. LXIIII. Hi enim dixerunt se ad crucem quamdam cum lucernis ardentib. podicem Satanæ apparentis hircina specie osculatos esse. Si Sacerdotes illi quos Monstreletus & Froissardus meminerūt cum bufonib. baptismū comunicauisse hostiamꝗ illis ꝑbuisse, ne quicꝗ diuinitatis in hostia esse putauissent, nō fuisset id officij desyderaturus ab eis Satanas: necꝗ Neroni Magorū ab omni memoria facilè principi, aut Caligulę istiꝰ patruo futurus autor vt statuas Iouis, Vestæ, aliorumꝗ ꝑculcarēt, nisi aliꝗ eis diuinitatē esse putauissēt. Itacꝗ in sortileg. omnib. & abominādis Magor. cōmunicationib. singulę ꝓpè voces cruce, singulæ orationes Iesu Chr. & S. Trin. noīe ac lustrali aqua (benedictā vocāt) aspergūt: & si ꝗ scelus cereis imaginib. opus est perpetrari, eas corporalibus, dum missa canit, Satanas subdi iubet (vt permultis iudicijs fuisse copertum Paul. Grillandus ᵈ narrat) baptizari in eorum nomine qs diris volunt

ᵃ *lib. 2. de sortilegijs. c. 5. n. 11.*

sunt defigere, & horrendas voces mysteriáque v-
surpari quæ profectò non vnquam imprimi sed
in perpetuū supprimi oportuit. Illud verò ante o-
mnia opº est obseruari, Satanā ab omni seculo Sa-
crificos, Aruspices, & sacerdotes ad se pellicere, vt
omne genus religiōis inquinet, eisqʒ plus semp q̄
alijs facultatis ad nocendū cōferat. Itacʒ Plato lib.
de legib. xi. capitale suppliciū in Sacerdotes decer
nit q̄ sacrificijs & arte magica occiderint: qp Rom.
Senatus cons. iudicatū fuisse suprà annotauimº ad
leg. Corn. interpretatione l. ex Senatusconsf. desi c.
ff. legis de sicarijs latæ poena dānari q sacrificia ista
fecerit habuerit. Et apud Sprang. Paul. Grillandū,
& Pontanū legimus maximos quosqʒ Magos sacer
dotes exstitisse, vt populū totū corruperent: nā q̄
sanctiorē atqʒ integriorē ministrū Dei oportet esse
vt populū sanctificet, orationésqʒ & laudes deo ac
ceptas offerat, eo magis abominandum est facinus
& detestabile, cùm se is addicit Satanæ sacrificiàqʒ
exhibet q Deo sacrificare debuerat. Ipse. n. Porph.
à veterib. annotatū fuisse scribit, si q̄ sacrificia Ioui,
Apollini, & alijs Dijs indignè fierent, superuenire
malignos spiritus & p̄ces in execratione verti: nō
qp Deus idololatrias (quas indicta capitali poena
vetat) pbauerit, sed eū pbabile est ad imperitorū
mentē respexisse, & pro voluntate qua erant de eis
iudicauisse. Iacob. Perusinū sacerdotē Grillandus

[a]lib. 2. de sortil. ait ᵃmaximū fuisse totius Italiæ Magū, q cū missam
cap. 6. canēs versus populū sese obuertisset vt diceret, O-
rate pro me, &c. die q̄dā dixit, Orate p castris Ecclesiæ, quia

siæ, qa laborant in extremis: eodem'q3 mométo cæ
sa fuisse castra, quæ Perusio (vbi canebat missam)
viginti quinque milliaribus aberant. Similem historiam in Philippo Comminæo legimus de quodam Italo Viennensi Archiepiscopo, qui præsen
te Ludouico Rege xi. die Epiphaniæ Missam cele-
brans in æde S. Martini Turonensis, quando pacé
Regi osculandam præbuit, hæc verba pronuntiauit, Pax tibi, ô Rex, hostis tuus est mortuus: & ho
ra eadem compertū est Carolum Ducem Burgun
diæ ad Nanceum in Lotharingia occidisse. Prophetas alios sub id tempus quàm nūc afferat an pe
pererit Italia nescio: equidé valde metuo vt arté illā
coluerit quæ ab alijs gentis istius frequentat̂, quibus Satanas apud Principes vtit̂ emissarijs vt ista
lue inficiat eos: multa.n. de hoc bono Archiepisco
po Comminæus narrat, quæ nihil magis redolent
quàm veri Magi effecta certissima. Atq3 hæc ad dictum Vuieri responsio, ridiculum id esse prædican
tis quòd suis Satanas imperat Crucifixos effringe-
re, in terrā despuere cùm spectanda hostia propo-
nitur, aquā lustralem vel benedictā nō attingere.
Idem verò Sagā nescio quā ridet, cui Satanas mandauit vt accuratè calceos veteres asseruaret q pro
amuleto ab alijs Magis essent. Istud consiliū Satanæ esse duplex assero significatione: calcei qui sem
per sordibus obducunt̂, peccata significāt: nam e-
dicens Deus Mosi & Iosuæ, amoue calceos tuos,
hic locus purus & sacer est, innuebat (inquit Hebræus Philo) animam o̧time à peccatis purgan-

Pp

dam esse vt Deum contempletur & laudet. Vt autem cũ Satana conuerset, eam opus est inquinari & immergi perpetua impietate sceleribusq́; atrocissimis: tũ bonis suis administris auxiliat Satanas. Quòd si propriũ istius rei sensum præoptaueris, Satanã diximus omnem operã cõsumere vt homines à fide in Deũ ad res creatas abducat, quæ vera est definitio idololatriæ à Theologis tradita: ac pinde si quis crediderit se calceis veteribus, periaptis, alijs've magis perlatis conseruari à malo posse, hic in perpetua hæret idololatria. Aliud etiam Satanas spectare solet, vt suos subditos ad obsequium informet assuefaciatq́;: sicut Satanã suprà ostendimus puellam ad suam voluntatẽ pellecturum edixisse ei vt sibi daret de capillitio, quod illa fecit: posteà mandauisse vt ad ædem S. Mariæ virtutũ proficisceret: hoc cũ animaduerteret factũ, rogauisse vt peregrinationẽ Cõpostellas ad S. Iacobum susciperet: id neganti posse, indixisse Satanã vt in sinum forcipes inderet: cp postquã illa hoc cõsilio fecisset vt à maligno spiritu sese liberaret, eum lõgè grauiùs quã antè fecerat institisse. Hoc aũt certo certius est blasphemũ illud in Deũ fore, si preciperet Satanas legẽ diuinã obseruari, & illud quispiam studio obsequẽdi præstaret. Quamobrẽ illud in primis cauendũ est, ne quis vllo pacto Satanæ obsequat. Qd'ad Canonẽ, Episcopi, toties à Vuiero inculcatũ, anteà demonstrauimus neq́; generali Concilio, neq́; Synodali fuisse factũ, sed in Cõciliabulo: & cp Magorũ exportationẽ negat id à Theologis

CONFVTATIO. 483

logis omnib. improbari[a]: cùm eam cõtra affirmēt. Auguſtinus, Thomas Aquinas, Durādus, Bonauentura, Syluester Prieras, Inquiſitores 5. Paulus Grillādus, & alij innumeri. Nihilominus tñ in canone, nec mirū, §. magi, xxvi. q. v. dicunt Magi ſolo verbo faſcinare & maleficiū violentū cōmittere: idemcp confirmāt Hebræus Philo in libro de ſpecialib. legibus, Auguſtinus, & Tertullianus in Apologetico. Id etiam Lucanus hoc verſu innuit, *Mens hauſti nulla ſanie polluta veneni   Incantata perit.* Sprangerus ſcribit ſe in Germania vidiſſe Sagas, quę repētè verbo vnico homines enecabāt, rē mul to plus miraculoſam quā ſit trāſuectio: nõ cp iſtud efficiat verbo, ſed opera Satanæ, quē adorās Saga de ea re exorauerit. Quamcp nõ perficit cædes hu iuſmodi, niſi aut Deus iuſtè maleficiū hominis ma lè meriti vlciſcat, aut etiā permittat, vt antè demon ſtrauimus. Poſtremo cap. de Lamijs Vuier. cœlū terrę miſcet, vt effugiū Magis comparandū eſſe do ceat ridiculo quodā elecho, nec abſimili ab eo quē à Corace Tiſiacp prolatū narrat Gellius. Nā ſic ait ille, Sagis pœnitentib. oportet ignoſci, vt hæreticis ignoſcitur: obfirmatis verò cōdonari, nec corpus & anima perimant pariter. Sic magiſtro ſuo in iure dicebat Tiſias, ſi perſuaſero me nihil debere ſoluere, abſoluar ſententia: ſi perſuadere non potuero, ne tum quidem exoluam quicquam: nam effecturum ſe promiſit Corax vt bonus orator fiam, id eſt, quicquid placuerit oratione perſuadeam: Ad illud magiſter dixit, ſi Iudicibus poteris

[a] *Auguſt. li. 10.
& 21. de ciuit.
Dei. Thomas
in ſecūda ſecū
dæ, q. 95. art. 5.
tit. de ſuperſtit.
& in tract. 1.
part. q. 2. & tit.
de miracul. q.
18. art. 5. & tit.
de dæmon. Bo
nauentura in 3.
ſent. diſt. 19. q.
3. Spranger. in
malleo ma.
Paul. Grilland.
li. 2. de ſortil.*

Pp ij

persuadere nihil deberi abs te, mihi tamen soluturus es, quia bonus orator fueris iudicatus: Sin autem eo condemnaberis quòd persuadere non potueris, etiam mihi ex sententia solues: Iudices sententiam ferent mali corui malum ouū. Ita Vuiero regeram, si prędones atq̃ sicarij, quāuis resipiscentes, diuinis humanisq̃ legib. addicunt̄ morti, quia executio iuris & pœna maleficiorū à culpa & pœnitētia distāt longissimè: omnino ęquius futurū est vt obfirmatus Magus omnib. prædonib. sicarijs, & parricidis peior, reusq̃ diuinæ & humanæ maiestatis læsę multet̄ morte. Pœnitentia autē efficit vt condonetur culpa, quam Vuierus à pœna nesciuit distinguere. Postquàm Dauidi indicasset Deus culpam eius cōdonari, non eo minus pœnas de eo visum est sumere: & quamuis Deus dixisset Mosi peccatum populi condonatū esse, seuerè tamē fuit castigatus. Quamobrem paulo pòst, Ego sum, inquit[c], Deus maximus, æternus, exercens misericordiam, condonans peccata & iniquitates, sed impunita non sinens: vt habet textus Hebræi veritas & Vatabli interpretatio. Non q̃ peccata omnia pro merito eorū puniat, nam humanū genus iam olim perijsset: verùm exercet Deus iudicium, iustitiam, & misericordiam: iudicium quidem, peccata hostium coniuratorū ex merito eorū puniēdo: iustitiam, mercedē cuiq̃ benefactorum causa tribuēdo: misericordiā verò, tum ampliùs benefaciēdo, tum lenius castigando quàm promereat̄ quisquā. Hoc vnum est è præstantissimis sacræ scripturæ mysterijs, ac

κόραξ, coruus.

[c] Exod. 34.

rijs, ac fortaſſe minimè omnium à plerifcp intellectum: Ieremias enim has proprietates cum vehe-
mentiſsima exclamatione aſsignat Deo. Quòd ſi
Deus deliberauerat populum ſuũ in deſerto morte afficere (is autem erat animarum octies decies
centies mille minimùm) quòd procidiſſent corã
imagine contra Legem veniētes,ſacrificia ei obtu-
liſſent,ſi etiam vtcunc̣ reſipuerint,ex eis tria millia
repentè enecauit: quid,obſecro,mereantur Magi,
Satanã adorantes & ſacrificātes ei? Ecquis igitur
Vuierum non dixerit à Deo planè reiectum eſſe,
qui rem adeò abſurdam ſit auſus ſcribere, condonari eis oportere qui blaſphemant Deum peruica
ciſsimè & bellum ἀσπονδυς aduerſus eũ gerunt? Melius fuiſſet cũ Vuiero actũ,ſi apertè dixiſſet vt Age
ſilaus [a], qui de amici cuiuſdã cauſa ad Iudices ſcri-
bebat in hanc ſententiã,ſi ius cũ eo faceret,ſecundũ
eum iudicarent: ſin contra ius ageret, viderēt tñ Iu
dices ne litē amitteret: nam vtcunc̣ eſſet,amicum
in lite volebat vincere. Idem Vuierus ſatagit, qui
Magis ſi reſipuerint,veniã dari cupit: ſi peruicaces
fuerint,itidem cõdonari,ne corpus & anima eorũ
intereāt:itac̣ reus eſt cõmunis Magorũ ſupplicij,
prout diſertè cauet lege [b], quiſc̣s Magũ reũ publicum ſeueritati legũ ſubtraxerit,is vltimo cũ Magis
ſupplicio pereat. Quod autem Vuierus ſub finē
incaleſcēs & ira p̣citus Iudices vocat carnifices,ma
gnũ certè illud eſt pręſumptiõis argumentũ,ab eo
valdè metui ne c̣s Magus plus ſatis eloquat̃,eumc̣
puerulos imitari q̃ ex metu de nocte canũt. Res aũt

[a] *Plutarch.in Apophthegm.*

[b] *l. vlti.de maleſic.C.*

omnium abſurdiſsima quæ in diuinis & humanis legibus obſeruari poſsit, perſepe à Deo in Lege &

l. cãueniri.
de pact. dot. l. ſi
maritus. §. le-
gis. de adult. l.
ita vulneratus,
ad l. Aquil. ff.

à Iurecoſſ. adducta, nimirum ne crimina impunè abeant, res inquam iſta argumẽtis Vuieri implicat, quando voce maxima aſſerit blaſphemis, inceſtis, parricidis, aduerſarijs Dei & naturæ, id eſt, Magis condonãdum eſſe, licet in blaſphemijs ſceleribuſque horrendis perſeuerent. Animaduertens autem Vuierus tandem diuinas æquè ac humanas le ges ſibi obſiſtere omniumq̃ gentiũ conſuetudinẽ, vt dicta ſua circumueſtiat aliqua ſpecie, Dei legem in duob. locis ſibi putauit corrumpendã. Primùm

b cd. 24. de La
mijs, colum. 6.
num. 10.

enim ſcribit *b* lege Dei prẹcipi vt falſi teſtes afficiãtur morte: deinde mandari vt fur occidatur qui de die domũ alterius vi perruperit. Si acta notarius, actuarius, aut Iudex corruperit, dignus eſt ſuſpendio. Vuierus bis duabus lineis Dei corrupit legẽ.

c Deut. 19.

Nam falſum teſtem lex Dei *c* ſupplicio idem addicit quod in alterum fuiſſet importaturus: ſi falſum pro teſtimonio dixerit ad tollendum vitam, teſti vitam ademptum iri: ſi ad flagra incutienda, perpeſſurum flagra: ſi ad multam vnius aurei, aureo multatum iri. Impudẽtius verò altera Lex ab eo corrupta eſt: Lex enim ſi quis interdiu furem occiderit, eum ſancit reum eſſe ſanguinis *d* contra quã Vuierus aſſerit. Capitalius verò falſi crimen illud eſt, cum legem Dei vetantem ne prẹſtigiatrix ſinatur viuere, de venefica ſolùm dicit accipi oportere. Nam lex Dei de ea loquitur quæ faſcinat, quẹ prẹſtinguit oculos, & id quod non eſt videndum exhibet:

Exod. 22.

CONFVTATIO.

hibet: nempe id pro certo statuens, non posse hoc fieri nisi cum Satana fœdus interuenerit. Sed vt tandem aliquando finem scribēdi faciamus, restat vt omnes videant & iudicent, potiúsne blasphemijs & falsis sermonibus Vuieri sit hærendū quā legi Dei toties in sacra Scriptura inculcatæ, qua pœnæ capitales in Magos maxima grauissimaque Dei execratione infestos decernuntur: potiúsne cum tenui medico faciendum, quàm cum libris & sentētijs philosophorum omniū qui vno ore condemnauerunt Magos: potiúsne tenendæ pueriles Vuieri argutiæ, quàm Platonis leges, xij. tabulæ, prudentū responsa, Imperatorum placita, decreta populorum legislatorumq̃ Persarum, Hebræorum, Gręcorum, Latinorum, Germanorum, Gallorum, Italorum, Hispanorū, Anglorū capitales pœnas constituentiū aduersus Magos & eos qui aut receptauerint Magos, aut impunitatē eorū procurauerint: potiúsne habenda Vuiero fides quàm cōmuni populorū, Regum, Principū, Legislatorum, Magistratuū, Iurecoss. experientię, qui euidentissimè impia & execrabilia comperta habuerunt scelera quibus contaminant Magi: potiúsne eundum in sentētiam illius hominis qui discipulis fuit Magi omnium qui suo seculo vnquam extiterint peritissimi, quàm Prophetis, Theologis, Doctoribus, Iudicibus, & Magistratibus accedendū qui veritatem explorauerunt permultis millibus violentarū præsumptionū, accusationum, testimoniorū, repetitionū, comparationū, recognitionū,

resipi-

resipiscentium animorum, & confessionum sibi ad mortem vsq; constantium. Habemus quoq; Dei ipsius iudicium[a], qui se exponit Palęstinę gentes è terra exstirpasse non aliam ob causam quàm propter horrenda sortilegia quibus vtebantur, qui se non Magos solùm pronuntiauit exterminaturum, sed eos omneis etiam qui Magos sinent viuere [b], qui Ieremiæ edixit[c] quam maxima voce prędicaret se igne cędibusq; euersurū esse Hierosolyma omneisq; incolas ob execranda Manassis Regis sortilegia. Hęc ergo mihi videntur ad Vuieri libros responderi posse. A' te autem, vir clarissime, lectoribusq; omnibus veniã mihi dari postulo, si quid asperius fortè cōscripserim: etenim fieri nō potest vt quisquis vel leuissimo honoris Dei studio afficit, tot blasphemias audiat & legat sine stomacho iustissimaq; indignaõtie, prout sanctissimis hominib. Prophetisq; accidit si quando rerū tam abominandarum meminissent: quarum recordatione totus perhorresco & zelo accendor, quo omneis inprimis opus est inflammari, ne Dei honos sic teratur & proculcetur eorum pedibus qui scelera blasphemias impunitatemq; Magorum solent defendere.

[a] Deut. 18.
[b] Leuit. 20.
[c] Ierem. 15.

FINIS.